Richard Mühlmeyer

Fallstudien und Übungen zur Betriebslehre der Banken und Sparkassen

Wertpapiere/Anlageberatung 4

Eine Aufgabensammlung zum handlungsorientierten Lernen

Merkur
Verlag Rinteln

Verfasser:

Dipl.-Hdl. Willi Richard, Studiendirektor

Dipl.-Kfm. Jürgen Mühlmeyer, Studiendirektor

* * * * *

27. Auflage 2012

Gesamtherstellung:
MERKUR VERLAG RINTELN Hutkap GmbH & Co. KG, 31735 Rinteln

E-Mail: info@merkur-verlag.de
lehrer-service@merkur-verlag.de
Internet: www.merkur-verlag.de
Umschlagfoto: Markus Goetzke, Commerzbank AG

ISBN 978-3-8120-**1234-8**

Inhaltsverzeichnis

1 Effekten

1.1 Vergleich Gläubiger-/Teilhabereffekten

In einer Informationsschrift über die Geldanlage befinden sich die nachfolgend abgedruckten Wertpapiere. Vergleichen Sie die beiden Papiere und beantworten Sie folgende Fragen!

Teil 1

15. Januar | 6¾% Euro-Anleihe von 2007/2017 | WKN 353950 | € 100,-

€ 100,- **INTEX** Aktiengesellschaft Bonn Nr. 71108

6¾%

Inhaber-Teilschuldverschreibung

über einhundert Euro

100 Euro

der 6¾% Euro-Anleihe von 2007/2017 im Gesamtnennbetrag von Euro 150 000 000 ,- eingeteilt in

24 000 Teilschuldverschreibungen von je € 5000,- Nr. 00 001 bis 24 000

27 000 Teilschuldverschreibungen von je € 1000,- Nr. 24 001 bis 51 000

30 000 Teilschuldverschreibungen von je € 100,- Nr. 51 001 bis 81 000

Für diese Teilschuldverschreibungen gelten die umseitig abgedruckten Anleihebedingungen. Danach verpflichten wir uns insbesondere dem Inhaber dieser Teilschuldverschreibung den Betrag von EINHUNDERT EURO mit 6¾% jährlich zu verzinsen und die Teilschuldverschreibung bei Fälligkeit bedingungsgemäß einzulösen. Die Zinsen werden jährlich nachträglich am 15. Januar eines jeden Jahres gezahlt.

Bonn, im Januar 2007

INTEX AKTIENGESELLSCHAFT

Für die obige Anleihe haben wir das Amt als Treuhänderin der jeweiligen Gläubiger nach Maßgabe der Anteilsbedingungen übernommen
Düsseldorf, im Januar 2007
Deutsche Bank Aktiengesellschaft

Kontrollunterschrift

Teil 3

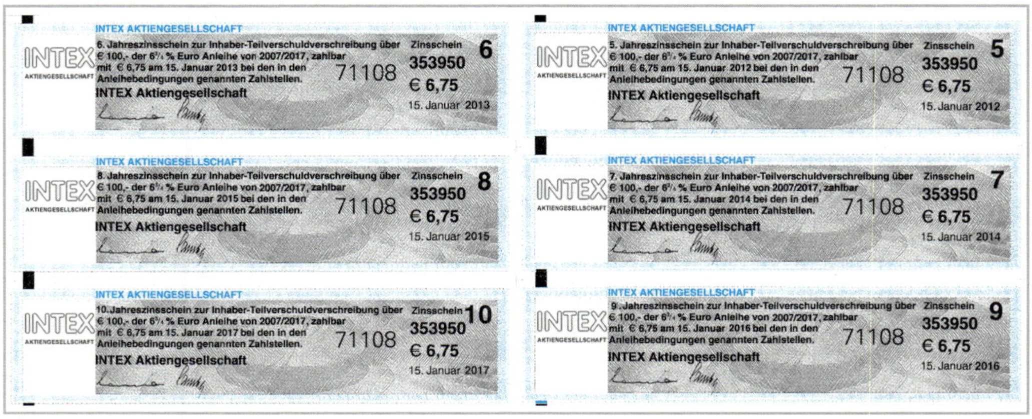

INTEX AKTIENGESELLSCHAFT
INTEX Aktiengesellschaft
6. Jahreszinsschein zur Inhaber-Teilverschuldverschreibung über € 100,- der 6¾ % Euro Anleihe von 2007/2017, zahlbar mit € 6,75 am 15. Januar 2013 bei den in den Anleihebedingungen genannten Zahlstellen.
INTEX Aktiengesellschaft
71108 | Zinsschein 6 | 353950 | € 6,75 | 15. Januar 2013

INTEX AKTIENGESELLSCHAFT
INTEX Aktiengesellschaft
5. Jahreszinsschein zur Inhaber-Teilverschuldverschreibung über € 100,- der 6¾ % Euro Anleihe von 2007/2017, zahlbar mit € 6,75 am 15. Januar 2012 bei den in den Anleihebedingungen genannten Zahlstellen.
INTEX Aktiengesellschaft
71108 | Zinsschein 5 | 353950 | € 6,75 | 15. Januar 2012

INTEX AKTIENGESELLSCHAFT
INTEX Aktiengesellschaft
8. Jahreszinsschein zur Inhaber-Teilverschuldverschreibung über € 100,- der 6¾ % Euro Anleihe von 2007/2017, zahlbar mit € 6,75 am 15. Januar 2015 bei den in den Anleihebedingungen genannten Zahlstellen.
INTEX Aktiengesellschaft
71108 | Zinsschein 8 | 353950 | € 6,75 | 15. Januar 2015

INTEX AKTIENGESELLSCHAFT
INTEX Aktiengesellschaft
7. Jahreszinsschein zur Inhaber-Teilverschuldverschreibung über € 100,- der 6¾ % Euro Anleihe von 2007/2017, zahlbar mit € 6,75 am 15. Januar 2014 bei den in den Anleihebedingungen genannten Zahlstellen.
INTEX Aktiengesellschaft
71108 | Zinsschein 7 | 353950 | € 6,75 | 15. Januar 2014

INTEX AKTIENGESELLSCHAFT
INTEX Aktiengesellschaft
10. Jahreszinsschein zur Inhaber-Teilverschuldverschreibung über € 100,- der 6¾ % Euro Anleihe von 2007/2017, zahlbar mit € 6,75 am 15. Januar 2017 bei den in den Anleihebedingungen genannten Zahlstellen.
INTEX Aktiengesellschaft
71108 | Zinsschein 10 | 353950 | € 6,75 | 15. Januar 2017

INTEX AKTIENGESELLSCHAFT
INTEX Aktiengesellschaft
9. Jahreszinsschein zur Inhaber-Teilverschuldverschreibung über € 100,- der 6¾ % Euro Anleihe von 2007/2017, zahlbar mit € 6,75 am 15. Januar 2016 bei den in den Anleihebedingungen genannten Zahlstellen.
INTEX Aktiengesellschaft
71108 | Zinsschein 9 | 353950 | € 6,75 | 15. Januar 2016

Teil 2

WKN 762 620 Stück 500

INTEX

Nr. 0000439

Fünfhundert Aktien

Der Inhaber dieser Sammelurkunde ist mit fünfhundert Stückaktien an der INTEX Aktiengesellschaft, Bonn, mit einem anteiligen Betrag am Grundkapital nach Maßgabe der Satzung als Aktionär beteiligt.
Bonn, im Januar 2007

INTEX Aktiengesellschaft

Der Aufsichtsrat — Der Vorstand

Vorsitzender

Kontrollunterschrift

Teil 4

INTEX Aktiengesellschaft
2. Gewinnanteilschein zur Sammelurkunde über fünfhundert Stückaktien INTEX Aktiengesellschaft Nr. 0000439 Gewinnanteilschein 2
Bonn, im Januar 2007 762 620 Stück 500

INTEX Aktiengesellschaft
1. Gewinnanteilschein zur Sammelurkunde über fünfhundert Stückaktien INTEX Aktiengesellschaft Nr. 0000439 Gewinnanteilschein 1
Bonn, im Januar 2007 762 620 Stück 500

INTEX Aktiengesellschaft
4. Gewinnanteilschein zur Sammelurkunde über fünfhundert Stückaktien INTEX Aktiengesellschaft Nr. 0000439 Gewinnanteilschein 4
Bonn, im Januar 2007 762 620 Stück 500

INTEX Aktiengesellschaft
3. Gewinnanteilschein zur Sammelurkunde über fünfhundert Stückaktien INTEX Aktiengesellschaft Nr. 0000439 Gewinnanteilschein 3
Bonn, im Januar 2007 762 620 Stück 500

INTEX Aktiengesellschaft
6. Gewinnanteilschein zur Sammelurkunde über fünfhundert Stückaktien INTEX Aktiengesellschaft Nr. 0000439 Gewinnanteilschein 6
Bonn, im Januar 2007 762 620 Stück 500

INTEX Aktiengesellschaft
5. Gewinnanteilschein zur Sammelurkunde über fünfhundert Stückaktien INTEX Aktiengesellschaft Nr. 0000439 Gewinnanteilschein 5
Bonn, im Januar 2007 762 620 Stück 500

INTEX Aktiengesellschaft
Erneuerungsschein 762 620 Stück 500
Kontrollabschnitt zur Bogenerneuerung für das einreichende Kreditinstitut
Kunde
Depot
Nr. 0000439
Gegen Rückgabe dieses Erneuerungsscheines werden neue Gewinnanteilscheine, deren erster auf Nummer 11 zu lauten hat, nebst Erneuerungsschein ausgehändigt.

INTEX Aktiengesellschaft
Erneuerungsschein zur Sammelurkunde über fünfhundert Stückaktien INTEX Aktiengesellschaft Nr. 0000439 Erneuerungsschein
Bonn, im Januar 2007 762 620 Stück 500

AUFGABEN:

1 Um welche Wertpapiere handelt es sich?

2 Welche Rechte verbrieft das jeweilige Wertpapier dem Eigentümer?

3 a) Wer ist Emittent dieser Wertpapiere?
b) Welche Art der Mittelbeschaffung hat der Emittent in den beiden Fällen gewählt?
c) Welche Vor- und Nachteile bietet die jeweilige Emission dem Emittenten?

4 a) Aus welchen Teilen bestehen diese Wertpapiere?
b) Was verbriefen diese Wertpapierteile?

5 Vergleichen Sie Teil 3 mit Teil 4! Stellen Sie die Unterschiede heraus!

6 Wie wird der letzte Abschnitt des Teils 4 bezeichnet und welche Funktion erfüllt er?

7 Wann wird der Ertrag zu dem in Teil 1 bzw. zu dem in Teil 2 abgedruckten Wertpapier gezahlt?

8 Vergleichen Sie die äußere Form der beiden Wertpapierurkunden! Nennen Sie einige wichtige Druckvorschriften!

1.2 Öffentliche Anleihen

1.2.1 Bundesanleihe

Josef Nieland, Sandstr. 18, 45468 Mülheim, geb. am 13.10.1980 in Witten, ledig, unterhält ein größeres Sparguthaben mit einjähriger Kündigungsfrist bei der Commerzbank Mülheim (BLZ 36240045). Er besitzt auch ein laufendes Konto unter der Nr. 43361492. Da er eine bessere Verzinsung für sein Sparguthaben erzielen möchte, ist er an dem Erwerb von Wertpapieren interessiert.

Wir empfehlen dem Kunden die folgende Bundesanleihe und händigen ihm die Pressenotiz und die Emissionsbedingungen für Bundesanleihen aus.

DEUTSCHE BUNDESBANK
EUROSYSTEM

Pressenotiz

Frankfurt am Main
10. April 2012

Ausschreibung einer 10-jährigen Anleihe des Bundes im Tenderverfahren

Die Bundesrepublik Deutschland – Finanzagentur GmbH bietet für Rechnung des Bundes über die Deutsche Bundesbank im Wege der Ausschreibung an:

1,75 % **Anleihe der Bundesrepublik Deutschland von 2012 (2022)**
fällig am 4. Juli 2022
Zinstermin 4. Juli gzj., Zinslaufbeginn 13. April 2012
erste Zinszahlung am 4. Juli 2013 für 447 Tage
ISIN DE0001135473 // WKN 113 547
angestrebtes Emissionsvolumen (inkl. Marktpflegequote): 5 Mrd €

Die Trennung der Anleihe in Kapitalanspruch und einzelne Zinsansprüche („Stripping“) ist möglich.

Bietungsberechtigt sind Mitglieder der Bietergruppe Bundesemissionen. Gebote müssen über einen Nennbetrag von mindestens 1 Mio € oder einem ganzen Vielfachen davon lauten. Kursgebote müssen auf volle 0,01-Prozentpunkte lauten. Gebote ohne Angabe eines Bietungskurses sind möglich. Die vom Bund akzeptierten Kursgebote werden zu dem im Gebot genannten Kurs, Gebote ohne Kursangabe zum gewogenen Durchschnittskurs der akzeptierten Kursgebote zugeteilt. Repartierung bleibt vorbehalten.

Zeitlicher Ablauf des Tenderverfahrens:

Abgabe der Gebote:	Mittwoch, 11. April 2012, 8.00 Uhr bis **11.30 Uhr Frankfurter Zeit**
Börseneinführung:	Mittwoch, 11. April 2012
Valutierungstag:	Freitag, 13. April 2012
Anschaffung des Gegenwertes:	im Rahmen der Lieferung-gegen-Zahlungs-Abwicklung in der Nachtverarbeitung der Clearstream Banking AG Frankfurt, beginnend am Vorabend des Valutierungstages

Im Übrigen gelten die Verfahrensregeln für Tender, die Besonderen Bedingungen der Deutschen Bundesbank für Auktionen von Bundeswertpapieren über das Bund Bietungs-System (BBS) und die Emissionsbedingungen für Wertpapiere des Bundes.

Deutsche Bundesbank, Kommunikation
Wilhelm-Epstein-Straße 14, 60431 Frankfurt am Main, Telefon: +49 (0)69 9566-3511 oder -3512, Telefax: +49 (0)69 9566-3077
presse-information@bundesbank.de, www.bundesbank.de
Bei publizistischer Verwertung wird um die Angabe der Quelle gebeten.

Quelle: Deutsche Bundesbank, Pressenotiz vom 10. April 2012

Emissionsbedingungen für Bundesanleihen, Bundesobligationen, Bundesschatzanweisungen und Unverzinsliche Schatzanweisungen des Bundes

(Fassung 1. Dezember 2007) – Auszug

Die Bundesrepublik Deutschland (im Folgenden: „der Bund“) begibt Bundesanleihen, Bundesobligationen, Bundesschatzanweisungen und Unverzinsliche Schatzanweisungen des Bundes (im Folgenden: „Bundeswertpapiere“) zu nachstehenden Bedingungen; für inflationsindexierte Bundesanleihen und inflationsindexierte Bundesobligationen gelten gesonderte Emissionsbedingungen.

Begebung:

Bundesanleihen, Bundesobligationen, Bundesschatzanweisungen und Unverzinsliche Schatzanweisungen des Bundes werden im Tenderverfahren über die „Bietergruppe Bundesemissionen“ begeben. Für die Tenderverfahren gelten die „Verfahrensregeln für Tender bei der Begebung von Bundesanleihen, Bundesobligationen, Bundesschatzanweisungen und Unverzinslichen Schatzanweisungen des Bundes“.

Emissionsvolumen:

Das Gesamtvolumen einer Emission (Zuteilungsbetrag und Marktpflegebetrag) wird vom Bund jeweils nach Abschluss des Tenderverfahrens festgelegt. Der Bund behält sich vor, das Emissionsvolumen während der Laufzeit der Bundeswertpapiere durch Aufstockung weiter zu erhöhen.

Nennbeträge:

Bundesanleihen, Bundesobligationen, Bundesschatzanweisungen und Unverzinsliche Schatzanweisungen des Bundes haben eine Stückelung von 0,01 EUR und können in beliebigen Nennbeträgen gehandelt und übertragen werden.

Nominalzinssatz, Laufzeit, Zinsberechnung:

(1) Der Nominalzinssatz, die Laufzeit und der Zinslaufbeginn der Bundeswertpapiere ergeben sich aus der jeweiligen Tender-Ausschreibung.

(2) Die Zinsen werden bei Bundesanleihen, Bundesobligationen und Bundesschatzanweisungen jährlich nachträglich gezahlt; bei Unverzinslichen Schatzanweisungen des Bundes ergibt sich die Verzinsung als Differenz zwischen Nennwert und Kaufpreis. Die Verzinsung endet mit dem Ablauf des dem Fälligkeitstag vorhergehenden Tages; das gilt auch dann, wenn die Leistung nach § 193 BGB bewirkt wird.

(3) Die Zinsen werden bei Bundesanleihen, Bundesobligationen und Bundesschatzanweisungen nach der taggenauen Zinsmethode act/365 bzw. act/366, bei Unverzinslichen Schatzanweisungen des Bundes nach der Zinsmethode act/360 berechnet.

Rückzahlung:

Bundesanleihen, Bundesobligationen, Bundesschatzanweisungen und Unverzinsliche Schatzanweisungen des Bundes werden am festgelegten Fälligkeitstag zum Nennwert zurückgezahlt. Eine vorzeitige Kündigung ist ausgeschlossen.

Mündelsicherheit:

Bundeswertpapiere sind mündelsicher gemäß § 1807 Abs. 1 Nr. 2 BGB.

Deckungsstockfähigkeit:

Bundeswertpapiere sind für die Anlage des gebundenen Vermögens gemäß § 54 Abs. 2 Nr. 2 VAG geeignet.

Notenbankfähigkeit:

Bundeswertpapiere sind notenbankfähig gemäß Artikel 18.1 der ESZB/EZB-Satzung.

Verschaffung der Rechte:

(1) Für den Gesamtbetrag der jeweiligen Emission wird eine Sammelschuldbuchforderung für die Clearstream Banking AG Frankfurt in das Bundesschuldbuch eingetragen (Wertrechte).

(2) Die Gläubiger der Bundeswertpapiere erhalten Miteigentumsanteile an der im Bundesschuldbuch eingetragenen Sammelschuldbuchforderung.

(3) Die Gläubiger haben während der gesamten Laufzeit der Bundeswertpapiere die Möglichkeit, die erworbenen Beträge als Einzelschuldbuchforderungen auf ihren Namen in das bei der Bundesrepublik Deutschland – Finanzagentur GmbH, Frankfurt am Main, geführte Bundesschuldbuch eintragen zu lassen.

(4) Die Ausgabe von Wertpapierurkunden ist für die gesamte Laufzeit ausgeschlossen.

Der Kunde hat sich mit den ihm überlassenen Unterlagen vertraut gemacht. Am Dienstag, 17. April 2012, spricht er erneut bei Ihnen als Kundenberater(in) vor mit der Bitte, ihm noch einige Fragen im Zusammenhang mit der Bundesanleihe zu beantworten.

Aufgaben:

1 Erklären Sie dem Kunden die Begriffe „Mündelsicherheit", „Deckungsstockfähigkeit", „Notenbankfähigkeit" und deren Bedeutung für die Unterbringung der Anleihe. Nehmen Sie die entsprechenden Gesetzestexte zuhilfe.

Auszug aus dem BGB

II. Führung der Vormundschaft

§ 1793 [Aufgaben des Vormunds, ...]

Der Vormund hat das Recht und die Pflicht, für die Person und das Vermögen des Mündels zu sorgen, insbesondere den Mündel zu vertreten. [...]

§ 1806 [Anlegung von Mündelgeld]

Der Vormund hat das zum Vermögen des Mündels gehörende Geld verzinslich anzulegen, soweit es nicht zur Bestreitung von Ausgaben bereit zu halten ist.

§ 1807 [Art der Anlegung]

(1) Die im § 1806 vorgeschriebene Anlegung von Mündelgeld soll nur erfolgen:

1. in Forderungen, für die eine sichere Hypothek an einem inländischen Grundstück besteht, oder in sicheren Grundschulden oder Rentenschulden an inländischen Grundstücken;
2. in verbrieften Forderungen gegen den Bund oder ein Land sowie in Forderungen, die in das Bundesschuldbuch oder in das Landesschuldbuch eines Bundesstaats eingetragen sind;
3. in verbrieften Forderungen, deren Verzinsung vom Bund oder einem Land gewährleistet ist;
4. in Wertpapieren, insbesondere Pfandbriefen, sowie in verbrieften Forderungen jeder Art gegen eine inländische kommunale Körperschaft oder die Kreditanstalt einer solchen Körperschaft, sofern die Wertpapiere oder die Forderungen von der Bundesregierung mit Zustimmung des Bundesrats zur Anlegung von Mündelgeld für geeignet erklärt sind;
5. bei einer inländischen öffentlichen Sparkasse, wenn sie von der zuständigen Behörde des Landes, in welchem sie ihren Sitz hat, zur Anlegung von Mündelgeld für geeignet erklärt ist, oder bei einem anderen Kreditinstitut, das einer für die Anlage ausreichenden Sicherungseinrichtung angehört.

(2) ...

Versicherungsaufsichtsgesetz – VAG

§ 54. Anlagegrundsätze für das gebundene Vermögen; Anzeigepflichten. (1) Die Bestände des Sicherungsvermögens (§ 66) und das sonstige gebundene Vermögen gemäß Absatz 5 (gebundenes Vermögen) sind unter Berücksichtigung der Art der betriebenen Versicherungsgeschäfte sowie der Unternehmensstruktur so anzulegen, dass möglichst große Sicherheit und Rentabilität bei jederzeitiger Liquidität des Versicherungsunternehmens unter Wahrung angemessener Mischung und Streuung erreicht wird.

(2) Das gebundene Vermögen darf nur angelegt werden in

1. Darlehensforderungen, Schuldverschreibungen und Genussrechten;
2. Schuldbuchforderungen;
3. Aktien;
4. Beteiligungen;
5. Grundstücken und grundstücksgleichen Rechten;

6.–8. ... (3), (4) ...

Zur Besicherung von geldpolitischen Operationen des Europäischen Systems der Zentralbanken (Geldpolitik) sind die Kreditinstitute verpflichtet, Sicherheiten zu stellen, die das Kriterium der **Notenbankfähigkeit** erfüllen (Artikel 18.1 der Satzung des Europäischen Systems der Zentralbanken [ESZB]).

Zu den notenbankfähigen Sicherheiten zählen marktfähige Schuldtitel (Wertpapiere), die von der EZB festgelegte einheitliche und in der gesamten Währungsunion geltende Zulassungskriterien erfüllen.

Die Hauptzulassungskriterien sind:

- Sitz des Emittenten in einem Staat des Europäischen Wirtschaftsraums oder einem anderen G10-Staat
- Belegenheit der Wertpapiere in der Europäischen Wirtschafts- und Währungsunion
- Denomination in Euro oder einer ehemaligen Währung der Europäischen Wirtschafts- und Währungsunion
- Hohe Bonität des Schuldners

Des Weiteren können auch nicht marktfähige Sicherheiten notenbankfähig sein, sofern sie für die nationalen Finanzmärkte und Bankensysteme von besonderer Bedeutung sind und für die die nationalen Zentralbanken die Zulassungskriterien vorbehaltlich der EZB-Mindeststandards festlegen. Aus deutscher Sicht handelt es sich hierbei um Kreditforderungen an Handel und Industrie.

2 Der Kunde Nieland ist verwundert über die sehr niedrige Verzinsung der ihm empfohlenen Anleihe. Er meint, dass bei einer 10-jährigen Laufzeit doch ein höherer Zins gezahlt werden müsse.

Erläutern Sie dem Kunden, warum gerade in den letzten Jahren die Zinsen für Staatspapiere so stark gefallen sind.

3 Herr Nieland hat im Handelsblatt gelesen, dass die Verzinsung (Rendite) dieser Anleihe 1,78 % betrage. In dem unterbreiteten Angebot (siehe obige Pressenotiz) betrüge aber die Verzinsung 1,75 %. Erklären Sie dem Kunden den Sachverhalt.

4 Der Kunde wünscht Auskunft über den Begriff „Tenderverfahren". Nehmen Sie den abgedruckten Text zuhilfe.[1]

Das Tenderverfahren wird für die Begebung von Bundesanleihen, Bundesobligationen, Bundesschatzanweisungen und Unverzinslichen Schatzanweisungen des Bundes genutzt. Die Konditionen der einzelnen Ausschreibung werden öffentlich bekannt gegeben. Die Kaufgebote der bietungsberechtigten Mitglieder der „Bietergruppe Bundesemissionen" sind bis zum festgelegten Bietungsschluss bei den zuständigen Hauptverwaltungen der Deutschen Bundesbank per E-Mail im Rahmen des Bundes Bietungssystems (BBS) zu übermitteln. Sie müssen bei Anleihen, Bundesobligationen, Bundesschatzanweisungen und unverzinslichen Schatzanweisungen über einen Nennbetrag von mindestens 1 Mio. € oder einem ganzen Vielfachen lauten. Neben Kursgeboten sind auch Gebote ohne Angabe eines Bietungskurses zulässig.

Auf der Grundlage des so ermittelten Bietungsergebnisses entscheidet der Emittent über die Zuteilung. Hierbei werden alle Kursgebote, die über dem akzeptierten Mindestkurs liegen, zum individuell gebotenen Kurs zugeteilt. Gebote ohne Kursangabe werden zum gewogenen Durchschnittskurs der akzeptierten Kursgebote zugeteilt. Der Emittent hat nach den Ausschreibungsbedingungen bei hohem Gebotsaufkommen die Möglichkeit, Gebote ohne Kursangabe und/oder die Kursgebote zum akzeptierten Mindestkurs nur zu einem gewissen Prozentsatz zuzuteilen (Repartierung). Ferner kann er bei zu niedrigem Bietungsaufkommen bzw. bei ihm nicht marktgerecht erscheinenden Kursgeboten auch ganz auf die Zuteilung verzichten.

Das Zuteilungsergebnis wird den Bietern unverzüglich mitgeteilt. Sie haben den Gegenwert am jeweiligen Zahlungstag (zwei Geschäftstage nach Bietungsschluss) bis spätestens 13:00 Uhr auf ihrem BBK-Girokonto bereitzustellen.

Quelle: Der Markt für deutsche Bundeswertpapiere; Herausgeber: Deutsche Bundesbank Frankfurt am Main, 2000.

5 Der Kunde Josef Nieland möchte wissen, ob er die Bundeswertpapiere auch selbst im Safe verwahren kann. Erläutern Sie dem Kunden die Möglichkeiten zur Lieferung der Bundesanleihe.

6 Die Bundesrepublik Deutschland beabsichtigt, diese Anleihe zum Handel an der Börse einzuführen. Welche Bedeutung hat die beabsichtigte Börseneinführung?

Josef Nieland entschließt sich zum Kauf dieser Bundesanleihe. Er wünscht die Eintragung der Anleihe als Einzelschuldbuchforderung.

1 Vgl. Sie Übung 6.3 Tenderverfahren bei Bundeswertpapieren.

2 Richard u.a. - ISBN 978-3-8120-1234-8

7 Erklären Sie dem Kunden die Vor- und Nachteile, die mit dem Erwerb von Einzelschuldbuchforderungen verbunden sind. Werten Sie dazu den folgenden Text aus.

Bundesrepublik Deutschland
Finanzagentur GmbH

Lurgiallee 5, 60439 Frankfurt am Main
www.deutsche-finanzagentur.de

Wertpapierkauf und Kontoführung
bei der Bundesrepublik Deutschland-Finanzagentur GmbH
(im Folgenden: Finanzagentur)

Wir bieten Ihnen die Möglichkeit, Ihre Bundeswertpapiere bei uns zu erwerben und von uns verwalten zu lassen.

Nun werden Sie sich vielleicht fragen …

Welchen Service bietet mir die Finanzagentur?

- **Kostenlose Kontoführung:** Wir verwalten Ihre Bundeswertpapiere gebührenfrei.
- **Direkterwerb:** Schuldbuchkontoinhaber können Bundesschatzbriefe, Finanzierungsschätze, Bundesobligationen der jüngsten Serie sowie die Tagesanleihe des Bundes direkt bei uns provisions- und gebührenfrei kaufen.
- **Spesenfreie Zins- und Kapitalzahlungen:** Wir überweisen Ihnen spesenfrei und pünktlich Ihr Geld.
- **Umfangreiche Verfügungsmöglichkeiten:** Sie können uns zahlreiche verschiedene Aufträge, z. B. auf Übertragung von Wertpapieren, vorzeitige Rückgabe von Bundesschatzbriefen, Eintragung einer Mietkaution usw. erteilen.
- **Verlässliches Schuldbuchgeheimnis:** Die Finanzagentur darf als kontoführende Stelle über den Inhalt des Bundesschuldbuchs nur dem eingetragenen Kontoinhaber, seinem Vertreter und dem Rechtsnachfolger Auskunft erteilen. An Finanzbehörden werden Daten nur dann übermittelt, wenn hierfür eine gesetzliche Verpflichtung besteht.
- **Aktuelle Informationen:** Über Eintragungen bzw. Veränderungen auf Ihrem Schuldbuchkonto erhalten Sie aktuelle Auszüge.
- **Internet:** Greifen Sie online auf Ihr Schuldbuchkonto zu! Sie können mit einer PIN Ihren Kontostand direkt abfragen und schnell und sicher Transaktionen zu Ihrem Schuldbuchkonto online durchführen. Informationen hierzu finden Sie unter www.deutsche-finanzagentur.de.
- **Telefonbanking:** Auch telefonisch können Sie den Mitarbeitern unseres Service-Centers Aufträge zu Ihrem Schuldbuchkonto mit einer PIN erteilen.
- **Service-Center:** Wenn Sie Fragen haben, wenden Sie sich während unserer Geschäftszeiten an die Mitarbeiter/innen unseres Service-Centers. Diese senden Ihnen auch allgemeines Informationsmaterial, Formulare und spezielle Informationen – z. B. eine Aufstellung über die Höhe der zukünftig auf Ihrem Schuldbuchkonto anfallenden Zinsen – kostenlos zu.

Welche Wertpapiere kann ich bei der Finanzagentur verwalten lassen?

- Bundesschatzbriefe
- Bundesobligationen
- Finanzierungsschätze
- Anleihen und Schatzanweisungen der Bundesrepublik Deutschland
- Tagesanleihe des Bundes

Wie kann ich ein Schuldbuchkonto eröffnen?

Für die Eröffnung eines Schuldbuchkontos brauchen wir einen **Kontoeröffnungsantrag.** Das entsprechende Formular finden Sie auf unserer Internetseite oder Sie fordern es bei uns an.

Ihre Angaben zur Person und Ihre Unterschrift können Sie im PostIdent-Verfahren bei der Deutschen Post AG bestätigen lassen. Die Gebühren übernehmen wir für Sie. Schuldbuchkonten können nicht nur für Einzelpersonen, sondern auch für **zwei Personen** gemeinsam (z. B. für Eheleute, die dann aber jeweils allein über das Konto verfügen können) und für Minderjährige eröffnet werden. Der Kontoinhaber kann auch Bevollmächtigte benennen, die er über das Konto verfügen lassen will – entweder bereits zu seinen Lebzeiten oder erst im Fall seines Todes zur Erleichterung der Kontoregelung.

Wo kann ich Bundeswertpapiere kaufen?

Bei uns können Sie Bundesschatzbriefe, Bundesobligationen, Finanzierungsschätze und die Tagesanleihe des Bundes kaufen, sofern bereits ein Schuldbuchkonto besteht. Weitere Informationen finden Sie unten unter **‚Kauf'**.

Besteht noch kein Schuldbuchkonto oder möchten Sie andere Wertpapiere kaufen, wenden Sie sich bitte an Ihr Kreditinstitut und lassen Sie die erworbenen Wertpapiere mit dem Hinweis „Neueintrag" an uns übertragen; Sie bekommen Ihre Kontonummer dann von uns mitgeteilt. Kauf und Übertragung sind bei allen direkt erworbenen **Neuemissionen** gebührenfrei. Nur wenn Sie Werte über die Börse kaufen, wird Ihr Kreditinstitut die hierfür vereinbarten Gebühren verlangen. Sind Bundeswertpapiere auf einem Depot bei einer Bank oder Sparkasse eingetragen, dürfen die Kreditinstitute für die Übertragung auf ein Schuldbuchkonto keine Gebühren berechnen.

Welche Aufträge kann ich der Finanzagentur erteilen?

- Kauf von Daueremissionen und der zuletzt an der Börse eingeführten Bundesobligationen
- Wiederanlage fälliger Kapitalbeträge
- vorzeitige Rückgabe von Bundesschatzbriefen, tägliche Rückgabe der Tagesanleihe
- Umtausch von Bundesschatzbriefen
- Verkauf von börsennotierten Wertpapieren
- Übertragung auf ein anderes Schuldbuchkonto

- Übertragung auf ein Depot bei einem Kreditinstitut (außer Tagesanleihe)
- Verpfändung von Wertpapieren
- Eintragung einer Mietkaution
- Freistellung von Kapitalerträgen
- Außerdem können Sie uns jederzeit (schriftlich) beauftragen, die Daten Ihres Kontos zu ändern (z. B. Änderung Ihrer Bankverbindung oder Ihrer Anschrift, Erteilung oder Widerruf von Vollmachten usw.)

Was muss ich bei der Erteilung der Aufträge beachten?

Benutzen Sie für Ihre Auftragserteilung bitte unsere **Formulare**. Sie enthalten alle für den Auftrag wichtigen Informationen und ermöglichen eine schnelle Bearbeitung.

Ihre Aufträge werden (noch) schneller bearbeitet, wenn Sie Ihre **Schuldbuchkonto-Nummer** angeben.

Sie sollten auch Ihre **Telefon-Nummer** vermerken, damit wir bei Unklarheiten bei Ihnen rückfragen können.

Vergessen Sie bitte nicht, Ihren Auftrag zu **unterschreiben**, sonst können wir ihn nicht ausführen.

Um an unserem Internet- und Telefonbanking teilnehmen zu können, brauchen Sie eine persönliche Identifikations-Nummer (PIN), die wir Ihnen zusenden, sobald uns Ihr Antrag auf Freischaltung vorliegt.

Und außerdem bitte noch folgende **Fristen** beachten:

Ihre Aufträge müssen mindestens **10 Geschäftstage** vor dem Fälligkeitstermin eines Wertpapiers bei uns eingegangen sein, wenn sie noch vor diesem ausgeführt werden sollen, da wir zu diesem Zeitpunkt die Zahlung der fälligen Beträge veranlassen. Aufträge zur vorzeitigen Rückgabe zum Jahresende müssen uns bis zum 15. Dezember vorliegen, damit wir sie noch für das laufende Jahr berücksichtigen können.

Welche Besonderheiten gibt es bei den einzelnen Auftragsarten?

Kauf (Direkterwerb): Die aktuell zum Verkauf stehenden Bundesschatzbriefe und Finanzierungsschätze sowie die zuletzt an der Börse eingeführte Serie der Bundesobligationen können direkt bei uns sowohl durch Überweisung eines Geldbetrags als auch per Einzugsermächtigung (Lastschrift) provisions- und gebührenfrei gekauft werden, sofern bereits ein Schuldbuchkonto besteht. Es kann dabei ein Einzel- oder ein Dauerauftrag erteilt werden.

Die gewünschten Bundeswertpapiere werden zu den Konditionen erworben, die am zweiten Geschäftstag vor Geldeingang bzw. vor dem Einzugstermin der Lastschrift zum Verkauf stehen. Ändern sich an diesem Tag die für Bundesschatzbriefe und Finanzierungsschätze festgesetzten Konditionen, so legt die Finanzagentur die bis 12 Uhr gültigen Konditionen zugrunde; bei Bundesobligationen wird der am zweiten Geschäftstag vor Geldeingang bzw. vor dem Einzugstermin der Lastschrift gültige Einheitspreis der Frankfurter Wertpapierbörse als Festpreis zugrunde gelegt.

Der Kauf der Tagesanleihe des Bundes ist nur im Überweisungsverfahren möglich; Sie erwerben die Tagesanleihe zum aktuellen Tagespreis am Tag des Geldeingangs. Weitere Einzelheiten finden Sie auf den entsprechenden Formularen.

Der Direkterwerb sowie die Direktverwaltung der Werte bei der Finanzagentur erfolgen provisions- und gebührenfrei.

Verkauf: Anleihen, Obligationen und Schatzanweisungen können Sie vor Fälligkeit verkaufen. Kurslimite können hierbei nicht beachtet werden. Die Verkaufsaufträge werden über die Deutsche Bundesbank ausgeführt. Es gelten deren Allgemeine Geschäftsbedingungen und Gebührenverzeichnis. Zur Zeit berechnet die Bundesbank eine Effektenprovision von 0,4 % des Kurswertes.

Verkaufsaufträge werden außerbörslich ausgeführt; das hat den Vorteil, dass – anders als bei einer Ausführung über die Börse – weder Maklercourtage noch Börsenabwicklungsgebühr zu zahlen sind.

Vorzeitige Rückgabe von Bundesschatzbriefen: Bundesschatzbriefe können Sie nach dem ersten Laufzeitjahr jederzeit bereits vor Fälligkeit („vorzeitig") zurückgeben. Innerhalb von 30 Zinstagen können dabei pro Kontoinhaber maximal 5 000 Euro Nennwert zurückgegeben werden. Aufträge über höhere Beträge werden von uns in monatlichen Raten ausgeführt.

Vorzeitige Rückgabe von Bundesschatzbriefen mit Umtausch: Gleichzeitig mit einer vorzeitigen Rückgabe können Sie auch eine Wiederanlage des Erlöses in die aktuell zum Verkauf stehenden Bundeswertpapiere beantragen. Der Neuerwerb erfolgt zu den jeweils aktuellen Konditionen (bis 12:00 Uhr am Tag des Auftragseingangs bzw. – bei der ratenweisen Ausführung – des Umtauschtages). Bei Bundesobligationen wird die zuletzt an der Börse eingeführte Serie erworben; es wird der am Tag des Auftragseingangs bzw. des Umtauschtages gültige Einheitspreis der Frankfurter Wertpapierbörse als Festpreis zugrunde gelegt. Die Tagesanleihe erhalten Sie zum Tagespreis des Geschäftstags, der dem letzten Zinstag der Bundesschatzbriefe folgt.

Über den Umtausch erhalten Sie eine Kaufabrechnung. Falls Sie nur einen niedrigeren als den maximal möglichen Nennwert neu erwerben möchten, wird Ihnen der überschüssige Betrag überwiesen. Eine Zuzahlung (Zukauf), um einen höheren Nennwert zu erhalten, ist dagegen nicht möglich.

Wiederanlage: Falls Sie fällige Kapital- oder Zinsbeträge erneut in Bundeswertpapieren anlegen wollen, können Sie entsprechende Wiederanlage-Aufträge unmittelbar an uns richten. Dabei kann grundsätzlich jeder Betrag zur Wiederanlage in die jeweils aktuelle Ausgabe/ Serie der gewünschten Bundeswertpapiere verwendet werden. Der Erwerb erfolgt zu den am zweiten Geschäftstag vor Fälligkeit gültigen Konditionen über die Finanzagentur. Ändern sich an diesem Tag die für Bundesschatzbriefe und Finanzierungsschätze festgesetzten Konditionen, so legt die Finanzagentur die bis 12 Uhr gültigen Konditionen zugrunde. Bei Bundesobligationen wird die zuletzt an der Börse eingeführte Serie erworben; es wird der am zweiten Geschäftstag vor Fälligkeit gültige Einheitspreis der Frankfurter Wertpapierbörse als Festpreis zugrunde gelegt. Die Tagesanleihe wird zum aktuellen Tagespreis am Kalendertag der Fälligkeit erworben.

8 Der Kunde besitzt noch kein Schuldbuchkonto. Füllen Sie den Eröffnungsantrag aus!

Der Antrag wird am 17. April 2012 gestellt. Legitimationsvermerk: Personalausweis 5440846138, ausstellende Behörde: Stadt Mülheim, Telefon: 0208 56713, Steuer-Identifikationsnummer 50197581410.

Bundesrepublik Deutschland
Finanzagentur GmbH

60653 Frankfurt am Main
www.deutsche-finanzagentur.de

Schuldbuchkonto Nr. (wird von der Finanzagentur eingetragen) [ ]

Antrag an die Bundesrepublik Deutschland - Finanzagentur GmbH (Finanzagentur) auf

ERÖFFNUNG EINES SCHULDBUCHKONTOS für: 1104

1. Kontoinhaber

Name [ ] Anrede Frau [ ] Herr [ ]

Vorname/n (alle, lt. amtl. Ausweis) [ ]

Geburtsname [ ] Geburtsdatum [ ]

Geburtsort [ ] Akadem. Titel [ ]

Straße, Haus-Nr. [ ] Staatsangehörigk. [ ]

PLZ [ ] Ort [ ] Auslands-Kennz. (---)

Telefon-Nr. tagsüber [ ] (freiwillige Angabe)

2. Eröffnung eines Gemeinschaftskontos für zwei Kontoinhaber (Oder-Konto) *(s. Hinweise Rückseite unter Pkt. II.)*

Name des 2. Kontoinhabers [ ] Anrede Frau [ ] Herr [ ]

Vorname/n (alle, lt. amtl. Ausweis) [ ]

Geburtsname [ ] Geburtsdatum [ ]

Geburtsort [ ] Akadem. Titel [ ]

Straße, Haus-Nr. [ ] Staatsangehörigk. [ ]

PLZ [ ] Ort [ ] Auslands-Kennz. [ ]

3. Steuerdaten *(s. Hinweise Rücks. unter Pkt. V.)*

Steuer-ID des Kontoinhabers — Steuer-Identifikationsnummer [ ]

Steuer-ID des 2. Kontoinhabers bei Gemeinschaftskto. — Steuer-Identifikationsnummer [ ]

Ich bin verheiratet: NEIN [ ] JA [ ] Falls JA: Mein Ehepartner besitzt ebenfalls ein Schuldbuchkonto: NEIN [ ] JA [ ]

Auf dem Schuldbuchkonto soll ausschließlich [ ] **Privatvermögen** [ ] **Betriebsvermögen** verwahrt werden.

Besitzanteile am Wertpapierbestand bei Gemeinschaftskonto zusammen veranlagter Eheleute

[ ] Hälftige Aufteilung (je 50 %). Andernfalls: 1. Kontoinhaber [ ] %, 2. Kontoinhaber [ ] % *Die Aufteilung 100% zu 0% (oder umgekehrt) ist nicht zulässig*

4. Referenzkonto zur Überweisung fälliger Beträge *(s. Hinweise Rückseite unter Pkt. VI.):*

BLZ [ ] Girokto. Nr. [ ] Kreditinstitut [ ]

Kontoinhaber *(Zutreffendes bitte ankreuzen, s. Rückseite)* gem. Ziff. 1. [ ] gem. Ziff. 2. [ ] gem. Ziff. 1. und 2. [ ]

Zusätzlich, sofern bekannt:

BIC [ ] IBAN [ ]

5. Erklärung nach dem Geldwäschegesetz (GwG): Ich versichere / Wir versichern, im eigenen wirtschaftlichen Interesse und nicht auf fremde Veranlassung, insbesondere nicht als Treuhänder, zu handeln.

6. Mit meiner **Unterschrift** erkenne ich die Bedingungen der Finanzagentur an. Ich bestätige gleichzeitig, dass ich die aufgeführten Informationen und die Widerrufsbelehrung zur Kenntnis genommen habe. Diese liegen mir in Textform vor.

Datum — Unterschrift erster Kontoinhaber (bzw.gesetzl.Vertreter) — ggf. Unterschrift zweiter Kontoinhaber (gesetzl.Vertreter)

Legitimationsprüfung / Bestätigungsvermerk des Kreditinstituts

Der/Die unter 1. u. 2. genannte/n Antragsteller bzw. die unter 3. aufgeführten gesetzlichen Vertreter hat/haben sich ausgewiesen durch

Art, Nr. u. ausstellende Behörde des amtlichen Ausweises des ersten Kontoinhabers (bzw. gesetzl. Vertreters) — Art, Nr. u. ausstellende Behörde des amtlichen Ausweises des ggf. zweiten Kontoinhabers (bzw. gesetzl. Vertreters)

und hat/haben vorstehend unter 6. eigenhändig unterschrieben.

Ort, Datum — Unterschrift/en **und** Firmenstempel des Kreditinstituts

Kontoeröffnungsantrag 06.11

9 Erläutern Sie dem Kunden seine Anlageentscheidung unter Risikoaspekten.

10 Folgende Abrechnung wird dem Kunden Josef Nieland erteilt. Erklären Sie dem Kunden die einzelnen Abrechnungsbeträge!

COMMERZBANK

Ihren Auftrag haben wir gemäß unseren Allgemeinen Geschäftsbedingungen wie nachstehend ausgeführt. Die Wertpapiere haben wir der Abrechnung entsprechend verbucht.
We have effected undermentioned transaction in line with your instructions and on the basis of our general business conditions entering the securities in our books accordingly.

Herrn/Frau/Firma/Mr./Mrs./Messrs.

Josef Nieland
Sandstr. 18
45468 Mülheim

Fil.-Nr. *Branch-No*	Depot-Nr. *Safekeeping No.*	Abrechnungsdatum *Date*	Gesch.-Nr. *Trade No.*	Gesch.-Tag *Trade date*
85		17. 04. 12	435073	17. 04. 12

WERTPAPIER-ABRECHNUNG
CONTRACT NOTE

Währung[3] *Currency*	Nennwert *Nominal*	Liquidation per *Settlement Date as per*
20 000,00 EUR		

ISIN-Nummer *Securities No.*	Stücke Art[1] *Sec Key*[1]	Zinssatz *Rate of Interest*	Wertpapier-Bezeichnung/*Security Description*	Tilgung[2] *Amortization*[2]	St.[3] Schl. *Tax Key*	Kurs/*Price*
DE0001135473		1,75 %	Bundesrepublik Deutschland Anleihe von 2012 (2022)	07.22		99,72

Kurswert	19 944,00 EUR
+ Stückzinsen für 6 Tage	5,75 EUR
+ Provision (0,4 % vom Kurswert)	79,78 EUR

Verw.-Art/Lagerst.[4] *Key to custody*[4]	Börsenplatz *Stock Excange*	Verrechnung über Konto *Settlement through a/c*	Wert/ *Value*	zu Ihren Lasten/ *To your debit*	zu Ihren Gunsten/ *In your favour*
		43361492/21	19.04	20 029,53 EUR	

Eintragung ins Bundesschuldbuch, BSB neu, Josef Nieland, Sandstr. 18, 45468 Mülheim

Hochachtungsvoll
Yours faithfully

COMMERZBANK
AKTIENGESELLSCHAFT

Diese Abrechnung wird von der Bank nicht unterschrieben.
This contract note requires no authorized signature.

1-5) siehe Rückseite/*p. t.o.*
6180/00/0
80555

11 Berechnen Sie die Rendite (effektive Verzinsung) im Emissionszeitpunkt (volle 10-jährige Laufzeit). Legen Sie dabei einen Erwerbskurs von 99,72 zugrunde und benutzen Sie für Ihre Berechnung folgende überschlägige Formel:

$$\text{Rendite} = \left(\text{Nominalzins} \pm \frac{\text{Kursgewinn/Kursverlust}}{\text{Restlaufzeit in Jahren}}\right) \cdot \frac{100}{\text{Kaufkurs}}$$

12 Am 28. Juli 2014 (Montag) wendet sich der Kunde Nieland schriftlich an die Deutsche Finanzagentur mit der Bitte, nom. EUR 10 000,00 der im April 2012 gekauften Bundesanleihe zu verkaufen.

a) Durch wen lässt die Deutsche Finanzagentur den Auftrag ausführen?

b) Erstellen Sie für den Kunden Nieland die Verkaufsabrechnung. Die Bundesanleihe wird im Zeitpunkt des Verkaufs mit 98 % an der Frankfurter Wertpapierbörse notiert. An Gebühren fallen an: Provision 0,4 % vom Kurswert. Der Auftrag wird am 30. Juli 2014 (Mittwoch) an der Börse ausgeführt. Der Kunde hat einen Freistellungsauftrag vorgelegt und verfügt noch über ein entsprechendes Freistellungsvolumen.

nom. EUR 10 000; Kurs 98,00

Kurswert	= . . . . EUR
+ Stückzinsen	= . . . . EUR
= ausmachender Betrag	= . . . . EUR
– Provision	= . . . . EUR
Gutschrift Valuta	= . . . . EUR

c) Warum notiert die Bundesanleihe am Tag des Verkaufs an der Börse im Gegensatz zum Emissionskurs mit 98 %?

1.2.2

Ausstattung der Teilschuldverschreibungen der Stadt Leipzig

Form und Nennbetrag

Die Anleihe der Stadt Leipzig im Gesamtnennbetrag von Euro 100 000 000,00 ist eingeteilt in

50 000 Teilschuldverschreibungen zu je EUR Nr. 00 001 – 50 000;	100,00
30 000 Teilschuldverschreibungen zu je EUR Nr. 50 001 – 80 000;	500,00
16 000 Teilschuldverschreibungen zu je EUR Nr. 80 001 – 96 000.	5 000,00

Verzinsung

Die Teilschuldverschreibungen werden vom 29. Januar 20.. an einschließlich mit 4,15 % jährlich verzinst. Die Zinsen sind jährlich nachträglich am 29. Januar eines jeden Jahres zahlbar. Der erste Zinsschein ist am 29. Januar 20.. fällig.

Emissionsrendite

4,1221 % p. a., Ausgabekurs 100,225.

Rückzahlung

Die Teilschuldverschreibungen werden am 29. Januar 20.. (Laufzeit 10 Jahre) zum Nennbetrag zurückgezahlt.

Übernahme und Verkauf

Die Teilschuldverschreibungen werden von einem Konsortium inländischer Banken und Finanzinstitute (die „Banken") unter Federführung der ABN AMRO Bank (Deutschland) AG sowie Mitführung der Hypo- und Vereinsbank AG und der Stadt- und Kreissparkasse Leipzig übernommen und freibleibend zum Verkauf angeboten. Zahltag ist der 29. Januar 20..

Zahlstelle

Die Anleiheschuldnerin hat die Stadt- und Kreissparkasse Leipzig zur Zahlstelle bestellt. Nach Maßgabe der Anleihebedingungen kann die vorstehende Zahlstelle durch andere Banken ersetzt oder zusätzliche Zahlstellen benannt werden.

Verwendung des Anleiheerlöses

Die Anleiheschuldnerin beabsichtigt, den Nettoerlös der Anleihe in Höhe von rund EUR 99 600 000,00 zur Finanzierung von Investitionen für kommunale Infrastruktur, der Wirtschaftsförderung und im Jugend- und Sozialbereich zu verwenden.

Mündelsicherheit

Der Antrag auf Mündelsicherheit gemäß § 1807 Absatz 1 Nr. 4 BGB wurde gestellt.

Deckungsstockfähigkeit

Die Deckungsstockfähigkeit gemäß Versicherungsaufsichtsgesetz ist gegeben.

ESZB-Fähigkeit

Es ist beabsichtigt, die Einstellung der Teilschuldverschreibungen in die Kategorie-2-Sicherheiten und die Zulassung für geldpolitische Operationen des ESZB zu beantragen.

Börseneinführung

Es ist vorgesehen, die Zulassung der Teilschuldverschreibungen zum Börsenhandel im regulierten Markt an der Frankfurter Wertpapierbörse zu beantragen.

Anwendbares Recht, Erfüllungsort und Gerichtsstand

Es gilt das Recht der Bundesrepublik Deutschland. Erfüllungsort und Gerichtsstand ist Leipzig.

Begebung weiterer Schuldverschreibungen

Die Stadt Leipzig behält sich vor, von Zeit zu Zeit ohne Zustimmung der Anleihegläubiger weitere Teilschuldverschreibungen mit gleicher Ausstattung zu begeben in der Weise, dass sie mit diesen Teilschuldverschreibungen zusammengefasst werden, eine einheitliche Emission mit ihnen bilden und ihren Gesamtnennbetrag erhöhen.

AUFGABEN:

1 Vergleichen Sie für ein Anlagegespräch die Ausstattung der Inhaber-Teilschuldverschreibungen der Stadt Leipzig mit der Ausstattung der Anleihe der Bundesrepublik Deutschland in Übung 1.2.1.

	Bundesanleihe	Anleihe Stadt Leipzig
Emittent		
Laufzeit		
Mindestnennbetrag		
Verkaufskurs		
Rendite		
Lieferung/ Verbriefung		
Börseneinführung		
Zahlung von Zinsen und Kapital		
Platzierung (→ Unterbringung beim Publikum)		
Sicherstellung		

2 Vergleichen Sie die Anleihe der Stadt Leipzig mit der folgenden Neuemission.

DKB Deutsche Kreditbank AG — Die Bank, die Ihre Sprache spricht.

NEUEMISSION

Öffentliche Pfandbriefe Reihe 15 der Deutschen Kreditbank AG von 20../20..

ISIN DE0003678496

Emissionsbetrag EURO	12500000,00
Fälligkeit:	19.03.20..
Verzinsung:	2,75 % p.a.

3 Unterstellen Sie, beide Anleihen seien zur gleichen Zeit begeben (z. B. Anfang 2012). Wie müssten Zins und Rendite der Anleihen im Vergleich gestaltet sein?

1.2.3 Bundesschatzbriefe

Frau Monika Rietkötter, ledig, ist an dem Erwerb von Bundesschatzbriefen interessiert. Sie hat in einem Werbeprospekt gelesen, dass Bundesschatzbriefe absolut sichere und sehr liquide Wertpapiere sind.

AUFGABEN:

1 Begründen Sie die obige Aussage. Nehmen Sie ggf. die Emissionsbedingungen für Bundesschatzbriefe (Übung 1.2.4) zuhilfe.

2 Erläutern Sie der Kundin die Art der Zinszahlung bei Bundesschatzbriefen.

3 Die Kundin Monika Rietkötter gibt Ihrem Kreditinstitut am Freitag, dem 20. Januar 2012, den Auftrag, für nom. € 15 000,00 Bundesschatzbriefe Typ A (Ausgabe 2012/01) und nom. € 12 000,00 Bundesschatzbriefe Typ B (Ausgabe 2012/02) zu kaufen.

Die aktuellen Konditionen:
(Verkauf ab 19. Januar 2012/12.00 Uhr)

Ausgaben:
Bundesschatzbriefe Typ A – Ausgabe 2012/01 – ISIN DE0001119063/ Wertpapier-Kenn-Nr. 111 906 –
Zinszahlung jährlich nachträglich.
Bundesschatzbriefe Typ B – Ausgabe 2012/02 – ISIN DE0001119071/ Wertpapier-Kenn-Nr. 111 907 – Ansammlung der Zinsen,
Stückelung 0,01 Euro, Mindestauftrag 50 Euro.

Zinslauf:
Ab 1. Januar 2012

Zinsen, Renditen[1]:

Laufzeitjahr	Nominalzins	Rendite nach dem ... Jahr	
		Typ A	Typ B
1. Jahr (2012)	0,25 %	0,25 %	0,25 %
2. Jahr (2013)	0,25 %	0,25 %	0,25 %
3. Jahr (2014)	0,25 %	0,25 %	0,25 %
4. Jahr (2015)	0,50 %	0,31 %	0,31 %
5. Jahr (2016)	1,75 %	0,60 %	0,60 %
6. Jahr (2017)	2,00 %	0,82 %	0,83 %
nur Typ B 7. Jahr (2018)	2,00 %	–	1,00 %

1) Rendite = wirklicher Zinsgewinn pro Jahr (berechnet auf die gesamte Laufzeit ohne Berücksichtigung von Stückzinsen).

Die Wertpapiere sollen ihrem Depotkonto gutgeschrieben werden. Erstellen Sie für die Kundin die Kaufabrechnungen.

Bundesschatzbriefe Typ A:

Nennwert	15 000,00 €
Stückzinsen (Tage/ %)	€
Belastung Wert	€

Bundesschatzbriefe Typ B:

Nennwert	12 000,00 €
Stückzinsen (Tage/ %)	€
Belastung Wert	€

4 Wann kann die Kundin frühestens ihrem Kreditinstitut den Auftrag zur Rückgabe der unter 3 gekauften Bundesschatzbriefe erteilen und wie viel € Nennwert können an diesem Tag von ihr höchstens zurückgegeben werden?

5 Frau Rietkötter erteilt am Donnerstag, dem 21. August 2014 (Handelstag), den Auftrag zur Rückgabe von nom. € 5 000,00 Bundesschatzbriefe Typ B (Ausgabe 2012/02).

Erstellen Sie mithilfe der nachstehenden Tabellen die Verkaufsabrechnung unter Berücksichtigung von 0,5 % Provision vom Nennwert und der Abgeltungsteuer plus Solidaritätszuschlag. Die Kirchensteuer bleibt unberücksichtigt.

Rückzahlungswert für nom. € 5 000,00	=	€
– Provision	=	€
– Abgeltungsteuer plus Solidaritätszuschlag	=	€
Gutschriftsbetrag Valuta	=	€

6 Frau Rietkötter wünscht darüber informiert zu werden, wie die Zinsen aus Bundesschatzbriefen steuerlich behandelt werden und ob sie ggf. die einbehaltene Abgeltungsteuer und den Solidaritätszuschlag erstattet bekommen kann. Geben Sie der Kundin Auskunft. Nehmen Sie auch Stellung zu eventuellen Freibeträgen, die der Kundin in diesem Zusammenhang zustehen.

Tabelle I:
Rückzahlungswert für Bundesschatzbriefe Typ B je <u>100 Euro</u>

2012		**2015**		**2017**	
31.12.	100,25	31.01.	100,79	31.01.	103,20
		28.02.	100,83	29.02.	103,36
2013		31.03.	100,88	31.03.	103,54
		30.04	100,92	30.04.	103,71
31.03.	100,27	31.05.	100,96	31.05.	103,88
28.02.	100,29	30.06.	101,00	30.06.	104,05
31.03.	100,31	31.07.	101,04	31.07.	104,22
30.04.	100,33	31.08.	101,09	31.08.	104,40
31.05.	100,35	30.09.	101,13	30.09.	104,57
30.06.	100,37	31.10.	101,17	31.10.	104,74
31.07.	100,40	30.11.	101,21	30.11.	104,91
31.08.	100,42	31.12.	101,26	31.12.	105,09
30.09.	100,44				
31.10.	100,46	**2016**		**2018**	
30.11.	100,48				
31.12.	100,50	31.01.	101,41	31.01.	105,27
		28.02.	101,55	28.02.	105,43
2014		31.03.	101,70	31.03.	105,61
		30.04.	101,84	30.04.	105,78
31.01.	100,52	31.05.	101,99	31.05.	105,96
28.02.	100,54	30.06.	102,14	30.06.	106,13
31.03.	100,56	31.07.	102,29	31.07.	106,31
30.04.	100,58	31.08.	102,44	31.08.	106,49
31.05.	100,60	30.09.	102,58	30.09.	106,66
30.06.	100,63	31.10.	102,73	31.10.	106,84
31.07.	100,65	30.11.	102,88	30.11.	107,01
31.08.	100,67	31.12.	103,03	31.12.	107,19
30.09.	100,69				
31.10.	100,71				
30.11.	100,73				
31.12.	100,75				

Tabelle II:
Stückzinsen je <u>100 Euro</u> innerhalb der Monate

Tag	Jan. 2013 bis einschl. Dez. 2013 Jahreszins 0,25 %	Jan. 2014 bis einschl. Dez. 2014 Jahreszins 0,25 %	Jan. 2015 bis einschl. Dez. 2015 Jahreszins 0,50 %	Jan. 2016 bis einschl. Dez. 2016 Jahreszins 1,75 %	Jan. 2017 bis einschl. Dez. 2017 Jahreszins 2,00 %	Jan. 2018 bis einschl. Dez. 2018 Jahreszins 2,00 %
	Euro	Euro	Euro	Euro	Euro	Euro
1	0,00	0,00	0,00	0,00	0,01	0,01
2	0,00	0,00	0,00	0,01	0,01	0,01
3	0,00	0,00	0,00	0,01	0,02	0,02
4	0,00	0,00	0,01	0,02	0,02	0,02
5	0,00	0,00	0,01	0,02	0,03	0,03
6	0,00	0,00	0,01	0,03	0,03	0,03
7	0,00	0,00	0,01	0,03	0,04	0,04
8	0,01	0,01	0,01	0,04	0,05	0,05
9	0,01	0,01	0,01	0,04	0,05	0,05
10	0,01	0,01	0,01	0,05	0,06	0,06
11	0,01	0,01	0,02	0,05	0,06	0,06
12	0,01	0,01	0,02	0,06	0,07	0,07
13	0,01	0,01	0,02	0,06	0,07	0,07
14	0,01	0,01	0,02	0,07	0,08	0,08
15	0,01	0,01	0,02	0,07	0,08	0,09
16	0,01	0,01	0,02	0,08	0,09	0,09
17	0,01	0,01	0,02	0,08	0,10	0,10
18	0,01	0,01	0,02	0,09	0,10	0,10
19	0,01	0,01	0,03	0,09	0,11	0,11
20	0,01	0,01	0,03	0,10	0,11	0,12
21	0,01	0,01	0,03	0,10	0,12	0,12
22	0,02	0,02	0,03	0,11	0,12	0,13
23	0,02	0,02	0,03	0,11	0,13	0,13
24	0,02	0,02	0,03	0,12	0,14	0,14
25	0,02	0,02	0,03	0,12	0,14	0,14
26	0,02	0,02	0,04	0,13	0,15	0,15
27	0,02	0,02	0,04	0,13	0,15	0,16
28	0,02	0,02	0,04	0,14	0,16	0,16
29	0,02	0,02	0,04	0,14	0,16	0,17
30	0,02	0,02	0,04	0,15	0,17	0,17

1.2.4 Finanzierungsschätze

Der Kunde Mike Schneider legt großen Wert auf eine sichere Geldanlage. Ihn interessieren insbesondere Finanzierungsschätze des Bundes.

AUFGABEN:

1 Informieren Sie den Kunden über

a) mögliche Laufzeiten,

b) Art der Zinszahlungen,

c) vorzeitige Rückgabe und

d) Möglichkeiten der Verwahrung und Verwaltung dieser Wertpapiere.

2 Mike Schneider entschließt sich, Finanzierungsschätze mit einjähriger Laufzeit im Nennwert von 16.000,00 EUR zu kaufen. Der Kauf wird am Montag, dem 24. Oktober 2011, abgewickelt. Ermitteln Sie den Kaufpreis, den der Kunde zu zahlen hat!
(Beachten Sie: Das Jahr 2012 ist ein Schaltjahr.)

3 Richard u.a. - ISBN 978-3-8120-1234-8

Finanzierungsschätze ab 30. September 2011, 12:00 Uhr*

Laufzeit	1 Jahr	2 Jahre
ISIN**	DE0001117489	DE0001117497
WKN***	111748	111749
Fälligkeit	22.10.2012	21.10.2013
Verkaufszinssatz	**0,20 %**	**0,35 %**
Rendite (Zinsertrag bezogen auf Kaufpreis)	**0,20 %**	**0,35 %**
Für eine Jahresanlage über [1]	500,00 €	500,00 €
Kaufpreis [2]	499,00 €	496,50 €
Zinsertrag [2]	1,00 € für 1 Jahr	3,50 € für 2 Jahre

Stückelung: 0,01 Euro

Mindestauftrag: 500 Euro

[1] Anlage entspricht dem Nominal- und Einlösungswert

[2] Bei einem Anlagezeitraum von genau 12 beziehungsweise 24 Monaten

* Diese Konditionen können sich, je nach Marktlage, täglich mit Wirksamkeit ab 12:00 Uhr ändern.

** International Securities Identification Number

*** Wertpapierkennnummer

1.2.5 Bundesanleihen, Bundesobligationen, Bundesschatzbriefe, Finanzierungsschätze

Fertigen Sie mithilfe der abgedruckten Texte die folgende vergleichende Übersicht an! Greifen Sie auch auf die Texte der Übung 1.2.1 zurück!

Emissionsbedingungen für Bundesschatzbriefe
Fassung 1. August 2006

Die Bundesrepublik Deutschland begibt im Rahmen ihrer Kreditaufnahme Bundesschatzbriefe als Daueremissionen, die auch der Vermögensbildung breiter Bevölkerungskreise dienen sollen. Bundesschatzbriefe werden in aufeinander folgenden Ausgaben mit während der Laufzeit steigenden Zinsen in den Ausstattungen A und B aufgelegt.

Käuferkreis:

Bundesschatzbriefe können nur von natürlichen Personen und von gebietsansässigen Einrichtungen, die gemeinnützigen, mildtätigen oder kirchlichen Zwecken dienen, erworben werden.

Erwerb:

(1) Bundesschatzbriefe haben eine Stückelung von 0,01 Euro. Der erworbene Nennwert muss mindestens 50 Euro betragen.

(2) Bundesschatzbriefe können bei Banken und Sparkassen gebühren- und spesenfrei zum Nennwert erworben werden; anfallende Stückzinsen werden verrechnet.

(3) Der Kauf von Bundesschatzbriefen ist auch direkt bei der Bundesrepublik Deutschland – Finanzagentur GmbH (Lurgiallee 5, 60439 Frankfurt am Main) möglich. Voraussetzung für den Direkterwerb ist die Angabe eines bestehenden Schuldbuchkontos, auf das die Werte beim Kauf eingetragen werden können. Für den Kauf beim Direkterwerb wird eine Überweisung oder Lastschrift in Höhe von mindestens 52 Euro je Kaufauftrag benötigt. Aufträge, die diesen Betrag erreichen, werden auch ausgeführt, wenn im Einzelfall der nach Absatz 1 zu erwerbende Nennwert von 50 Euro nicht erzielt wird.

(4) Im Überweisungsverfahren wird vom Käufer ein Betrag auf ein festgelegtes Konto bei der Deutschen Bundesbank überwiesen. Hiervon wird der maximal mögliche Nennwert unter Berücksichtigung von Stückzinsen zu den Konditionen erworben, die am zweiten Geschäftstag vor Geldeingang bis 12.00 Uhr Gültigkeit hatten.

(5) Im Lastschriftverfahren wird der Betrag über den eingetragenen Zahlungsweg eingezogen, sofern der Bundesrepublik Deutschland – Finanzagentur GmbH eine Einzugsermächtigung vorliegt. Der Käufer kann einen exakten Nennwert vorgeben, der zuzüglich der anfallenden Stückzinsen über den eingetragenen Zahlungsweg eingezogen wird. Die Wertpapiere werden zu den Konditionen erworben, die am zweiten Geschäftstag vor dem Einzugstermin der Lastschrift bis 12.00 Uhr Gültigkeit hatten.

(6) Der Kaufauftrag kann auch im Rahmen des Internet-Banking nach den dort bekannt gemachten Bedingungen der Bundesrepublik Deutschland – Finanzagentur GmbH (www.BWp-Direkt.de) erteilt werden.

(7) Der Direkterwerb sowie die Direktverwaltung der Werte bei der Bundesrepublik Deutschland – Finanzagentur GmbH erfolgen gebühren- und spesenfrei.

Verzinsung, Zinszahlung, Rendite:

(1) Die Bundesschatzbriefe werden mit festen jährlichen Nominalzinssätzen ausgestattet.

(2) Bei Bundesschatzbriefen A werden die Zinsen jährlich nachträglich gezahlt, erstmals ein Jahr nach Zinslaufbeginn. Bei Bundesschatzbriefen B werden die Zinsen mit Zinseszinsen bei der Rückzahlung dem Nennwert zugeschlagen (Rückzahlungswert). Die Rückzahlungswerte je 100 Euro ergeben sich aus gesondert veröffentlichten Tabellen. Die Zinsen werden jeweils unter Beachtung der steuerlichen Bestimmungen gezahlt.

(3) Die Verzinsung für beide Bundesschatzbrief-Typen endet mit Ablauf des dem Fälligkeitstag vorhergehenden Tages; das gilt auch dann, wenn die Leistung nach § 193 BGB bewirkt wird.

(4) Zinsen und Renditen werden nach der taggenauen Zinsmethode berechnet.

Laufzeit, Rückzahlung:

(1) Die Laufzeit beträgt bei Bundesschatzbriefen A 6 Jahre, bei Bundesschatzbriefen B 7 Jahre. Die Laufzeit beginnt gleichzeitig mit dem Zinslaufbeginn der jeweiligen Ausgabe.

(2) Bei Fälligkeit wird dem Gläubiger der Nennwert (Bundesschatzbriefe A) oder der Rückzahlungswert (Bundesschatzbriefe B) – hinsichtlich des Zinsanteils unter Beachtung der steuerlichen Bestimmungen – durch die depotführende Stelle gutgeschrieben oder bei Einzelschuldbuchverwaltung durch die Bundesrepublik Deutschland – Finanzagentur GmbH bargeldlos überwiesen.

Übertragbarkeit:

Der Gläubiger kann seine Bundesschatzbriefe jederzeit durch die depotführende Stelle oder im Bundesschuldbuch auf Dritte, die zum Erwerb zugelassen sind, übertragen lassen. Kreditinstitute können Bundesschatzbriefe nur in besonderen Fällen erwerben.

Vorzeitige Rückgabe:

(1) Bundesschatzbriefe werden nicht in den Börsenhandel eingeführt.

(2) Nach Ablauf des ersten Laufzeitjahrs kann der Gläubiger Bundesschatzbriefe bis zum Höchstbetrag von monatlich (innerhalb 30 Zinstagen) insgesamt 5000 Euro je Gläubiger (sämtliche Euro-Ausgaben im Depot des Gläubigers zusammengerechnet) über die depotführende Stelle bzw. die Bundesrepublik Deutschland – Finanzagentur GmbH vorzeitig zurückgeben.

(3) Unabhängig hiervon kann der Gläubiger auf DM lautende Bundesschatzbrief-Ausgaben (Emission bis 31.12.2001) bis zum Höchstbetrag von monatlich (innerhalb 30 Zinstagen) insgesamt 10000 DM je Gläubiger (sämtliche DM-Ausgaben im Depot des Gläubigers zusammengerechnet) über die depotführende Stelle bzw. die Bundesrepublik Deutschland – Finanzagentur GmbH vorzeitig zurückgeben.

(4) Bei einer vorzeitigen Rückgabe werden – jeweils unter Beachtung der steuerlichen Bestimmungen – auf den Nennwert (Bundesschatzbriefe A) Stückzinsen zum Zinssatz des laufenden Jahres verrechnet, bzw. es wird der sich aus gesondert veröffentlichten Tabellen ergebende Rückzahlungswert (Bundesschatzbriefe B) durch die depotführende Stelle gutgeschrieben oder bei Einzelschuldbuchverwaltung durch die Bundesrepublik Deutschland – Finanzagentur GmbH bargeldlos überwiesen. Eine vorzeitige Rückgabe von Bundesschatzbriefen durch die depotführende Stelle oder – bei Einzelschuldbuchverwaltung – durch die Bundesrepublik Deutschland – Finanzagentur GmbH ist nur bis einschließlich 10 Geschäftstage vor Fälligkeit möglich.

(5) Eine vorzeitige Kündigung durch den Schuldner ist ausgeschlossen.

Verschaffung der Rechte:

(1) Die Ausgabe von Wertpapierurkunden ist für die gesamte Laufzeit ausgeschlossen. Für die Bundesschatzbriefe wird im Bundesschuldbuch eine Sammelschuldbuchforderung für die Clearstream Banking AG Frankfurt eingetragen.

(2) Die Käufer erhalten nach ihrer Wahl Miteigentum an der Sammelschuldbuchforderung durch die Depotgutschrift ihres Kreditinstituts oder eine auf ihren Namen eingetragene Einzelschuldbuchforderung bei der Bundesrepublik Deutschland – Finanzagentur GmbH.

Direktverwaltung:

(1) Beim Erwerb über ihr Kreditinstitut haben die Käufer die Möglichkeit, das Institut zu beauftragen, die Eintragung einer Schuldbuchforderung auf ihren Namen bei der Bundesrepublik Deutschland – Finanzagentur GmbH zu veranlassen. Die Kreditinstitute dürfen hierfür keine Gebühren berechnen, sofern der Auftrag unmittelbar beim Erwerb neuer Bundesschatzbriefe erteilt wird. Die Bundesrepublik Deutschland – Finanzagentur GmbH übernimmt die Verwaltung der Bundesschatzbriefe einschließlich der bargeldlosen Überweisung von Zinsen und Kapital; sie besorgt auch eine vorzeitige Rückgabe der Bundesschatzbriefe.

(2) Werden Bundesschatzbriefe direkt bei der Bundesrepublik Deutschland – Finanzagentur GmbH gekauft, so erfolgt die kostenfreie Eintragung als Schuldbuchforderung zugunsten des vom Auftraggeber benannten Schuldbuchkontos.

(3) Soll eine vorzeitige Rückgabe zum Direkterwerb von Bundesschatzbriefen, Finanzierungsschätzen oder Bundesobligationen (Umtausch) dienen, kann die Bundesrepublik Deutschland – Finanzagentur GmbH damit beauftragt werden. Für den Umtausch gelten die jeweiligen Verkaufs- und Emissionsbedingungen des Bundesministeriums der Finanzen sowie die Umtauschbedingungen der Bundesrepublik Deutschland – Finanzagentur GmbH. Dabei erhält der Anleger Bundesschatzbriefe, Finanzierungsschätze oder Bundesobligationen, die am Tag des Auftragseingangs von der Bundesrepublik Deutschland – Finanzagentur GmbH zum Direktverkauf angeboten werden. Ändern sich an diesem Tag die für Bundesschatzbriefe oder Finanzierungsschätze festgesetzten Konditionen, so werden die bis 12.00 Uhr gültigen Konditionen zugrunde gelegt.

(4) Bei Zins- oder Endfälligkeit der Bundesschatzbriefe kann die Bundesrepublik Deutschland – Finanzagentur GmbH mit der Wiederanlage in Bundesschatzbriefe, Finanzierungsschätze oder Bundesobligationen beauftragt werden. Für die Wiederanlage gelten die jeweiligen Verkaufs- und Emissionsbedingungen des Bundes sowie die Wiederanlagebedingungen der Bundesrepublik Deutschland – Finanzagentur GmbH. Dabei erhält der Anleger Bundesschatzbriefe, Finanzierungsschätze oder Bundesobligationen, die am zweiten Geschäftstag vor dem Wiederanlagetermin von der Bundesrepublik Deutschland – Finanzagentur GmbH zum Direktverkauf angeboten werden. Ändern sich an diesem Tag die für Bundesschatzbriefe oder Finanzierungsschätze festgesetzten Konditionen, so werden die bis 12.00 Uhr gültigen Konditionen zugrunde gelegt.

Mündelsicherheit:

Bundesschatzbriefe sind nach § 1807 Abs. 1 Nr. 2 BGB mündelsicher.

Kosten:

(1) Die Einlösung bei Fälligkeit ist gebührenfrei.

(2) Für den Direkterwerb und die Verwaltung von Bundesschatzbriefen einschließlich der bargeldlosen Überweisung von Zinsen und Kapital sowie bei vorzeitigen Rückgaben und Übertragungen berechnet die Bundesrepublik Deutschland – Finanzagentur GmbH keine Gebühren.* Dies gilt in den Fällen des Umtausches und der Wiederanlage auch für den Erwerb neuer Bundesschatzbriefe, Finanzierungsschätze oder Bundesobligationen.

Bekanntgabe der Ausstattungsmerkmale:

Die Ausstattungsmerkmale neuer Bundesschatzbrief-Ausgaben werden durch Pressemitteilung und über Wirtschaftsinformationsdienste bekannt gemacht.

* Für die Depotverwaltung, vorzeitige Rückgabe auf Dritte berechnen die meisten depotführenden Stellen Gebühren.

Emissionsbedingungen für Finanzierungsschätze des Bundes

Fassung 1. Februar 2010

Die Bundesrepublik Deutschland begibt im Rahmen ihrer Kreditaufnahme Finanzierungsschätze als Daueremissionen, die auch der Vermögensbildung breiter Bevölkerungskreise dienen sollen.

Käuferkreis:

Finanzierungsschätze können von jedermann erworben werden, ausgenommen von Kreditinstituten, die Finanzierungsschätze nur in besonderen Fällen erwerben können.

Erwerb:

(1) Finanzierungsschätze haben eine Stückelung von 0,01 Euro. Der erworbene Nennwert muss mindestens 500 Euro betragen; pro Person und Geschäftstag darf höchstens ein Betrag von 250000 Euro (beide Laufzeittypen zusammengerechnet) erworben werden.

(2) Finanzierungsschätze können bei Banken und Sparkassen gebühren- und spesenfrei erworben werden.

(3) Der Kauf von Finanzierungsschätzen ist auch direkt bei der Bundesrepublik Deutschland – Finanzagentur GmbH (Lurgiallee 5, 60439 Frankfurt am Main) möglich. Voraussetzung für den Direkterwerb ist die Angabe eines bestehenden Schuldbuchkontos, auf das die Werte beim Kauf eingetragen werden können. Für den Kauf beim Direkterwerb wird eine Überweisung oder Lastschrift in Höhe von mindestens 500 Euro benötigt.

(4) Im Überweisungsverfahren wird vom Käufer ein Betrag auf ein festgelegtes Konto bei der Deutschen Bundesbank überwiesen. Es wird hiervon der maximal mögliche Nennwert zu den Konditionen erworben, die am zweiten Geschäftstag vor Geldeingang bis 12.00 Uhr Gültigkeit hatten.

(5) Im Lastschriftverfahren wird der Betrag über den eingetragenen Zahlungsweg eingezogen, sofern der Bundesrepublik Deutschland – Finanzagentur GmbH eine Einzugsermächtigung vorliegt. Der Käufer kann einen exakten Nennwert vorgeben, dessen Kaufbetrag über den eingetragenen Zahlungsweg eingezogen wird. Es werden Wertpapiere zu den Konditionen erworben, die am zweiten Geschäftstag vor dem Einzugstermin der Lastschrift bis 12.00 Uhr zum Verkauf stehen.

(6) Der Kaufauftrag kann auch im Rahmen des Internet-Banking nach den dort bekannt gemachten Bedingungen der Bundesrepublik Deutschland – Finanzagentur GmbH (www.BWp-Direkt.de) erteilt werden.

(7) Der Direkterwerb sowie die Direktverwaltung der Werte bei der Bundesrepublik Deutschland – Finanzagentur GmbH erfolgen gebühren- und spesenfrei.

Verzinsung, Rendite:

(1) Finanzierungsschätze werden in der Weise verzinst, dass der Erwerber beim Kauf einen geringeren Betrag einzahlt als er später bei der Einlösung am festliegenden Fälligkeitstag zurückerhält. Die Zinsen für die Zeit vom Tag der Zahlung des Kaufpreises bis zum Fälligkeitstag (ausschließlich) werden im Voraus vom Nennwert abgezogen. Die Abschlagsprozentsätze pro Jahr werden als Verkaufszinssätze bezeichnet; sie werden nach der Marktlage festgelegt.

(2) Zinsen und Renditen werden nach der taggenauen Zinsmethode berechnet.

Laufzeit, Rückzahlung:

(1) Finanzierungsschätze werden in Ausgaben mit einer Laufzeit von etwa einem Jahr und etwa zwei Jahren verkauft. Die Laufzeit beginnt mit dem Tag der Zahlung des Kaufpreises.

(2) Die Laufzeit endet am 20. des Fälligkeitsmonats, falls der 20. ein Samstag, Sonntag oder gesetzlicher Feiertag ist, am nächstfolgenden Geschäftstag. Bei Fälligkeit wird der Einlösungsbetrag – hinsichtlich des Zinsanteils unter Beachtung der steuerlichen Bestimmungen – dem Gläubiger durch die depotführende Stelle gutgeschrieben oder bei Einzelschuldbuchverwaltung durch die Bundesrepublik Deutschland – Finanzagentur GmbH bargeldlos überwiesen. Der Emittent nimmt Finanzierungsschätze vor Fälligkeit nicht zurück.

Übertragbarkeit:

Der Gläubiger kann seine Finanzierungsschätze jederzeit durch die depotführende Stelle oder im Bundesschuldbuch auf Dritte – ausgenommen Kreditinstitute – übertragen lassen. Kreditinstitute können Finanzierungsschätze nur in besonderen Fällen erwerben.

Verschaffung der Rechte:

(1) Die Ausgabe von Wertpapierurkunden ist für die gesamte Laufzeit ausgeschlossen.

(2) Für die Finanzierungsschätze wird im Bundesschuldbuch je Ausgabe eine Sammelschuldbuchforderung für die Clearstream Banking AG Frankfurt eingetragen. Die Käufer erhalten nach ihrer Wahl Miteigentum an der Sammelschuldbuchforderung durch die Depotgutschrift ihres Kreditinstituts oder eine auf ihren Namen eingetragene Einzelschuldbuchforderung bei der Bundesrepublik Deutschland – Finanzagentur GmbH.

Direktverwaltung:

(1) Beim Erwerb über ihr Kreditinstitut haben die Käufer die Möglichkeit, das Institut zu beauftragen, die Eintragung einer Schuldbuchforderung auf ihren Namen bei der Bundesrepublik Deutschland – Finanzagentur GmbH (Lurgiallee 5, 60439 Frankfurt am Main) zu veranlassen. Die Kreditinstitute dürfen hierfür keine Gebühren und Spesen berechnen, sofern der Auftrag unmittelbar beim Erwerb neuer Finanzierungsschätze erteilt wird. Die Bundesrepublik Deutschland – Finanzagentur GmbH übernimmt die Verwaltung der Finanzierungsschätze einschließlich der bargeldlosen Überweisung des Einlösungsbetrages.

(2) Werden Finanzierungsschätze direkt bei der Bundesrepublik Deutschland – Finanzagentur GmbH gekauft, so erfolgt die kostenfreie Eintragung als Schuldbuchforderung zugunsten des vom Auftraggeber benannten Schuldbuchkontos.

(3) Bei Fälligkeit der Finanzierungsschätze kann die Bundesrepublik Deutschland – Finanzagentur GmbH mit der Wiederanlage in die Tagesanleihe, Bundesschatzbriefe, Finanzierungsschätze oder Bundesobligationen beauftragt werden. Für die Wiederanlage gelten die jeweiligen Verkaufs- und Emissionsbedingungen des Bundesministeriums der Finanzen sowie die Wiederanlagebedingungen der Bundesrepublik Deutschland – Finanzagentur GmbH. Dabei erhält der Anleger die Tagesanleihe zum aktuellen Tagespreis am Wiederanlagetermin bzw. Bundesschatzbriefe, Finanzierungsschätze oder Bundesobligationen, die am zweiten Geschäftstag vor dem Wiederanlagetermin von der Bundesrepublik Deutschland – Finanzagentur GmbH zum Direktverkauf angeboten werden. Ändern sich an diesem Tag die für Bundesschatzbriefe oder Finanzierungsschätze festgesetzten Konditionen, so werden die bis 12.00 Uhr gültigen Konditionen zugrunde gelegt.

Mündelsicherheit, Deckungsstockfähigkeit:

Finanzierungsschätze sind nach § 1807 Abs. 1 Nr. 2 BGB mündelsicher und nach § 54 Abs. 2 Nr. 2 VAG für die Anlage des gebundenen Vermögens geeignet.

Kosten:

(1) Die Einlösung bei Fälligkeit ist gebührenfrei.

(2) Für den Direkterwerb und die Verwaltung von Finanzierungsschätzen einschließlich der bargeldlosen Überweisung des Einlösungsbetrags sowie für Übertragungen berechnet die Bundesrepublik Deutschland – Finanzagentur GmbH keine Gebühren.* Dies gilt im Fall der Wiederanlage auch für den Erwerb der Tagesanleihe, neuer Bundesschatzbriefe, Finanzierungsschätze oder Bundesobligationen.

Bekanntgabe der Ausstattungsmerkmale:

Die Ausstattungsmerkmale neuer Finanzierungsschätze werden durch Pressemitteilung und über Wirtschaftsinformationsdienste bekannt gemacht.

* Für die Depotverwaltung und Übertragung auf Dritte berechnen die meisten depotführenden Stellen Gebühren.

Emissionsbedingungen für Bundesanleihen, Bundesobligationen, Bundesschatzanweisungen und Unverzinsliche Schatzanweisungen des Bundes

Fassung 1. Dezember 2007

Die Bundesrepublik Deutschland (im Folgenden: „der Bund") begibt Bundesanleihen, Bundesobligationen, Bundesschatzanweisungen und Unverzinsliche Schatzanweisungen des Bundes (im Folgenden: „Bundeswertpapiere") zu nachstehenden Bedingungen; für inflationsindexierte Bundesanleihen und inflationsindexierte Bundesobligationen gelten gesonderte Emissionsbedingungen.

Begebung:

Bundesanleihen, Bundesobligationen, Bundesschatzanweisungen und Unverzinsliche Schatzanweisungen des Bundes werden im Tenderverfahren über die „Bietergruppe Bundesemissionen" begeben. Für die Tenderverfahren gelten die „Verfahrensregeln für Tender bei der Begebung von Bundesanleihen, Bundesobligationen, Bundesschatzanweisungen und Unverzinslichen Schatzanweisungen des Bundes".

Emissionsvolumen:

Das Gesamtvolumen einer Emission (Zuteilungsbetrag und Marktpflegebetrag) wird vom Bund jeweils nach Abschluss des Tenderverfahrens festgelegt. Der Bund behält sich vor, das Emissionsvolumen während der Laufzeit der Bundeswertpapiere durch Aufstockung weiter zu erhöhen.

Nennbeträge:

Bundesanleihen, Bundesobligationen, Bundesschatzanweisungen und Unverzinsliche Schatzanweisungen des Bundes haben eine Stückelung von 0,01 Euro und können in beliebigen Nennbeträgen gehandelt und übertragen werden.

Nominalzinssatz, Laufzeit, Zinsberechnung:

(1) Der Nominalzinssatz, die Laufzeit und der Zinslaufbeginn der Bundeswertpapiere ergeben sich aus der jeweiligen Tender-Ausschreibung.

(2) Die Zinsen werden bei Bundesanleihen, Bundesobligationen und Bundesschatzanweisungen jährlich nachträglich gezahlt; bei Unverzinslichen Schatzanweisungen des Bundes ergibt sich die Verzinsung als Differenz zwischen Nennwert und Kaufpreis. Die Verzinsung endet mit dem Ablauf des dem Fälligkeitstag vorhergehenden Tages; das gilt auch dann, wenn die Leistung nach § 193 BGB bewirkt wird.

(3) Die Zinsen werden bei Bundesanleihen, Bundesobligationen und Bundesschatzanweisungen nach der taggenauen Zinsmethode act/365 bzw. act/366, bei Unverzinslichen Schatzanweisungen des Bundes nach der Zinsmethode act/360 berechnet.

Rückzahlung:

Bundesanleihen, Bundesobligationen, Bundesschatzanweisungen und Unverzinsliche Schatzanweisungen des Bundes werden am festgelegten Fälligkeitstag zum Nennwert zurückgezahlt. Eine vorzeitige Kündigung ist ausgeschlossen.

Mündelsicherheit:

Bundeswertpapiere sind mündelsicher gemäß § 1807 Abs. 1 Nr. 2 BGB.

Deckungsstockfähigkeit:

Bundeswertpapiere sind für die Anlage des gebundenen Vermögens gemäß § 54 Abs. 2 Nr. 2 VAG geeignet.

Notenbankfähigkeit:

Bundeswertpapiere sind notenbankfähig gemäß Artikel 18.1 der ESZB/EZB-Satzung.

Verschaffung der Rechte:

(1) Für den Gesamtbetrag der jeweiligen Emission wird eine Sammelschuldbuchforderung für die Clearstream Banking AG Frankfurt in das Bundesschuldbuch eingetragen (Wertrechte).

(2) Die Gläubiger der Bundeswertpapiere erhalten Miteigentumsanteile an der im Bundesschuldbuch eingetragenen Sammelschuldbuchforderung.

(3) Die Gläubiger haben während der gesamten Laufzeit der Bundeswertpapiere die Möglichkeit, die erworbenen Beträge als Einzelschuldbuchforderungen auf ihren Namen in das bei der Bundesrepublik Deutschland – Finanzagentur GmbH, Frankfurt am Main, geführte Bundesschuldbuch eintragen zu lassen.

(4) Die Ausgabe von Wertpapierurkunden ist für die gesamte Laufzeit ausgeschlossen.

Trennung der Kapital- und Zinsansprüche bei Bundesanleihen:

(1) Die Gläubiger bestimmter, vom Bund ausgewählter Bundesanleihen sind während der gesamten Laufzeit berechtigt, ihre Sammelbestandsanteile in voller Höhe durch das depotführende Institut von der Clearstream Banking AG Frankfurt in eine Anleihe ohne Zinsansprüche (Anleihe „ex" oder Kapital-Strip) und die einzelnen Zinsansprüche (Zins-Strips) aufteilen zu lassen (Stripping).

(2) Bei Einzelschuldbuchforderungen wird die Aufteilung unmittelbar von der Bundesrepublik Deutschland – Finanzagentur GmbH vorgenommen.

(3) Die Wiederzusammenführung von Kapital- und Zins-Strips zu einer Anleihe „cum" (Rekonstruktion) ist nur Kreditinstituten, Finanzdienstleistungsinstituten, Wertpapierhandelsunternehmen und Wertpapierhandelsbanken für ihre Eigenbestände erlaubt. Inländische Nichtbanken sind dazu aus steuerlichen Gründen nicht berechtigt. Ihnen bleibt die Möglichkeit, die Strips am Markt zu verkaufen und die Anleihe „cum" zu erwerben.

(4) Für das Stripping und die Rekonstruktion sind Nominalbeträge (Kapitalbeträge) von mindestens 50 000 EUR erforderlich. Der Mindestnennbetrag der Kapital-Strips und der Zins-Strips ist einheitlich 0,01 EUR.

Börseneinführung, Marktpflege:

(1) Bundesanleihen, Bundesobligationen und Bundesschatzanweisungen werden in den regulierten Markt an den deutschen Wertpapierbörsen eingeführt.

(2) Die getrennten Kapital- und Zinsansprüche von strippbaren Bundesanleihen werden nur in den Handel an der Frankfurter Wertpapierbörse eingeführt.

(3) Der Bund wird nach Börseneinführung – außer für Kapital- und Zins-Strips – in einem angemessenen und vertretbaren Rahmen eine der jeweiligen Kapitalmarktlage Rechnung tragende Marktpflege betreiben.

Zahlungen:

(1) Sämtliche Zahlungen für fällige Zinsen und Rückzahlungsbeträge werden durch die Bundesrepublik Deutschland – Finanzagentur GmbH geleistet.

(2) Mit der Gutschrift auf den Konten der Hinterleger oder, im Falle von Einzelschuldbuchforderungen, der Überweisung auf die von den betreffenden Gläubigern benannten Konten sind die Ansprüche der Gläubiger erfüllt.

Veröffentlichungen:

(1) Die Emissionsbedingungen und deren Änderungen werden im Bundesanzeiger bekannt gemacht.

(2) Die Konditionen der einzelnen Emissionen sowie Abweichungen von diesen Emissionsbedingungen ergeben sich aus der jeweiligen Tender-Ausschreibung, die von der Deutschen Bundesbank durch Pressenotiz bekannt gemacht wird.

Merkmale	Bundesschatzbriefe	Finanzierungsschätze
Ausgabezweck		
Stückelung		
Mindestauftragswert		
Anlagehöchstbetrag		
Zinszahlung		
Laufzeit		
Rückzahlung		
Erwerber		
Verkauf bzw. vorzeitige Rückgabe		
Übertragbarkeit auf Dritte		
Verkaufsstellen		
Lieferung		
Verwahrung/ Verwaltung		
Sicherheit für den Erwerber		

Merkmale	Bundesobligationen	Bundesanleihen
Ausgabezweck		
Stückelung		
Mindestauftragswert		
Anlagehöchstbetrag		
Zinszahlung		
Laufzeit		
Rückzahlung		
Erwerber		
Verkauf bzw. vorzeitige Rückgabe		
Übertragbarkeit auf Dritte		
Verkaufsstellen		
Lieferung		
Verwahrung/ Verwaltung		
Sicherheit für den Erwerber		

1.2.6 Unverzinsliche Schatzanweisungen

Dem kurzen Laufzeitbereich zuzurechnen sind auch die **Unverzinslichen Schatzanweisungen** („Bubills") mit Laufzeiten von 3, 6, 9 oder 12 Monaten. Wie die Finanzierungsschätze sind sie Diskontpapiere, d. h., die Verzinsung entspricht der Differenz zwischen Nennwert und Kaufpreis. Im Unterschied zu diesen richten sich U-Schätze vorwiegend an institutionelle Investoren und ausländische Zentralbanken, obwohl grundsätzlich jedermann zum Erwerb berechtigt ist. Sie werden im Tenderverfahren über die „Bietergruppe Bundesemissionen" begeben. U-Schätze haben eine Mindeststückelung von 0,01 Euro und werden an der Börse nur im Freiverkehr gehandelt.

Quelle: Bundesrepublik Deutschland – Finanzagentur GmbH (www.deutsche-finanzagentur.de)

DEUTSCHE BUNDESBANK
EUROSYSTEM

Pressenotiz

Frankfurt am Main
6. Juli 2012

Ausschreibung Tenderverfahren
Unverzinsliche Schatzanweisungen der Bundesrepublik Deutschland („Bubills")

Die Bundesrepublik Deutschland – Finanzagentur GmbH bietet für Rechnung des Bundes über die Deutsche Bundesbank im Wege der Ausschreibung an:

Unverzinsliche Schatzanweisungen der Bundesrepublik Deutschland („Bubills")
Ausgabe Juli 2012 / Laufzeit 6 Monate
fällig am 9. Januar 2013 (182 Tage)
ISIN DE0001119634 // WKN 111 963
angestrebtes Emissionsvolumen (inkl. Marktpflegequote): 4 Mrd €

Bietungsberechtigt sind die Mitglieder der Bietergruppe Bundesemissionen. Die Gebote müssen über einen Nennbetrag von mindestens 1 Mio € oder einem ganzen Vielfachen davon lauten. Kursgebote müssen auf volle 0,00005-Prozentpunkte lauten. Gebote ohne Angabe eines Bietungskurses sowie mehrere Gebote zu unterschiedlichen Kursen sind möglich. **Die Abgabe von Rendite-Geboten ist nicht zulässig.** Die vom Bund akzeptierten Kursgebote werden zu dem im Gebot genannten Kurs, Gebote ohne Kursangabe zum gewogenen Durchschnittskurs der akzeptierten Kursgebote zugeteilt. Repartierung bleibt vorbehalten.

Zeitlicher Ablauf des Tenderverfahrens:

Abgabe der Gebote:	Montag, 9. Juli 2012, 8.00 Uhr bis **11.30 Uhr Frankfurter Zeit**
Valutierungstag:	Mittwoch, 11. Juli 2012
Anschaffung des Gegenwertes:	im Rahmen der Lieferung-gegen-Zahlungs-Abwicklung in der Nachtverarbeitung der Clearstream Banking AG Frankfurt, beginnend am Vorabend des Valutierungstages

Im Übrigen gelten die Verfahrensregeln für Tender, die Besonderen Bedingungen der Deutschen Bundesbank für Auktionen von Bundeswertpapieren über das Bund Bietungs-System (BBS) und die Emissionsbedingungen für Wertpapiere des Bundes.

Deutsche Bundesbank, Kommunikation
Wilhelm-Epstein-Straße 14, 60431 Frankfurt am Main, Telefon: +49 (0)69 9566-3511 oder -3512, Telefax: +49 (0)69 9566-3077
presse-information@bundesbank.de, www.bundesbank.de

Quelle: Deutsche Bundesbank, Pressenotiz vom 6. Juli 2012.

Aufgaben:

1. Zu welchem Zweck werden Unverzinsliche Schatzanweisungen begeben?
2. Warum wird eine Schatzanweisung als unverzinslich bezeichnet?
3. Welche Zinsberechnungsmethode wird angewendet? Erläutern Sie die Berechnung der „182 Zinstage"!

1.2.7 Inflationsindexierte Anleihen (Index-Anleihen)

DEUTSCHE BUNDESBANK
EUROSYSTEM

Pressenotiz

Frankfurt am Main
4. Juni 2009

Ankündigung Tenderverfahren
Neue 10-jährige inflationsindexierte Anleihe des Bundes

Der Bund wird am 10. Juni 2009 eine neue inflationsindexierte Anleihe mit Fälligkeit 15. April 2020 im Tenderverfahren begeben. Angestrebt wird ein Emissionsvolumen (einschließlich Marktpflegequote) von 3 Mrd €. Bietungsberechtigt sind die Mitglieder der Bietergruppe Bundesemissionen.

⋮ ⋮ ⋮ ⋮

Ausstattungsmerkmale der neuen inflationsindexierten Bundesanleihe:

Kupon:	1,75 %
Fälligkeit:	15. April 2020
Zinszahlung:	15. April gzj.; Zinslaufbeginn 15. April 2009
erste Zinszahlung:	15. April 2010
Referenzindex:	Harmonisierter Verbraucherpreisindex der Euro-Zone (HVPI) ohne Tabak
Basisindex:	107,02533
Index-Verhältniszahl:	1,00723 (am Valutierungstag 12. Juni 2009)
ISIN / WKN:	DE0001030526 // 103 052

Im Übrigen gelten die Verfahrensregeln für Tender, die Besonderen Bedingungen der Deutschen Bundesbank für Auktionen von Bundeswertpapieren über das Bund Bietungs-System (BBS) und die Emissionsbedingungen dieser inflationsindexierten Anleihe des Bundes.

Deutsche Bundesbank • Kommunikation • Wilhelm-Epstein-Straße 14 • 60431 Frankfurt am Main
www.bundesbank.de • E-Mail: presse-information@bundesbank.de • Tel.: 069 9566-3511, -3512 • Fax: 069 9566-3077
Bei publizistischer Verwertung wird um die Angabe der Quelle gebeten.

Quelle: Deutsche Bundesbank, Pressenotiz vom 4. Juni 2009.

Informationen für Privatanleger über die inflationsindexierte Anleihe der Bundesrepublik Deutschland

Was ist eine inflationsindexierte Anleihe?

Bei einer inflationsindexierten Anleihe des Bundes handelt es sich um eine Schuldverschreibung, bei der die Höhe der Zahlungsströme (z. B. der Rückzahlungsbetrag) im Gegensatz zu einem nominalverzinslichen Wertpapier von der Entwicklung eines Inflationsindexes abhängen.

Der Wert der Anleihe wird vor Inflation geschützt, indem für alle relevanten Berechnungen der Nennwert der inflationsindexierten Anleihe mit einer sogenannten Index-Verhältniszahl multipliziert wird. Diese täglich ermittelte Index-Verhältniszahl bildet die Inflationsentwicklung seit dem ersten Zinslaufbeginn ab (siehe hierzu auch die Frage „Wie findet die Inflationsentwicklung Eingang in die Zahlungsströme einer inflationsindexierten Anleihe?").

Inflationsindexierte Anleihen haben gegenüber nominalverzinslichen Anleihen einen niedrigeren Kupon. Während bei nominalverzinslichen Anleihen der Kupon als fester Prozentsatz des Nennwertes gezahlt wird, wird bei inflationsindexierten Anleihen der Kupon als fester Prozentsatz des Produkts aus Nennwert der Anleihe und der zum jeweiligen Kupontermin gültigen Index-Verhältniszahl gezahlt. Bei inflationsindexierten Anleihen erhöht sich daher bei Inflation die Zinszahlung von Jahr zu Jahr. Die Zinszahlung erfolgt jährlich.

Bei Fälligkeit der inflationsindexierten Anleihe wird der Nennwert, multipliziert mit der zum Fälligkeitstag gültigen Index-Verhältniszahl, zurückgezahlt. Der Rückzahlungsbetrag erhöht sich dadurch um die Inflation, die sich während der Laufzeit der Anleihe eingestellt hat. Bei Deflation über die Laufzeit der Anleihe wird der ursprüngliche Nennwert zurückgezahlt.

Inflationsindexierte Anleihen des Bundes werden wie andere Bundeswertpapiere an der Frankfurter Wertpapierbörse gehandelt. Den täglich aktualisierten Kurs der inflationsindexierten Anleihe des Bundes finden Sie unter www.deutsche-finanzagentur.de → Finanzagentur → Aktuelles → „Laufzeiten und tägliche Rendite börsennotierter Emissionen".

4 Richard u.a. - ISBN 978-3-8120-1234-8

Die Inflationsentwicklung, die bei einer inflationsindexierten Anleihe durch die Index-Verhältniszahl abgebildet wird, wird als die relative Veränderung eines vom Bund ausgewählten Inflationsindex (Referenzindex) über den Betrachtungszeitraum ermittelt.

Welcher Index ist das?

Als Referenzindex für inflationsindexierte Anleihen des Bundes wird der unrevidierte Harmonisierte Verbraucherpreisindex (HVPI) ohne Tabak in der Eurozone verwendet.

Der HVPI misst das Preisniveau von Gütern und Dienstleistungen, die von privaten Haushalten in der Europäischen Währungsunion erworben oder bezahlt werden.

Er wird monatlich von Eurostat, dem statistischen Amt der Europäischen Gemeinschaft mit Sitz in Luxemburg, ermittelt und auf deren Internetseite veröffentlicht.

Wie findet die Inflationsentwicklung Eingang in die Zahlungsströme einer inflationsindexierten Anleihe?

Da der Inflationsindex von Eurostat mit einer zeitlichen Verzögerung ermittelt und veröffentlicht wird, werden auch die Zahlungsströme einer inflationsindexierten Anleihe mit einer Zeitverzögerung an die Inflationsentwicklung angepasst. Dazu wird eine Index-Verhältniszahl verwendet, die Ausdruck der Inflationsentwicklung ist.

Für die Berechnung der Index-Verhältniszahl wird das Verhältnis zwischen dem Wert des Referenzindexes am Abrechnungstag und dem Wert des Referenzindexes am Tag des ersten Zinslaufbeginns der Anleihen (Basisindex) bestimmt. [...]

Da inflationsindexierte Anleihen täglich erworben werden können, wird zur Bestimmung der nominalen Zahlungsströme einer inflationsindexierten Anleihe ein täglicher Wert für den Referenzindex benötigt. Dieser wird auf der Grundlage des von Eurostat monatlich veröffentlichten HVPI von der Deutschen Finanzagentur berechnet.

Der Wert des täglichen Referenzindexes sowie die Index-Verhältniszahl der inflationsindexierten Anleihen des Bundes können unter www.deutsche-finanzagentur.de → Private Anleger → Produkte → Inflationsindexierte Anleihe → „Täglicher Referenzindex und Index-Verhältniszahl" abgefragt werden.

Aufgaben:

1 Stellen Sie die Unterschiede zwischen einer normalverzinslichen (konventionellen) Bundesanleihe und einer inflationsindexierten Anleihe des Bundes heraus!

2 Welche Bedeutung kommt der in der Ausschreibung angegebenen Index-Verhältniszahl zu?

3 An welchem Index orientiert sich die ausgeschriebene inflationsindexierte Anleihe?

4 Errechnen Sie die Zinsbeträge zum jeweiligen Zinstermin und den Rückzahlungsbetrag zum 15. April 2020 für einen Anleger, der 10 000,00 EUR Nennwert in der inflationsindexierten Anleihe des Bundes angelegt hat! Es wird während der Laufzeit der Anleihe eine konstante Inflationsentwicklung von 2,5 % p. a. unterstellt.

Zinstermin	Zinstage	Inflations-Index	Index-Verhältniszahl	Zinsbetrag	Rückzahlungsbetrag
15.04.2009	0	107,02533	1,00000	——	——
15.04.2010	365	109,70096	1,02500		——
15.04.2011	365	112,44348	1,05062		——
15.04.2012	366	115,25456	1,07689		——
⋮		⋮			⋮
15.04.2018	365	133,65992	1,24886		——
15.04.2019	365	137,00141	1,28008		——
15.04.2020	366	140,42644	1,31209		

5 Welcher Betrag wird dem Anleger zurückgezahlt, wenn aufgrund einer Deflationsentwicklung die Index-Verhältniszahl am 15. April 2020 kleiner 1 ist?

In Zeiten allgemeiner Preissteigerungen sind inflationsindexierte Anleihen eine interessante Alternative für den sicherheitsorientierten Anleger. Der Kauf lohnt sich dann, wenn die Teuerungsrate über die gesamte Laufzeit der Anleihe stärker steigt als der Markt eingepreist hat.

Quelle: In Anlehnung an: Wette auf die Inflation. Handelsblatt 10.03.2006.

6 Für welchen Anlegerkreis kommt die inflationsindexierte Anleihe infrage?

1.2.8 Tagesanleihe des Bundes

Der Pressemitteilung der Finanzagentur der Bundesrepublik Deutschland Nr. 13/08 entnimmt Hans-Werner Plautus, Kunde der Volksbank Halle/Saale (BLZ 80093784), geb. am 07.07.1970, wohnhaft Packhofgasse 50, 06108 Halle/Saale, folgende Informationen über die Tagesanleihe des Bundes:

Die Tagesanleihe des Bundes auf einen Blick	
ISIN:	**DE0001030070**
Mindestanlage:	50 Euro. Bei Wiederanlagen aus im Schuldbuchkonto verwahrten Bundeswertpapieren: beliebig, auch Kleinstbeträge möglich
Maximale Orderhöhe:	Kauf: 250 000 Euro je Käufer und Bankgeschäftstag Verkauf: 1 Mio. Euro Nennwert je Anleger und Bankgeschäftstag
Zinstermin:	31.12. eines Jahres
Tägliche Verzinsung:	EONIA x 0,925 (Bei EONIA unter 2,00 % oder über 6,00 % entspricht der Zinssatz EONIA ./. 0,15 % bzw. EONIA ./. 0,45 %. Bei EONIA von 0,15 % oder darunter beträgt der Zinssatz 0 %.)
Laufzeit:	Unbefristet
Depotverwahrung:	Gebührenfrei im Einzelschuldbuchkonto bei der Bundesrepublik Deutschland – Finanzagentur GmbH
Kauf:	Gebührenfrei per „Order-Überweisung"; zum Tagespreis am Tag des Geldeingangs
Verkauf:	Gebührenfrei im Internet über www.bwp-direkt.de, per Telefon oder Briefpost; zum Tagespreis des nächsten oder übernächsten Bankgeschäftstags (abhängig vom Zeitpunkt des Auftragseingangs)
Kontoverbindung für den Kauf:	Deutsche Bundesbank Frankfurt: BLZ 504 000 00 Konto-Nr. 50 401 010
Veröffentlichung Tagespreis:	www.tagesanleihe.de www.deutsche-finanzagentur.de Börseninformationsdienste und Tageszeitungen

Herr Plautus eröffnet bei der Finanzagentur ein Einzelschuldbuchkonto (vgl. Formular Übung 1.2.1). Legitimationsprüfung und Bestätigungsvermerk erfolgen durch die Volksbank Halle/Saale. Der Kunde erhält von der Finanzagentur die Schuldbuchkonto-Nummer 4611205.

AUFGABEN:

1 Der Kunde will am 08.01.20.. 3000,00 EUR in der Tagesanleihe anlegen. Ergänzen Sie den Überweisungsvordruck! Beachten Sie hierzu die Anmerkungen auf der nächsten Seite. Kontonummer des Kunden bei der Volksbank Halle 5367523770.

Überweisung/Zahlschein

Name und Sitz des Kreditinstituts des Überweisenden

Bankleitzahl

Den Vordruck bitte nicht beschädigen, knicken, bestempeln oder beschmutzen.

Begünstigter: Name, Vorname/Firma (max. 27 Stellen)

BUNDESREPUBLIK DEUTSCHLAND

Konto-Nr. des Begünstigten

50401010

Bankleitzahl

50400000

Kreditinstitut des Begünstigten

DEUTSCHE BUNDESBANK FFM

EUR

Betrag: Euro, Cent

Kunden-Referenznummer - Verwendungszweck, ggf. Name und Anschrift des Überweisenden - (nur für Begünstigten)

KAUF SBK

noch Verwendungszweck (insgesamt max. 2 Zeilen à 27 Stellen)

Kontoinhaber/Einzahler: Name, Vorname/Firma, Ort (max. 27 Stellen, keine Straßen- oder Postfachangaben)

Konto-Nr. des Kontoinhabers

18

Datum, Unterschrift

„KAUF" – Geben Sie die Schlüssel-Nr. der zu erwerbenden Wertpapierart an:

Bundesschatzbriefe Typ A (mit jährlicher Zinszahlung)	**12**
Bundesschatzbriefe Typ B (mit Zinsansammlung)	**23**
Finanzierungsschätze 1-jährig	**34**
Finanzierungsschätze 2-jährig	**45**
Bundesobligationen	**56**
Tagesanleihe des Bundes	**67**

„SBK" – Geben Sie die **Schuldbuchkonto-Nummer** an, auf die wir die erworbenen Werte eintragen sollen. Tragen Sie den/die **Nachnamen** der/s Schuldbuchkontoinhaber/s (Gläubiger) in Großbuchstaben ein, ggf. auch in die 2. Zeile des Verwendungszwecks.

Am 12.01.20.. erhält Herr Plautus folgende Abrechnung:

Bundesrepublik Deutschland
Finanzagentur GmbH

(Auszug)

60653 Frankfurt am Main
www.deutsche-finanzagentur.de

Hans-Werner Plautus
Packhofgasse 50
06108 Halle/Saale

Telefon: 0800–2225510
Schuldbuchkonto 4611205 — Datum: 11.01.20.. — Seite 1

Wertpapierabrechnung – Kauf

Direktkauf Bundeswertpapiere Finanzagentur GmbH
– Überweisungsverfahren –

Kaufauftrag Nummer:	2008073301143	vom 09.01.20..
Ausführungsplatz:	Frankfurt/Main	Abrechnungsdatum:
09.01.20..		

Kenn-Nummer 103007
TAGESANLEIHE DES BUNDES VON 20.., ZINSEN 31.12.

Erworbener Nennwert/Stück	2 997,59 EUR
Stückzinsen	2,41 EUR
Kaufpreis = Anlagebetrag	3 000,00 EUR

Die Tagesanleihe wurde zu einem Tagespreis von 100,080469 % erworben.

Den Kaufpreis haben wir mit Ihrer Überweisung auf unser Konto der Deutschen Bundesbank (Konto-Nr. 50401010) verrechnet. Eventuell verbleibende Differenzbeträge unter 1,00 EUR werden zur Vermeidung von Gebühren nur auf Anforderung erstattet.

Dieser Kaufauftrag wurde provisionsfrei durchgeführt.

2 Erläutern Sie die Abrechnung!

3 Wie wird der Tagespreis ermittelt?

Wie verzinst sich die Tagesanleihe?

Der Preis der Anleihe startet am 01.01.20.. mit 100,00%. Am 02.01.20.. wird er das erste Mal erhöht. Geht man von einem EONIA-Satz von 4,00% aus, so beträgt der Zinssatz für die Tagesanleihe 3,70% p.a. Bezieht man diesen auf einen Zinszeitraum von einem Tag und den Anfangswert von 100,00%, würde sich der Tagespreis am 02.01. auf circa 100,01% erhöhen. Am 03.01. erfolgt die nächste Zinsgutschrift unter Berücksichtigung des neuen EONIA-Satzes und bezogen auf den Tagespreis vom 02.01. (100,01%).

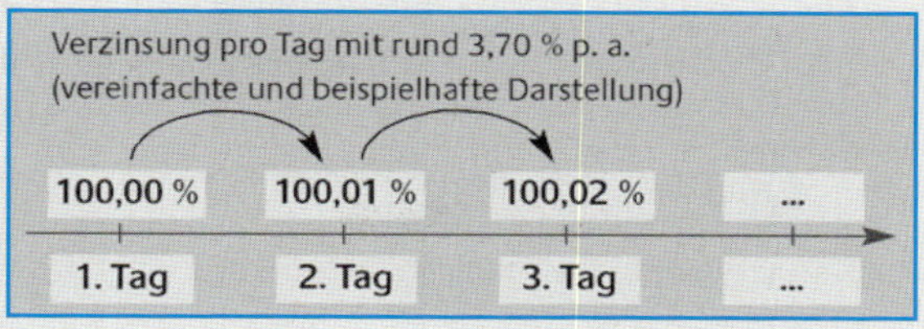

Der Tagespreis am 03.01. beträgt bei einem Zinssatz für die Tagesanleihe von unverändert 3,70% p.a. rund 100,02%. Der Tagespreis steigt durch die tägliche Verzinsung also auch täglich an – und das gilt für jeden Tag im Jahr, das heißt auch für Wochenenden und Feiertage.

Quelle: http:\\www.tagesanleihe.de/beschreibung/funktion.

EONIA („Euro OverNight Index Average") kennzeichnet den Durchschnittszinssatz für auf Euro lautende Übernachtausleihungen unter Banken. Er wird unter Mitwirkung der Europäischen Zentralbank auf Basis der Zinssätze bedeutender Kreditinstitute berechnet. EONIA wurde im Jahr 1999 ins Leben gerufen und ist ein weltweit anerkannter Zinsindex („Benchmark") für kurzfristige Geldanlagen im Euroraum.

Quelle: Bundesrepublik Deutschland Finanzagentur GmbH.

4 Ermitteln Sie den Tagespreis:

EONIA 5 %/Vortagespreis: 100,080469 %! (act/360)

5 Herr Plautus wünscht am 15.07. des Folgejahres 1 000,00 EUR Nennwert zurückzugeben.

a) Füllen Sie den Auftrag aus!

Bundesrepublik Deutschland
Finanzagentur GmbH

60653 Frankfurt am Main
www.deutsche-finanzagentur.de

8001

Auftrag an die Bundesrepublik Deutschland – Finanzagentur GmbH
zur RÜCKGABE / UMTAUSCH der TAGESANLEIHE DES BUNDES

Schuldbuchkonto Nummer ☐

Kontoinhaber **(bei Gemeinschaftskonten [Oder-Konten] genügt die Angabe eines Kontoinhabers):**

Name ☐

Vorname ☐ Geburtsdatum ☐

Kontoinhaber bei institutionellen Anlegern:

Name ☐

☐

Straße, Hausnr. ☐

PLZ ☐ Ort ☐

RÜCKGABE DER TAGESANLEIHE

Ich/Wir gebe/n die Tagesanleihe des Bundes zurück.

(**Maximaler Auftragswert: 1 Million Euro Nennwert** - *bitte beachten Sie die Hinweise und Bedingungen.)*

☐ Ich/Wir möchte/n den gesamten vorhandenen Nennwert zurückgeben (einschl. der aufgelaufenen Zinsen)

oder

☐ Ich/Wir möchte/n folgenden Nennwert zurückgeben: ☐ , ☐ EUR (zuzügl. Zinsen)

Führen Sie bitte den Auftrag sofort aus und überweisen Sie den Rückgabeerlös auf die zum Schuldbuchkonto eingetragene Bankverbindung (Referenzkonto)

b) Der Auftrag wird von der Finanzagentur am 17.07.20.. ausgeführt. Der Tagespreis der Tagesanleihe liegt an diesem Tag bei 101,210933 %.

Welcher Betrag wird auf das Kundenkonto überwiesen? Der Kunde hat der Finanzagentur keinen Freistellungsauftrag erteilt. Er ist konfessionslos. Eine Verlustverrechnungsmöglichkeit besteht im Zeitpunkt der Wertpapierrückgabe nicht.

6 Das Schuldbuchkonto des Kunden Plautus weist zum 31. 12. 20. . den Nennwert von 2087,86 EUR aus. Ergänzen Sie den folgenden Schuldbuchkonto-Auszug!

Bundesrepublik Deutschland
Finanzagentur GmbH

60653 Frankfurt am Main
www.deutsche-finanzagentur.de

Schuldbuchkonto 4611205

Telefon: 0800-2225510
Datum: 01. 01. 20. .

Buchungsmitteilung Nummer 8

Kapitalisierung der im letzten Kalenderjahr angefallenen Zinsen nach Abzug fälliger Steuern in entsprechende Anteile an der Tagesanleihe

---

Vermögensstand Tagesanleihe per 31. 12. 20. .

Nennwert per 31. 12. 20. .	2.087,86 EUR
Zinsen **vor** Steuerabzug berechnet zum Jahresendpreis von 101,763293 %	.... EUR
Vermögenswert per 31. 12. 20. .	.... EUR

Berechnung der Zinsen **nach** Steuern

Zinsen vor Steuerabzug	.... EUR
– 25,0 % Kapitalertragsteuer	.... EUR
– 5,5 % Solidaritätszuschlag auf die Kapitalertragsteuer	.... EUR
Zinsen	.... EUR

Kapitalisierung der Zinsen **nach** Steuern in Anteilen der Tagesanleihe

Nennwert per 31. 12. 20. .	2.087,86 EUR
+ Zinsen	.... EUR
Nennwert per 01. 01. 20. .	.... EUR
Vermögenswert per 01. 01. 20. .	.... EUR

Der Vermögenswert per 01. 01. 20. . wurde mit dem Tagespreis 100,00000% berechnet.

Emissionsbedingungen für die Tagesanleihe des Bundes

§ 4 Verzinsung, Zinstermin, jährliche Zinsgutschrift:

(1) Die Tagesanleihe wird variabel bei kalendertäglicher Zinsanpassung verzinst. Die Verzinsung wird während des Kalenderjahres im jeweiligen Tagespreis sowie im Jahresendpreis ausgedrückt.

(2) Zinsen sind am 31. Dezember eines jeden Jahres fällig (im Folgenden: „Zinstermin").

(3) Mit Ablauf des Zinstermins werden die im Kalenderjahr aufgelaufenen Zinsen nach Abzug fälliger Steuern in entsprechende Anteile an der Tagesanleihe umgewandelt.

(4) Die im Wege der Anlage nach Absatz 3 entstandenen neuen Anteile an der Tagesanleihe erhöhen die auf dem Schuldbuchkonto eingetragenen Anteile an der Tagesanleihe mit Wertstellung zum 1. Januar des Folgejahres in entsprechender Höhe.

1.3 Pfandbriefe

1.3.1

Der Kunde Hans Peter Marschmann möchte 22 000,00 EUR in Wertpapieren anlegen. In Werbeprospekten hat er die abgedruckten Effektenausschnitte gefunden. Für ihn kommt nur eine sichere Anlage infrage. Ihn interessieren die im Text erwähnten gesetzlich vorgeschriebenen „Sicherheitsbestimmungen".

AUFGABEN:

1 Informieren Sie Herrn Marschmann über die Sicherheitsbestimmungen, die das Gesetz für die Ausgabe von Pfandbriefen vorsieht.

3,75 % Öffentlicher Pfandbrief der Dexia Kommunalbank Deutschland AG über EUR 500	4,5 % Hypothekenpfandbrief Deutsche Hypothekenbank AG über EUR 1 000

Die Pfandbriefe entsprechen den gesetzlich vorgeschriebenen Sicherheitsbestimmungen und sind zur Anlage von Mündelgeld zugelassen.

Pfandbriefgesetz (PfandBG)
– Auszug–

Abschnitt 1
Anwendungsbereich, Erlaubnis und Aufsicht

§ 1 [Begriffsbestimmungen] (1) Pfandbriefbanken sind Kreditinstitute, deren Geschäftsbetrieb das Pfandbriefgeschäft umfasst. Pfandbriefgeschäft ist:

1. die Ausgabe gedeckter Schuldverschreibungen aufgrund erworbener Hypotheken unter der Bezeichnung Pfandbriefe oder Hypothekenpfandbriefe (im Folgenden: Hypothekenpfandbriefe),
2. die Ausgabe gedeckter Schuldverschreibungen aufgrund erworbener Forderungen gegen staatliche Stellen unter der Bezeichnung Kommunalschuldverschreibungen, Kommunalobligationen oder Öffentliche Pfandbriefe (im Folgenden: Öffentliche Pfandbriefe),
3. die Ausgabe gedeckter Schuldverschreibungen aufgrund erworbener Schiffshypotheken unter der Bezeichnung Schiffspfandbriefe.
4. die Ausgabe gedeckter Schuldverschreibungen aufgrund erworbener Registerpfandrechte nach § 1 des Gesetzes über Rechte an Luftfahrzeugen oder ausländischer Flugzeughypotheken unter der Bezeichnung Flugzeugpfandbriefe.

(2) [...]

(3) Pfandbriefe im Sinne der folgenden Vorschriften sind Hypothekenpfandbriefe, Öffentliche Pfandbriefe, Schiffspfandbriefe und Flugzeugpfandbriefe.

§ 2 [Erlaubnis] (1) Ein Kreditinstitut mit Sitz im Geltungsbereich dieses Gesetzes, das das Pfandbriefgeschäft betreiben will, bedarf der schriftlichen Erlaubnis der Bundesanstalt für Finanzdienstleistungsaufsicht (Bundesanstalt) nach § 32 des Kreditwesengesetzes. Zusätzlich muss das Kreditinstitut für eine Erlaubnis zum Betreiben des Pfandbriefgeschäfts folgende Voraussetzungen erfüllen:

1. Das Kreditinstitut muss über ein Kernkapital von mindestens 25 Millionen Euro verfügen.
2. Das Kreditinstitut muss eine Erlaubnis für das Kreditgeschäft im Sinne des § 1 Abs. 1 Satz 2 Nr. 2 des Kreditwesengesetzes haben und dieses voraussichtlich betreiben.
3. Das Kreditinstitut muss über geeignete Regelungen und Instrumente im Sinne des § 27 zur Steuerung, Überwachung und Kontrolle der Risiken für die Deckungsmassen und das darauf gründende Emissionsgeschäft verfügen.
4. Aus dem der Bundesanstalt vorzulegenden Geschäftsplan des Kreditinstituts muss hervorgehen, dass das Kreditinstitut das Pfandbriefgeschäft regelmäßig und nachhaltig betreiben wird und dass ein dafür erforderlicher organisatorischer Aufbau vorhanden ist.
5. Der organisatorische Aufbau und die Ausstattung des Kreditinstituts müssen, abhängig von der Reichweite der Erlaubnis, künftigen Pfandbriefemissionen sowie dem Immobilienfinanzierungs-, Staatsfinanzierungs-, Schiffsfinanzierungs- oder Flugzeugfinanzierungsgeschäft angemessen Rechnung tragen.

[...]

(2) Die Bundesanstalt kann die Erlaubnis zum Betreiben des Pfandbriefgeschäfts außer in den Fällen des § 35 Abs. 2 des Kreditwesengesetzes auch aufheben, wenn

1. die Voraussetzungen des Absatzes 1 Satz 2 Nr. 1 bis 3 und 5 nicht mehr vorliegen oder
2. die Pfandbriefbank seit mehr als zwei Jahren keine Pfandbriefe begeben hat und nicht zu erwarten ist, dass das Pfandbriefgeschäft innerhalb der nächsten sechs Monate als regelmäßig und nachhaltig betriebenes Bankgeschäft wieder aufgenommen wird.

(3) Hebt die Bundesanstalt die Erlaubnis für das Pfandbriefgeschäft auf oder erlischt diese, so sind die Deckungsmassen abzuwickeln.

(4) (5) [...]

§ 3 [Aufsicht] Die Bundesanstalt übt die Aufsicht über die Pfandbriefbanken nach den Vorschriften dieses Gesetzes und des Kreditwesengesetzes aus. Sie ist befugt, alle Anordnungen zu treffen, die geeignet und erforderlich sind, um das Geschäft der Pfandbriefbanken mit diesem Gesetz und den dazu erlassenen Rechtsverordnungen im Einklang zu erhalten. Sie hat zu von ihr bestimmten Zeitpunkten auf der Grundlage geeigneter Stichproben die Deckung der Pfandbriefe zu prüfen; hierbei kann sie sich anderer Personen und Einrichtungen bedienen. Die Prüfung soll in der Regel nach jeweils zwei Jahren erfolgen. Die von anderen staatlichen Stellen ausgeübte Aufsicht bleibt unberührt.

Abschnitt 2
Allgemeine Vorschriften über die Pfandbriefemission

§ 4 [Deckungskongruenz] (1) Die jederzeitige Deckung der umlaufenden Pfandbriefe nach dem Barwert, der die Zins- und Tilgungsverpflichtungen einbezieht, muss sichergestellt sein; der Barwert der eingetragenen Deckungswerte muss den Barwert der zu deckenden Verbindlichkeiten um 2 Prozent übersteigen (sichernde Überdeckung). Die sichernde Überdeckung muss bestehen in

1. Schuldverschreibungen, Schuldbuchforderungen, Schatzwechseln und Schatzanweisungen, deren Schuldner der Bund, ein Sondervermögen des Bundes, ein Land, die Europäischen Gemeinschaften, ein anderer Mitgliedstaat der Europäischen Union [...] ist, [...]
2. Schuldverschreibungen, für deren Verzinsung und Rückzahlung eine der unter Nummer 1 bezeichneten Stellen die Gewährleistung übernommen hat.
3. Guthaben bei der Europäischen Zentralbank, bei Zentralbanken der Mitgliedstaaten der Europäischen Union oder bei geeigneten Kreditinstituten [...], sofern die Höhe der Forderungen der Pfandbriefbank bereits beim Erwerb bekannt ist.

[...]

(2) (3), (4), (5), (6) [...]

(7) Es ist verboten, für eine Pfandbriefbank Pfandbriefe in den Verkehr zu bringen, wenn deren Betrag nicht durch die im jeweiligen Deckungsregister eingetragenen Werte vorschriftsmäßig gedeckt ist. [...]

§ 5 [Deckungsregister] (1) Die zur Deckung der Pfandbriefe [...] verwendeten Deckungswerte sind von der Pfandbriefbank einzeln in das für die jeweilige Pfandbriefgattung geführte Register (Deckungsregister) einzutragen. [...]

(2) Innerhalb des ersten Monats eines jeden Kalenderhalbjahres ist eine von dem nach § 7 bestellten Treuhänder bestätigte Aufzeichnung der Eintragungen, welche während des letzten Kalenderhalbjahres in den Deckungsregistern vorgenommen worden sind, der Bundesanstalt zu übermitteln. [...]

(3) [...]

§ 6 [Inhalt der Pfandbriefe] (1) In den Pfandbriefen sind die für das Rechtsverhältnis zwischen der Pfandbriefbank und den Pfandbriefgläubigern maßgebenden Bestimmungen, insbesondere bezüglich der Kündbarkeit der Pfandbriefe, ersichtlich zu machen.

(2) Den Pfandbriefgläubigern darf ein Kündigungsrecht nicht eingeräumt werden.

(3) Die Ausgabe von Pfandbriefen, deren maximaler Einlösungswert nicht bekannt ist, ist nicht gestattet.

§ 7 [Treuhänder und Stellvertreter] (1) Bei jeder Pfandbriefbank ist ein Treuhänder sowie mindestens ein Stellvertreter zu bestellen.

(2) Treuhänder und Stellvertreter müssen die zur Erfüllung ihrer Aufgaben erforderlichen Kenntnisse und Erfahrungen besitzen. Die Qualifikation als Wirtschaftsprüfer oder vereidigter Buchprüfer lässt die erforderlichen Kenntnisse vermuten. Eine Bestellung als Treuhänder oder Stellvertreter ist ausgeschlossen, wenn Gründe vorliegen, nach denen die Besorgnis der Befangenheit besteht. Das ist insbesondere der Fall, wenn die Person in einem Beschäftigungs- oder Mandatsverhältnis mit der Pfandbriefbank steht oder innerhalb der vorausgegangenen drei Jahre gestanden hat.

(3) Die Bestellung erfolgt durch die Bundesanstalt nach Anhörung der Pfandbriefbank. [...] Die Bestellung kann befristet und jederzeit aus sachlichem Grund durch die Bundesanstalt widerrufen werden. [...]

(4) Der Treuhänder hat der Bundesanstalt Auskunft über die von ihm im Rahmen seiner Tätigkeit getroffenen Feststellungen und Beobachtungen zu erteilen. Der Treuhänder ist an Weisungen der Bundesanstalt nicht gebunden.

(5) [...]

§ 8 [Aufgaben] (1) Der Treuhänder hat darauf zu achten, dass die vorschriftsmäßige Deckung für die Pfandbriefe [...] jederzeit vorhanden ist; [...]

(2) Der Treuhänder hat darauf zu achten, dass die zur Deckung der Pfandbriefe [...] verwendeten Werte gemäß § 5 Abs. 1 in das jeweilige Deckungsregister eingetragen werden. [...]

(3) Der Treuhänder hat die Pfandbriefe vor der Ausgabe mit einer Bescheinigung über das Vorhandensein der vorschriftsmäßigen Deckung und über die Eintragung in das entsprechende Deckungsregister zu versehen. Eine Nachbildung der eigenhändigen Unterschrift genügt.

(4) Im Deckungsregister eingetragene Werte können nur mit Zustimmung des Treuhänders in dem Register gelöscht werden [...].

§ 10 [Befugnisse] (1) Der Treuhänder ist befugt, jederzeit die Unterlagen der Pfandbriefbank einzusehen und Auskünfte zu verlangen, soweit sie sich auf die Pfandbriefe und auf die in die Deckungsregister eingetragenen Werte beziehen.

(2) [...]

§ 11 [Vergütung, Streitentscheidung] (1) Der Treuhänder und seine Stellvertreter erhalten von der Pfandbriefbank eine angemessene Vergütung, deren Höhe von der Bundesanstalt festgesetzt wird, und Ersatz der notwendigen Auslagen. [...]

(2) Streitigkeiten zwischen dem Treuhänder und der Pfandbriefbank entscheidet die Bundesanstalt.

Abschnitt 3
Besondere Vorschriften über die Deckungswerte

Unterabschnitt 1
(Hypothekenpfandbriefe)

§ 12 [Deckungswerte] (1) Zur Deckung für Hypothekenpfandbriefe nach § 1 Abs. 1 Satz 2 Nr. 1 dürfen nur Hypotheken benutzt werden, soweit sie den Erfordernissen der §§ 13 bis 17 entsprechen.

(2), (3) [...]

§ 13 [Belegenheit der Sicherheiten] (1) Die Hypotheken müssen lasten auf Grundstücken, grundstücksgleichen Rechten oder solchen Rechten einer ausländischen Rechtsordnung, die den grundstücksgleichen Rechten deutschen Rechts vergleichbar sind. Die belasteten Grundstücke und die Grundstücke, an denen die belasteten Rechte bestehen, müssen in einem Mitgliedstaat der Europäischen Union oder einem anderen Vertragsstaat des Abkommens über den Europäischen Wirtschaftsraum, in der Schweiz [...] belegen sein; [...]

(2) [...]

§ 14 [Beleihungsgrenze] (1) Hypotheken dürfen nur bis zur Höhe der ersten 60 Prozent des von der Pfandbriefbank aufgrund einer Wertermittlung nach § 16 festgesetzten Wertes des Grundstücks (Beleihungswert) zur Deckung benutzt werden.

§ 15 [Versicherungspflicht] (1) Auf dem Grundstück aufstehende Gebäude müssen während der gesamten Dauer der Beleihung zumindest in Höhe des Bauwertes gegen die nach Lage und Art des Objekts erheblichen Risiken versichert sein.

[...]

§ 16 [Beleihungswertermittlung] (1) Die als Grundlage für die Beleihungswertfestsetzung dienende Wertermittlung ist von einem von der Kreditentscheidung unabhängigen Gutachter vorzunehmen, der über die hierzu notwendige Berufserfahrung sowie über die notwendigen Fachkenntnisse für Beleihungswertermittlungen verfügen muss.

(2) Der Beleihungswert darf den Wert nicht überschreiten, der sich im Rahmen einer vorsichtigen Bewertung der zukünftigen Verkäuflichkeit einer Immobilie und unter Berücksichtigung der langfristigen, nachhaltigen Merkmale des Objektes, der normalen regionalen Marktgegebenheiten sowie der derzeitigen und möglichen anderweitigen Nutzungen ergibt. Spekulative Elemente dürfen dabei nicht berücksichtigt werden. Der Beleihungswert darf einen auf transparente Weise und nach einem anerkannten Bewertungsverfahren ermittelten Marktwert nicht übersteigen. [...]

(3), (4) [...]

§ 18 [Grundschulden und ausländische Sicherungsrechte] (1) Im Sinne dieses Gesetzes stehen den Hypotheken die Grundschulden und solche ausländische Sicherungsrechte gleich, die eine vergleichbare Sicherheit bieten und den Gläubiger berechtigen, seine Forderung auch durch Verwertung des belasteten Grundstücks oder Rechts im Sinne des § 13 Abs. 1 Satz 1 zu befriedigen.

(2), (3) [...]

§ 19 [Weitere Deckungswerte] [...]

Unterabschnitt 2
(Öffentliche Pfandbriefe)

§ 20 [Deckungswerte] (1) Zur Deckung Öffentlicher Pfandbriefe dürfen nur Geldforderungen aus der Vergabe von Darlehen, aus Schuldverschreibungen oder aus einem vergleichbaren Rechtsgeschäft oder andere, von den in Nummer 1 Buchstabe a bis f genannten Stellen schriftlich als einredefrei anerkannte Forderungen benutzt werden,

1. die sich unmittelbar richten gegen
   a) inländische Gebietskörperschaften und solche Körperschaften und Anstalten des öffentlichen Rechts, für die eine Anstaltslast oder eine auf Gesetz beruhende Gewährträgerhaftung oder eine staatliche Refinanzierungsgarantie gilt oder die das gesetzliche Recht zur Erhebung von Gebühren, Umlagen und anderen Abgaben innehaben,
   b) andere Mitgliedstaaten der Europäischen Union oder Vertragsstaaten des Abkommens über den Europäischen Wirtschaftsraum sowie deren Zentralnotenbanken,
   c) Regionalverwaltungen sowie Gebietskörperschaften der in Buchstabe b genannten Staaten,
   d) bis h) [...]
2. [...]
3. [...]

Der Gesamtbetrag der Forderungen gegen Schuldner in Staaten, die nicht der Europäischen Union angehören, bei denen nicht sichergestellt ist, dass sich das Vorrecht der Gläubiger der Öffentlichen Pfandbriefe nach § 30 Abs. 1 auf die Forderungen der Pfandbriefbank aus diesen Forderungen erstreckt, darf 10 Prozent des Gesamtbetrages der Forderungen, bei denen das Vorrecht sichergestellt ist, nicht übersteigen.

(2) Die Deckung kann auch erfolgen

1. durch die in § 19 Abs. 1 Nr. 1 genannten Werte;
2. bis zu 10 Prozent des Gesamtbetrages der im Umlauf befindlichen Öffentlichen Pfandbriefe durch Geldforderungen gegen geeignete Kreditinstitute [...], sofern die Höhe der Forderungen der Pfandbriefbank bereits beim Erwerb bekannt ist; der Anteil an Geldforderungen gegen ein und dasselbe geeignete Kreditinstitut darf nicht höher als 2 Prozent des Gesamtbetrages der im Umlauf befindlichen Öffentlichen Pfandbriefe sein;
3. durch die in § 19 Abs. 1 Nr. 4 genannten Werte unter den dort genannten Voraussetzungen und Begrenzungen mit der Maßgabe, dass an die Stelle des Gesamtbetrags der im Umlauf befindlichen Hypothekenpfandbriefe der Gesamtbetrag der im Umlauf befindlichen Öffentlichen Pfandbriefe tritt.

(3), (4) [...]

Unterabschnitt 3
(Schiffspfandbriefe)

[...]

Unterabschnitt 4
(Flugzeugpfandbriefe)

[...]

Abschnitt 5
Schutz vor Zwangsvollstreckung; Trennungsprinzip bei Insolvenz der Pfandbriefbank

§ 29 [Schutz vor Zwangsvollstreckung, Arresten und Aufrechnung] Arreste und Zwangsvollstreckungen in alle in ein Deckungsregister eingetragenen Werte [...] finden nur wegen der Ansprüche aus den jeweiligen Pfandbriefen [...] statt. [...]

§ 30 [Trennungsprinzip bei Insolvenz der Pfandbriefbank] [...] Die in die Deckungsregister eingetragenen Werte [...] bilden vom allgemeinen Vermögen der Pfandbriefbank getrennte Vermögenswerte, die nicht in die Insolvenzmasse fallen, wenn über das Vermögen der Pfandbriefbank das Insolvenzverfahren eröffnet wird (insolvenzfreie Vermögen). Die Forderungen der Pfandbriefgläubiger werden von der Eröffnung des Insolvenzverfahrens über das Vermögen der Pfandbriefbank nicht berührt; [...]

5 Richard u.a. - ISBN 978-3-8120-1234-8

2 Herr Marschmann möchte wissen, wodurch sich Pfandbriefe von Bundesschatzanweisungen unterscheiden. Fertigen Sie für das Anlagegespräch mit dem Kunden unter Zuhilfenahme der Pfandbriefbedingungen der Landesbank Berlin und der abgedruckten Texte über Bundesschatzanweisungen die unten stehende Tabelle an!

LBB LandesBank Berlin

Pfandbriefbedingungen
(Auszug)

§ 1
(Form und Nennbetrag)

(1) Die Landesbank Berlin AG (die **„Pfandbriefschuldnerin"**) begibt im Gesamtnennbetrag von EUR 10 000 000,00 (das **„Emissionsvolumen"**) am 06.04.20.. (der **„Emissionstag"**) auf den Inhaber lautende, untereinander gleichberechtigte Hypothekenpfandbriefe (ISIN: DE000LBB20K5/WKN: LBB20K) (die **„Pfandbriefe"**). Die Emission ist aufgeteilt in Pfandbriefe im Nennbetrag von je EUR 5 000,00.

(2) Die Pfandbriefe samt Zinsansprüchen sind für die gesamte Laufzeit in einer auf den Inhaber lautenden Globalurkunde (nachstehend die „Globalurkunde" genannt) ohne Zinsscheine verbrieft, die bei der Clearstream Banking AG hinterlegt wird.

(3) Die Lieferung effektiver Pfandbriefe oder Zinsscheine kann nicht verlangt werden. Den Inhabern der Pfandbriefe (nachstehend **„Gläubiger"** genannt) stehen Miteigentumsanteile an der Globalurkunde zu, die gemäß den Regelungen und Bestimmungen der Clearstream Banking AG übertragen werden können.

(4), (5) [...]

§ 2
(Verzinsung)

(1) Die Pfandbriefe werden bezogen auf den Nennbetrag [...] ab dem 06.04.20.. mit 3,50 % pro Jahr (der **„Zinssatz"**) verzinst. Die Verzinsung endet mit Ablauf des Tages, der dem Rückzahlungstag vorausgeht.

(2) Zinsen werden jeweils für eine Zinsperiode nachträglich am 06.04. eines jeden Jahres (jeweils ein **„Zinszahlungstag"**) gezahlt. [...]

Der maßgebliche Zinszahlungstag ist der nächstfolgende Geschäftstag. [...]

§ 3
(Fälligkeit, Kündigung)

(1) Sofern keine vorzeitige Rückzahlung erfolgt, werden die Pfandbriefe nach 7-jähriger Laufzeit am 06.04.20.. (der **„Rückzahlungstag"**) zum Rückzahlungsbetrag (wie unten definiert) zurückgezahlt.

(2) Der **„Rückzahlungsbetrag"** entspricht dem Nennbetrag.

§ 4
(Zahlungen)

(1) Sämtliche Zahlungen sind in Euro zu erbringen.

(2) Die zahlbaren Beträge sind an die Zahlstelle zu zahlen. Die Zahlstelle hat die zahlbaren Beträge an das Clearingsystem zwecks Gutschrift auf die jeweiligen Geldkonten der Hinterleger von Pfandbriefen zur Weiterleitung an die Gläubiger zu zahlen. [...]

§ 5
(Status)

Die Verpflichtungen aus den Pfandbriefen stellen unmittelbare und unbedingte Verpflichtungen der Pfandbriefschuldnerin dar. Die Pfandbriefe sind nach Maßgabe des Pfandbriefgesetzes gedeckt und stehen in gleichem Rang mit allen anderen Verpflichtungen aus Hypothekenpfandbriefen der Pfandbriefschuldnerin.

§§ 6 – 11
[...]

§ 12
(Ausschluss der Kündigungsgründe für die Gläubiger)

Die Kündigung der Pfandbriefe durch die Gläubiger ist ausgeschlossen.

Berlin, 06.04.20..
Landesbank Berlin AG

Pressenotiz

DEUTSCHE BUNDESBANK EUROSYSTEM

Frankfurt am Main
21. Februar 2012

Ausschreibung von Bundesschatzanweisungen

Die Bundesrepublik Deutschland – Finanzagentur GmbH bietet für Rechnung des Bundes über die Deutsche Bundesbank im Wege der Ausschreibung an:

0,25 % Bundesschatzanweisungen von 2012 (2014)
fällig am 14. März 2014
Zinstermin 14. März gzj., Zinslaufbeginn 24. Februar 2012
erste Zinszahlung am 14. März 2013 für 384 Tage
ISIN DE0001137370 // WKN 113 737
angestrebtes Emissionsvolumen (inkl. Marktpflegequote): 5 Mrd €

Bietungsberechtigt sind Mitglieder der Bietergruppe Bundesemissionen. Gebote müssen über einen Nennbetrag von mindestens 1 Mio € oder einem ganzen Vielfachen davon lauten. Kursgebote müssen auf volle 0,005-Prozentpunkte lauten. Gebote ohne Angabe eines Bietungskurses sind möglich. Die vom Bund akzeptierten Kursgebote werden zu dem im Gebot genannten Kurs, Gebote ohne Kursangabe zum gewogenen Durchschnittskurs der akzeptierten Kursgebote zugeteilt. Repartierung bleibt vorbehalten.

Zeitlicher Ablauf des Tenderverfahrens:

Abgabe der Gebote:	Mittwoch, 22. Februar 2012, **8.00 Uhr bis 11.30 Uhr Frankfurter Zeit**
Börseneinführung:	Mittwoch, 22. Februar 2012
Valutierungstag:	Freitag, 24. Februar 2012
Anschaffung des Gegenwertes:	im Rahmen der Lieferung-gegen-Zahlungs-Abwicklung in der Nachtverarbeitung der Clearstream Banking AG Frankfurt, beginnend am Vorabend des Valutierungstages

Im Übrigen gelten die Verfahrensregeln für Tender, die Besonderen Bedingungen der Deutschen Bundesbank für Auktionen von Bundeswertpapieren über das Bund Bietungs-System (BBS) und die Emissionsbedingungen für Wertpapiere des Bundes.

Deutsche Bundesbank, Kommunikation
Wilhelm-Epstein-Straße 14, 60431 Frankfurt am Main, Telefon: +49 (0)69 9566-3511 oder -3512, Telefax: +49 (0)69 9566-3077
presse-information@bundesbank.de, www.bundesbank.de

Quelle: Deutsche Bundesbank, Pressenotiz vom 21. Februar 2012.

Bundesschatzanweisungen („Schätze")

Bundesschatzanweisungen sind festverzinsliche Wertpapiere der Bundesrepublik Deutschland, die an der Börse gehandelt werden. Das Papier „Bundesschatzanweisung" hat eine feste Laufzeit von 2 Jahren. Es gibt keinen Mindestanlagebetrag. Die Zinszahlung erfolgt jährlich.

Es handelt sich um festverzinsliche Inhaberschuldverschreibungen, die eine Zwischenform von Geldmarkt- und Kapitalmarktpapieren darstellen. Sie werden vom Bund, den Sondervermögen, Ländern und Gemeinden aufgelegt. Der Anteil am Schuldenportfolio des Bundes beträgt für das Jahr 2011 allein an Bundesschatzanweisungen rund 12 Prozent.

Bundesschatzanweisungen („Schätze") sind Einmalemissionen, die mit einer Laufzeit von 2 Jahren im vierteljährlichen Rhythmus (März, Juni, September, Dezember) ausschließlich im Tenderverfahren begeben werden. Dabei sind nur Kreditinstitute, die der sogenannten „Bietergruppe Bundesemissionen" angehören, berechtigt, für diese Wertpapiere bei der ausgebenden Stelle – Deutsche Finanzagentur – zu bieten. Nach Abgabe der Angebote der teilnehmenden Banken und Sparkassen legt die Finanzagentur den niedrigsten akzeptierten Ausgabekurs fest. Alle Gebote, die diesen festgelegten Kurs erreichen oder übersteigen, werden berücksichtigt. Privatpersonen können direkt nach Beendigung des Bieterverfahrens die ausgegebenen Bundesschatzanweisungen an der Börse erwerben.

Bundesschatzanweisungen können jederzeit an der Börse gekauft und verkauft werden. Ein Verkauf vor Ablauf der Anleihe ist mit dem normalen Kursrisiko vor Endfälligkeit behaftet. Damit lassen sich ggf. bei sinkendem Kapitalmarktzinsniveau auch Kursgewinne realisieren. Andererseits droht bei steigendem Zinsniveau ein zumeist geringer Kursverlust.

Quelle: http\\www.finanztip.de

Merkmale	Bundesschatzanweisungen	Pfandbriefe
Laufzeit		
Stückelung (Mindestanlage)		
Verzinsung		
Art der Begebung/ des Verkaufs		
Käuferkreis		
Effektive Auslieferung		
Börsenfähigkeit		
Kursrisiko		
Verkauf vor Fälligkeit (Liquidisierbarkeit)		
Depotgebühren		

3 Herr Marschmann entscheidet sich für den Kauf der 3,5 %-igen Pfandbriefe der Landesbank Berlin, die in seinem Depot bei der Bank verwahrt werden sollen. Unter welchen Voraussetzungen kann die Bank dem Kunden die jährlichen Zinsen abgeltungsteuerfrei gutschreiben?

1.3.2

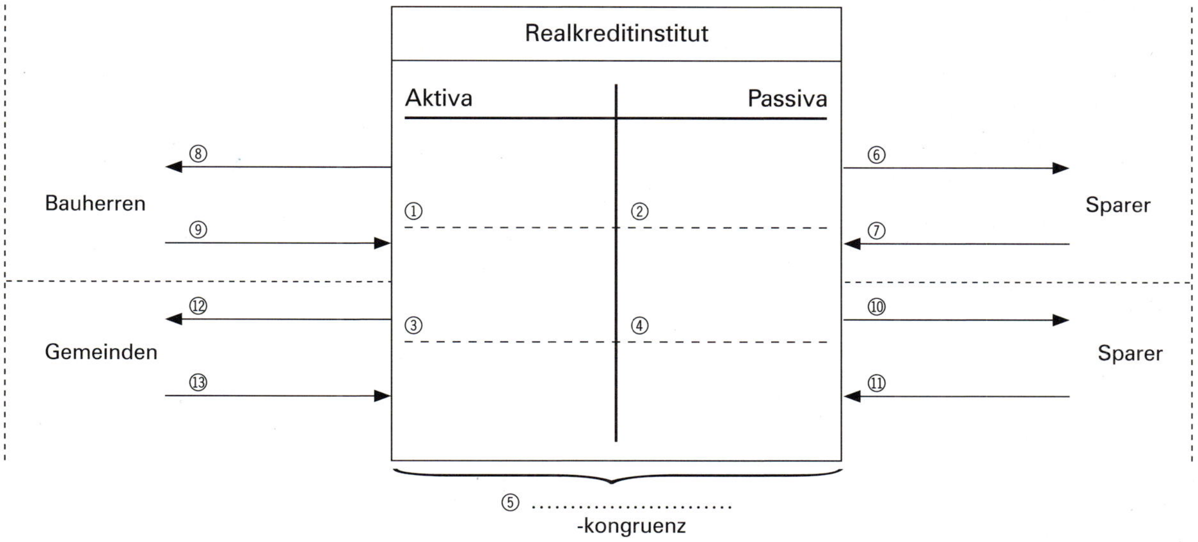

Ordnen Sie folgende Begriffe dem obigen Schaubild zu. Tragen sie die entsprechenden Ziffern in die Kästchen ein.

- Baudarlehen ☐
- Ausgabe von Hypothekenpfandbriefen ☐
- Mittelzufluss aus Hypothekenpfandbriefen ☐
- Hypothekenpfandbriefe ☐
- Hypothekendarlehen ☐
- Ausgabe von öffentlichen Pfandbriefen ☐
- Hypothek/Grundschuld als Sicherheit ☐
- Darlehen ☐
- öffentliche Pfandbriefe ☐
- Kommunaldarlehen ☐
- Mittelzufluss aus öffentlichen Pfandbriefen ☐
- Steuerkraft als Sicherheit ☐
- Deckungskongruenz ☐

1.3.3

Der Pfandbrief ist nicht gefährdet

jfr. FRANKFURT, 16. Oktober. Vor dem Hintergrund der internationalen Bankenkrise weist der Verband Deutscher Pfandbriefbanken darauf hin, dass die Sicherheit des Pfandbriefes als mündelsichere Geldanlage auf dem streng geregelten Pfandbriefgesetz beruht, das dem Anleger Schutz bietet, auch wenn ein Pfandbriefinstitut insolvent wird. Die Bundesanstalt für Finanzdienstleistungsaufsicht (Bafin) und die Deutsche Bundesbank beaufsichtigen die Einhaltung des gesetzlichen Sicherheitsstandards. Im Falle einer Insolvenz einer Pfandbriefbank steht den Anlegern als zusätzliche Sicherheit die sogenannte Deckungsmasse zur Verfügung, die bei Hypothekenpfandbriefen durch die Grundpfandrechte auf Grundstücke besichert ist. […]
Außerdem sind Pfandbriefe als Sicherheit im Rahmen der Offenmarktgeschäfte der Europäischen Zentralbank (EZB) zugelassen. Sie überlässt den Kreditinstituten gegen Hinterlegung von Pfandbriefen – auch aus eigener Emission – Zentralbankgeld für einen bestimmten Zeitraum. Der Pfandbriefmarkt ist nach dem Markt für Schuldverschreibungen der öffentlichen Hand mit knapp 900 Milliarden Euro der zweitgrößte Markt für festverzinsliche Papiere in Deutschland. […]

Quelle: Auszug FAZ, 17. 10. 2008.

Auf dem Pfandbrief lastet die Hypothek HRE

Das Problem des Pfandbriefs sind seine angeschlagenen Emittenten. Das könnte die Top-Ratings für die als sicher geltenden Papiere gefährden.
maf. FRANKFURT, 13. Mai. Auf dem deutschen Pfandbrief lastet eine Hypothek: die Pfandbriefbanken und ihre kritische Ertragssituation. […] Denn der Pfandbrief ist nicht unschuldig in den Strudel der Finanzkrise geraten. Wie die DZ Bank in einer aktuellen Studie schreibt, stellt sich die künftige Geschäftsentwicklung der deutschen Pfandbriefemittenten eher schwierig dar. Mit einem Pfandbriefumlauf von 45 Milliarden Euro ist die vom Staat aufgefangene Hypo Real Estate (HRE) einer der wichtigsten Emittenten. Die Eurohypo, die die Commerzbank nach Auflagen der Europäischen Kommission innerhalb von fünf Jahren verkaufen muss, hat sogar Pfandbriefe über 132 Milliarden Euro ausstehen. Sie gilt nach den Verwerfungen der Krise aber als angeschlagen.
Das könnte für die Ratings der Pfandbriefe problematisch werden, die bislang in der Regel immer auf die Bestnote von „AAA" kamen. Die beiden Ratingagenturen Stan-

dard & Poor's und Fitch wollen ihre Ratingmethodologie überarbeiten und die Bewertungen der Pfandbriefe stärker an die Qualität der emittierenden Bank knüpfen. Sollte also nicht mehr die Qualität des aus Krediten bestehenden Deckungsstocks, sondern das Risikoprofil der Bank für das Pfandbrief-Rating entscheidend sein, wären die Top-Ratings wohl Vergangenheit. [...] Der Pfandbrief ist der Exportschlager des deutschen Finanzplatzes. Denn er gilt noch immer als mündelsicher. So werden Vermögensanlagen bezeichnet, bei denen Wertverluste nahezu ausgeschlossen sind. Tatsächlich ist noch kein Pfandbrief ausgefallen. Diese Titel sind mit einem Deckungsstock aus Immobilien- oder Staatskrediten besichert. Im Insolvenzfall einer Pfandbriefbank würde der Deckungsstock aus der Bank herausgelöst. Ein vom Gericht bestellter Sachverwalter würde dann die Deckungsmasse verwalten und die vollständige Befriedigung der Pfandbriefgläubiger gewährleisten.

Quelle: Auszug FAZ, 13.05.2009.

AUFGABEN:

1 Welche Gründe sprechen für die Sicherheit von Pfandbriefen?

2 Erläutern Sie Folgen einer Überarbeitung der „Ratingmethodologie"!

1.3.4

Düsseldorfer Hypothekenbank AG

Düsseldorf

EURO 562.421.069,32

Öffentlicher Pfandbrief Em. 9 - WKN 186188 -

mit variablem Zinssatz (3-Monats-EURIBOR + 0,025 % Spread)

Zinssatz: ... % (Jahreszins 365/360 Tage)
Zinsperiode: 15. Januar 20.. bis 14. April 20.. (= 90 Tage)
Die Zinsen werden am 15. April 20.. gezahlt.
Endfälligkeit am 15. Januar 20...

Der Vorstand

Begriff „Spread"

Spread (Auf- und Abschlag).

Der Auf- bzw. Abschlag (engl. Spread) ist eine konstante Zinsmarge, die zum Referenzzinssatz addiert oder von ihm abgezogen wird. Die Höhe des Spreads richtet sich hauptsächlich nach der Bonität des Schuldners. Erstklassige Adressen zahlen in der Regel weniger als den Referenzzinssatz oder nur den Referenzzinssatz. Schuldner mit einer schwächeren Bonität zahlen oft deutliche Aufschläge.

Der Spread wird zudem durch die sonstige Ausstattung der Anleihe beeinflusst, wie etwa die Gewährung eines Minimal- bzw. Maximalkupons, die Laufzeit und die Tilgungsmodalitäten.

EUROGELDMARKTSÄTZE UNTER BANKEN (IN PROZENT)

	Tagesgeld	1 Monat	2 Monate	3 Monate	6 Monate	12 Monate
Euro	0,9500 - 1,4500	1,4700 - 1,6800	1,6400 - 1,8500	1,7800 - 1,9800	1,8800 - 2,0800	1,9900 - 2,2000
US $	0,2500 - 0,3500	0,4400 - 0,5000	1,1900 - 1,6000	1,2100 - 1,2700	1,8000 - 2,2000	2,0400 - 2,4500
Pfund	0,8500 - 1,1500	1,2800 - 1,4000	1,6000 - 1,6600	1,7900 - 1,8400	1,9600 - 2,0500	1,7000 - 2,7100
sfr	0,0100 - 0,5100	0,6200 - 0,7100	0,6900 - 0,7800	0,8200 - 0,9000	0,9400 - 1,0100	1,0300 - 1,0900
YEN	0,1000 - 0,6000	0,6700 - 0,7900	0,7900 - 0,8800	0,9200 - 1,0000	0,9800 - 1,0600	0,9700 - 1,0600
kan $	0,6500 - 0,9500	1,0400 - 1,1100	1,1700 - 1,2300	1,3100 - 1,3800	1,7100 - 1,7700	2,2800 - 2,3400
A $	2,7000 - 3,0000	3,3300 - 3,3900	3,4000 - 4,1500	3,2500 - 3,7500	3,3400 - 3,4000	3,6500 - 3,7100
NZ $	2,0000 - 3,0000	3,3000 - 4,0500	3,3500 - 4,1000	3,4000 - 4,0500	3,4500 - 4,2000	3,5000 - 4,2500
HK $	0,0100 - 0,2500	0,1800 - 0,2800	0,4800 - 0,5800	0,7800 - 0,8800	1,0500 - 1,4500	1,4700 - 1,8200
Zloty	2,7500 - 3,0500	3,9000 - 4,2000	4,2500 - 4,4500	4,2500 - 4,4800	4,2500 - 4,5400	4,2500 - 4,5500
SG $	0,0625 - 0,1250	0,1875 - 0,4375	0,2500 - 0,5000	0,3125 - 0,5625	0,5000 - 0,7500	0,6250 - 0,8750
Rand	10,0000 - 12,0000	9,7500 - 10,7500	9,5000 - 10,5000	9,0000 - 10,0000	8,5000 - 9,5000	7,7500 - 8,7500
tsch. Krone	1,4000 - 1,6500	2,1600 - 2,2600	2,2900 - 2,3900	2,1600 - 2,5100	2,5300 - 2,6300	2,4600 - 2,8200

$ = 24 Monate 1,7400-1,8400, 36 Monate 2,6800-2,9300, **Euro** = 24 Monate 2,1000-2,2000, 36 Monate 2,3600-2,4600,
Eonia (Euro) = 1,374% **Euribor** (Euro) = 1 Mon. 1,518%, 2 Mon. 1,669%, 3 Mon. 1,811%, 6 Mon. 1,919%, 12 Mon. 2,025%,
Euro-Libor (Euro) = 1 Mon. 1,50813%, 2 Mon. 1,6625%, 3 Mon. 1,81375%, 6 Mon. 1,92188%, 12 Mon. 2,02938%,
Libor ($) = 1 Mon. 0,4975%, 2 Mon 0,96688%, 3 Mon. 1,26625%, 6 Mon. 1,80375%, 12 Mon. 2,11063%.

Ein Kunde kauft am 15. Januar 20.. nom. EUR 20 000,00 Öffentliche Pfandbriefe der Düsseldorfer Hypothekenbank AG (WKN 186 188).

AUFGABEN:

1 Welcher Zinssatz wird ihm für die erste Zinsperiode vergütet?

2 Errechnen Sie die Zinsen in €, die der Kunde für die ersten beiden Zinsperioden erhält, wenn der 3-Monats-EURIBOR am 15. April 20.. 1,995 % beträgt.

1.4 Unternehmensanleihen

1.4.1

Nach wie vor gefragt – Unternehmensanleihen

Die Zinsen in Deutschland sind nach wie vor auf einem sehr niedrigen Niveau – gut für Baufinanzierer, weniger gut für Anleger. Die durchschnittliche Umlaufrendite öffentlicher Anleihen liegt bereits seit 1996 unter 6 %, das ist die längste Niedrigzinsphase seit Bestehen der Bundesrepublik. Auf der Suche nach besseren Renditen greifen immer mehr Anleger zu Unternehmensanleihen, die höhere Zinsen bieten als Bundeswertpapiere. Das Angebot ist groß, denn viele Firmen verschaffen sich durch die Ausgabe von Anleihen notwendiges Kapital. Unternehmensanleihen gibt es bereits in Stückelungen ab 1 000 Euro. Sie werden an der Börse gehandelt und können wie andere Wertpapiere bei Banken erworben werden. Doch bedeuten die höheren Zinsen auch höhere Risiken. Denn die Schuldnerqualität privater Unternehmen ist in der Regel nicht vergleichbar mit der von erstklassigen Staatsanleihen. Die Sicherheit einer Unternehmensanleihe hängt von der Bonität der Firma ab. Das heißt von deren Fähigkeit, die Anleihe regelmäßig mit Zinsen zu bedienen und sie am Ende der Laufzeit in voller Höhe zurück zu zahlen. Bei der Risikobeurteilung helfen Rating-Agenturen. Sie klassifizieren zum Beispiel AAA für höchste Bonität, gefolgt von AA, A, BBB, BB usw. Die Einstufung BB gilt bereits als riskant, C steht für höchst spekulativ.

Quelle: SchulBank 01/2005.

Unternehmensanleihe

Verkaufangebot

5 ¼ % Teilschuldverschreibungen im Gesamtbetrag von EUR 150.000.000,00

Zinsen	$5^1/_4$ % jährlich, zahlbar am 1. Februar eines jeden Jahres
Ausgabekurs	$99^1/_2$ %, spesenfrei, unter Verrechnung von Stückzinsen
Laufzeit	Längstens 15 Jahre
Rückzahlung	Nach 3 tilgungsfreien Jahren in 12 gleichen Jahresraten durch Auslosung zum Nennwert

Zur Finanzierung betrieblicher Investitionen legt der Emittent eine Anleihe im Gesamtbetrag von EUR 150 Millionen auf. Die Anleihe wird besichert durch erststellige Gesamtgrundschulden auf betrieblich genutztem Grundbesitz.

Anleihetreuhänderin ist die Deutsche Bank AG, Düsseldorf.

Die Anleihe ist deckungsstockfähig.

Die Zulassung der Anleihe zum Handel im regulierten Markt an sämtlichen deutschen Wertpapierbörsen wird so bald wie möglich beantragt.

Die Teilschuldverschreibungen werden ab 7. Februar 20.. von den unten aufgeführten Kreditinstituten freibleibend verkauft. Die Ausgabe von Einzelurkunden ist ausgeschlossen. Die Teilschuldverschreibungen werden in für die gesamte Laufzeit bei der Clearstream Banking AG, Frankfurt, hinterlegten Sammelurkunden verbrieft.

Ein Kunde Ihrer Bank erwirbt am Freitag, dem 13.02.20.., nom. 6000,00 EUR dieser Anleihe.

Aufgaben:

1 Wie viel € Stückzinsen fallen an (Zinsmethode act/act, kein Schaltjahr)?

2 Ermitteln Sie den Gesamtverkaufserlös der Unternehmensanleihe bei einem vollen Verkaufserfolg! (Stückzinsen bleiben dabei unberücksichtigt!)

3 Ermitteln Sie die mittlere Laufzeit und die Effektivverzinsung der Anleihe! Legen Sie den 01.02.20.. als Emissionsdatum zugrunde! Schaltjahre bleiben unberücksichtigt.

4 Bundesanleihen erbringen zurzeit eine Effektivverzinsung (Rendite) von ca. 1,75 %. Erklären Sie dem Kunden, warum er bei ansonsten vergleichbaren Emissionsbedingungen für die Unternehmensanleihe im Vergleich zur Bundesanleihe eine höhere Rendite erzielt.

5 Nennen Sie zwei Faktoren, die den Kurs der Unternehmensanleihe beeinflussen. Beschreiben Sie dabei, welche Auswirkungen diese Faktoren auf den Kurs dieser Anleihe haben.

6 Die Anleihe ist durch Gesamtgrundschulden abgesichert. Was besagt dieser Sachverhalt?

1.4.2

Ein Kunde hat das nachfolgende Portrait einer Unternehmensanleihe zugesandt bekommen. Er ist an einer Anlage interessiert. Informieren Sie ihn über das Chance-Risiko-Verhältnis der Anlage in diesem Wertpapier.

Katjes International

Wertpapierprospekt
Gemäß § 5 Wertpapierprospektgesetz

für die Emission von
bis zu nominal EUR 30.000.000 7,125 % Inhaber-Teilschuldverschreibungen 2011/2016
der Katjes International GmbH & Co. KG

Emmerich am Rhein, Bundesrepublik Deutschland

Die Katjes International GmbH & Co. KG (die **„Emittentin"**) wird am 19. Juli 2011 (der **„Emissionstag"**) bis zu 30.000 mit 7,125 % festverzinsliche Inhaber-Teilschuldverschreibungen im Nennbetrag von je EUR 1.000,00 zum Gesamtnennbetrag von bis zu EUR 30.000.000 (die **„Schuldverschreibungen"**) begeben. Die Schuldverschreibungen werden bezogen auf ihren Nennbetrag ab dem 19. Juli 2011(einschließlich) bis zum 18. Juli 2016 (einschließlich) jährlich nachträglich am 19. Juli eines jeden Jahres und erstmals am 19. Juli 2012 mit nominal 7,125 % verzinst. Die Schuldverschreibungen werden am 19. Juli 2016 zum Nennbetrag zurückgezahlt.

Die Schuldverschreibungen begründen unmittelbare, unbedingte, nicht nachrangige und nicht besicherte Verbindlichkeiten der Emittentin und stehen im gleichen Rang untereinander und mindestens im gleichen Rang mit allen anderen gegenwärtigen und zukünftigen nicht besicherten und nicht nachrangigen Verbindlichkeiten der Emittentin, sofern diesen Verbindlichkeiten nicht durch zwingende gesetzliche Bestimmungen Vorrang eingeräumt wird.

Die Schuldverschreibungen sind zur Abwicklung durch die Clearstream Banking AG, Mergenthalerallee 61, 65760 Eschborn, Bundesrepublik Deutschland, angenommen worden.

Die Einbeziehung der Schuldverschreibungen in den Freiverkehr der Börse Düsseldorf sowie die zeitgleiche Aufnahme in das Handelssegment mittelstandsmarkt, ein Segment für mittelständische Unternehmensanleihen mit erhöhter Transparenz- und Publizitätsverpflichtung, wurde beantragt.

Eckdaten der Anleihe:

Volumen: bis zu 30 Mio. Euro
Zins: 7,125 % p.a.
Zinszahlung: jährlich (erstmalig am 19. Juli 2012)
Laufzeit: 5 Jahre, vom 19. Juli 2011 bis 18. Juli 2016
Stückelung/Mindestanlage: 1.000 Euro
Zeichnungsfrist (Börse Düsseldorf): 4. Juli bis 15. Juli 2011
Rückzahlungskurs: 100 % des Nominalbetrags
Börsennotiz: mittelstandsmarkt, Börse Düsseldorf
WKN/ISIN: A1KRBM/DE000A1KRBM2
Wertpapierart: Inhaber-Teilschuldverschreibungen
Unternehmensrating: BB + (Creditreform Rating AG)

Die Katjes International will mit den Mitteln aus der Anleihe das internationale Wachstum vor allem in Westeuropa zusätzlich vorantreiben. Schon heute ist die Katjes International im französischen Zuckerwarenmarkt über die Beteiligungen an dem Zuckerwarenproduzenten Lamy Lutti die Nummer-2-Marke und in Belgien die Nummer-1-Marke. Der Lakritzhersteller Festivaldi, auch eine Tochter der Katjes International, ist in den Niederlanden der Hersteller des nach Menge meistverkauften Lakritz.

1.5 Auslandsanleihen

1.5.1

Der Kunde Egon Franke ist an einem Erwerb der seines Erachtens gut verzinslichen EUR-Auslandsanleihen der Stadt Kobe und der Volkswagen International Finance N. V. interessiert. Verkaufsangebote siehe folgende Seite. Er bittet um Stellungnahme, insbesondere zur Besicherung der Anleihen, zu möglicherweise gegebenen Risiken und zur Rendite der Anleihe. Beraten Sie den Kunden! Ermitteln Sie die Rendite aus der abgedruckten Renditetabelle! Die vergleichbare Rendite inländischer Anleihen liegt bei 2,0 %.

5 ¾ % Anlagewerte											
Kurs	Laufzeit in Jahren										Kurs
	5	6	7	8	9	9 ½	10	10 ½	11	11 ½	
%	Rendite in %										%
99 ¼	5,93	5,90	5,88	5,87	5,86	5,86	5,85	5,85	5,85	5,84	99 ¼
99 ½	5,87	5,85	5,84	5,83	5,82	5,82	5,82	5,82	5,81	5,81	99 ½
99 ¾	5,81	5,80	5,79	5,79	5,79	5,79	5,78	5,78	5,78	5,78	99 ¾
100	5,75	5,75	5,75	5,75	5,75	5,75	5,75	5,75	5,75	5,75	100
100 ¼	5,69	5,70	5,71	5,71	5,71	5,72	5,72	5,72	5,72	5,72	100 ¼
100 ½	5,63	5,65	5,66	5,67	5,68	5,68	5,68	5,69	5,69	5,69	100 ½
100 ¾	5,57	5,60	5,62	5,63	5,64	5,65	5,65	5,65	5,66	5,66	100 ¾
101	5,52	5,55	5,57	5,59	5,61	5,61	5,62	5,62	5,63	5,63	101
101 ¼	5,46	5,50	5,53	5,55	5,57	5,58	5,58	5,59	5,60	5,60	101 ¼
101 ½	5,40	5,45	5,49	5,51	5,53	5,54	5,55	5,56	5,56	5,57	101 ½

1.5.2

Deutsche Finance (Netherlands) B. V.
Amsterdam, Niederlande

10 % Polnische Złoty-Anleihe von …
im Gesamtnennbetrag von PLN 100.000.000,00

unter der unbedingten und unwiderruflichen Garantie der
Deutsche Bank Aktiengesellschaft, Frankfurt am Main

Ausgabedatum: 21. Mai 20..; Ausgabekurs: 100,75

§ 1: (1) Die Anleihe im Gesamtnennbetrag von PLN 100.000.000,00 ist eingeteilt in 1.000.000,00 unter sich gleichrangige und auf den Inhaber lautende Schuldverschreibungen im Nennbetrag von je PLN 1.000,00.

(2) Die Schuldverschreibungen samt Zinsansprüchen sind in einer Global-Inhaber-Schuldverschreibung verbrieft. Einzelne Schuldverschreibungen oder Zinsscheine werden nicht ausgegeben.

§ 2: (1) Die Schuldverschreibungen werden vom 21. Mai 20.. an mit jährlich 10 % verzinst. Die Zinsen sind nachträglich am 21. Mai eines jeden Jahres, erstmals am 21. Mai 20.. fällig.

§ 3: Die Schuldverschreibungen werden am 21. Mai 20.. zum Nennbetrag zurückgezahlt.

§ 4: (3) Sämtliche zahlbaren Beträge auf die Schuldverschreibungen werden in Euro, basierend auf dem relevanten PLN/Euro Umrechnungskurs, bezahlt.

§ 6: Die Deutsche Bank Aktiengesellschaft, Frankfurt am Main, hat die unbedingte und unwiderrufliche Garantie für die ordnungsgemäße Zahlung der Beträge, die Kapital und Zinsen der Anleihe entsprechen, übernommen.

§ 7: Jeder Anleihegläubiger ist berechtigt, seine Schuldverschreibungen zu kündigen und deren sofortige Tilgung zum Nennbetrag zuzüglich aufgelaufener Zinsen zu verlangen, falls

a) der Emittent Kapital oder Zinsen nicht innerhalb von 30 Tagen nach Fälligkeit zahlt …

AUFGABE:

Stellen Sie die Chancen und Risiken einer Anlage in obiger Anleihe heraus.

6 Richard u.a. - ISBN 978-3-8120-1234-8

Stadt Kobe

Japan

Verkaufsangebot

EUR 100 000 000

5,75 % Euro Teilschuldverschreibungen

Laufzeit 8 Jahre

Ausgabekurs 100,25

Anleihebedingungen (Auszug):

§ 1

(1) Die Anleihe im Gesamtnennbetrag von
EUR 100 000 000,–
ist eingeteilt in unter sich gleichberechtigte, auf den Inhaber lautende
50 000 Teilschuldverschreibungen zu je EUR 1 000,– Nr. 00 001–50 000,
5 000 Teilschuldverschreibungen zu je EUR 10 000,– Nr. 50 001–55 000.

(2) Die Teilschuldverschreibungen tragen die vervielfältigte Unterschrift des Bürgermeisters der Stadt Kobe (nachfolgend „die Anleiheschuldnerin" genannt) sowie die eigenhändige Unterschrift eines Kontrollbeamten. Jeder Teilschuldverschreibung sind acht Inhaber-Jahreszinsscheine beigegeben, die die vervielfältigte Unterschrift des Bürgermeisters der Anleiheschuldnerin tragen. Die Teilschuldverschreibungen und Zinsscheine tragen einen Prägestempel der Anleiheschuldnerin.

§ 2

(1) Die Teilschuldverschreibungen werden vom 1. Juli 20.. an mit jährlich 5,75 % verzinst. Die Zinsen sind jährlich nachträglich am 1. Juli eines jeden Jahres zahlbar. Der erste Zinsschein ist am 1. Juli 20.. fällig. Der Zinslauf der Teilschuldverschreibungen endet an dem Tage, an dem sie zur Tilgung fällig werden.

(2) Sofern die Anleiheschuldnerin die Tilgung der Teilschuldverschreibungen bei Fälligkeit unterläßt, endet der Zinslauf nicht am Fälligkeitstag, sondern erst mit der Einlösung der Teilschuldverschreibungen, spätestens jedoch mit dem vierzehnten Tage nach einer Bekanntmachung der Hauptzahlstelle, daß dieser die erforderlichen Mittel zur Tilgung zur Verfügung gestellt worden sind.

§ 3

Die Teilschuldverschreibungen werden am 1. Juli 20.. zum Nennbetrag zurückgezahlt.

§ 5

(1) Die Anleiheschuldnerin verpflichtet sich, Kapital, Zinsen und ein etwaiges Aufgeld bei Fälligkeit in frei konvertierbarer und verfügbarer gesetzlicher Währung der Bundesrepublik Deutschland zu zahlen.

(2) Die zur Tilgung fälligen Teilschuldverschreibungen sind mit allen noch nicht fälligen Zinsscheinen einzureichen. Der Betrag fehlender Zinsscheine wird vom Kapitalbetrag abgezogen.

(3) Die Anleiheschuldnerin kann die von den Anleihegläubigern innerhalb von zwölf Monaten nach Fälligkeit nicht erhobenen Beträge an Kapital, Zinsen und etwaigem Aufgeld bei dem Amtsgericht Frankfurt am Main hinterlegen. Soweit auf das Recht zur Rücknahme der hinterlegten Beträge verzichtet wird, erlöschen die betreffenden Ansprüche der Anleihegläubiger gegen die Anleiheschuldnerin.

§ 9

(1) Japan hat die unbedingte und unwiderrufliche Garantie für die ordnungsgemäße Zahlung von Kapital, Zinsen und etwaigem Aufgeld übernommen.

(2) Die Anleiheschuldnerin verpflichtet sich, solange Teilschuldverschreibungen ausstehen, jedoch nur bis zu dem Zeitpunkt, an dem alle Beträge an Kapital, Zinsen und etwaigem Aufgeld der Hauptzahlstelle zur Verfügung gestellt worden sind, keine anderen internationalen Anleihen zu besichern, ohne gleichzeitig und im gleichen Rang die Gläubiger dieser Anleihe an solchen Sicherheiten teilnehmen zu lassen.

Volkswagen

Aktiengesellschaft

EUR 1 000 000 000,00

7,00 % Inhaber-Teilschuldverschreibungen/Laufzeit 7 Jahre

der

Volkswagen International Finance N.V.

unter der unbedingten und unwiderruflichen Garantie
der Volkswagen Aktiengesellschaft

Die Teilschuldverschreibungen wurden von einem internationalen Bankenkonsortium unter Führung der Deutsche Bank Aktiengesellschaft übernommen und vom 9. Februar 20.. an spesenfrei zum Kurs von 100 % freibleibend zum Verkauf angeboten.

Anleihebedingungen (Auszug)

§ 1

(1) *Währung; Stückelung.* Die Schuldverschreibungen der Volkswagen International Finance N.V. werden in Euro im Gesamtnennbetrag von 1 000 000 000 (in Worten: eine Milliarde Euro) in Stückelungen von Euro 1 000, Euro 10 000 und Euro 100 000 begeben.

(2) *Form.* Die Schuldverschreibungen lauten auf den Inhaber.

§ 2

(1) *Status:* Die Schuldverschreibungen begründen direkte, unbedingte, nicht besicherte und nicht nachrangige Verbindlichkeiten der Emittentin, die untereinander und mit allen anderen nicht besicherten Verbindlichkeiten der Emittentin gleichrangig sind.

(2) *Negativverpflichtung.* Die Emittentin verpflichtet sich, solange eine Schuldverschreibung noch aussteht, ihr Vermögen nicht mit Sicherungsrechten zur Besicherung von anderen Schuldverschreibungen zu belasten, ohne gleichzeitig die Gläubiger an derselben Sicherheit in gleicher Weise und anteilmäßig teilnehmen zu lassen.

(3) *Garantie.* Volkswagen Aktiengesellschaft hat eine unbedingte und unwiderrufliche Garantie für die pünktliche Zahlung von Kapital und Zinsen übernommen. Die Rechte aus der Garantie werden ausschließlich von der Deutsche Bank Aktiengesellschaft als Treuhänderin für die Gläubiger gehalten und wahrgenommen.

§ 3

(1) *Zinssatz und Zinsen.* Die Schuldverschreibungen werden, bezogen auf ihren Nennbetrag, verzinst, und zwar vom 9. Februar 20. . (einschließlich) bis zum Fälligkeitstag (ausschließlich) mit jährlich 7,00 %. Die Zinsen sind nachträglich am 9. Februar eines jeden Jahres zahlbar.

§ 8

(1) *Rückzahlung bei Endfälligkeit.* Soweit nicht zuvor bereits ganz oder teilweise zurückgezahlt oder angekauft und entwertet, werden die Schuldverschreibungen zu ihrem Rückzahlungsbetrag am 9. Februar 20.. zurückgezahlt. Der Rückzahlungsbetrag in Bezug auf jede Schuldverschreibung entspricht dem Nennbetrag der Schuldverschreibung.

1.6 Rückzahlung von Gläubigereffekten

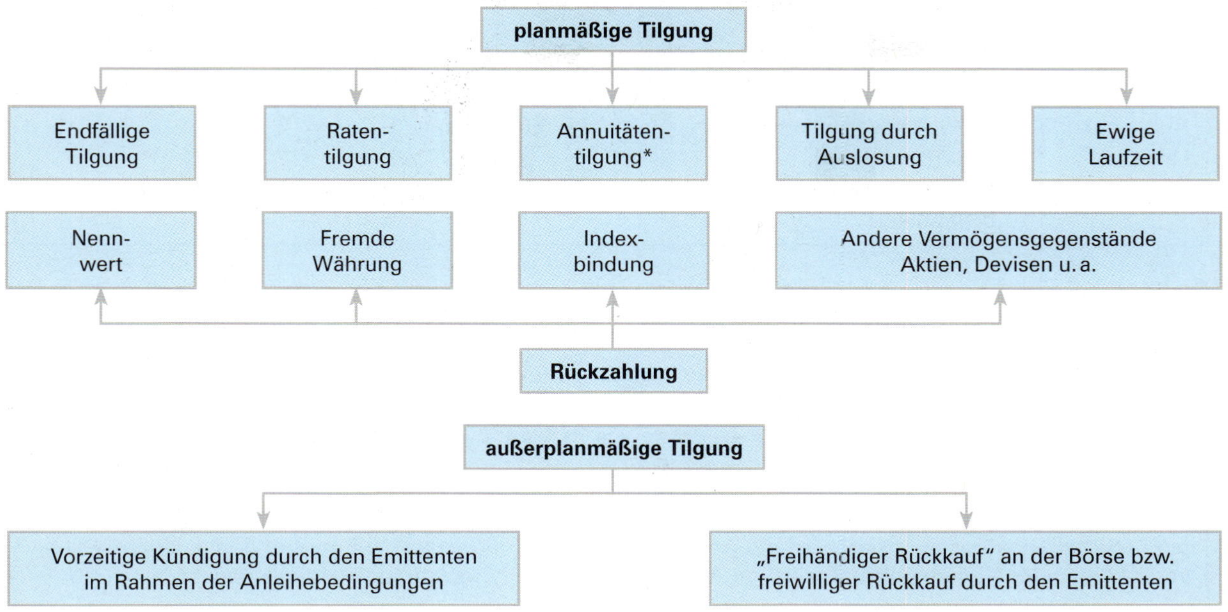

* Annuität = gleichbleibender jährlicher Betrag, der für Zins- und Tilgungszahlungen insgesamt eingesetzt wird.

Im Folgenden sind Auszüge aus Anleihebedingungen bzw. Finanzanzeigen abgedruckt, die die Tilgungsmodalitäten von Anleihen beschreiben.

Ordnen Sie die Textauszüge den obigen Tilgungsformen zu!

Text 1

6,375 % Staatsanleihe von 20. . (20. .)

der

Freien Hansestadt Bremen

Von der Anleihe werden EUR 300.000.000,– durch das unten genannte Konsortium freibleibend zum Verkauf gestellt.

Laufzeit: 8 Jahre.
Eine vorzeitige Kündigung ist ausgeschlossen.

Rückzahlung: Am 15. 02. 20. . zum Nennbetrag.

Text 2

SCHALTBAU

Anleihebedingungen der 4,75 % Wandelschuldverschreibung 20../20..

§ 4 Endfälligkeit; vorzeitige Rückzahlung; Rückerwerb

(1) Endfälligkeit. Die Teilschuldverschreibungen werden am 10. Juli 20.. nach 6-jähriger Laufzeit zu ihrem Nennbetrag zurückgezahlt, sofern sie nicht vorher zurückgezahlt, zurückgekauft oder gewandelt worden sind.

(2) Rückerwerb. Die Emittentin und/oder ein mit ihr verbundenes Unternehmen sind berechtigt, jederzeit im Markt oder auf andere Weise Teilschuldverschreibungen zu erwerben.

(3) Vorzeitige Rückzahlung. Die Emittentin ist berechtigt, durch Bekanntmachung gemäß § 11 mit einer Frist von mindestens 30 und höchstens 60 Tagen die verbliebenen Teilschuldverschreibungen insgesamt, jedoch nicht teilweise, zu kündigen. [...]

Text 3

Verkaufsangebot ThyssenKrupp

5 ¼ % Teilschuldverschreibungen im Gesamtbetrag von EUR 150.000.000,00

Zinsen:	5 ¼ % jährlich, zahlbar am 1. Februar eines jeden Jahres, erstmalig am 1. Februar 20 ..
Ausgabekurs:	99 ½ %, spesenfrei, unter Verrechnung von Stückzinsen
Laufzeit:	Längstens 15 Jahre
Rückzahlung:	Nach 5 tilgungsfreien Jahren, ab 1. Februar 20 .. in 12 gleichen Jahresraten durch Auslosung zum Nennwert

Text 4

BHF BANK

PRIVAT SEIT 1854

Die Tilgung erfolgt durch Zahlung des Nominalbetrags, wenn der Kurs der Aktie am Referenztag (ca. eine Woche vor Laufzeitende) gleich dem Basispreis oder darüber notiert. Liegt der Kurs der Aktie am Referenztag unterhalb des Basispreises, wird die Anleihe durch Lieferung einer bei Emission festgelegten Anzahl von Aktien getilgt. Etwaige Bruchteile von Aktien werden durch Barzahlung ausgeglichen.

Text 5

Bundesrepublik Deutschland
Finanzagentur GmbH

Die Tagesanleihe des Bundes auf einen Blick

ISIN:	DE0001030070
Mindestanlage:	50 Euro. Bei Wiederanlagen aus im Schuldbuchkonto verwahrten Bundeswertpapieren: beliebig, auch Kleinstbeträge möglich
Maximale Orderhöhe:	Kauf: 250 000 Euro je Käufer und Bankgeschäftstag Verkauf: 1 Mio. Euro Nennwert je Anleger und Bankgeschäftstag
Zinstermin:	31. 12. eines Jahres
Tägliche Verzinsung:	EONIA x 0,925 (Bei EONIA unter 2,00 % oder über 6,00 % entspricht der Zinssatz EONIA ./. 0,15 % bzw. EONIA ./. 0,45 %. Bei EONIA von 0,15 % oder darunter beträgt der Zinssatz 0 %.)
Laufzeit:	Unbefristet
Depotverwahrung:	Gebührenfrei im Einzelschuldbuchkonto bei der Bundesrepublik Deutschland – Finanzagentur GmbH

Text 6

Aareal Bank

- Die Rückzahlung zur Fälligkeit erfolgt zu 100 % des Nominalbetrags zuzüglich der quartalsweise beobachteten Wertentwicklung des DJ Euro STOXX 50 multipliziert mit der Partizipationsrate (50 %).
- Der DJ Euro STOXX 50 wird jeweils am 24. der Monate Januar, April, Juli und Oktober beobachtet.

Text 7

Rückkaufangebot

Im Interesse unserer Sparer setzen wir den freiwilligen Rückkauf niedrig verzinslicher, langlaufender Schuldverschreibungen fort und unterbreiten allen Inhabern von Pfandbriefen nachstehender Serien folgendes Angebot:

1) Rückkauf aller noch umlaufenden Stücke zu EUR 1000,– unserer
5,5 % Hypotheken-Pfandbriefe

Serie 38	**J/J**	**– 315 037 –**	**95 %**

per 1. Juli 20.. zu den angegebenen durchschnittlichen Emissionskursen.

Das Rückkaufangebot kann wie folgt angenommen werden:
zu 1) in der Zeit vom 1. Mai bis spätestens 15. Juni 20..

Die Verzinsung der zurückgekauften Stücke endet am 30. Juni 20..

Text 8

COREALCREDIT

Kündigung von Schuldverschreibungen

Bei der nachfolgend aufgeführten Schuldverschreibung machen wir gemäß den Emissionsbedingungen von unserem Kündigungsrecht Gebrauch und kündigen die gesamte Emission fristgerecht zur Rückzahlung

zum 25.02. 20..
EUR 150.000.000,00
Inhaberschuldverschreibung Serie SOF3
3-Monats-Euribor +0,15 % Floating Rate Note
ISIN DE000A0BVBW4

Die Rückzahlung erfolgt am 25.02.20.. über die Clearstream Banking AG, bzw. die depotführenden Kreditinstitute. Die Verzinsung endet mit dem der Fälligkeit vorhergehenden Kalendertag. Der Rückzahlungskurs wird am 23.02. 20.. festgestellt.

Nachtrag zum Zinsfixing vom 31.12.20..

Wegen Kündigung der oben genannten gesamten Emission wird die aktuelle Zinsperiode auf 52 Tage verkürzt und gilt für den Zeitraum vom 04.01. 20.. bis 24.02. 20.. einschließlich mit 1,156 % p. a., zahlbar am 25.02. 20..

Frankfurt am Main, den 16.02. 20.. COREALCREDIT BANK AG

Text 9

Helaba

Landesbank Hessen-Thüringen
Girozentrale Frankfurt/Erfurt

-Finanzgruppe

Am 1. Dezember 20.. haben wir nach den Anleihebedingungen bei folgenden Anleihen unseres Hauses planmäßige Tilgungen vorgenommen:

1. **7,50 % Pfandbriefe Ausgabe 66 – F/A – (+ 01. 08. 20.. uff.) – Kenn-Nummer 268070 –**

   In der 22. Auslosung wurden zur Fälligkeit am 1. Februar 20.. in allen Wertabschnitten die Stücke mit den doppelten Endnummern 10, 16, 48, 78 gezogen.

   Die Verzinsung endet am 31. Januar 20 ..

Die Einlösung der genannten Stücke erfolgt zum Nennwert.

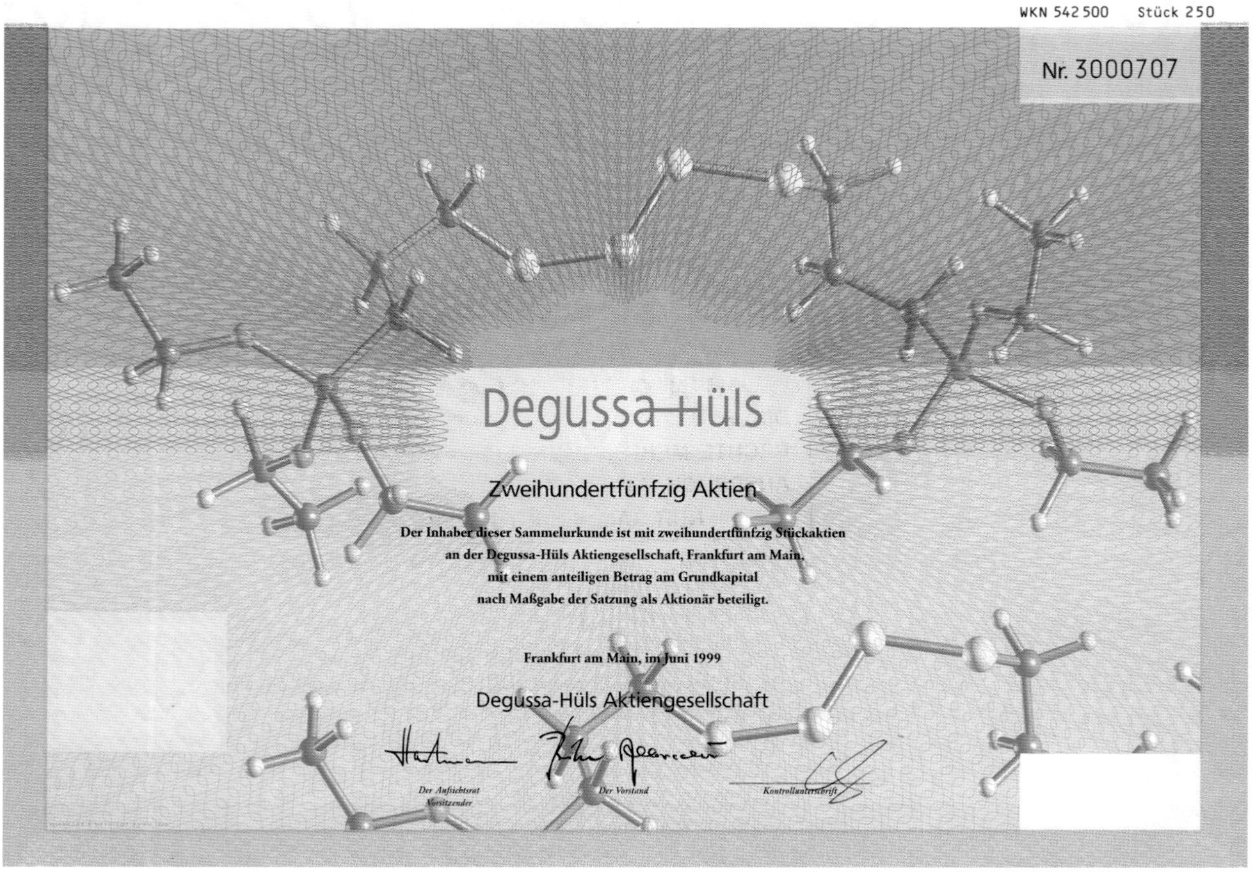
WKN 542 500 Stück 250
Nr. 3000707
Degussa-Hüls
Zweihundertfünfzig Aktien
Der Inhaber dieser Sammelurkunde ist mit zweihundertfünfzig Stückaktien
an der Degussa-Hüls Aktiengesellschaft, Frankfurt am Main,
mit einem anteiligen Betrag am Grundkapital
nach Maßgabe der Satzung als Aktionär beteiligt.
Frankfurt am Main, im Juni 1999
Degussa-Hüls Aktiengesellschaft
Der Aufsichtsrat
Vorsitzender
Der Vorstand
Kontrollunterschrift

WKN 693 773
Stück 20
Nr. 000000000
20
Der Inhaber dieser Sammelaktie über zwanzig
stimmrechtslose Vorzugs-Stückaktien ist an der
Dr. Ing. h.c. F. Porsche Aktiengesellschaft, Stuttgart,
mit einem anteiligen Betrag am Grundkapital
nach Maßgabe ihrer Satzung als Aktionär beteiligt.
Stuttgart, im September 2001
Dr. Ing. h.c. F. Porsche
Aktiengesellschaft
MUSTER
PORSCHE
Der Aufsichtsrat
Vorsitzender
Der Vorstand
Kontrollunterschrift

Aufgaben:

1. Vergleichen Sie die beiden auf Seite 46 abgebildeten Papiere hinsichtlich der in ihnen verbrieften Rechte!

2. Warum gibt eine AG Vorzugsaktien aus?

3. Die Kundin Marlies Homeyer möchte nebenstehende bei uns deponierte Aktie der Raiffeisendienst-Versicherungs-AG auf ihren 20-jährigen Neffen umschreiben lassen. Sie fragt an, welche Formalitäten zu erledigen sind. Erklären und begründen Sie diese!

50 €

STAMMAKTIE

№ 000000

ÜBER

FÜNFZIG EURO

Marlies Homeyer, 33378 Wiedenbrück, Triftstraße 14,

ist mit der oben bezeichneten Aktie bei der RAIFFEISENDIENST Allgemeine Versicherungs-Aktiengesellschaft nach Maßgabe ihrer Satzung als Aktionär beteiligt und im Aktienbuch der Gesellschaft eingetragen. Jede Übertragung dieser Aktie kann nur mit Zustimmung des Aufsichtsrates und Vorstandes erfolgen (§ 5 der Satzung).

Berlin/Wiesbaden, im Juli 20..

Eingetragen in das Aktienregister

DEUTSCHE VERSICHERUNGS-AKTIENGESELLSCHAFT

1.8 Nennwertaktien und nennwertlose Stückaktien

Eifelhöhen-Klinik Aktiengesellschaft

Eifelhöhen-Klinik AG

Nettersheim/Marmagen

Bekanntmachung

zur Umstellung der Aktien von der Nennbetragsaktie auf die Stückaktie, verbunden mit einem Aktiensplit, sowie zur hieraus folgenden Umstellung der Börsennotierung.

– Wertpapier-Kenn-Nummer 565 360 –

Die ordentliche Hauptversammlung der Eifelhöhen-Klinik AG vom 5. August 20.. hat beschlossen, die Einteilung des Grundkapitals von der Nennbetragsaktie in die Stückaktie zu ändern und in diesem Zusammenhang einen Aktiensplit durchzuführen. Der rechnerische Wert je Stückaktie beträgt 5,00 EUR. Jede Stückaktie ist am Grundkapital der Eifelhöhen-Klinik AG in gleichem Umfang beteiligt; der jeweilige Anteil eines Aktionärs am Grundkapital der Eifelhöhen-Klinik AG verändert sich durch die Umstellung auf die Stückaktie nicht. Das Grundkapital der Eifelhöhen-Klinik AG beträgt unverändert 15 600 000,00 EUR und ist nunmehr eingeteilt in 3 120 000 Stückaktien

Die Umstellung des Grundkapitals auf die Stückaktie ist verbunden mit einem Aktiensplit im Verhältnis 1 : 10 für die bisherigen Aktienstückelungen. An die Stelle einer Aktie im Nennbetrag von 50,00 EUR treten nunmehr zehn Stückaktien und an die Stelle einer Aktie im Nennbetrag von 1 000,00 EUR treten zweihundert Stückaktien. Die entsprechende Satzungsänderung wurde am 7. September 20.. in das Handelsregister des Amtsgerichts Bonn eingetragen.

Mit der Umstellung auf die Stückaktie und dem Aktiensplit ist auch eine Umstellung der Börsennotierung verbunden. Die Notierung für sämtliche Aktien der Eifelhöhen-Klinik AG (Wertpapier-Kenn-Nummer 565 360) wird ab dem 29. Januar 20.. von der bisherigen Einheit 1 Stück = 50,00 EUR auf die Einheit Stückaktien im Verhältnis 1 : 10 umgestellt. ...

Von den Aktionären ist nichts zu veranlassen.

Bonn, im Januar 20..

DER VORSTAND

§ 8 AktG: Form und Mindestbeträge der Aktien

(1) Die Aktien können entweder als Nennbetragsaktien oder als Stückaktien begründet werden.

(2) Nennbetragsaktien müssen auf mindestens einen Euro lauten. Aktien über einen geringeren Nennbetrag sind nichtig. [...] Höhere Aktiennennbeträge müssen auf volle Euro lauten.

(3) Stückaktien lauten auf keinen Nennbetrag. Die Stückaktien einer Gesellschaft sind am Grundkapital in gleichem Umfang beteiligt. Der auf die einzelne Aktie entfallende anteilige Betrag des Grundkapitals darf einen Euro nicht unterschreiten. [...]

(4) Der Anteil am Grundkapital bestimmt sich bei Nennbetragsaktien nach dem Verhältnis ihres Nennbetrags zum Grundkapital, bei Stückaktien nach der Zahl der Aktien.

(5) [...]

(6) [...]

Angaben in Euro

	Div.	29.1. ..	28.1. ..	52H	52T
AGFB (5)	0,20 F	25,60 bG	21,50 b	27,50	4,35
Allg.Privatkd.Bk.(o.N.)	4,09 Hn	148,00 -G	148,00 -G	161,1	140,6
Apcoa Parking (5)	1,64 D	51,00 G	54,00 G	85,9	51,0
Aqua Signal	0 Br	115,00 -T	115,00 -T	132,9	101,2
ATB Antriebstechnik	0 S	24,00 G	24,00 G	33,2	19,4
Autania	0 F	17,00 bG	18,00 bG	28,50	3,32
Ball (Kan.)	D	9,20 G*	9,20 G*	14,06	7,29
Baumwolle Gronau	0 D	24,20 G	24,15 G	44,5	17,4
BayWa vink. NA (100)	4,09 M	123,00 b	125,00 b	212,2	123,0
BayWa NA (100)	4,09 M	165,00 -G	163,00 G	260,8	140,6
BBS VA ♣	3,83 F	152,00 -B	160,00 -B	205,0	145,7
Behrens, J.F.(5) ♣	0,51 H	9,00 B	9,10 B	11,48	7,67
Benz,Rolf VA (o.N.)	10,23 S	26,00 bG	27,00 b	27,00	15,59
Bijou Brigitte (o.N.)	1,12 H	23,50 G	22,60 G	26,2	14,1
Bonifatius Hosp.	0 F	8,01 b	8,10 b	13,09	8,00
Brauerei Cluss	2,56 S	186,10 G	186,10 G	195,3	158,5
Brauerei Moninger	0 F	42,00 -G	42,00 -G	80,0	40,0
Brem.Hn.Eisenb.(300)	0 Br	2700,00 -T	2700,00 -T	2715	2505
Br.Lagerh.NA vink.(o.N.)	0,15 Br	5,01 bG	5,20 G	5,98	3,99
Br. Mannesmann (5)	0,46 D	9,55 b	9,80 b	13,29	8,31
Burgbad VA (5) ♣	0,82 D	17,70 b	17,70 G	25,31	17,04
BUS Berz. StA (5)	0,38 F	13,00 b	12,00 bG	20,45	10,38
BUS Berz. VA (5)	0,43 F	11,00 bG	10,51 bG	19,48	9,71
CeWe Color Hold. ♣	7,67 Br	145,00 G	147,00 b	250,5	132,4
C.H.A. Bauelem. (5)	0 M	3,97 G	3,95 G	8,18	3,71
CompuGroup VA (o.N.)	0,33 F	14,01 bG	13,50 b	23,78	11,30
Concord Effekten	0 F	101,50 bB	97,00 bG	212,2	51,1
Cordier Robert	1,53 F	33,00 -B	34,00 xD	50,1	31,2
CS-Interglas	2,56 S	39,00 bG	40,00 bB	85,9	35,0
Curtis 1000 Eu.(5)	0 F	5,45 bG	5,50 G	9,20	5,11
Deutschl.Inv.(Caym.)	B	7,90 B	7,90 B	8,18	5,93
Dinkelacker	6,90 S	610,00 B	610,00 B	615	509

	Div.	29.1. ..	28.1. ..	52H	52T
Dolerit- Basalt (o.N.)	1,33 D	5,05 G	5,20 B	6,03	4,35
Dorstener Masch.	0 D	124,95 G	124,95 G	222,4	112,5
Drägerwerk VA (5)	0,41 H	12,50 B	12,20 G	24,03	11,80
Edding VA ♣	14,32 H	253,00 G	255,00 B	294	240
Ehlebracht StA	0 D	43,00 T	43,20 b	143,2	43,0
Ehlebracht VA	1,02 D	44,00 G	44,00 G	116,6	44,0
Eifelhöhen-Kl.(o.N.)	0 D	4,50 b	39,00 B	5,2	3,3
Einbeck.Brauh.(o.N.)	0,64 Hn	24,00 bB	24,10 b	27,6	22,0
Einhell VA (5)	0,51 M	7,85 b	7,70 G	16,26	7,40
Eisenhütten (100)	12,78 D	250,00 G	255,00 G	271	199
Elektra Beckum	0 F	29,10 bB	25,00 b	55,7	15,0
Elikraft	0 H	67,50 -B	67,50 -B	109,4	55,2
Energy Intern. (NL Ant.)	F	141,00 -B	141,00 -B	209,6	161,1
Eurokai VA	2,56 H	95,00 G	95,00 G	143,2	86,9
Fernhwk. Neukölln	5,62 B		132,00 B	142,1	125,3
Friatec (5) ♣	0,66 F	22,50 b	22,00 b	28,6	21,0
Frosta (o.N.)	0,61 Br	14,55 G	14,55 G	16,31	13,29
GAB Beteiligung	4,65 S	460,00 -B	460,00 B	460,0	158,5
Gardena VA (5)	0,72 F	18,50 b	18,00 b	23,47	15,85
Gem.Wohn.VA (100)	2,05 D	1685,00 G	1685,00 b	2045	1585
Glunz StA (o.N.)	0 D	49,00 -G	48,50 G	66,0	25,6
Graphitw. Kropfm.(5) ♣	0,70 F	21,30 b	23,00 bB	53,7	19,8
Greiffenberger	3,58 M	85,10 bG	87,50 b	108,4	71,6
Grundst.u.Bauges. (5)	0,28 S	35,00 b	33,00 G	35,00	16,92
Gruschwitz (100)	3,07 B	1000,00 -T	1000,00 -T	1120	383
Hach VA (5)	2,25 F	37,50 bG	38,00 bB	52,7	30,8
Hbg. Getreide StA	0,51 H	67,00 G	67,00 G	84,9	65,5
Hbg. Getreide VA	2,05 H	59,50 B	59,80 G	71,6	48,1
Hapag Lloyd	12,78 H	480,00 bB	450,00 bG	539	450
Hegener & Glaser (o.N.)	0 M	15,00 bG	15,00 G	33,3	15,0
Hermle, Berth.VA (o.N.)	10,74 S	13,30 G	14,00 G	22,75	10,85
Herzog Telecom (o.N.)	0 F	20,20 b	19,80 b	22,24	14,57
Hesser NA (100)	16,36 S	215,00 G	215,00 G	337	204

(Auszug „Handelsblatt")

Aufgaben:

1 Welchen Anteil besitzt ein Kunde am Grundkapital, der 300 Stückaktien im Depot hat?

2 Errechnen Sie folgende Depotwerte für einen Kunden. (Verwenden Sie die angegebenen Kurse!)

28.01.20..			29.01.20..		
Wertpapier	NW/St.	Kurswert	Wertpapier	NW/St.	Kurswert
Eifelhöhen-Klinik	NW 250000	€	Eifelhöhen-Klinik	Stück	€ ....

1.9 Namensaktien

Comeback der Namensaktie

Immer mehr Konzerne stellen ihre Wertpapiere auf Namensaktien um. Dadurch können sie die Anleger ohne teure Umwege direkt erreichen und wissen, wer die Anteile an ihrer Firma besitzt

Von Marc Tüngler

Essen. Die Deutsche Telekom hat sie, die Post auch. Lufthansa und Siemens sowieso und nunmehr auch bald Eon. Die Namensaktie feiert ihr Comeback. Immer mehr Aktiengesellschaften entschließen sich dazu, ihre Anteilsscheine von Inhaberaktien auf Namensaktien umzustellen.

Der Definition nach ist eine Namensaktie eine Aktie, bei der sich der Inhaber namentlich, mit Angabe seiner Adresse und seines Geburtsdatums sowie der genauen Stückzahl der Aktien, in das Aktienregister der betroffenen Gesellschaft eintragen muss.

Die Gesellschaft kennt also ihren Aktionär beim Namen und kann unmittelbar mit ihm in Kontakt treten. Diese Form der Aktie ist international üblich. Im Gegensatz dazu sind einer Aktiengesellschaft bei der sonst üblichen Inhaberaktie der Name und die weiteren Daten eben nicht bekannt. Daher ist es der Gesellschaft auch nicht möglich, mit ihren Aktionären unmittelbar in Kontakt zu treten, sei es um die Aktionäre zur Hauptversammlung einzuladen oder über aktuelle Geschehnisse zu informieren. Vielmehr ist die Aktiengesellschaft gezwungen, die eigenen Aktionäre mit Hilfe der Depotbanken zu kontaktieren. Denn wegen des Bankgeheimnisses können und dürfen nur die Banken wissen, wer welche Aktien im Depot liegen hat, dieses Wissen aber keinesfalls an interessierte AGs weiterreichen.

Der Weg über die Banken ist aber nicht nur ein langwieriger Prozess, sondern kostet die Unternehmen auch sehr viel Geld. Die Banken lassen sich diese Dienstleistung für sehr viel Geld abkaufen. Schnell können somit für eine Einladung zu einer Hauptversammlung Kosten von bis zu fünf Euro pro Anschreiben an einen Aktionär anfallen. Dies kann durch Einführung von Namensaktien vermieden werden. Ein Hauptgrund für die

Renaissance der Namensaktie ist also, dass sie erst einmal viel Geld einspart.

Der zweite Grund wird aber ebenfalls immer wichtiger. In Zeiten, da mehr als 50 Prozent des Stammkapitals aller Dax-Konzerne in der Hand ausländischer Aktionäre sind, und zugleich Finanzinvestoren aus aller Welt sich nach lukrativen Übernahmemöglichkeiten im deutschen Leitbarometer umschauen, ist es nur allzu verständlich, dass die Aktiengesellschaften genau wissen wollen, wer ihre Eigentümer sind. Die Namensaktie macht das möglich. Denn der Name des Besitzers wird beim Unternehmen registriert.

Bei normalen Inhaberaktien ist dies so nur schwer erkennbar. Erst ab bestimmten Schwellen (also einem Anteilspaket von 3,5 oder 10 Prozent) muss eine Stimmrechtsmitteilung durch den Aktionär an die Gesellschaft erfolgen.

Ein Freifahrtschein ist aber auch die Namensaktie nicht. In der Praxis werden oft dritte Personen oder Treuhänder für die Eintragung ins Aktienregister benannt, die selbst gar nicht der eigentliche Eigentümer der Aktien sind.

Oft finden sich im Aktienregister nur die Namen der Depotbanken, bei denen der Aktionär sein Depot unterhält. Das ist rechtlich möglich, führt aber dazu, dass das Unternehmen den Aktionärskreis doch nicht so gut kennt und identifizieren kann, wie dieses es gerne hätte.

Darauf hat der Gesetzgeber reagiert. Das Risikobegrenzungsgesetz soll regeln, dass sich der eigentliche Eigentümer künftig in das Aktienregister eintragen lassen muss, um seine Rechte aus seinen Aktien ausüben zu können.

In der Summe überwiegen die Vorteile der Namensaktie. Ob sie wirklich alle mit ihr verbundenen Wünsche erfüllt, ist zweifelhaft. Für den Privatanleger sind mit der Einführung einer Namensaktie keine Nachteile verbunden.

Wer befürchtet, neben den Pflichtmitteilungen unerbetene Werbepost von seiner Gesellschaft zu erhalten, kann es durch eine formlose Erklärung verhindern.

Quelle: WAZ 13.05.2008

Aufgabe:

Welche Vorteile der Namensaktie werden genannt?

1.10 Berichtigungsaktien

1.10.1

Hüttenwerke
Aktiengesellschaft
Duisburg

Aufforderung zur Entgegennahme von Aktien

Die ordentliche Hauptversammlung vom 20. Juni 20.. hat beschlossen, das Grundkapital um 12 Mio. EUR durch Umwandlung eines entsprechenden Betrags der Kapitalrücklagen in Grundkapital auf 120 Mio. EUR zu erhöhen. Es sollen 4 800 000 nennwertlose Stückaktien mit Gewinnberechtigung ab 1. Januar 20.. (das Geschäftsjahr der Gesellschaft ist mit dem Kalenderjahr identisch) ausgegeben werden.

Das Grundkapital ist nunmehr eingeteilt in 48 000 000 Stückaktien mit einem rechnerischen Anteil am Grundkapital von je Euro 2,50.

Der Beschluss über die Erhöhung des Grundkapitals wurde inzwischen in das Handelsregister beim Amtsgericht Duisburg eingetragen.

Die neuen Stückaktien erhalten jeweils die gleiche Wertpapier-Kenn-Nummer wie die alten Stückaktien. Sämtliche Aktien sind in einer permanenten Globalurkunde verbrieft, die bei der Clearstream Banking AG, Frankfurt am Main, hinterlegt worden ist.

Die Ausgabe der neuen Aktien erfolgt für die Aktionäre kostenfrei durch Depotgutschrift der entsprechenden Anzahl der girosammelverwahrten neuen Inhaberstückaktien.

Von den Aktionären unserer Gesellschaft ist wegen der Umstellung nichts zu veranlassen.

Duisburg, im November 20.. Der Vorstand

Aufgaben:

1 Was versteht man unter Berichtigungsaktien?

2 Welche Vorteile bieten Berichtigungsaktien der ausgebenden Gesellschaft und den Aktionären?

7 Richard u.a. - ISBN 978-3-8120-1234-8

3 Welchen Bilanzpositionen sind die Vorgänge aus der Kapitalerhöhung zuzuordnen?

Aktiva		**Bilanz (alt) in Mio. Euro**	Passiva
Anlagevermögen	354	Eigenkapital	
Umlaufvermögen	650	Gezeichn. Kapital	108
		Kapitalrücklage	146
		Gewinnrücklage	25
		Verbindlichkeiten	725
	1 004		1 004

Aktiva		**Bilanz (neu) in Mio. Euro**	Passiva
Anlagevermögen		Eigenkapital	
Umlaufvermögen		Gezeichn. Kapital	
		Kapitalrücklage	
		Gewinnrücklage	
		Verbindlichkeiten	

4 Errechnen Sie den Berichtigungsabschlag und den rechnerischen Wert der Aktie nach der Kapitalerhöhung (Kurs der Aktie 105,00 EUR)!

Der Depotkunde Franz Stein besitzt 150 Stück Aktien dieser Gesellschaft. Er möchte die Höchstzahl an Berichtigungsaktien, die sein Aktienbestand ermöglicht, erwerben.

5 Wie viele Berichtigungsaktien kann er erhalten und wie hoch ist die Teilrechtsspitze, die verkauft werden kann?

6 Erstellen Sie die Abrechnung der Bank über den Verkauf der Teilrechte unter Berücksichtigung von 0,5 % Provision (mindestens 10,00 EUR). Der Kurs der Aktie notiert mit 94,50.

7 Wie viel Dividende in Prozent und in EUR (ohne Berücksichtigung von Abgeltungsteuer, Solidaritätszuschlag und Kirchensteuer) erhält der Aktionär Franz Stein vor und nach der Kapitalerhöhung, wenn im alten und neuen Geschäftsjahr jeweils 8 500 000,00 EUR Gewinn ausgeschüttet wurden?

Vor der Kapitalerhöhung waren 43 200 000 Stück Aktien im Umlauf.

1.10.2

Im Juli 20.. erhöhte eine Aktiengesellschaft ihr Grundkapital im Verhältnis 7 : 1 durch Umwandlung von Rücklagen in Aktienkapital.

a) Wie bezeichnet das Aktiengesetz diese Art der Kapitalerhöhung?

b) Wodurch unterscheidet sich diese Form der Kapitalerhöhung von allen übrigen Arten der Grundkapitalerhöhung?

c) Das Grundkapital der Gesellschaft betrug vor der Erhöhung 1 698 694 200,00 EUR. Auf wie viel Euro erhöhte sich das Aktienkapital nach Ausgabe der Berichtigungsaktien?

d) Ein Aktionär besaß vor der Kapitalerhöhung 87 Aktien dieser Gesellschaft und wollte 13 neue erwerben.

   da) Wie viele junge Aktien konnten ihm aufgrund vorhandener Berechtigungsnachweise ohne Weiteres zugeteilt werden?

   db) Wie viel Teilrechte musste er noch erwerben, um seinen Zuteilungswunsch erfüllen zu können?

1.11 Investmentzertifikate

1.11.1

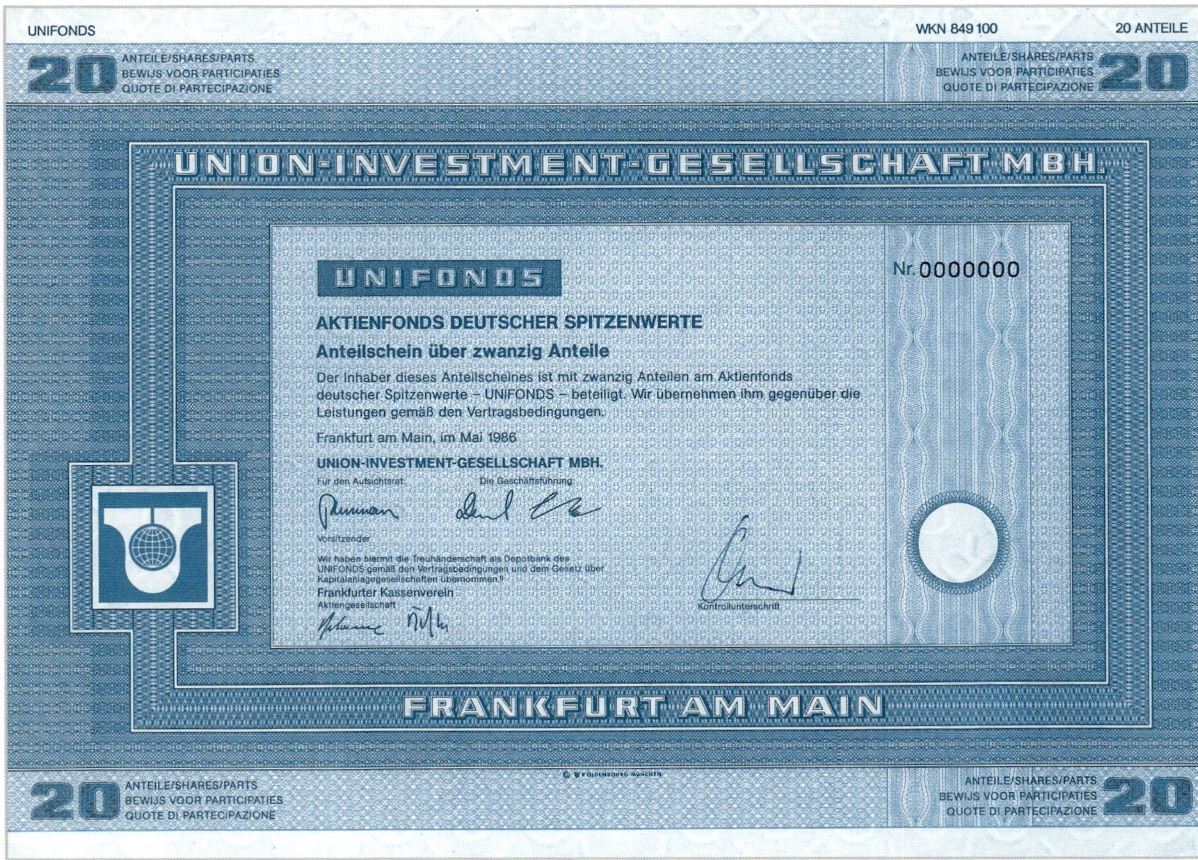
UNIFONDS WKN 849 100 20 ANTEILE

20 ANTEILE/SHARES/PARTS BEWIJS VOOR PARTICIPATIES QUOTE DI PARTECIPAZIONE

UNION-INVESTMENT-GESELLSCHAFT MBH.

UNIFONDS

Nr. 0000000

AKTIENFONDS DEUTSCHER SPITZENWERTE

Anteilschein über zwanzig Anteile

Der Inhaber dieses Anteilscheines ist mit zwanzig Anteilen am Aktienfonds deutscher Spitzenwerte – UNIFONDS – beteiligt. Wir übernehmen ihm gegenüber die Leistungen gemäß den Vertragsbedingungen.

Frankfurt am Main, im Mai 1986

UNION-INVESTMENT-GESELLSCHAFT MBH.

Für den Aufsichtsrat: Die Geschäftsführung:

Vorsitzender

Wir haben hiermit die Treuhänderschaft als Depotbank des UNIFONDS gemäß den Vertragsbedingungen und dem Gesetz über Kapitalanlagegesellschaften übernommen.

Frankfurter Kassenverein Aktiengesellschaft

Kontrollunterschrift

FRANKFURT AM MAIN

20 ANTEILE/SHARES/PARTS BEWIJS VOOR PARTICIPATIES QUOTE DI PARTECIPAZIONE

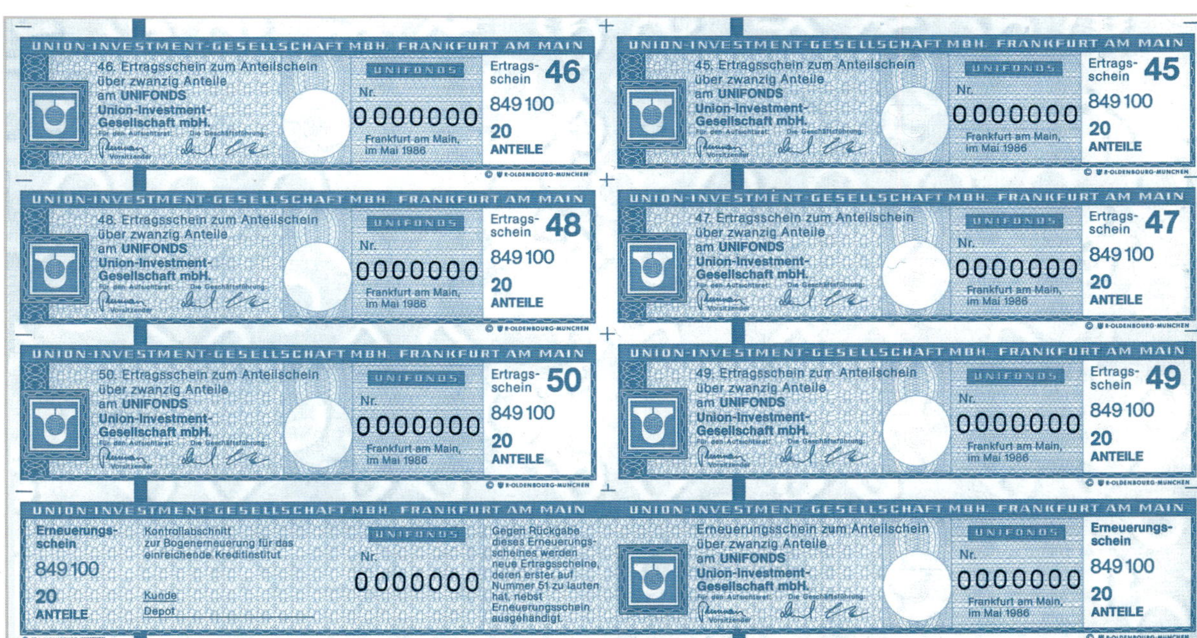
UNION-INVESTMENT-GESELLSCHAFT MBH. FRANKFURT AM MAIN

46. Ertragsschein zum Anteilschein über zwanzig Anteile am UNIFONDS Union-Investment-Gesellschaft mbH. – UNIFONDS Nr. 0000000 – Frankfurt am Main, im Mai 1986 – Ertrags-schein 46 – 849 100 – 20 ANTEILE

45. Ertragsschein zum Anteilschein über zwanzig Anteile am UNIFONDS Union-Investment-Gesellschaft mbH. – UNIFONDS Nr. 0000000 – Frankfurt am Main, im Mai 1986 – Ertrags-schein 45 – 849 100 – 20 ANTEILE

48. Ertragsschein zum Anteilschein über zwanzig Anteile am UNIFONDS Union-Investment-Gesellschaft mbH. – UNIFONDS Nr. 0000000 – Frankfurt am Main, im Mai 1986 – Ertrags-schein 48 – 849 100 – 20 ANTEILE

47. Ertragsschein zum Anteilschein über zwanzig Anteile am UNIFONDS Union-Investment-Gesellschaft mbH. – UNIFONDS Nr. 0000000 – Frankfurt am Main, im Mai 1986 – Ertrags-schein 47 – 849 100 – 20 ANTEILE

50. Ertragsschein zum Anteilschein über zwanzig Anteile am UNIFONDS Union-Investment-Gesellschaft mbH. – UNIFONDS Nr. 0000000 – Frankfurt am Main, im Mai 1986 – Ertrags-schein 50 – 849 100 – 20 ANTEILE

49. Ertragsschein zum Anteilschein über zwanzig Anteile am UNIFONDS Union-Investment-Gesellschaft mbH. – UNIFONDS Nr. 0000000 – Frankfurt am Main, im Mai 1986 – Ertrags-schein 49 – 849 100 – 20 ANTEILE

Erneuerungs-schein 849 100 20 ANTEILE – Kontrollabschnitt zur Bogenerneuerung für das einreichende Kreditinstitut – Kunde – Depot – UNIFONDS Nr. 0000000 – Gegen Rückgabe dieses Erneuerungsscheines werden neue Ertragsscheine, deren erster auf Nummer 51 zu lauten hat, nebst Erneuerungsschein ausgehändigt.

Erneuerungsschein zum Anteilschein über zwanzig Anteile am UNIFONDS Union-Investment-Gesellschaft mbH. – UNIFONDS Nr. 0000000 – Frankfurt am Main, im Mai 1986 – Erneuerungs-schein 849 100 20 ANTEILE

Investmentgesetz (InvG)
– Vom 15. Dezember 2003 –
zuletzt geändert durch Art. 1 G v. 22.6.2011/1126
Auszug

Kapitel 1 – Allgemeine Bestimmungen
Abschnitt 1– Allgemeine Vorschriften
§ 1 – Anwendungsbereich

[...]

Investmentvermögen [...] sind Vermögen zur gemeinschaftlichen Kapitalanlage, die nach dem Grundsatz der Risikomischung in Vermögensgegenständen im Sinne des § 2 Abs. 4 angelegt sind.

§ 2 – Begriffsbestimmungen

(1) Inländische Investmentgesellschaften sind Kapitalanlagegesellschaften und Investmentaktiengesellschaften. [...]

(2) Sondervermögen sind inländische Investmentvermögen in Vertragsform, die von einer Kapitalanlagegesellschaft für Rechnung der Anleger nach Maßgabe dieses Gesetzes und den Vertragsbedingungen, [...] verwaltet werden, und bei denen die Anleger das Recht zur Rückgabe der Anteile haben.

(3) Spezial-Sondervermögen sind Sondervermögen, deren Anteile auf Grund schriftlicher Vereinbarungen mit der Kapitalanlagegesellschaft ausschließlich von Anlegern, die nicht natürliche Personen sind, gehalten werden. Alle übrigen Sondervermögen sind Publikums-Sondervermögen.

(4) Vermögensgegenstände im Sinne dieses Gesetzes sind

1. Wertpapiere,
2. Geldmarktinstrumente,
3. Derivate,
4. Bankguthaben,
5. Grundstücke, grundstücksgleiche Rechte [...] (Immobilien),
6. Beteiligungen an Gesellschaften, die nach dem Gesellschaftsvertrag oder der Satzung nur Immobilien sowie die zur Bewirtschaftung der Immobilien erforderlichen Gegenstände erwerben dürfen (Immobilien-Gesellschaften),
7. Anteile oder Aktien an inländischen Investmentvermögen sowie an entsprechenden ausländischen Investmentvermögen,
8. bis 11. [...]

(5) Investmentaktiengesellschaften sind inländische Unternehmen, deren Unternehmensgegenstand nach der Satzung auf die Anlage und Verwaltung ihrer Mittel nach dem Grundsatz der Risikomischung zur gemeinschaftlichen Kapitalanlage in Vermögensgegenständen nach Abs. 4 Nr. 1 bis 4, 7 und 9 bis 11 beschränkt ist. [...]

(6) Kapitalanlagegesellschaften sind inländische Unternehmen, deren Hauptzweck in der Verwaltung von inländischen Investmentvermögen [...] sowie der individuellen Vermögensverwaltung besteht.

(7) Depotbanken sind Unternehmen, die die Verwahrung und Überwachung von Investmentvermögen ausführen.

(8) Ausländische Investmentvermögen sind Investmentvermögen [...], die dem Recht eines anderen Staates unterstehen. Der Grundsatz der Risikomischung gilt für ausländische Investmentvermögen auch dann als gewahrt, wenn das Investmentvermögen in nicht nur unerheblichem Umfang Anteile an einem oder mehreren anderen Vermögen enthält und diese anderen Vermögen unmittelbar oder mittelbar nach dem Grundsatz der Risikomischung angelegt sind.

§ 5 – Aufsicht, Anordnungsbefugnis

Die Bundesanstalt übt die Aufsicht über die Kapitalanlagegesellschaften, Investmentaktiengesellschaften und Depotbanken nach den Vorschriften dieses Gesetzes und über die Depotbanken auch nach den Vorschriften des Kreditwesengesetzes aus.

Abschnitt 2 – Kapitalanlagegesellschaften
§ 6 – Kapitalanlagegesellschaften

(1) Kapitalanlagegesellschaften sind Unternehmen, deren Geschäftsbereich darauf gerichtet ist, inländische Investmentvermögen [...] zu verwalten [...] Kapitalanlagegesellschaften dürfen nur in der Rechtsform der Aktiengesellschaft oder der Gesellschaft mit beschränkter Haftung betrieben werden. [...]

§ 7 – Erlaubnis zum Geschäftsbetrieb

(1) Der Geschäftsbetrieb einer Kapitalanlagegesellschaft bedarf der schriftlichen Erlaubnis der Bundesanstalt. [...]

§ 9 – Allgemeine Verhaltensregeln

(1) Die Kapitalanlagegesellschaft hat die Investmentvermögen mit der Sorgfalt eines ordentlichen Kaufmanns für gemeinschaftliche Rechnung der Anleger oder Aktionäre einer von ihr verwalteten Investmentaktiengesellschaft zu verwalten. Sie handelt bei der Wahrnehmung ihrer Aufgaben unabhängig von der Depotbank. [...]

(2) Die Kapitalanlagegesellschaft ist verpflichtet,

1. bei der Ausübung ihrer Tätigkeit im ausschließlichen Interesse ihrer Anleger [...] und der Integrität des Marktes zu handeln,
2. ihre Tätigkeit mit der gebotenen Sachkenntnis, Sorgfalt und Gewissenhaftigkeit im besten Interesse der von ihr verwalteten Investmentvermögen und der Integrität des Marktes auszuüben,
3. sich um die Vermeidung von Interessenkonflikten zu bemühen und, wenn diese sich nicht vermeiden lassen, dafür zu sorgen, dass unvermeidbare Konflikte unter der gebotenen Wahrung der Interessen der Anleger und der Aktionäre einer von ihr verwalteten Investmentaktiengesellschaft gelöst werden. [...]

§ 11 – Kapitalanforderungen

(1) Eine Kapitalanlagegesellschaft muss

1. mit einem Anfangskapital von mindestens 300 000 Euro ausgestattet sein,
2. [...]

Abschnitt 3 – Depotbank
§ 20 – Beauftragung und jährliche Prüfung

(1) Mit der Verwahrung von Investmentvermögen sowie den sonstigen Aufgaben [...] hat die Kapitalanlagegesellschaft ein Kreditinstitut als Depotbank zu beauftragen. Verwaltet die Kapitalanlagegesellschaft inländische Investmentvermögen, muss die Depotbank ihren Sitz im Geltungsbereich dieses Gesetzes haben und zum Betreiben des Einlagen- und Depotgeschäfts [...] zugelassen sein.

§ 23 – Ausgabe und Rücknahme von Anteilen eines Sondervermögens

(1) Die Depotbank hat die Ausgabe und die Rücknahme von Anteilen eines Sondervermögens vorzunehmen. Anteile dürfen nur gegen volle Leistung des Ausgabepreises ausgegeben werden. [...]

(2) Der Preis für die Ausgabe von Anteilen (Ausgabepreis) muss dem Wert des Anteils am Sondervermögen zuzüglich eines in den Vertragsbedingungen festzusetzenden Aufschlags [...] entsprechen. Der Ausgabepreis ist an die Depotbank zu entrichten und von dieser abzüglich des Aufschlags unverzüglich auf einem für das Sondervermögen eingerichteten gesperrten Konto zu verbuchen. Der Preis für die Rücknahme von Anteilen (Rücknahmepreis) muss dem Wert des Anteils am Sondervermögen abzüglich eines in den Vertrags-

bedingungen festzusetzenden Abschlags [...] entsprechen. Der Rücknahmepreis ist, abzüglich des Abschlags, von dem gesperrten Konto an den Anleger zu zahlen. Der Ausgabeaufschlag und Rücknahmeabschlag nach Maßgabe der Sätze 1 und 3 können an die Gesellschaft ausgezahlt werden.

§ 24 – Verwahrung

(1) Die Depotbank hat die zum Investmentvermögen gehörenden Wertpapiere und Einlagezertifikate in ein gesperrtes Depot zu legen. Sie darf die Wertpapiere nur folgenden Instituten oder Einrichtungen zur Verwahrung anvertrauen:

1. einer Wertpapiersammelbank im Sinne des § 1 Absatz 3 des Depotgesetzes,
2. einem anderen inländischen Kreditinstitut, das über die Erlaubnis zum Betreiben des Depotgeschäfts [...] verfügt,
3. einer ausländischen Wertpapierfirma [...],
4. einem sonstigen ausländischen Verwahrer [...].

§ 27 – Kontrollfunktion

(1) Die Depotbank hat dafür zu sorgen, dass

1. Ausgabe und Rücknahme von Anteilen und die Ermittlung des Wertes der Anteile den Vorschriften dieses Gesetzes und den Vertragsbedingungen entsprechen,
2. bei den für gemeinschaftliche Rechnung der Anleger getätigten Geschäften der Gegenwert innerhalb der üblichen Fristen in ihre Verwahrung gelangt,
3. die Erträge des Investmentvermögens gemäß den Vorschriften dieses Gesetzes und den Vertragsbedingungen verwendet werden [...]

Kapitel 2 – Sondervermögen
Abschnitt 1 – Allgemeine Vorschriften für Sondervermögen
§ 30 – Sondervermögen

(1) Die zum Sondervermögen gehörenden Vermögensgegenstände können nach Maßgabe der Vertragsbedingungen im Eigentum der Kapitalanlagegesellschaft oder im Miteigentum der Anleger stehen. Das Sondervermögen ist von dem eigenen Vermögen der Kapitalanlagegesellschaft getrennt zu halten.

(2) [...]

(3) Die Kapitalanlagegesellschaft darf mehrere Sondervermögen bilden. Diese haben sich durch ihre Bezeichnung zu unterscheiden und sind getrennt zu halten. [...]

§ 31 – Verfügungsbefugnis, Treuhänderschaft, Sicherheitsvorschriften

(1) [...]

(2) Das Sondervermögen haftet nicht für Verbindlichkeiten der Kapitalanlagegesellschaft; [...]

(3) Die Kapitalanlagegesellschaft kann sich wegen ihrer Ansprüche auf Vergütung und auf Ersatz von Aufwendungen aus den für gemeinschaftliche Rechnung der Anleger getätigten Geschäften nur aus dem Sondervermögen befriedigen; die Anleger haften ihr nicht persönlich.

(4) Die Kapitalanlagegesellschaft darf für gemeinschaftliche Rechnung der Anleger weder Gelddarlehen gewähren noch Verpflichtungen aus einem Bürgschafts- oder einem Garantievertrag eingehen.

(5) Gegenstände, die zu einem Sondervermögen gehören, dürfen nicht verpfändet oder sonst belastet, zur Sicherung übereignet oder zur Sicherung abgetreten werden; [...]

§ 32 – Stimmrechtsausübung

(1) Zur Ausübung des Stimmrechts aus den zu einem Sondervermögen gehörenden Aktien bedarf die Kapitalanlagegesellschaft keiner schriftlichen Vollmacht der Anleger. [...]

§ 33 – Anteilscheine

(1) Die Anteile an Sondervermögen werden in Anteilscheinen verbrieft. Die Anteilscheine können auf den Inhaber oder auf Namen lauten. [...] Die Anteilscheine können über einen oder mehrere Anteile desselben Sondervermögens ausgestellt werden. Die Anteilscheine sind von der Kapitalanlagegesellschaft und von der Depotbank zu unterzeichnen. Die Unterzeichnung kann durch mechanische Vervielfältigung geschehen.

§ 36 – Ermittlung des Anteilwertes, Veröffentlichung des Ausgabe- und Rücknahmepreises

(1) Der Wert des Anteils ergibt sich aus der Teilung des Wertes des Sondervermögens durch die Zahl der in den Verkehr gelangten Anteile. Der Wert eines Sondervermögens ist auf Grund der jeweiligen Kurswerte der zu ihm gehörenden Vermögensgegenstände abzüglich der aufgenommenen Kredite und sonstigen Verbindlichkeiten von der Depotbank unter Mitwirkung der Kapitalanlagegesellschaft oder von der Kapitalanlagegesellschaft selbst börsentäglich zu ermitteln.

§ 37 – Rücknahme von Anteilen, [...]

(1) Jeder Anleger kann verlangen, dass ihm gegen Rückgabe des Anteils sein Anteil an dem Sondervermögen aus diesem ausgezahlt wird; die Einzelheiten sind in den Vertragsbedingungen festzulegen.

Abschnitt 2 – Richtlinienkonforme Sondervermögen
§ 46 – Zulässige Vermögensgegenstände

Die Kapitalanlagegesellschaft darf für ein Sondervermögen nur die in den §§ 47 bis 52 genannten Vermögensgegenstände erwerben. Edelmetalle und Zertifikate über Edelmetalle dürfen von der Kapitalanlagegesellschaft für ein Sondervermögen nicht erworben werden.

§ 47 – Wertpapiere

(1) Die Kapitalanlagegesellschaft darf [...] für Rechnung eines Sondervermögens nur Wertpapiere erwerben,

1. die an einer Börse in einem Mitgliedstaat der Europäischen Union oder in einem anderen Vertragsstaat des Abkommens über den Europäischen Wirtschaftsraum zum Handel zugelassen oder dort an einem anderen organisierten Markt zugelassen oder in diesen einbezogen sind,
2. die ausschließlich an einer Börse außerhalb der Mitgliedstaaten der Europäischen Union oder außerhalb der anderen Vertragsstaaten des Abkommens über den Europäischen Wirtschaftsraum zum Handel zugelassen oder dort an einem anderen organisierten Markt zugelassen oder in diesen einbezogen sind, sofern die Wahl dieser Börse oder dieses organisierten Marktes von der Bundesanstalt zugelassen ist,
3. deren Zulassung an einer Börse in einem Mitgliedstaat der Europäischen Union oder in einem anderen Vertragsstaat des Abkommens über den Europäischen Wirtschaftsraum zum Handel oder deren Zulassung an einem organisierten Markt oder deren Einbeziehung in diesen in einem Mitgliedstaat der Europäischen Union oder in einem anderen Vertragsstaat des Abkommens über den Europäischen Wirtschaftsraum nach den Ausgabebedingungen zu beantragen ist, sofern die Zulassung oder Einbeziehung dieser Wertpapiere innerhalb eines Jahres nach ihrer Ausgabe erfolgt,
4. deren Zulassung an einer Börse zum Handel oder deren Zulassung an einem organisierten Markt oder die Einbeziehung in diesen außerhalb der Mitgliedstaaten der Europäischen Union oder außerhalb der anderen Vertragsstaaten des Abkommens über den Europäischen Wirtschaftsraum nach den Ausgabebedingungen zu beantragen ist, sofern die Wahl dieser Börse oder dieses organisierten Marktes von der Bundesanstalt zugelassen ist und die Zulassung oder Einbeziehung dieser Wertpapiere innerhalb eines Jahres nach ihrer Ausgabe erfolgt.
5. in Form von Aktien, die dem Sondervermögen bei einer Kapitalerhöhung aus Gesellschaftsmitteln zustehen.
6. die in Ausübung von Bezugsrechten, die zum Sondervermögen gehören, erworben werden.

(2) Wertpapiere nach Maßgabe des Absatzes 1 sind auch Bezugsrechte, sofern sich die Wertpapiere, aus denen die Bezugsrechte herrühren, im Sondervermögen befinden können.

§ 48 – Geldmarktinstrumente

[...]

§ 49 – Bankguthaben

[...]

§ 50 – Investmentanteile

[...]

§ 51 [...] – Derivate

[...]

§ 52 – Sonstige Anlageinstrumente

[...]

§ 53 – Kreditaufnahme

Die Kapitalanlagegesellschaft darf für gemeinschaftliche Rechnung der Anleger kurzfristige Kredite nur bis zur Höhe von 10 Prozent des Sondervermögens und nur aufnehmen, wenn die Bedingungen der Kreditaufnahme marktüblich sind und dies in den Vertragsbedingungen vorgesehen ist.

§ 60 – Ausstellergrenzen

(1) Die Kapitalanlagegesellschaft darf in Wertpapieren und Geldmarktinstrumenten desselben Ausstellers (Schuldners) nur bis zu 5 Prozent des Wertes des Sondervermögens anlegen; in diesen Werten dürfen jedoch bis zu 10 Prozent des Wertes des Sondervermögens angelegt werden, wenn dies in den Vertragsbedingungen vorgesehen ist und der Gesamtwert der Wertpapiere und Geldmarktinstrumente dieser Aussteller (Schuldner) 40 Prozent des Wertes des Sondervermögens nicht übersteigt.

[...]

§ 64 – Emittentenbezogene Anlagegrenzen

(1) Schuldverschreibungen desselben Ausstellers oder Geldmarktinstrumente desselben Ausstellers darf die Kapitalanlagegesellschaft für Rechnung eines Sondervermögens nur insoweit erwerben, als der Gesamtnennbetrag jeweils 10 Prozent des Gesamtnennbetrags der in Umlauf befindlichen Schuldverschreibungen und Geldmarktinstrumente desselben Ausstellers nicht übersteigt.

[...]

(2) Die Kapitalanlagegesellschaft darf für alle von ihr verwalteten Sondervermögen Aktien desselben Ausstellers nur insoweit erwerben, als die Stimmrechte, die der Kapitalanlagegesellschaft aus Aktien desselben Ausstellers zustehen, 10 Prozent der gesamten Stimmrechte aus Aktien desselben Ausstellers nicht übersteigen.

[...]

(3) Die Kapitalanlagegesellschaft darf für Rechnung eines Sondervermögens nicht mehr als 25 Prozent der ausgegebenen Anteile eines anderen inländischen oder ausländischen Investmentvermögens erwerben.

Aufgaben:

1. a) Welche Gesellschaft hat das Zertifikat herausgegeben?
   b) Wie nennt das Gesetz diese Gesellschaften, und welche Geschäfte dürfen sie betreiben?
2. In welcher Rechtsform dürfen Kapitalanlagegesellschaften betrieben werden?
3. Welcher rechtlichen Bestimmung und welcher Aufsicht unterliegen die Kapitalanlagegesellschaften?
4. Was versteht man unter einem Sondervermögen und welche Bedeutung hat das Sondervermögen für den Zertifikatinhaber?
5. Welche Aufgabe übernimmt die Frankfurter Kassenverein AG (Nachfolger: Clearstream Banking AG)? (Vergleichen Sie die Zertifikatabbildung!)
6. Welche Rechte erwirbt der Käufer dieses Investmentzertifikates?
7. Welche Erträge können dem Unifonds zufließen?
8. Wie und zu welchem Wert kann der Besitzer sein Zertifikat „veräußern"?
9. Führen Sie stichpunktartig drei wesentliche Bestimmungen des Gesetzes auf, die der Sicherheit des Investmentsparers dienen!

1.11.2

Die Vertragsbedingungen eines Investmentfonds enthalten folgende Anlagegrundsätze:

§ 4 [Anlagegrundsätze]

1. Für den Fonds werden insbesondere Aktien, Wandelschuldverschreibungen und Optionsanleihen inländischer und ausländischer Aussteller erworben. Der Fonds ist ertragsbetont.
2. Für den Fonds können ausnahmsweise bis zu 10 v.H. seines Inventarwertes Aktien, Wandelschuldverschreibungen und Optionsanleihen einzelner inländischer und ausländischer Aussteller sowie vorübergehend bis zu 10 v.H. seines Inventarwertes festverzinsliche Wertpapiere einzelner in- und ausländischer Aussteller gehalten werden.

§ 5 [Anlagegrenzen]

1. Bei der Anlage in Wertpapieren sind die durch § 60 und § 64 Investmentgesetz gezogenen Grenzen einzuhalten.

(Es wird nur ein Sondervermögen geführt!)

Prüfen Sie, ob die im Folgenden aufgeführte Anlage zulässig ist. Ziehen Sie zur Beantwortung der Frage die abgedruckten Anlagegrundsätze des Fonds und die Bestimmungen des Investmentgesetzes hinzu!

Sondervermögen am 30.06.20..		100,00 Mill. EUR
davon: **Wandelschuldverschreibungen und Optionsanleihen**		Kurswert: 27,58 Mill. EUR
u.a. nom. 2900000,00 EUR 6% Wandelanleihe von 20.. Emittent: Berliner Elektro Beteiligungen; Kurs 100%; Gesamtnennbetrag der in Umlauf befindlichen Anleihe 90000000,00 EUR,	Kurswert: 2,90 Mill. EUR	
■ nom. 6400000,00 EUR 6% Wandelschuldverschreibungen von 20.. Emittent: G.M. Pfaff Aktiengesellschaft; Kurs 102%; Gesamtnennbetrag aller in Umlauf befindlichen Schuldverschreibungen und Geldmarktinstrumente der Pfaff AG 60000000,00 EUR,	Kurswert: 6,528 Mill. EUR	
■ nom. 6500000,00 EUR 2,75% Optionsanleihe von 20.. Emittent: Bayer Capital Corporation N.V., Amsterdam/Niederlande; Kurs 98%; Gesamtnennbetrag der in Umlauf befindlichen Optionsanleihe 110000000,00 EUR,	Kurswert: 6,37 Mill. EUR	
■ nom. 5800000,00 EUR 6,25% Optionsanleihe von 20.. Emittent: Bayer Capital Corporation N.V., Amsterdam/Niederlande; Kurs 100%; Gesamtnennbetrag der in Umlauf befindlichen Optionsanleihe 95000000,00 EUR. Neben der 2,75%-igen und der 6,25%-igen Optionsanleihe hat die Bayer Capital Corporation keine weiteren Schuldverschreibungen und Geldmarktinstrumente begeben.	Kurswert: 5,80 Mill. EUR	
davon: **Aktien**		Kurswert: 51,49 Mill. EUR
u.a ■ 1000000 nennwertlose Inhaberstückaktien der X-AG; Kurs 8,50 EUR/Stück; ausgegeben sind 4000000 Inhaberstückaktien mit einem rechnerischen Anteil am Grundkapital von je 5,00 EUR. Jede Stückaktie beinhaltet 1 Stimmrecht.	Kurswert: 8,50 Mill. EUR	
■ 300000 nennwertlose Stückaktien der Y-AG; Kurs 25,00 EUR/Stück; ausgegeben sind 10000000 Stückaktien mit einem rechnerischen Anteil am Grundkapital von je 1,00 EUR. Jede Stückaktie beinhaltet 1 Stimmrecht.	Kurswert: 7,50 Mill. EUR	
davon: **Investmentzertifikate**	Anteilswert:	Anteilswert: 10,93 Mill. EUR
■ 58750 Stück Concentra-Anteile; ausgegebene Anteile insgesamt 40200000 Stück	2,35 Mill. EUR	
■ 134200 Stück Dekafonds-Anteile; ausgegebene Anteile insgesamt 86148128 Stück	6,71 Mill. EUR	
■ 26700 Stück Investa-Anteile; ausgegebene Anteile insgesamt 37100000 Stück	1,87 Mill. EUR	
davon: **Barvermögen**		10,00 Mill. EUR

1.11.3

Ein Investmentfonds enthält folgende Wertpapiere[1]:

Nennwert in TEUR oder Stück	Wertpapier	Kurs in % oder Stück	Kurswert EUR
13159	Henkel StA	67,00	
56628	BASF-Aktien	49,95	
7402	Daimler-Aktien	81,10	
500,0	3% Anleihe des Bundes	102,85	
5000,0	3% Pfandbriefe Württ. Hypo-Bank	84,732	

Barvermögen: 142235,20 EUR

Anteilumlauf: 165000 Stück

1 Vereinfachtes Beispiel ohne Beachtung der im Gesetz vorgesehenen Aussteller- und Anlagegrenzen.

Aufgaben:

1 Errechnen Sie den Fondswert und den Inventarwert eines Anteils!

2 Für den Ausgabepreis wird ein Aufschlag zur Abgeltung der Ausgabekosten von 5 % berechnet. Die Rücknahme erfolgt zum Inventarwert.

a) Wie hoch ist der Rücknahmepreis je Anteil?

b) Errechnen Sie den Ausgabepreis je Anteil (auf volle 0,10 EUR aufgerundet)!

3 Nehmen Sie an, das Fondsvermögen betrüge 24 750 000,00 EUR bei einem Anteilumlauf von 165 000 Stück. Wie viel EUR würde ein Zertifikat kosten, wenn gesplittet würde und zu einem alten Zertifikat noch zwei neue Zertifikate ausgegeben würden?

4 Welchen Sinn hat das Splitting?

1.11.4

DekaSpezial – Ein Fonds der Sparkassenorganisation – Steckbrief –	
Fondstyp	„Open-end-Fonds", d. h., die Anzahl der auszugebenden Anteile ist unbegrenzt.
Investmentgesellschaft	DEKA Deutsche Kapitalanlagegesellschaft mbH, Frankfurt/Main
Anlagepolitik	Erwerb von Wertpapieren aller Art ohne geografische oder branchenmäßige Begrenzung, mit dem Schwergewicht bei der Aktienanlage. Das Vermögen muss mindestens zu 50 % in Wertpapieren angelegt sein.
Ausschüttungen	keine; die vereinnahmten Erträge werden im Fonds wieder angelegt (Ertragsthesaurierung)
Depotbank	Deka Bank Deutsche Girozentrale, Frankfurt/Main
Ausgabepreis	Anteilwert zuzüglich 5,26 % Ausgabeaufschlag
Rücknahmepreis	Anteilwert
Effektive Stücke	Zertifikate über 1, 10, 100 oder 1 000 Anteile, auf den Inhaber lautend
Anlageprogramm	DEKA-Zuwachskonto
Berichterstattung	Rechenschaftsbericht zum 31. 12. jeden Jahres Zwischenberichte zum 30. 06. jeden Jahres, jeweils spätestens zwei Monate nach dem Stichtag bei den Vertriebsstellen erhältlich
Erwerb und Veräußerung	bei allen Sparkassen und Landesbanken sowie durch Vermittlung anderer Kreditinstitute

Aufgaben:

1 Um was für einen Fonds handelt es sich

a) hinsichtlich der Anlagepolitik,

b) hinsichtlich der Ausschüttungen?

2 Wodurch unterscheiden sich Ausgabepreis und Rücknahmepreis? Begründen Sie, warum die Gesellschaft unterschiedliche Preise anwendet!

1.11.5

Regelmäßig Sparen mit Investmentfonds.
Mit einer Vielzahl an Vorteilen.

Deka Investmentfonds

Wo auch immer Ihre persönlichen Ziele und Wünsche in Zukunkt liegen – ob es der Traumurlaub, die beste Ausbildung für Ihre Kinder oder eine entspannte Altersvorsorge ist: Mit einem Deka-Fonds Sparplan haben Sie jetzt die Möglichkeit, sich nach und nach ein kleines Vermögen aufzubauen.

Je früher Sie starten, desto schneller lassen sich Ihre Wünsche realisieren. Und mit regelmäßigem Sparen funktioniert das fast von alleine – selbst mit kleinen Beträgen. Schon ab 25,00 EUR können Sie sich kontinuierlich mit der Zeit eine große Summe ansparen, auf die Sie bei Bedarf jederzeit zurückgreifen können.

Durch die große Transparenz und die flexible Gestaltung ist ein Deka-FondsSparplan eine Top-Anlagemöglichkeit!

Ihre Vorteile mit einem regelmäßigen Deka-FondsSparplan

- Mit regelmäßigen Raten bereits ab 25,– Euro können Sie sich bequem ein Vermögen aufbauen, um Ihre persönlichen Wünsche und Ziele zu realisieren.
- Profitieren Sie von attraktiven Renditechancen der internationalen Kapitalmärkte, beispielsweise durch die Berücksichtigung der Anlageklasse Aktien.
- Nutzen Sie mit einem Deka-Fonds Sparplan in Dachfonds die Möglichkeit, in einen Mix aussichtsreicher Deka Investmentfonds und Fonds international renommierter Kooperationspartner zu investieren.
- Das professionelle Anlagemanagement der DekaBank passt Ihre Anlage permanent den aktuellen Marktgegebenheiten an. So haben Sie die Möglichkeit, an aktuellen Kapitalmarkttrends zu partizipieren.
- Mit einem Deka-FondsSparplan investieren Sie regelmäßig denselben Betrag, so dass Sie im Auf und Ab der Märkte von einem durchschnittlich niedrigen Einstiegspreis profitieren und damit mehr Fonds-Anteile erwerben können.
- Sparen Sie flexibel und passen Sie die Höhe des regelmäßigen Sparbetrages individuell Ihren Möglichkeiten und Zielen an. Das angesparte Guthaben ist immer verfügbar, es besteht keine vertragliche Bindung und Sie haben keine Mindestlaufzeit. Daher ist eine Anpassung oder Aussetzung der Sparrate jederzeit möglich.

Bitte beachten Sie, dass sich Kursschwankungen der Aktien- und Rentenmärkte während der Laufzeit negativ auswirken können. Auch Währungsschwankungen an den Devisenmärkten können die Fondsperformance belasten.

▶ Tipp 1: Kombinieren Sie jetzt Ihren Sparplan mit einer Einmaleinlage als höhere Startrate – zur Anlage von frei verfügbarer Liquidität.

▶ Tipp 2: Wer regelmäßig spart, sollte auch attraktive Fördermöglichkeiten von Staat und Arbeitgeber beim Vermögensaufbau nutzen. Lassen Sie sich einfach beraten.

Aufgaben:

1. Die DekaBank bietet ihren Kunden einen Deka-FondsSparplan an. Notieren Sie sich für ein Beratungsgespräch die Vorteile eines Deka-FondsSparplans!

2. Der Kunde Emil Sander möchte einen Deka-FondsSparplan abschließen und vierteljährlich Fondsanteile erwerben. Er ist sich nicht schlüssig, ob er vierteljährlich 750,00 EUR in Fondsanteilen anlegen oder vierteljährlich 10 Stück Fondsanteile erwerben soll. Erklären Sie dem Kunden, was für ihn vorteilhafter ist! Errechnen Sie bei beiden Möglichkeiten den Durchschnittserwerbskurs pro Stück Anteil. Legen Sie folgende Ausgabepreise zugrunde (02.01.: 69,10 EUR, 01.04.: 73,65 EUR, 01.07.: 79,10 EUR, 01.10.: 83,20 EUR).

3. Wie nennt man den Effekt, der erzielt wird, wenn der Anleger regelmäßig einen gleich bleibenden Geldbetrag in Investmentanteilen anlegt?

8 Richard u.a. - ISBN 978-3-8120-1234-8

1.11.6 Geldmarktfonds

1.11.6.1

Auszug aus einem Rechenschaftsbericht

DekaLux-Geldmarkt: Euro
Vermögensaufstellung zum 31. Dezember 2011.

Gattungsbezeichnung	Stück bzw. Anteile bzw. Whg.	Bestand 31.12.2011	Käufe/ Zugänge im Berichtszeitraum	Verkäufe/ Abgänge im Berichtszeitraum	Kurs		Kurswert in EUR
Börsengehandelte Wertpapiere							**83.584.610,13**
Verzinsliche Wertpapiere							**83.584.610,13**
EUR							**83.584.610,13**
3,6250 % B.A.T. Intl Finance PLC EUR MTN 05/12	EUR	1.500.000	1.500.000	0	%	100,984	1.514.752,50
1,5460 % Banque PSA Finance S.A. FLR MTN 07/12	EUR	1.000.000	1.000.000	0	%	99,894	998.940,00
8,5000 % Banque PSA Finance S.A. MTN 09/12	EUR	550.000	550.000	0	%	101,732	559.526,00
1,5320 % Bayerische Landesbank FLR Öff.-Pfe. R.20267 07/12	EUR	1.000.000	0	0	%	99,899	998.990,00
6,1250 % BMW Finance N.V. MTN 09/12	EUR	1.000.000	1.000.000	0	%	101,102	1.011.020,00
1,6680 % BNP Paribas S.A. FLR MTN 09/12	EUR	2.000.000	0	0	%	99,839	1.996.780,00
1,5540 % BNP Paribas S.A. FLR MTN 11/12	EUR	1.000.000	1.000.000	0	%	99,980	999.800,00
1,5680 % Carrefour S.A. FLR MTN 07/12	EUR	1.200.000	1.200.000	0	%	99,987	1.199.844,00
6,0000 % Casino,Guichard-Perrach.S.A. MTN 02/12	EUR	2.993.000	2.993.000	0	%	100,078	2.995.334,54
1,5800 % Citigroup Inc. EUR FLR MTN 05/12	EUR	1.500.000	1.500.000	0	%	99,435	1.491.525,00
1,6380 % Credit Agricole (Ldn.Br.) FLR MTN 07/12	EUR	200.000	200.000	0	%	99,901	199.802,00
2,0780 % Credit Agricole (Ldn.Br.) FLR MTN 11/12	EUR	400.000	400.000	0	%	99,869	399.474,00
5,0000 % Daimler Finance Nth.Amer. LLC EUR MTN 08/12	EUR	1.750.000	1.750.000	0	%	101,351	1.773.633,75
9,0000 % Daimler Intl Finance B.V. MTN 08/12	EUR	1.300.000	1.300.000	0	%	100,040	1.300.520,00
1,6160 % Danske Bank AS EUR FLR MTN 07/12	EUR	2.500.000	0	0	%	100,018	2.500.450,00
4,7500 % Danske Bank AS EUR MTN 07/12	EUR	850.000	850.000	0	%	101,140	859.685,75
1,9070 % Deutsche Telekom Intl Fin. FLR MTN 06/12	EUR	750.000	750.000	0	%	100,171	751.282,50
2,7000 % Dexia Kommunalbank D.AG Öff.-Pfe.Em.1534 08/12	EUR	696.000	696.000	0	%	99,750	694.260,00
3,5000 % DONG Energy A/S EUR Notes S.1 05/12	EUR	1.500.000	1.500.000	0	%	100,935	1.514.025,00
3,0000 % Dt. Pfandbriefbank Öff.-Pfe. S.1074 05/12	EUR	1.000.000	1.000.000	0	%	101,100	1.011.000,00
3,2500 % Dt. Pfandbriefbank Pfe. R.15008 05/12	EUR	725.000	725.000	0	%	100,417	728.023,25
5,7500 % Kraft Foods Inc. EUR Notes 08/12	EUR	2.544.000	2.544.000	0	%	100,855	2.565.738,48
1,6000 % Kreditanst.f.Wiederaufbau FLR MTN 09/12	EUR	1.000.000	0	0	%	100,241	1.002.410,00
1,5710 % Land Berlin FLR Landessch. A294 10/12	EUR	3.000.000	0	0	%	100,036	3.001.065,00
1,4190 % Land Berlin FLR-Landessch. 08/12 A.238	EUR	800.000	0	0	%	100,098	800.780,00
1,5150 % Land Brandenburg FLR MTN 08/12	EUR	2.000.000	0	0	%	100,061	2.001.220,00
1,5500 % Land Nordrhein-Westfalen FLR Landessch.R.961 09/12	EUR	1.000.000	0	0	%	100,177	1.001.770,00
⋮		⋮				⋮	
An organisierten Märkten zugelassene oder in diese einbezogene Wertpapiere							**3.482.037,50**
Verzinsliche Wertpapiere							**3.482.037,50**
EUR							**3.482.037,50**
0,0000 % Spanien Zero Letr.d.Tesoro 10/12	EUR	1.500.000	1.500.000	0	%	99,790	1.496.842,50
0,0000 % Spanien Zero Letr.d.Tesoro 11/12	EUR	1.000.000	1.000.000	0	%	99,404	994.035,00
0,0000 % Spanien Zero Letr.d.Tesoro 11/12	EUR	1.000.000	1.000.000	0	%	99,116	991.160,00
Summe Wertpapiervermögen						**EUR**	**87.066.647,63**
Bankguthaben, Geldmarktpapiere und Geldmarktfonds							
Bankguthaben							
EUR-Guthaben bei der Depotbank							
DekaBank Deutsche Girozentrale Luxembourg S.A.	EUR	326.199,26			%	100,000	326.199,26
Termingelder							
1,25% Landesbank Saar (18.01.2012)	EUR	1.000.000,00			%	100,000	1.000.000,00
1,30% Landesbank Saar (09.03.2012)	EUR	1.000.000,00			%	100,000	1.000.000,00
1,35% Landesbank Berlin AG (24.02.2012)	EUR	500.000,00			%	100,000	500.000,00
1,35% Landesbank Berlin AG (30.04.2012)	EUR	500.000,00			%	100,000	500.000,00
1,49% Landesbank Berlin AG (18.04.2012)	EUR	1.000.000,00			%	100,000	1.000.000,00
1,50% Landesbank Berlin AG (03.02.2012)	EUR	1.000.000,00			%	100,000	1.000.000,00
1,50% Landesbank Saar (09.01.2012)	EUR	1.000.000,00			%	100,000	1.000.000,00
1,50% Landesbank Saar (19.06.2012)	EUR	500.000,00			%	100,000	500.000,00
1,50% Landesbank Saar (28.03.2012)	EUR	1.500.000,00			%	100,000	1.500.000,00
1,52% Landesbank Berlin AG (28.06.2012)	EUR	500.000,00			%	100,000	500.000,00
1,54% Landesbank Berlin AG (08.06.2012)	EUR	1.000.000,00			%	100,000	1.000.000,00
1,56% Landesbank Berlin AG (24.05.2012)	EUR	500.000,00			%	100,000	500.000,00
1,56% Norddeutsche Landesbank Hannover (14.05.2012)	EUR	1.000.000,00			%	100,000	1.000.000,00
1,58% Landesbank Berlin AG (18.05.2012)	EUR	1.000.000,00			%	100,000	1.000.000,00
⋮		⋮				⋮	
Tagesgelder							
0,32 % DekaBank Deutsche Girozentrale Luxembourg S.A.	EUR	13.000.000,00			%	100,000	13.000.000,00
Summe der Bankguthaben						**EUR**	**57.826.199,26**
Geldmarktpapiere							
EUR							**2.993.715,00**
0,0000 % Imperial Tobacco Fin.PLC Multi-Curr.CP Pr.10 11/12	EUR	1.500.000	1.500.000	0	%	99,932	1.498.980,00
0,0000 % RWE AG Multi-Curr.CP Tr.1159 11/12	EUR	1.500.000	1.500.000	0	%	99,649	1.494.735,00
Summe der Geldmarktpapiere						**EUR**	**2.993.715,00**
Summe der Bankguthaben, Geldmarktpapiere und Geldmarktfonds						**EUR**	**60.819.914,26**
Sonstige Vermögensgegenstände							
Zinsansprüche	EUR	2.082.202,68					2.082.202,68
Forderungen aus Anteilscheingeschäften	EUR	16.242,60					16.242,60
Summe der sonstigen Vermögensgegenstände						**EUR**	**2.098.445,28**
Sonstige Verbindlichkeiten							
Verwaltungsvergütung	EUR	-29.252,48					-29.252,48
Taxe d'Abonnement	EUR	-3.762,87					-3.762,87
Verbindlichkeiten aus Wertpapiergeschäften	EUR	-1.097.320,40					-1.097.320,40
Verbindlichkeiten aus Anteilscheingeschäften	EUR	-195.720,80					-195.720,80
Verbindlichkeiten aus Wertpapier-Darlehen	EUR	-1.211,60					-1.211,60
Kostenpauschale	EUR	-7.313,11					-7.313,11
Summe der sonstigen Verbindlichkeiten						**EUR**	**-1.334.581,26**
Fondsvermögen						**EUR**	**148.650.425,91**
Umlaufende Anteile						**STK**	**2.938.304,000**
Anteilwert						**EUR**	...
Bestand der Wertpapiere am Fondsvermögen (in %)							
Bestand der Derivate am Fondsvermögen (in %)							

*) Rundungsbedingte Differenzen bei den Prozent-Anteilen sind möglich.

AUFGABEN:

1 Welche „Anlagekategorien" enthält der Fonds?

2 Nennen Sie die Emittenten der 1. Anlagekategorie!

3 Ermitteln Sie den %-Anteil der „Anlagekategorien" am Fondsvermögen!

4 Wie hoch ist der Anteilwert?

1.11.6.2

Ein Kunde beauftragt sein Kreditinstitut mit dem Kauf von Geldmarktfonds-Anteilen für 50 000,00 EUR.

Kauf am 01.06.20..
Ausgabe: 51,00; Rücknahme: 51,00;

Verkauf erfolgt am 17.07. des gleichen Jahres:
Ausgabe: 51,26; Rücknahme: 51,26.

AUFGABEN:

1 Ermitteln Sie die Zahl der gekauften Anteile! Beachten Sie, dass auch Bruchteile von Anteilen (drei Stellen nach dem Komma) erworben werden können.

2 Welcher Gewinn wurde in der Anlagezeit erzielt?

3 Wie hat sich das Anlagekapital verzinst? (Unterstellen Sie für ein Jahr 360 Tage.)

4 Wie wird der Gewinn steuerlich behandelt?

5 Werten Sie den folgenden Textauszug aus! Um welchen Fonds handelt es sich? Erklären Sie die Übereinstimmung von Ausgabe- und Rücknahmepreis!

■ **TradingFonds** = Fonds ohne Ausgabeaufschlag für flexible Anlageentscheidungen	Die **TradingFonds** eröffnen einen Einstieg ohne Kostenhürde in nationale und internationale Renten-, Aktien- und Geldmärkte. Sie eignen sich besonders, wenn mit der Vermögensanlage flexibel die mittelfristigen Kurs- und Zinszyklen der Märkte genutzt werden sollen. Anstelle eines einmaligen Ausgabeaufschlages wird dem Fondsvermögen eine monatliche, anteilige Vertriebs- bzw. Verwaltungsvergütung entnommen. Kosten entstehen also nur für die Zeit des Anteil-Besitzes.
■ **ClassicFonds** = Fonds mit Ausgabeaufschlag für den längerfristigen Vermögensaufbau	Zur Familie der **ClassicFonds** gehören die Fonds, bei deren Anteilkauf ein einmaliger Ausgabeaufschlag anfällt. Die ClassicFonds sind interessant, wenn Kapital längerfristig (zum sukzessiven Vermögensaufbau oder zur späteren Vermögensnutzung) angelegt werden soll.

1.12 Effektivverzinsung von Aktien

Ein Bankkunde besaß 40 Stück Aktien. Mit einem Kapitaleinsatz von 7500,00 EUR erzielte er in 18 Monaten Besitzdauer einen Kursgewinn von 1 200,00 EUR. Während der Besitzdauer wurden 10,00 EUR/Stück und 9,00 EUR/Stück Bruttodividenden gezahlt.

AUFGABE:

Berechnen Sie die Effektivverzinsung der Anlage unter Berücksichtigung der 25 %igen Kapitalertrag(Abgeltung-)steuer und des 5,5 %igen Solidaritätszuschlags! (Kirchensteuer bleibt bei der Berechnung unberücksichtigt.)

2 Effektenbörse

2.1 Zulassung von Effekten zum Börsenhandel

Zulassungsbeschluss

für die Zulassung zum Regulierten Markt (General Standard) an der Frankfurter Wertpapierbörse von

22.126.264 auf den Inhaber lautenden Stammaktien ohne Nennbetrag (Stückaktien)

– jeweils mit einem anteiligen Betrag am Grundkapital von EUR 1,00
und mit voller Gewinnanteilberechtigung ab dem 1. Januar 20.. –
der

vwd Vereinigte Wirtschaftsdienste AG,

Frankfurt am Main
International Securities Identification Number (ISIN): DE 0005204705
Wertpapier-Kenn-Nummer (WKN): 520470

Frankfurt am Main, 03.11.20..

Frankfurter Wertpapierbörse
Geschäftsführung

Börsengesetz (BörsG)

Abschnitt 4.
Zulassung von Wertpapieren zum Börsenhandel

§ 32 Zulassungspflicht. (1) Wertpapiere, die im regulierten Markt an einer Börse gehandelt werden sollen, bedürfen der Zulassung oder der Einbeziehung durch die Geschäftsführung, soweit nicht in § 37 oder in anderen Gesetzen etwas anderes bestimmt ist.

(2) Die Zulassung ist vom Emittenten der Wertpapiere zusammen mit einem Kreditinstitut, Finanzdienstleistungsinstitut oder einem nach § 53 Abs. 1 Satz 1 oder § 53b Abs. 1 Satz 1 des Kreditwesengesetzes tätigen Unternehmen zu beantragen. Das Institut oder Unternehmen muss an einer inländischen Wertpapierbörse mit dem Recht zur Teilnahme am Handel zugelassen sein [...]

(3) Wertpapiere sind zuzulassen, wenn

1. der Emittent und die Wertpapiere den Anforderungen nach Artikel 35 der Verordnung (EG) Nr. 1287/2006 sowie den Bestimmungen entsprechen, die zum Schutz des Publikums und für einen ordnungsgemäßen Börsenhandel nach § 34 erlassen worden sind, und
2. ein nach den Vorschriften des Wertpapierprospektgesetzes gebilligter oder bescheinigter Prospekt [...] veröffentlicht worden ist, soweit nicht nach § 1 Abs. 2 oder § 4 Abs. 2 des Wertpapierprospektgesetzes von der Veröffentlichung eines Prospekts abgesehen werden kann.

(4) Der Antrag auf Zulassung der Wertpapiere kann trotz Erfüllung der Voraussetzungen des Absatzes 3 abgelehnt werden, wenn der Emittent seine Pflichten aus der Zulassung zum regulierten Markt an einem anderen organisierten Markt nicht erfüllt.

§ 33 Einbeziehung von Wertpapieren in den regulierten Markt. (1) Wertpapiere können auf Antrag eines Handelsteilnehmers oder von Amts wegen durch die Geschäftsführung zum Börsenhandel in den regulierten Markt einbezogen werden, wenn

1. die Wertpapiere bereits
   a) an einer anderen inländischen Börse zum Handel im regulierten Markt,
   b) in einem anderen Mitgliedstaat der Europäischen Union oder in einem anderen Vertragsstaat des Abkommens über den Europäischen Wirtschaftsraum zum Handel an einem organisierten Markt oder
   c) an einem Markt in einem Drittstaat, sofern an diesem Markt Zulassungsvoraussetzungen und Melde- und Transparenzpflichten bestehen, die mit denen im regulierten Markt für zugelassene Wertpapiere vergleichbar sind, und der Informationsaustausch zum Zwecke der Überwachung des Handels mit den zuständigen Stellen in dem jeweiligen Staat gewährleistet ist,

   zugelassen sind und
2. keine Umstände bekannt sind, die bei Einbeziehung der Wertpapiere zu einer Übervorteilung des Publikums oder einer Schädigung erheblicher allgemeiner Interessen führen.

§ 37 Staatliche Schuldverschreibungen. Schuldverschreibungen des Bundes, seiner Sondervermögen oder eines Bundeslandes, auch so weit sie in das Bundesschuldbuch oder in die Schuldbücher der Bundesländer eingetragen sind, sowie Schuldverschreibungen, die von einem anderen Mitgliedstaat der Europäischen Union oder von einem anderen Vertragsstaat des Abkommens über den Europäischen Wirtschaftsraum ausgegeben werden, sind an jeder inländischen Börse zum Handel im regulierten Markt zugelassen.

§ 39 Widerruf der Zulassung bei Wertpapieren. (1) Die Geschäftsführung kann die Zulassung von Wertpapieren zum Handel im regulierten Markt außer nach den Vorschriften des Verwaltungsverfahrensgesetzes widerrufen, wenn ein ordnungsgemäßer Börsenhandel auf Dauer nicht mehr gewährleistet ist und die Geschäftsführung die Notierung im regulierten Markt eingestellt hat oder der Emittent seine Pflichten aus der Zulassung auch nach einer angemessenen Frist nicht erfüllt.

§ 42 Teilbereiche des regulierten Marktes mit besonderen Pflichten für Emittenten. (1) Die Börsenordnung kann für Teilbereiche des regulierten Marktes ergänzend zu den vom Unternehmen einzureichenden Unterlagen zusätzliche Voraussetzungen für die Zulassung von Aktien [...] und weitere Unterrichtungspflichten des Emittenten auf Grund der Zulassung von Aktien [...] zum Schutz des Publikums oder für einen ordnungsgemäßen Börsenhandel vorsehen.

General Standard: kostengünstige Börsennotierung im EU-regulierten Markt

Im General Standard gelten die Mindestanforderungen des Gesetzgebers für den Regulierten Markt. Die Vorschriften des General Standards sind verpflichtend für alle Unternehmen, die sich für eine kostengünstige Börsennotierung im EU-regulierten Markt entscheiden. Unternehmen im General Standard müssen innerhalb von vier Monaten nach Ende des Geschäftsjahres einen Jahresfinanzbericht veröffentlichen; es sind die internationalen Rechnungslegungsstandards nach IFRS/IAS oder US GAAP, Canadian GAAP, Japanese GAAP anzuwenden. Ein Halbjahresfinanzbericht muss innerhalb von zwei Monaten nach dem Ende des Berichtszeitraums publiziert werden. Seit 2007 sind Zwischenmitteilungen für die Quartale 1 und 3 über die allgemeine Finanzlage und die wesentlichen Ereignisse des Berichtszeitraums abzugeben. Außerdem hat der Unternehmer durch Ad-hoc-Mitteilungen Unternehmensnachrichten, die den Börsenkurs beeinflussen könnten, zu veröffentlichen. Auch das Erreichen und die Über- bzw. Unterschreitung von Meldeschwellen sind mitteilungspflichtig. Unternehmen positionieren sich hier vor einem nationalen wie internationalen Investorenpublikum.

DEUTSCHE BÖRSE GENERAL STANDARD

Prime Standard: höchste Transparenzstandards Europas

Unternehmen, die im Prime Standard notiert sind, erfüllen über die Anforderungen des General Standard hinausgehende internationale Transparenzanforderungen. Zugeschnitten ist der Prime Standard auf die Bedürfnisse von Unternehmen, die sich durch ein hohes Maß an Transparenz insbesondere gegenüber internationalen Investoren positionieren wollen. Denn Investoren bietet er europaweit die höchsten Transparenzstandards. So sind Unternehmen im Prime Standard gegenüber Unternehmen im General Standard zusätzlich verpflichtet, Quartalsfinanzberichte zu erstellen sowie einen Unternehmenskalender im Internet zu pflegen. Darüber hinaus müssen Prime Standard-Unternehmen in Deutsch und Englisch berichten und mindestens eine Analystenkonferenz pro Jahr abhalten.

DEUTSCHE BÖRSE PRIME STANDARD

Quelle: Deutsche Börse AG.

AUFGABEN:

1 Warum sieht der Gesetzgeber eine Zulassung von Wertpapieren zum Börsenhandel vor?

2 Unter welchen Voraussetzungen lässt die Geschäftsführung der Börse ein Wertpapier zum regulierten Markt zu?

3 Welche Wertpapiere bedürfen keiner Zulassung?

4 Unter welchen Voraussetzungen kann die Geschäftsführung die Zulassung von Wertpapieren zum Handel im regulierten Markt widerrufen?

5 Für welchen Teilbereich des regulierten Markts wurden die Aktien der vwd Vereinigte Wirtschaftsdienste AG zugelassen? Welche Transparenzanforderungen sind vom Emittenten zu erfüllen?

Zulassungsbeschluss

Zum regulierten Markt wurden mit gleichzeitiger Zulassung zum Teilbereich des regulierten Marktes mit weiteren Zulassungsfolgepflichten (Prime Standard)

Stück 4.423.814
(Euro 4.423.814,00)

auf den Inhaber lautende Stammaktien in Form von nennwertlosen Stückaktien
– mit einem rechnerischen Anteil am Grundkapital von je Euro 1,00 –
und mit Gewinnanteilberechtigung ab dem 01.07.20.. (gesamtes Grundkapital)
– dauerhaft globalverbrieft –

– ISIN DE0005218309 –
der

MOBOTIX AG, Kaiserslautern,

zugelassen.

Die Zulassung erfolgt unter einer auflösenden Bedingung: Die Zulassung erlischt, sofern nicht die Jahresabschlüsse zum 30.06. 20.. und 30.06.20.. der MOBOTIX AG bis spätestens 31.05.20.. offengelegt worden sind.

Frankfurt am Main, 28.03.20..

Frankfurter Wertpapierbörse
Geschäftsführung

6 Wodurch unterscheidet sich die obige von der ersten Bekanntmachung?

7 Welche Vorteile bietet die Zulassung zum Börsenhandel?

2.2 Preisermittlung und Orderausführung

2.2.1 XETRA-Handelssystem

XETRA ist die paneuropäische und vollelektronische Handelsplattform der Deutschen Börse AG für Aktien, Exchange Traded Funds, Zertifikate, Aktienanleihen, Optionsscheine und Bezugsrechte. Sie wurde im November 1997 eingeführt, um einen transparenten, effizienten und vollelektronischen Handel an der Frankfurter Wertpapierbörse (FWB) zu ermöglichen. XETRA ist ein ordergetriebenes Handelssystem mit automatischem Matching, das alle Aufträge in einem offenen Orderbuch zusammenführt. Seit seiner Einführung wird XETRA kontinuierlich weiterentwickelt und den Markterfordernissen angepasst. Schrittweise verlagerte sich das Handelsvolumen des Präsenz-(Parkett-)handels auf XETRA.

Am 12. Oktober 2009 führt die Frankfurter Wertpapierbörse die „fortlaufende Auktion" als weiteres Handelsmodell für Aktien, die in einem der Primärmarktsegmente der Deutschen Börse (Prime Standard, General Standard, Entry Standard) gelistet sind, ein. Bis dahin gibt es neben dem Handelsmodell der „untertägigen Auktion" (One-Auction Only) noch das Handelsmodell „fortlaufender Handel" (Continuous Trading) – letzterer unterstützt durch Designated Sponsors (Betreuer), die für Liquidität im Wertpapierhandel sorgen.

Am 23. Mai 2011 wird mit der Einführung des Handelsmodells „Fortlaufende Auktion mit Spezialist" der gesamte Handel der Frankfurter Wertpapierbörse auf das Handelssystem XETRA übertragen. Der maklergestützte Parketthandel wird eingestellt. Die bisherigen Skontroführer, auch Makler genannt, werden durch Spezialisten ersetzt, die für das Erstellen von indikativen Preisinformationen* und die Bereitstellung von zusätzlicher Liquidität im neuen Handelsmodell auf XETRA verpflichtet sind. Das neue Handelsmodell richtet sich an Unternehmen, die in der „untertägigen Auktion" gehandelt werden. Durch die fortlaufende Auktion mit Spezialist kann sich die Handelsaktivität und damit die Liquidität der gehandelten Aktien verbessern. Aktien, die die Aufnahme in einen der Auswahlindizes der Deutschen Börse anstreben, müssen jedoch wie bisher im „fortlaufenden Handel" sein oder einen Designated Sponsor mit der Betreuung ihrer Aktie beauftragen.

Für den Handel von Wertpapieren stehen nunmehr die Handelsmodelle der Auktion, des Fortlaufenden Handels mit untertägigen Auktionen und der Fortlaufenden Auktion zur Verfügung.**

Grundprinzipien des XETRA-Systems:

Dezentraler Marktzugang. Alle Marktteilnehmer, in Deutschland und ebenso im Ausland, erhalten einen gleichberechtigten, standortunabhängigen Zugang zur Handelsplattform.

Transparenz. Das zentrale Orderbuch ist mit Ausnahme der Aufrufphase in der Auktion für alle Marktteilnehmer geöffnet. Die Marktlage ist somit völlig transparent.

Schutzmechanismen. Um eine kontinuierliche Preisbildung sicherzustellen, greifen sowohl bei Auktionen als auch im fortlaufenden Handel Volatilitätsunterbrechungen als Schutzmechanismen. Ein weiterer Schutzmechanismus setzt bei einem Market-Order-Überhang ein, wobei es zu einer verlängerten Aufrufphase kommt. Dadurch soll die Ausführungswahrscheinlichkeit von Market-Orders in Auktionen erhöht werden.

Bereitstellung von Zusatzliquidität durch Designated Sponsors oder Spezialisten. Der Handel in den marktengen Werten gilt als Hauptproblem von XETRA. Aufgabe der Designated Sponsors bzw. der Spezialisten ist es, temporäre Ungleichgewichte zwischen Angebot und Nachfrage zu überbrücken und so eine kontinuierliche Preisbildung zu fördern.

Niedrige Transaktionskosten. Die mit einer Order verbundenen Transaktionskosten werden durch die automatische Zusammenführung der Aufträge niedrig gehalten. Das elektronische Orderrouting ermöglicht eine kostengünstige Abarbeitung der Aufträge von der Ordereingabe bis hin zur Abwicklung.

Eingabe von außerbörslichen Geschäftsabschlüssen. Die Nutzung der elektronischen Abwicklungssysteme der Clearstream Banking AG für das Settlement ist über XETRA auch bei außerbörslichen Direktgeschäften möglich. Während des gesamten Handelstages können Direktgeschäfte über eine gesonderte Eingabemaske erfasst werden.

Große Produktpalette. Auf XETRA sind alle an der Frankfurter Wertpapierbörse notierten Aktien handelbar. Hinzu kommen Rentenwerte, Optionsscheine, Aktienanleihen, Zertifikate und Investmentfonds.

* Unverbindliche Information über den Geld- und Briefkurs sowie das Volumen.
** Das Handelsmodell „Midpoint Order Matching" bleibt hier unberücksichtigt.

Quelle: In Anlehnung an: Deutsche Börse AG, XETRA.

Aufgaben:

1 Erläutern Sie die Besonderheiten des XETRA-Systems.

2 Erklären Sie die Vorteile, die mit XETRA verbunden sind.

3 Nennen Sie die Handelsmodelle, die XETRA für den Handel von Wertpapieren zur Verfügung stellt.

4 Welche Aufgabe haben die Designated Sponsors (Betreuer) und die Spezialisten im XETRA-System?

5 Im XETRA-Handel kann es zu Volatilitätsunterbrechungen oder zu einer verlängerten Aufrufphase kommen. Welchem Zweck dienen diese Maßnahmen?

2.2.2 XETRA-Orderformen

Ordnen Sie die unten stehenden Beispiele den XETRA-Orderformen zu!

Order-Typen	Beispiele
1. *Market Orders* sind unlimitierte Kauf- und Verkauforders. Sie sollen zum nächsten erhältlichen Preis ausgeführt werden.	....
2. *Limit Orders* sind Kauf- und Verkauforders, die zum angegebenen Limit oder besser ausgeführt werden sollen.	....
3. *Market-to-Limit Orders* sind unlimitierte Kauf- oder Verkauforders, die ausschließlich zum besten im Orderbuch befindlichen Limit ausgeführt werden und im Falle einer Teilausführung mit dem nicht ausgeführten Volumen mit einem Limit entsprechend dem Preis der erfolgten Teilausführung ins Orderbuch eingestellt werden.	....
4. *Stop Market Order.* Sobald das vorgegebene Stop Limit erreicht (über- bzw. unterschritten) ist, wird die Stop-Order automatisch als Market Order in das Orderbuch gestellt.	....
5. *Stop Limit Order.* Sobald das vorgegebene Stop Limit erreicht (über- bzw. unterschritten) ist, wird die Stop Order automatisch als Limit Order in das Orderbuch gestellt.	....
6. Eine *Immediate-or-Cancel Order* (IOC-Order) ist eine Order, die sofort und vollständig oder so weit wie möglich ausgeführt wird. Nicht ausgeführte Teile einer IOC-Order werden ohne Aufnahme in das Orderbuch gelöscht.	....
7. Eine *Fill-or-Kill Order* (FOK-Order) ist eine Order, die sofort vollständig oder gar nicht ausgeführt wird. Wenn eine sofortige vollständige Ausführung nicht möglich ist, wird die FOK-Order ohne Aufnahme in das Orderbuch gelöscht.	....

Quelle: Deutsche Börse Xetra Release 11.0.

Beispiele:

a) „Sofortiger vollständiger Verkauf von 2000 Stück Transport-Aktien oder Verzicht auf Ausführung."

b) „Kauf von 1000 Stück Chemie AG Aktien zum Preis von 40,00 EUR."

c) „Sofortiger Kauf von 1000 Stück Techno-Aktien. Teilausführung zulässig."

d) „Verkauf von 100 Stück Industrie-Aktien zum bestmöglichen Preis."

e) „Bei Erreichen eines Preises von 38,00 EUR soll die Order gültig werden."

f) „Bei Erreichen eines Preises von 50,00 EUR soll die Order zu diesem Preis in den Handel gehen."

g) „Verkauf von 300 Stück Brauerei-Aktien zum besten im Orderbuch befindlichen Limit von 40,10 EUR. Die restlichen 120 Stück des Auftrags werden mit einem Limit von 40,10 EUR ins Orderbuch eingestellt."

2.2.3 Preisermittlung und Orderausführung in der Auktion

2.2.3.1

Das XETRA-System unterscheidet die Handelsformen fortlaufender Handel und Auktionen. Im **fortlaufenden Handel** (Continuous Trading/CT) überprüft XETRA jeden neu eintreffenden Auftrag auf Ausführbarkeit mit Orders auf der gegenüberliegenden Seite des offenen Orderbuches. Liegt ein passender Gegenpart vor, so führt das System unverzüglich und vollautomatisch das Geschäft aus. In den **Auktionen** (AU) werden Orders jeder Größenordnung berücksichtigt: Zu einem bestimmten Zeitpunkt wird für alle offenen Aufträge, die im Orderbuch stehen, der Preis ermittelt, der den größten Umsatz ermöglicht.

Eröffnungsauktion. Vor Beginn des fortlaufenden Handels in XETRA wird eine Eröffnungsauktion durchgeführt. Die Eröffnungsauktion erfasst alle Orders, die entweder am Handelstag eingegeben wurden oder noch vom Vortag gültig sind. Des Weiteren werden alle vorliegenden Quotes (Geld- und Briefkurse)[1] der Designated Sponsors (Betreuer) berücksichtigt.

Die Eröffnungsauktion beginnt mit der *Aufrufphase.* In dieser Phase können von den Teilnehmern Orders und Quotes eingegeben sowie bestehende Orders und Quotes geändert oder gelöscht werden. Das Orderbuch ist in der Aufrufphase teilweise geschlossen. Es werden jedoch permanent Informationen über die jeweils aktuelle Ordersituation veröffentlicht. Wenn sich Orders ausführbar gegenüberstehen, wird der indikative Auktionspreis angezeigt. Dies ist der Preis, der sich für die Auktion ergeben würde, wenn die Phase der Preisermittlung zu diesem Zeitpunkt abgeschlossen wäre. Ist die Ermittlung eines indikativen Preises nicht möglich, wird das beste Geld- und/oder Brieflimit angezeigt. Um eine Preisbeeinflussung zu vermeiden, hat die Aufrufphase nach einer Mindestdauer ein zufälliges Ende.

An die Aufrufphase schließt sich die *Preisermittlungsphase* an. Die Preisermittlung dauert nur wenige Sekunden. Auf Basis der mit Ende der Aufrufphase fixierten Orderbuchlage wird der Auktionspreis nach dem Meistausführungsprinzip ermittelt. Dies ist ein errechneter Preis/Kurs, zu dem das höchste ausführbare Ordervolumen und der niedrigste Überhang je im Orderbuch vorhandenem Limit besteht. Liegt eine nicht eindeutige Orderbuchsituation vor, d. h. es gibt mehr als ein Limit mit gleichem ausführbarem Volumen, werden weitere Kriterien, z. B. das Zeitprinzip, zur Ermittlung des Auktionspreises herangezogen. Nach dem Zeitprinzip hat die zuerst eingestellte Order Vorrang vor den später erteilten Aufträgen. Sofort nach der Auktionspreisermittlung werden die Kontrahenten mittels einer Ausführungsbestätigung (Execution Confirmation) über die zustande gekommenen Abschlüsse unter Angabe von Ausführungspreis, -zeit und -volumen informiert. Können in der Preisermittlungsphase nicht alle ausführbaren Orders ausgeführt werden, werden diese dem Markt für einen begrenzten Zeitraum (Marktausgleichsphase) angeboten. Die *Marktausgleichsphase* wird nur durchgeführt, falls ein Überhang vorhanden ist. Dieser Nachfrage- (Geld) oder Angebotsüberhang (Brief) wird in zwei Phasen zunächst den Designated Sponsors des Wertpapiers, im Anschluss daran dem gesamten Markt zum Auktionspreis angeboten. Analog zur Vorgehensweise bei der Auktionspreisermittlung erhalten die Kontrahenten umgehend eine Ausführungs- und Geschäftsbestätigung. Alle nicht ausgeführten oder nur teilweise ausgeführten Orders werden nun in den fortlaufenden Handel übernommen.

Quelle: In Anlehnung an Xetra, Marktmodell Aktien, Xetra Release 11.0, Deutsche Börse AG.

AUFGABEN:

1 Die Auktionen im XETRA-Handel erfolgen in drei Phasen. Welche der unten stehenden Aussagen treffen auf

(1) die Aufrufphase,
(2) die Preisermittlungsphase,
(3) die Marktausgleichsphase zu?

a) In dieser Phase können von den Teilnehmern Orders und Quotes eingegeben sowie bestehende Orders und Quotes geändert oder gelöscht werden. ☐

b) Diese Phase wird nur durchgeführt, wenn ein Nachfrage- oder Angebotsüberhang vorhanden ist. ☐

c) Das Orderbuch ist teilweise geschlossen. Es werden jedoch permanent Informationen über die jeweils aktuelle Ordersituation veröffentlicht. ☐

d) Die vorliegenden Aufträge werden nach dem Meistausführungsprinzip zusammengeführt. ☐

e) In dieser Phase können die Marktteilnehmer nur Gebote zum Auktionspreis abgeben. ☐

f) Es wird ein indikativer Auktionspreis veröffentlicht. ☐

g) Diese Phase endet nach einer Mindestdauer zufällig. ☐

1 Eine Quote ist die gleichzeitige Abgabe einer limitierten Kauf- und Verkaufsorder und entspricht somit der Nennung einer Geld-/Briefspanne.

Börsenordnung für die Frankfurter Wertpapierbörse (Stand: 02.07.2012)

§ 86 Preisermittlung und Orderausführung in der Auktion

(1) In der Auktion wird auf Grundlage der bis zu einem bestimmten Zeitpunkt vorliegenden Orders derjenige Preis ermittelt, zu dem das größte Ordervolumen bei minimalem Überhang ausgeführt werden kann (Meistausführungsprinzip); unlimitierte Orders werden vorrangig ausgeführt (Preis-Zeit-Priorität).

(2) Die Unternehmen werden durch die Geschäftsführung im Handelssystem informiert, ab welcher Zeit der die Auktion [...] einleitende Aufruf beginnen wird. [...]

(3) Sind die vorliegenden unlimitierten Orders zum Ende des Aufrufs ganz oder teilweise nicht ausführbar, wird der Aufruf einmalig um einen bestimmten Zeitraum verlängert (Market-Order-Unterbrechung); er endet sobald alle unlimitierten Orders ausführbar sind oder mit Zeitablauf. Folgt die Market-Order-Unterbrechung auf eine Einfache Volatilitätsunterbrechung gemäß § 97 [...], so schließt sich erneut eine Einfache Volatilitätsunterbrechung an. [...]

(4) Liegt der zu erwartende Preis am Ende des Aufrufs außerhalb des Dynamischen Preiskorridors oder außerhalb des Statischen Preiskorridors gelten § 97 und § 98 entsprechend.

(5) Nach Beendigung des Aufrufs erfolgt die Preisermittlung gemäß Absatz 1. Kann gemäß Absatz 1 kein Börsenpreis ermittelt werden, wird der Preis ermittelt, der möglichst nahe am Referenzpreis gemäß § 92 liegt. [...] Die vorliegenden Orders werden im Einzelnen nach folgenden Regeln ausgeführt:

1. Sofern zum ermittelten Preis limitierte Orders nicht oder nur teilweise ausgeführt werden können, entscheidet die zeitliche Reihenfolge der Eingabe.
2. Stehen sich nur unlimitierte Orders gegenüber, erfolgt deren Ausführung zum Referenzpreis gemäß § 92. [...] Nicht ausgeführte und nicht vollständig ausgeführte Orders verbleiben im Orderbuch. [...]

(6) Die Unternehmen werden über besondere Orderbuchsituationen, die in der Auktion ermittelten Preise sowie über die Ausführung ihrer Orders durch das Handelssystem informiert.

§ 92 Referenzpreisbestimmung für den Dynamischen Preiskorridor

(1) Der Referenzpreis für den Dynamischen Preiskorridor ist der letzte im Fortlaufenden Handel mit untertägigen Auktionen oder in der Auktion festgestellte Börsenpreis desselben Handelstages oder, falls dieser nicht vorliegt, der letzte im Fortlaufenden Handel mit untertägigen Auktionen oder der Auktion an dem vorausgegangenen Handelstag festgestellte Börsenpreis. [...]

§ 93 Referenzpreisbestimmung für den Statischen Preiskorridor

(1) Der Referenzpreis für den Statischen Preiskorridor ist der in der Auktion oder im Fortlaufenden Handel mit untertägigen Auktionen in der letzten Auktion im Handelssystem festgestellte Börsenpreis desselben Handelstages, oder, falls dieser nicht vorliegt, der letzte in der Auktion oder im Fortlaufenden Handel mit untertägigen Auktionen an dem vorausgegangenen Handelstag festgestellte Börsenpreis. [...]

§ 97 Einfache Volatilitätsunterbrechung

Eine Einfache Volatilitätsunterbrechung für im Fortlaufenden Handel mit untertägigen Auktionen oder ausschließlich in der Auktion gehandelte Wertpapiere wird dann ausgelöst, wenn der zu erwartende Ausführungspreis außerhalb des Dynamischen Preiskorridors um den Referenzpreis gemäß § 92 oder außerhalb des Statischen Preiskorridors um den Referenzpreis gemäß § 93 liegt. Die Unternehmen werden auf diese Marktsituation im Handelssystem hingewiesen. Die Geschäftsführung gibt die regelmäßige Dauer der Einfachen Volatilitätsunterbrechung bekannt. [...]

§ 98 Erweiterte Volatilitätsunterbrechung

(1) Bei im Fortlaufenden Handel mit untertägigen Auktionen gehandelten Wertpapieren wird die automatische Handelsphasensteuerung nach Ablauf der Einfachen Volatilitätsunterbrechung beendet, wenn der zu erwartende Auktionspreis um mehr als das Zweifache des Dynamischen Preiskorridors um den Referenzpreis gemäß § 92 abweicht (erweiterte Volatilitätsunterbrechung). [...]

2 Bei der Eröffnungsauktion für Aktien der BASF AG stehen sich folgende Aufträge gegenüber:

Aufträge			
Kaufaufträge		**Verkaufsaufträge**	
Stück	Limit	Stück	Limit
350	billigst	160	bestens
610	33,00 €	580	37,00 €
830	33,50 €	800	36,50 €
450	34,00 €	780	36,00 €
540	34,50 €	750	35,50 €
580	35,00 €	540	35,00 €
790	35,50 €	670	34,50 €
890	36,00 €	380	34,00 €
550	36,50 €	530	33,50 €
670	37,00 €	420	33,00 €

Bestimmen Sie den Auktionspreis!

9 Richard u.a. - ISBN 978-3-8120-1234-8

3 Im Rahmen einer Eröffnungsauktion in XETRA für einen bestimmten Aktienwert ergibt sich folgende (vereinfachte) Orderbuchkonstellation.

Kaufseite (Bid)			Verkaufsseite (Ask)		
Zeit	**Volumen**	**Limit**	**Limit**	**Volumen**	**Zeit**
9:00 Uhr 9:01 Uhr	300 300	200 200	200	400	9:02 Uhr

Wie erfolgt die Orderausführung?

2.2.3.2

Das Orderbuch der Münchener Rückversicherung weist folgende aktuelle Orderlage aus:

Orderbuch Münchener Rückversicherung

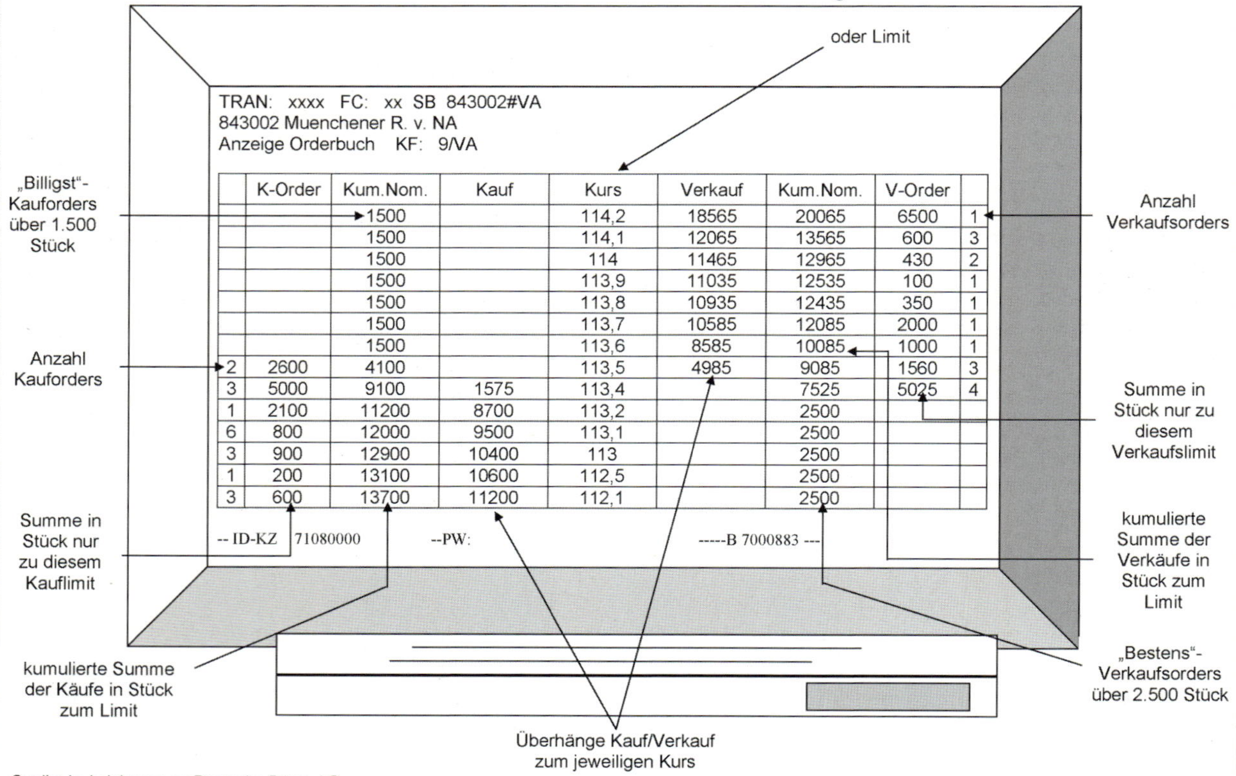

	K-Order	Kum.Nom.	Kauf	Kurs	Verkauf	Kum.Nom.	V-Order	
		1500		114,2	18565	20065	6500	1
		1500		114,1	12065	13565	600	3
		1500		114	11465	12965	430	2
		1500		113,9	11035	12535	100	1
		1500		113,8	10935	12435	350	1
		1500		113,7	10585	12085	2000	1
		1500		113,6	8585	10085	1000	1
2	2600	4100		113,5	4985	9085	1560	3
3	5000	9100	1575	113,4		7525	5025	4
1	2100	11200	8700	113,2		2500		
6	800	12000	9500	113,1		2500		
3	900	12900	10400	113		2500		
1	200	13100	10600	112,5		2500		
3	600	13700	11200	112,1		2500		

Quelle: In Anlehnung an Deutsche Börse AG

Aufgaben:

1 Welcher Auktionspreis wird ermittelt, wenn bei dieser Orderlage der Annahmeschluss verfügt wird?

2 Nach welchen Regeln erfolgt die Preisermittlung?

2.2.4 Preisermittlung und Orderausführung im Fortlaufenden Handel mit untertätigen Auktionen

Der **Fortlaufende Handel (Continuous Trading)** mit untertägiger Auktion beginnt mit einer Eröffnungsauktion. Nach dem Abschluss der Eröffnungsauktion wird der laufende Handel aufgenommen, der durch eine oder mehrere untertägige Auktionen unterbrochen werden kann.

Im fortlaufenden Handel ist das Orderbuch offen, also für die Marktteilnehmer einsehbar. Der Händler kann sich jederzeit die Limite und die je Limit kumulierten Ordervolumina anzeigen lassen. Sobald eine neue Order oder ein neuer Quote ins System eingestellt wird, überprüft das System sofort die Ausführbarkeit mit den Orders auf der gegenüberliegenden Seite des Orderbuches. Die Ausführung erfolgt nach Preis-/Zeitpriorität.

Preispriorität, das ist das primäre Kriterium, bedeutet, dass Kauforders mit höherem bzw. Verkaufsorders mit einem niedrigeren Limit den Vorrang haben. Bestens-/Billigst-Orders haben Priorität vor Limit Orders.

Zeitpriorität, das ist das sekundäre Kriterium, bedeutet, dass bei Orders mit gleicher Limitierung die zuerst eingegebene Order Vorrang hat. Auch zwischen nicht limitierten Aufträgen gilt die zeitliche Priorität.

Die Ausführung einer Order kann in einem oder mehreren Schritten, teilweise oder gar nicht erfolgen. Demnach können entweder keine bzw. einer oder mehrere Abschlüsse durch eine XETRA-Order generiert werden. Über jede Ausführung bzw. Teilausführung erhält der Auftraggeber eine Abrechnung. Die nicht ausgeführten Orders bzw. Teile werden ins Orderbuch gestellt und nach der Preis-/Zeitpriorität sortiert. Unlimitierte Orders (Market Orders), denen auf der gegenüberliegenden Orderbuchseite nur limitierte Orders entgegenstehen, werden zum höchsten Kauf- bzw. zum niedrigsten Verkaufslimit ausgeführt.

Untertägige Auktion. Mit Beginn einer untertägigen Auktion wird der fortlaufende Handel unterbrochen. Die untertägige Auktion setzt sich analog der Eröffnungsauktion aus den drei Phasen Aufruf, Preisermittlung und Marktausgleich zusammen. Alle zu einem Wertpapier vorhandenen Orders und Quotes werden in einem Orderbuch automatisch zusammengeführt. Dies gilt sowohl für aus dem fortlaufenden Handel übernommene Orders und Quotes als auch für die Orders, die nur für Auktionen in das Orderbuch eingestellt wurden. Der Ablauf entspricht der Eröffnungsauktion. Nach Beendigung der Auktion wird der fortlaufende Handel fortgesetzt.

Schlussauktion. Im Anschluss an den fortlaufenden Handel folgt eine Schlussauktion, die sich ebenfalls in die drei Phasen Aufruf, Preisermittlung und Marktausgleich gliedert und durch ein teilweise geschlossenes Orderbuch charakterisiert ist. Nicht ausgeführte oder teilweise ausgeführte Orders werden entsprechend ihrer Gültigkeit auf den nächsten Handelstag übertragen.

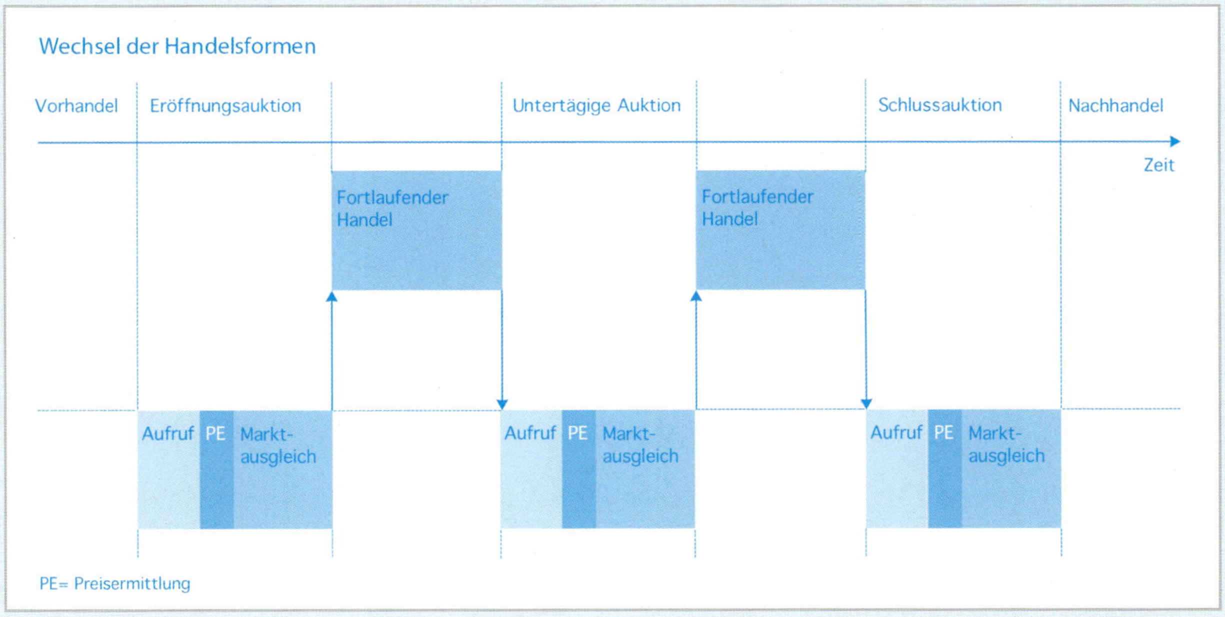

Quelle: In Anlehnung an: XETRA, Marktmodell Aktien, Xetra Release 11.0, Deutsche Börse AG.

Börsenordnung für die Frankfurter Wertpapierbörse (Stand: 02.07.2012)

§ 87 Preisermittlung und Orderausführung im Fortlaufenden Handel mit untertägigen Auktionen

(1) Der Fortlaufende Handel mit untertägigen Auktionen beginnt mit einer Eröffnungsauktion, für die § 86 mit der Maßgabe entsprechend gilt, dass nicht ausgeführte oder nicht vollständig ausgeführte Orders in den fortlaufenden Handel übertragen werden, sofern ihre Ausführbarkeit nicht auf die Auktion beschränkt ist. Kann kein Eröffnungspreis ermittelt werden, beginnt der fortlaufende Handel unmittelbar.

(2) Während des fortlaufenden Handels werden die Orders, die sich ausführbar gegenüberstehen, einander zugeordnet und zu Geschäftsabschlüssen zusammengeführt. Das Handelssystem ordnet die Orders zunächst nach dem Limit, wobei eine unlimitierte Order den höchsten Rang hat. Danach haben das höchste Geldlimit und/oder das niedrigste Brieflimit Vorrang. Bei unlimitierten Orders und bei gleichen Limiten entscheidet die zeitliche Reihenfolge der Eingabe. [...] Die Orderausführung erfolgt im Einzelnen nach folgenden Regeln:

1. Werden limitierte oder unlimitierte Orders im Orderbuch erfasst und stehen diesen ausschließlich limitierte Orders gegenüber, wird der Preis auf der Grundlage des jeweils höchsten Geld- oder niedrigsten Brieflimits im Orderbuch ermittelt und die Orders zu diesem ausgeführt.
2. Befinden sich nur unlimitierte Orders im Orderbuch und wird keine limitierte Order eingegeben, werden die eingehenden unlimitierten Orders zum Referenzpreis gemäß § 92 ausgeführt.
3. Befinden sich unlimitierte und limitierte Orders im Orderbuch, werden eingehende unlimitierte Verkaufsorders mit den ihnen gegenüberstehenden unlimitierten Kauforders zum gemäß § 92 bestimmten Referenzpreis oder, sofern dieser niedriger ist, zum höchsten Limit der ausführbaren Orders zu Geschäftsabschlüssen zusammengeführt. Eingehende unlimitierte Kauforders werden mit den im Orderbuch befindlichen unlimitierten Verkaufsorders zum Referenzpreis oder, sofern dieser höher ist, zum niedrigsten Limit der ausführbaren Orders zu Geschäftsabschlüssen zusammengeführt. Satz 1 und 2 gelten entsprechend, wenn limitierte Orders eingegeben werden und diesen im Orderbuch nur unlimitierte oder unlimitierte und limitierte Orders gegenüberstehen.

(3) Die Orders dürfen nur innerhalb des Dynamischen Preiskorridors und innerhalb des Statischen Preiskorridors ausgeführt werden. Liegt der zu erwartende Ausführungspreis außerhalb eines dieser Korridore, kommt es zu einer Einfachen Volatilitätsunterbrechung gemäß § 97, die die Einleitung einer Auktion nach § 86 Abs. 2, Abs. 3 und 4 zur Folge hat. In diese werden alle für den Fortlaufenden Handel mit untertägigen Auktionen geeigneten Orders einbezogen. Im Anschluss an die Preisermittlung wird der fortlaufende Handel wieder aufgenommen. Im Übrigen gilt § 86 Abs. 5 entsprechend.

(4) Die Preisermittlung in untertägigen Auktionen erfolgt gemäß § 86 mit der Maßgabe, dass nicht ausgeführte oder nicht vollständig ausgeführte Orders in den fortlaufenden Handel übertragen werden, sofern ihre Ausführbarkeit nicht auf die Auktion beschränkt ist.

(5) Können eingehende Orders nicht oder nicht vollständig ausgeführt werden, werden sie in das Orderbuch eingestellt. Der Fortlaufende Handel mit untertägigen Auktionen endet börsentäglich mit einer Schlussauktion, für die § 86 entsprechend gilt. Orders, die während der Vorhandels- oder der Nachhandelsphase eingegeben worden sind, werden in der folgenden Eröffnungsauktion berücksichtigt.

Aufgaben:

1 Während des fortlaufenden Handels stehen im Orderbuch der VW AG-Aktie folgende limitierte Orders:

Orderbuchkonstellation – vereinfachte Darstellung –			
Kaufseite		**Verkaufsseite**	
Bid Qty (Kaufvolumen)	**Bid (Kauflimit)**	**Ask (Verkaufslimit)**	**Ask Qty (Verkaufsvolumen)**
100	86,00	86,50	200
250	85,50	87,00	375
200	85,00	87,50	250
650	84,50	88,00	1000
300	84,00		
550	83,50		
600	83,00		

Es geht eine Kauforder über 300 Stück VW-Aktien mit Limit 86,50 EUR ein.

a) Welcher Vorgang wird elektronisch ausgelöst?

b) Stellen Sie die neue Orderbuchlage dar!

2 Unterstellen Sie die vereinfachte Orderbuchkonstellation der Aufgabe 1, die sich während des fortlaufenden Handels in XETRA ergibt. Anstelle der Kauforder über 300 Stück VW-Aktien mit Limit 86,50 EUR geht eine unlimitierte Verkaufsorder (Market Order) über 400 Stück VW-Aktien ein.

Welcher Vorgang wird ausgelöst?

2.2.5 Preisermittlung und Orderausführung in der Fortlaufenden Auktion

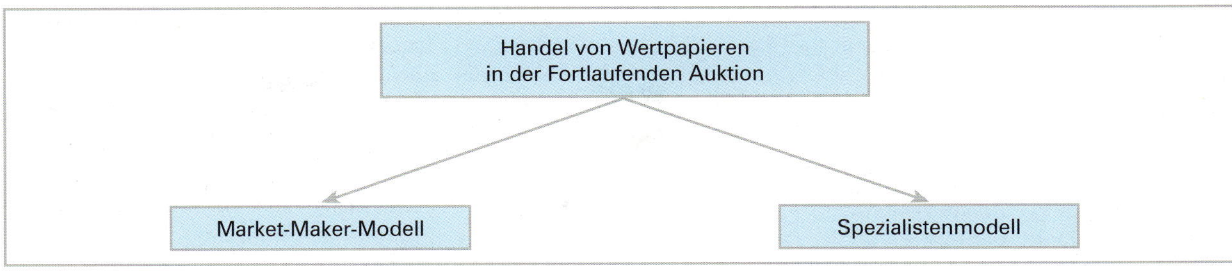

Börsenordnung für die Frankfurter Wertpapierbörse (Stand: 02.07.2012)

5. Teilabschnitt: Spezialisten

§ 80 Beauftragung und Überwachung der Spezialisten

(1) Im Spezialistenmodell der Fortlaufenden Auktion übernehmen durch den zuständigen Träger gemäß Absatz 2 beauftragte zugelassene Unternehmen (Spezialisten) die Aufgaben gemäß §§ 69, 82 für die in den Vertrag gemäß Absatz 2 Satz 1 jeweils einbezogenen Wertpapiere. Soweit zur Aufrechterhaltung eines ordnungsgemäßen Börsenhandels erforderlich, sind die Spezialisten auf Verlangen des Trägers verpflichtet, diese Aufgaben für zusätzliche Wertpapiere zu übernehmen. Bei einem Wechsel von Wertpapieren in das Market-Maker-Modell der Fortlaufenden Auktion enden die Aufgaben der Spezialisten für die entsprechenden Wertpapiere; ein Anspruch auf Beauftragung für bestimmte Wertpapiere besteht nicht. [...]

§ 82 Aufgaben der Spezialisten

(1) Im Spezialistenmodell der Fortlaufenden Auktion übernehmen Spezialisten die in Absatz 2 und 3 sowie in § 103 für den Handel strukturierter Produkte und in § 107 für den Handel sonstiger Wertpapiere festgelegten Aufgaben.

(2) Spezialisten sollen im Falle von ausführbaren Orderbuchsituationen gemäß § 69 Abs. 4 Nr. 2 und in der Einzelauktion gemäß § 88 Abs. 4 durch das Einstellen von verbindlichen Quotes oder Orders Liquidität zur Verfügung stellen. Wirtschaftlich nicht sinnvolle Teilausführungen durch das Handelssystem sollen vermieden [...] werden. [...]

§ 88 Preisermittlung und Orderausführung in der Fortlaufenden Auktion

(1) In der Fortlaufenden Auktion wird auf der Grundlage der bis zu dem jeweils maßgeblichen Zeitpunkt vorliegenden Orders durch das Handelssystem derjenige Preis ermittelt, zu dem im Market-Maker-Modell entsprechend oder innerhalb des verbindlichen Quotes des Quote-Verpflichteten und im Spezialistenmodell entsprechend oder innerhalb des verbindlichen Quotes des Spezialisten das größte Ordervolumen bei minimalem Überhang ausgeführt werden kann; unlimitierte Orders werden vorrangig ausgeführt. [...]

Begriffsbestimmungen:

Verbindlicher Quote	Gleichzeitige Eingabe einer limitierten Kauf- und Verkaufsorder im Handelssystem
Indikativer Quote	Unverbindliche Information über den Geld- und Briefkurs sowie das Volumen des Quote-Verpflichteten oder des Spezialisten in den Modellen der Fortlaufenden Auktion entsprechend den jeweiligen Anforderungen der Börsenordnung

Aufgaben:

1 Welche Hauptaufgaben übernehmen die Spezialisten bei der Preisermittlung im Handelsmodell der Fortlaufenden Auktion?

2 Im Orderbuch der Öl-AG Aktie ergibt sich folgende Orderbuchlage. Der Spezialist hat einen verbindlichen Quote in das Handelssystem eingestellt.

Kauf	Volumen	Kumuliertes Volumen	Überhang	Limit	Überhang	Kumuliertes Volumen	Volumen	Verkauf
				202	800	800		
				201	800	800		
Limit	300	300		200	500	800	100	Quote
Limit	200	500		199	200	700		
Limit	300	800	100	198		700	300	Limit
		800	400	197		400	400	Limit
Quote	100	900	900	196				

Quelle: Gruppe Deutsche Börse, Xetra Release 11.1 Marktmodell Fortlaufende Auktion.

Berechnen Sie den Auktionspreis!

2.2.6 Orderausführung

Hans Schneider ist Aktionär der Chemie AG und der Öl AG. Er erteilt uns heute (20.06.20..) brieflich den Auftrag, noch jeweils 80 Stück Chemie-Aktien und Öl-Aktien zu seinem Bestand hinzuzukaufen. Als Limit gibt der Kunde für die Chemie-Aktie 32,30 und für die Öl-Aktie 53,60 an. Die Titel werden ausschließlich in der Auktion gehandelt.

Aufgaben:

1 Wie lange sind die obigen Kaufaufträge gültig?

2 Die Aufträge werden am 21.06.20.. an die Börse geleitet. An diesem und an den folgenden Tagen ergeben sich in der Auktion die folgenden Ausführungspreise:

Chemie-Aktie		Öl-Aktie	
21.06.20..	32,50	21.06.20..	53,80
22.06.20..	32,40 ex Div.	22.06.20..	53,70
(Dividende 0,75 EUR)			
23.06.20..	32,00	23.06.20..	53,75
24.06.20..	31,50	24.06.20..	52,85 ex BR
		(Wert des Bezugsrechts 1,10 EUR)	
25.06.20..	Samstag	25.06.20..	Samstag
26.06.20..	Sonntag	26.06.20..	Sonntag
27.06.20..	31,55	27.06.20..	52,90
28.06.20..	31,40	28.06.20..	52,95

An welchem Tag/welchen Tagen werden Schneiders Aufträge ausgeführt?

Sonderbedingungen für Wertpapiergeschäfte (Stand: 01.11.2007)

6 Gültigkeitsdauer von unbefristeten Kundenaufträgen

(1) Preislich unlimitierte Aufträge

Ein preislich unlimitierter Auftrag gilt entsprechend den Ausführungsgrundsätzen (Nr. 2) nur für einen Handelstag; ist der Auftrag für eine gleichtägige Ausführung nicht so zeitig eingegangen, dass seine Berücksichtigung im Rahmen des ordnungsgemäßen Arbeitsablaufs möglich ist, so wird er für den nächsten Handelstag vorgemerkt. Wird der Auftrag nicht ausgeführt, so wird die Bank den Kunden hiervon unverzüglich benachrichtigen.

(2) Preislich limitierte Aufträge

Ein preislich limitierter Auftrag ist bis zum letzten Handelstag des laufenden Monats gültig (Ultimo). Ein am letzten Handelstag eines Monats eingehender Auftrag wird, sofern er nicht am selben Tag ausgeführt wird, entsprechend den Ausführungsgrundsätzen (Nr. 2) für den nächsten Monat vorgemerkt. Die Bank wird den Kunden über die Gültigkeitsdauer seines Auftrags unverzüglich unterrichten.

8 Erlöschen laufender Aufträge

(1) Dividendenzahlungen, sonstige Ausschüttungen, Einräumung von Bezugsrechten, Kapitalerhöhung aus Gesellschaftsmitteln

Preislich limitierte Aufträge zum Kauf oder Verkauf von Aktien an inländischen Ausführungsplätzen erlöschen bei Dividendenzahlung, sonstigen Ausschüttungen, der Einräumung von Bezugsrechten oder einer Kapitalerhöhung aus Gesellschaftsmitteln mit Ablauf des Handelstages, an dem die Aktien letztmals einschließlich der vorgenannten Rechte gehandelt werden. [...]

Börsenordnung für die Frankfurter Wertpapierbörse (Stand: 02.07.2012)

§ 75 Bestehende Orders

(1) Dividendenzahlungen/Änderung der ISIN oder Wertpapier-Kennnummer/sonstige Ausschüttungen

1. Orders in deutschen Aktien erlöschen für den Fall, dass eine Dividendenzahlung und eine sonstige Ausschüttung in der Hauptversammlung beschlossen werden soll, am ersten Börsentag nach dem Tag der Hauptversammlung. Tag der Hauptversammlung ist der erste Tag, zu dem die Hauptversammlung ordnungsgemäß einberufen wurde. [...]

(2) Bezugsrechte/Kapitalberichtigung

1. Bei der Einräumung eines Bezugsrechts erlöschen sämtliche Orders mit Ablauf des letzten Börsentages vor dem Beginn des Bezugsrechtshandels. Das Gleiche gilt bei einer Kapitalerhöhung aus Gesellschaftsmitteln mit der Maßgabe, dass an die Stelle des Beginns des Bezugsrechtshandels der Beginn der Frist zur Einreichung der Berechtigungsnachweise tritt. Unbeschadet von Sonderregelungen bei der Einräumung von Bezugsrechten versteht sich der Handel „ex Bezugsrecht" oder „ex Berichtigungsaktien" vom ersten Tag des Bezugsrechtshandels oder der Frist zur Einreichung des Berechtigungsnachweises an. [...]

DAX 30 Frankfurter Kurse (Angaben in Euro)

11.01.2012	ISIN	Letzte Div.	Div.-Sch. für 2011	HV-Termin	Börsenkap. in Mill.Euro	Anfang	Tages H/T		Schluss	+/-	Xetra (E)	Tages H/T		Xetra (S)	52 Wochen Hoch	Tief
Adidas	♣DE000A1EWWW0	0,80	1,00	10.05.12	11153,3	53,38	54,14	53,00	53,43	-0,13	53,59	54,19	52,91	53,31	57,62	42,41
Allianz SE NA vink. [3]	♣DE0008404005	4,50	4,50	09.05.12	35021,7	75,70	77,28	75,56	77,05	+1,44	75,96	77,49	75,75	76,92	108,85	56,16
BASF NA [3]	DE000BASF111	2,20	2,35	27.04.12	52739,1	57,25	57,98	57,11	57,74	+0,44	57,60	58,00	57,04	57,42	70,22	42,19
Bayer NA [3]	DE000BAY0017	1,50	1,61	27.04.12	43712,5	53,58	53,80	52,49	53,00	-0,51	53,59	54,00	52,36	52,86	59,44	35,36
Beiersdorf	♣DE0005200000	0,70	0,71	26.04.12	10987,2	44,33	44,33	43,53	43,70	-0,73	44,38	44,42	43,44	43,60	46,41	38,26
BMW StA [2]	♣DE0005190003	1,30	1,85	16.05.12	35427,4	58,60	59,25	58,42	59,01	+0,28	58,70	59,29	58,38	58,85	73,85	43,49

MDAX Frankfurter Kurse (Angaben in Euro)

11.01.2012	ISIN	Letzte Div.	Div.-Sch. für 2011	HV-Termin	Börsenkap. in Mill.Euro	Anfang	Tages H/T		Schluss	+/-	Xetra (E)	Tages H/T		Xetra (S)	52 Wochen Hoch	Tief
Aareal Bank	DE0005408116	0	0,00	23.05.12	812,3	13,47	13,66	13,24	13,66	+0,21	13,44	13,68	13,26	13,57	24,75	9,01
Aurubis	♣DE0006766504	1,00	1,40	01.03.12	1874,3	41,41	42,00	41,41	41,81	+0,52	41,63	42,44	41,35	41,69	46,20	32,23
Axel Springer NA	♣DE0005501357	1,60	1,70	25.04.12	3578,2	35,13	36,63	35,13	36,32	+1,35	35,00	36,49	34,98	36,17	41,92	24,44
BayWa vink. NA	♣DE0005194062	0,50	0,45	30.05.12	954,3	28,56	28,79	28,56	28,58	-0,18	28,56	28,92	28,56	28,83	34,99	23,51
Bilfinger Berger	♣DE0005909006	2,50	3,40	10.05.12	3174,3	69,04	70,81	68,98	69,20	+0,22	69,01	70,88	68,57	68,97	70,88	50,47
Brenntag	DE000A1DAHH0	1,40	2,06	20.06.12	3964,0	76,45	76,89	76,09	76,69	+1,28	76,68	77,00	75,16	76,97	85,69	60,94

TECDAX 30 Frankfurter Kurse (Angaben in Euro)

11.01.2012	ISIN	Letzte Div.	Div.-Sch. für 2011	HV-Termin	Börsenkap. in Mill.Euro	Anfang	Tages H/T		Schluss	+/-	Xetra (E)	Tages H/T		Xetra (S)	52 Wochen Hoch	Tief
ADVA Optical Net.	DE0005103006	0	0,00	24.05.12	180,9	3,81	3,84	3,79	3,79	+0,01	3,82	3,89	3,78	3,81	7,90	2,88
Aixtron	DE000A0WMPJ6	0,60	0,38	16.05.12	1166,5	10,84	11,60	10,79	11,52	+0,85	10,76	11,61	10,74	11,46	33,45	8,34
BB Biotech NA (CH)	♣ CH0038389992	3,20	1,79	19.03.12	881,7	51,87	53,19	51,87	53,19	+1,40	52,25	53,75	52,25	53,75	55,32	39,03
Bechtle	♣ DE0005158703	0,75	1,02	19.06.12	541,6	25,43	26,25	25,43	25,88	+0,21	25,61	25,88	25,61	25,79	34,80	22,50
Carl Zeiss Meditec	♣ DE0005313704	0,55	0,21	09.03.12	1298,1	16,43	16,43	15,82	16,01	-0,43	15,31	16,31	15,78	15,97	16,69	12,36
Centrotherm ph.	♣ DE000A0JMMN2	0,70	0,00	21.06.12	223,9	10,38	10,74	10,25	10,74	+0,44	10,42	10,61	10,09	10,58	44,00	8,82

STOXX Frankfurter Kurse (Angaben in Euro)

11.01.2012	ISIN	Letzte Div.	Div.-Sch. für 2011	HV-Termin	Börsenkap. in Mill.	Anfang	Tages H/T		Schluss	+/-	Xetra (E)	Tages H/T		Xetra (S)	52 Wochen Hoch	Tief
ABB NA (CH) [1]	CH0012221716	0	0,68	26.04.12	43854,3	15,45	15,60	15,41	15,50	+0,13	15,54	15,60	15,40	15,58	18,85	11,95
Air Liquide (FR) [3]	FR0000120073	2,35	2,55	09.05.12	27777,4	97,52	98,36	97,09	97,82	+0,07	98,06	98,06	98,04	98,04	100,48	81,78
Anglo Amer. (GB) [1]	GB00B1XZS820	$0	0,70	06.01.12	33911,5	30,85	31,20	30,60	31,20	+0,14					40,98	24,54
Anh.-Busch Inbev (BE) [3]	BE0003793107	0,80	1,56	26.04.11	76178,1	47,84	47,84	47,20	47,50	-0,27	47,63	47,63	47,63	47,63	48,76	34,41
ArcelorMittal (L) [2]	LU0323134006	$0,19	0,77	10.05.11	23538,6	15,21	15,27	15,07	15,13	+0,13	15,24	15,26	14,96	15,00	28,45	10,50
Ass. Generali (IT) [2]	IT0000062072	0,45	0,30	28.04.12	18606,4	11.86	11,86	11,86	11,86	-0,03	0,00	0,00	0,00		17,05	10,55

SDAX 50 Frankfurter Kurse (Angaben in Euro)

11.01.2012	ISIN	Letzte Div.	Börsenkap. in Mill. Euro	Anfang	Xetra Tages-H/T		Schluss	+/-	52 Wochen Hoch	Tief
Air Berlin (GB)	GB00B128C026	0	k.A.	2,38	2,44	2,36			4,20	2,10
Alstria Office Reit	♣ DE000A0LD2U1	0,44	612,9	8,52	8,71	8,41	8,55	-0,01	11,25	7,29
Amadeus Fire	DE0005093108	1,67	144,6	27,60	27,88	27,55	27,83	+0,28	36,33	23,33
Balda	♣ DE0005215107	0	279,7	4,73	4,79	4,63	4,75	-0,04	9,95	3,00
Bauer	DE0005168108	0,60	349,4	21,15	21,39	20,31	20,40	-0,62	40,00	15,71
Bertrandt	DE0005232805	1,70	552,6	54,05	54,70	53,65	54,48	+0,43	58,40	32,33

GENUSSSCHEINE

Titel	Aussch.	11.1.12	10.1.12	52 H	52 T
Aareal Bank 02/11	6,375 F	103,00	105,60	109	93
Aareal Bank 03/13	6,125 F	99,50	99,00	106	85
Berlin-Hann.HypoBk. 01/11	3,0381Bn	100,00 G	100,00 G	100	85
Bertelsmann 92	7,23 F	120,00	120,00	140	113
Bertelsmann 01[1]	15 D	217,50 b	215,00 G	231	180
Corealcredit Bk. 99/11 II	0 F	20,00	20,00	25	16
Depfa 96/11	7,65 F	108,35	108,35	112	103
Depfa 02/12[1]	0 D	12,80 G	12,50 G	22	10
Dexia Komm.Bk.S9 06/16	4,875Bn	50,00 -T	50,00 -T	82	50
DG-Hypo.Bk. A2 93/13	7 H	- G	100,00 G	106	97
Drägerwerk Ser.A. [*)]	11,9 F	164,50	160,00	200	115
Drägerwerk Ser.D. [*)]	11,9 F	160,00	165,00	194	117
Drägerwerk Ser.K. [*)]	11,9 F	160,00	165,00	196	115
Dt. Apothek.Bank Tr. XIV	6,125 D	101,81 G	102,00 G	106	96
Dt. Apothek.Bank Tr. XV	5,75 D	99,90 G	99,90 G	105	95

PRIME STANDARD (Angaben in Euro)

Titel	ISIN	Div.	HV-Term.	11.1.2012	+/–	52H/T	
118000	♣ DE0006911902	0	28.06.12	0,41	±0	2,80	0,28
3U Holding	DE0005167902	0,02	31.05.12	0,73	-0,01	0,98	0,57
3W Power (LU)	GG00B39QCR01	0	19.05.11	2,87	+0,11	5,54	2,76
4 SC	♣ DE0005753818	0	18.06.12	1,40	+0,06	4,66	1,17
A.S.Creation	DE0005079909	1,35	03.05.12	24,58	+0,48	31,26	15,89
aap Implantate	♣ DE0005066609	0	08.07.11	0,74	-0,04	1,20	0,65
Ad Pepper Media (NL)	NL0000238145	0	15.05.12	1,14	+0,02	2,10	0,98
ADC African Dev.	DE000A1E8NW9	0	07.06.11	9,80	-0,63	12,55	5,60
Adler Modemärkte	DE000A1H8MU2	0	23.05.12	4,23	+0,03	10,23	3,77
Adv.Vision (IL)	♣ IL0010837248	0	29.12.11	3,09	+0,02	4,50	2,70
Agennix	DE000A1A6XX4	0	07.08.12	2,62	-0,06	4,17	2,34
Ahlers StA	DE0005009708	0,55	03.05.12	10,40	+0,40	10,97	8,31
Ahlers VA	DE0005009732	0,60	03.05.12	10,90	-0,04	11,88	8,41

ÖFFENTLICHE ANLEIHEN

Zins		Zinst.	11.01.	10.01.	Rend.
Bundesrepublik Deutschland (F)					
6	v. 86/16 II	20.06.	122,53	122,40	0,807
5,625	v. 86I/16	20.09.	121,75	121,75	0,867
6,25	v. 94/24	04.01.	143,61	143,50	2,095
6,5	v. 97/27	04.07.	152,91	153,20	2,373
5,625	v. 98/28	04.01.	142,25	142,15	2,408
4,75	v. 98/28	04.07.	130,75	130,70	2,457
6,25	v. 00/30	04.01.	153,80	153,75	2,498
5,5	v. 00/31	04.01.	144,67	144,70	2,512
5	v. 02/12 II	04.07.	102,35	102,40	0,019
4,5	v. 03/13	04.01.	104,38	104,44	0,009
4,75	v. 03/34	04.07.	137,90	138,04	2,520
3,75	v. 03/13	04.07.	105,38	105,43	0,092
4,25	v. 03/14	04.01.	108,04	108,12	0,170
4,25	v. 04/14	04.07.	109,89	109,92	0,235
3,75	v. 04/15	04.01.	109,99	110,03	0,368
4	v. 05/37	04.01.	127,45	127,44	2,508
3,25	v. 05/15	04.07.	109,56	109,59	0,469
3,5	v. 05/16	04.01.	111,45	111,50	0,579
1,64	v. Infl. 06/16	15.04.	109,09	109,25	
4	v. 06/16	04.07.	114,41	114,47	0,714
3,75	v. 06/17	04.01.	114,08	114,09	0,848
4,25	v. 07/39 I	04.07.	134,60	134,80	2,494

LÄNDER UND STÄDTE

Bundesländer (F)					
5,25	v. 98/13 (B)	02.04.	104,94 G	104,93 G	1,141
5,25	v. 98/13 (B)	29.04.	105,12 G	105,12 G	1,227
3,375	v. 05/12	28.02.	100,23	100,25	1,507
3,375	v. 06/13	06.02.	102,41	102,44	1,087
4	v. 06/12	29.06.	101,26	101,27	1,217
3,75	v. 06/13	17.10.	104,38	104,47	1,217
4,125	v. 07/14 (B)	24.01.	105,79 G	105,81 G	1,220
4,25	v. 07/17	13.04.	111,81	111,87	1,866
4,375	v. 07/12	27.09.	102,29	102,34	1,089
4,125	v. 08/15	30.01.	108,04	108,15	1,410
4,25	v. 08/14	02.05.	106,66	106,72	1,291
3,25	v. 09/14 DUS	29.04.	104,36 G	104,34 G	1,307
3,5	v. 09/19	07.10.	108,34	108,40	2,309
2,625	v. 10/16	18.03.	103,99	104,06	1,629
2	v. 10/15	02.06.	101,97	101,95	1,399
2,875	v. 11/16	09.02.	104,85	104,85	1,634
3	v. 11/16	17.05.	105,49	105,60	1,677
2,375	v. 11/18	21.09.	101,67	101,71	2,104
Bayern (M)					
5	v. 02/12	26.06.	101,90 G	101,93 G	0,756
3,375	v. 05/13	21.01.	102,45 G	102,46 G	0,954
3,125	v. 06/14	16.01.	104,07 G	104,07 G	1,066
4,125	v. 07/17	16.01.	111,35 G	111,26 G	1,739
3,15	v. 09/13	30.01.	101,13	101,13	2,046
2,375	v. 09/12	11.05.	100,40 G	100,40 G	1,127
3,25	v. 09/15	14.08.	105,65 G	105,65 G	1,613
2,75	v. 09/15	05.01.	104,25 G	104,23 G	1,286
2,375	v. 10/20	08.09.	100,58 G	100,49 G	2,300
3,5	v. 11/21	01.04.	106,10 G	106,10 G	2,741
Baden-Württ. (S)					
3,5	v. 05/15	14.01.	106,53 BZ	106,29 G	1,270
3,85	v. 05/20	04.02.	111,00 G	108,81 G	2,337

INDUSTRIEANLEIHEN (F)

Zins		Zinst.	11.01.	Rend.
3,375	BASF SE 05/12	30.05.	100,90	0,962
4,5	BASF SE 06/16	29.06.	111,95	1,693
7,5	Cap.Raising 02/13/Und.	15.07.	1,40	
1	Deikon 06/16	16.11.	21,65	39,930
4,625	Dt. Lufthansa 06/13	06.05.	103,21	2,113
4,375	EWE 04/14	14.10.	106,58	1,895
4,875	EWE 04/19	14.10.	108,56	3,588
4,25	GEA Group 11/16	21.04.	102,98	3,483
4,25	Henkel 03/13	10.06.	104,27	1,168
5	Leoni 06/13	17.07.	102,50	3,261
4,5	Maxingv. 04/14	13.10.	104,72	2,691
8,5	Verion 03/14	01.11.	2,00	

Vorstehend ist ein Auszug aus den Kursveröffentlichungen des Handelsblatts abgedruckt.

AUFGABEN:

1. Erläutern Sie die aufgeführten Aktienindizes!
2. Welche Informationen können Sie der Notierung über die BMW StA entnehmen?
3. Welche Arten der Kursnotierungen finden Sie in diesem Auszug?
4. Welche Dividende (Begriff!) wird bei den einzelnen Aktienwerten veröffentlicht?

2.4 Börsentrend

Der Kunde Ludwig Wellerhoff unterhält bei Ihrem Kreditinstitut ein größeres Aktiendepot. Er hat am Morgen seines Besuchs bei der Bank folgende Zeitungsmeldung gelesen:

Geldpolitische Beschlüsse

Pressemitteilung der Europäischen Zentralbank, Frankfurt am Main, vom 3. Februar 20..

Auf seiner heutigen Sitzung fasste der EZB-Rat die folgenden geldpolitischen Beschlüsse:

1. Der Zinssatz für die Hauptrefinanzierungsgeschäfte des Eurosystems wird um 25 Basispunkte auf 3,25 % erhöht. Dieser Zinssatz gilt erstmals für das am 9. Februar 20.. abzuwickelnde Geschäft.
2. Der Zinssatz für die Spitzenrefinanzierungsfazilität wird mit Wirkung vom 4. Februar 20.. um 25 Basispunkte auf 4,25 % erhöht.
3. Der Zinssatz für die Einlagefazilität wird mit Wirkung vom 4. Februar 20.. um 25 Basispunkte auf 2,25 % erhöht.

Der Präsident der EZB wird die Überlegungen, die diesen Beschlüssen zugrunde liegen, heute um 14.30 Uhr auf einer Pressekonferenz erläutern.

Der Kunde möchte wissen, wie sich diese Maßnahme voraussichtlich auf die Aktienkurse auswirken wird.

Beantworten Sie ihm die Frage mithilfe des „Käferprinzips"!

Das „Käferprinzip" soll ein Hilfsmittel zur Prognose des Börsentrends sein. Das Schaubild gibt zugleich eine Übersicht über die den Börsentrend beeinflussenden Faktoren.

1. Den Trend der Aktienkurse bestimmen Stimmung (= Psychologie) + Anlegerliquidität.
2. Stimmung und Anlegerliquidität hängen von der konjunkturellen Lage ab. Diese wird von einer Reihe wesentlicher Faktoren bestimmt: Inflation, Arbeitslosigkeit usw.

Börsentrend

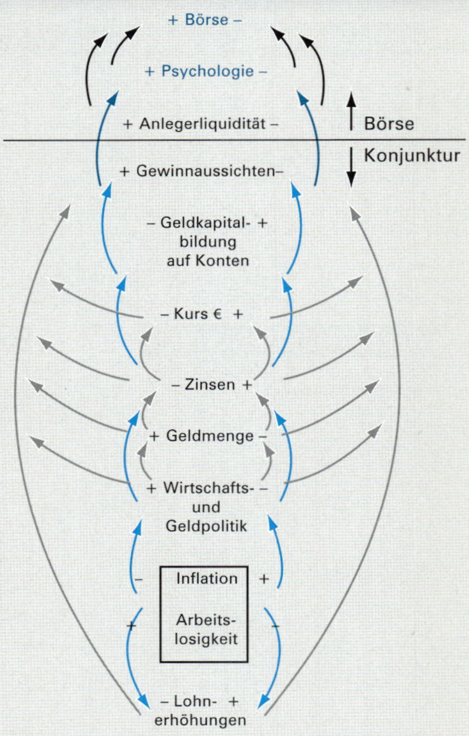

Beispiel für die Arbeit mit dem Modell („Käferprinzip"):

Steigende Inflation (+) veranlasst den Staat zu kontraktiver Wirtschafts- und Geldpolitik (–); eine Verringerung der Geldmenge wird angestrebt, sie führt zu steigenden Zinsen, → die Gewinnaussichten werden hierdurch negativ beeinflusst und damit die Psychologie (–).

Steigende Zinsen führen zu stärkerer Geldkapitalbildung auf Konten; dadurch wird die Anlegerliquidität negativ beeinflusst.

3 Effektengeschäfte

3.1 Entgegennahme und Abwicklung eines Effekten-Verkaufsauftrages

Ihr Wertpapierkunde Hans Blum, Hermannstr. 30, 40233 Düsseldorf, erteilt Ihnen am Dienstag, dem 08.10.20.., vormittags 8.40 Uhr folgenden Wertpapierauftrag:

An
COMMERZBANK
40212 Düsseldorf

Hans Blum
Name des Depotinhabers
40233 Düsseldorf
Ort
Hermannstr. 30
Straße/Haus-Nr.

5

Gesch.-St.	Depot-Konto-Nr.	U.-Dep.
126	1486553	

Verkauf-Auftrag gültig bis

Nennwert/Stück	Wertpapierbezeichnung	Limit	Wertpapier-Kenn-Nr.	Stücke-Art	Jahr Sem.	Verw.-Art	Ausführung Kurs	am
1300	RWE Stammaktien	56,50	703712					

(Für Vermerke der Bank)

Die Wertpapiere
[X] sind dem Depot zu entnehmen
[ ] sind eingeliefert worden
[ ] werden eingeliefert

Gutschrift auf Konto Nr. 9345315/21

Depotführung

Auftrag notiert
um ______ Uhr von ______

Weitergeleitet durch Fernschreiber/Telefon/Brief/DFU
am ______ um ______ Uhr
an ______ von ______

8. Okt. 20..
Datum

Hans Blum
Unterschrift

170 / 00 / 3
91115

Aufgaben:

1 Wie lange ist der Auftrag gültig?

a) Tragen Sie die Gültigkeitsdauer in das Formular ein!

b) Wie lange wäre der Auftrag gültig, wenn er „bestens" erteilt worden wäre?

Sonderbedingungen für Wertpapiergeschäfte (Stand: 01.11.2007)

Nr. 6 Gültigkeitsdauer von unbefristeten Kundenaufträgen

(1) Preislich unlimitierte Aufträge

Ein preislich unlimitierter Auftrag gilt entsprechend den Ausführungsgrundsätzen (Nr. 2) nur für einen Handelstag; ist der Auftrag für eine gleichtägige Ausführung nicht so rechtzeitig eingegangen, dass seine Berücksichtigung im Rahmen des ordnungsgemäßen Arbeitsablaufs möglich ist, so wird er für den nächsten Handelstag vorgemerkt. Wird der Auftrag nicht ausgeführt, so wird die Bank den Kunden hiervon unverzüglich benachrichtigen.

(2) Preislich limitierte Aufträge

Ein preislich limitierter Auftrag ist bis zum letzten Handelstag des laufenden Monats gültig (Monats-Ultimo). Ein am letzten Handelstag eines Monats eingehender Auftrag wird, sofern er nicht am selben Tag ausgeführt wird, entsprechend den Ausführungsgrundsätzen (Nr. 2) für den nächsten Monat vorgemerkt. Die Bank wird den Kunden über die Gültigkeitsdauer seines Auftrags unverzüglich unterrichten.

Nr. 2 Ausführungsgrundsätze für Wertpapiergeschäfte

Die Bank führt Wertpapiergeschäfte nach ihren jeweils geltenden Ausführungsgrundsätzen aus. Die Ausführungsgrundsätze sind Bestandteil der Sonderbedingungen. Die Bank ist berechtigt, die Ausführungsgrundsätze entsprechend den aufsichtsrechtlichen Vorgaben zu ändern. Über die Änderungen der Ausführungsgrundsätze wird die Bank den Kunden jeweils informieren.

10 Richard u.a. - ISBN 978-3-8120-1234-8

2 Für die Auftragserteilung schreibt das Wertpapierhandelsgesetz vor:

§ 34 Aufzeichnungs- und Aufbewahrungspflicht.

(1) Ein Wertpapierdienstleistungsunternehmen muss, [...], über die von ihm erbrachten Wertpapierdienstleistungen und Wertpapiernebendienstleistungen sowie die von ihm getätigten Geschäfte Aufzeichnungen erstellen, die es der Bundesanstalt ermöglichen, die Einhaltung der in diesem Abschnitt geregelten Pflichten zu prüfen.

(2) Das Wertpapierdienstleistungsunternehmen hat Aufzeichnungen zu erstellen über Vereinbarungen mit Kunden, die die Rechte und Pflichten der Vertragsparteien sowie die sonstigen Bedingungen festlegen, zu denen das Wertpapierdienstleistungsunternehmen Wertpapierdienstleistungen oder Wertpapiernebendienstleistungen für den Kunden erbringt. [...]

(3) Alle nach diesem Abschnitt erforderlichen Aufzeichnungen sind mindestens fünf Jahre ab dem Zeitpunkt ihrer Erstellung aufzubewahren. [...]

Wie trägt die Commerzbank Düsseldorf dieser Vorschrift Rechnung?

3 Welche Prüfungen sind vor Weiterleitung des Auftrags vorzunehmen?

4 Die Sonderbedingungen für Wertpapiergeschäfte sagen etwas darüber aus, wie Käufe und Verkäufe von Wertpapieren auszuführen sind.

Sonderbedingungen für Wertpapiergeschäfte (Stand: 01.07.2007)

GESCHÄFTE IN WERTPAPIEREN

Nr. 1 Formen des Wertpapiergeschäfts

(1) **Kommissions-/Festpreisgeschäfte.** Bank und Kunde schließen Wertpapiergeschäfte in Form von Kommissionsgeschäften (2) oder Festpreisgeschäften (3) ab.

(2) **Kommissionsgeschäfte.** Führt die Bank Aufträge ihres Kunden zum Kauf oder Verkauf von Wertpapieren als Kommissionärin aus, schließt sie für Rechnung des Kunden mit einem anderen Marktteilnehmer oder einer Zentralen Gegenpartei ein Kauf- oder Verkaufsgeschäft (Ausführungsgeschäft) ab, oder sie beauftragt einen anderen Kommissionär (Zwischenkommissionär), ein Ausführungsgeschäft abzuschließen. Im Rahmen des elektronischen Handels an einer Börse kann der Auftrag des Kunden auch gegen die Bank oder den Zwischenkommissionär unmittelbar ausgeführt werden, wenn die Bedingungen des Börsenhandels dies zulassen.

(3) [...]

BESONDERE REGELUNGEN FÜR DAS KOMMISSIONSGESCHÄFT

Nr. 3 Usancen/Unterrichtung/Preis

(1) **Geltung von Rechtsvorschriften/Usancen/Geschäftsbedingungen.** Die Ausführungsgeschäfte unterliegen den für den Wertpapierhandel am Ausführungsplatz geltenden Rechtsvorschriften und Geschäftsbedingungen (Usancen); daneben gelten die Allgemeinen Geschäftsbedingungen des Vertragspartners der Bank.

(2) **Unterrichtung.** Über die Ausführung des Auftrags wird die Bank den Kunden unverzüglich unterrichten. Wurde der Auftrag des Kunden im elektronischen Handel an einer Börse gegen die Bank oder den Zwischenkommissionär unmittelbar ausgeführt, bedarf es keiner gesonderten Benachrichtigung.

(3) **Preis des Ausführungsgeschäfts/Entgelt/Auslagen.** Die Bank rechnet gegenüber dem Kunden den Preis des Ausführungsgeschäfts ab; sie ist berechtigt, ihr Entgelt und ihre Auslagen einschließlich fremder Kosten in Rechnung zu stellen.

Nr. 4 Erfordernis eines ausreichenden Kontoguthabens/Depotbestandes

[...]

Nr. 5 Festsetzung von Preisgrenzen

Der Kunde kann der Bank bei der Erteilung von Aufträgen Preisgrenzen für das Ausführungsgeschäft vorgeben (preislich limitierte Aufträge).

AUSFÜHRUNGSGRUNDSÄTZE

A. Vorbemerkung

Anwendungsbereich

(1) [...]

Ziel der Auftragsausführung

(2) [...], (3) [...]

Vorrang von Weisungen

(4) Der Kunde kann der Bank Weisungen erteilen, an welchen Ausführungsplätzen sein Auftrag ausgeführt werden soll. Solche Weisungen gehen diesen Ausführungsgrundsätzen vor.

Hinweis: In diesem Fall wird die Bank den Auftrag nicht gemäß diesen Grundsätzen zur bestmöglichen Ausführung ausführen.

5., 6., 7. [...]

B. Ausführungsgrundsätze in unterschiedlichen Finanzinstrumenten

(1) [...]

(2) **Aktien.** Die Bank führt Aufträge in den angegebenen Segmenten an folgenden Ausführungsplätzen aus.

DAX-Werte, MDAX-Werte, TecDAX-Werte und SDAX-Werte	Xetra*

Für ausgewählte Aktien bietet die Bank auch Festpreisgeschäfte an. Dieses Angebot kann auf einzelne Vertriebswege beschränkt sein.

* Die Bank behält sich eine Ausführung über Xetra BEST vor, ohne dass dem Kunden dadurch Nachteile entstehen.

Wie ist der Auftrag des Kunden Hans Blum nach diesen Vorschriften auszuführen? Welches Vertragsverhältnis entsteht zwischen Hans Blum und der Commerzbank?

5 Erklären Sie mit eigenen Worten den Begriff Kommissionär unter Verwendung des § 383 HGB.

Dritter Abschnitt. Kommissionsgeschäft

§ 383 [Kommissionär; Kommissionsvertrag]

Kommissionär ist, wer es gewerbsmäßig übernimmt, Waren oder Wertpapiere für Rechnung eines anderen (des Kommittenten) in eigenem Namen zu kaufen oder zu verkaufen.

6 Welche Pflichten hat der Kommissionär gemäß § 384 HGB?

§ 384 [Pflichten des Kommissionärs] (1) Der Kommissionär ist verpflichtet, das übernommene Geschäft mit der Sorgfalt eines ordentlichen Kaufmanns auszuführen, er hat hierbei das Interesse des Kommittenten wahrzunehmen und dessen Weisungen zu befolgen.

(2) Er hat dem Kommittenten die erforderlichen Nachrichten zu geben, insbesondere von der Ausführung der Kommission unverzüglich Anzeige zu machen; er ist verpflichtet, dem Kommittenten über das Geschäft Rechenschaft abzulegen und ihm dasjenige herauszugeben, was er aus der Geschäftsbesorgung erlangt hat.

(3) Der Kommissionär haftet dem Kommittenten für die Erfüllung des Geschäfts, wenn er ihm nicht zugleich mit der Anzeige von der Ausführung der Kommission den Dritten namhaft macht, mit dem er das Geschäft abgeschlossen hat.

Wie erfüllt das Kreditinstitut die ihm nach § 384 Abs. 2 HGB obliegenden Pflichten?

7 Der Kundenberater des Herrn Blum gibt den Auftrag zur Ausführung an Xetra. Wie gelangt die Order in das Xetra-System?

8 Angenommen, der Verkaufsauftrag des Kunden Blum befindet sich am 08. 10. 20.. bereits vor Handelsbeginn im Orderbuch des Xetra-Systems. In welche Handelsform wird der Auftrag einbezogen?

9 Der Eröffnungskurs für RWE-Aktien liegt am 08. 10. 20.. bei 56,10 EUR. Nehmen Sie Stellung zum Auftrag des Herrn Blum!

10 Der Auftrag des Kunden Blum wird noch am Vormittag des 08. 10. 20.. in der fortlaufenden Auktion in voller Höhe zum Kurs von 56,50 EUR ausgeführt. Das Ausführungsgeschäft schloss die Commerzbank AG mit dem Zentralen Kontrahenten (Central Counterparty/CCP), der Eurex Clearing AG, ab. Welche Vorteile bietet die Einschaltung des Zentralen Kontrahenten?

11 Vervollständigen Sie die folgende Übersicht der technischen Abwicklung des Wertpapierverkaufsauftrages. Einkaufskommissionär ist die Stadtsparkasse Düsseldorf, die im Auftrag ihres Kunden Werner Gilles handelt.

Fügen Sie die unten stehenden Textvorgaben in die Lücken der Übersicht ein!

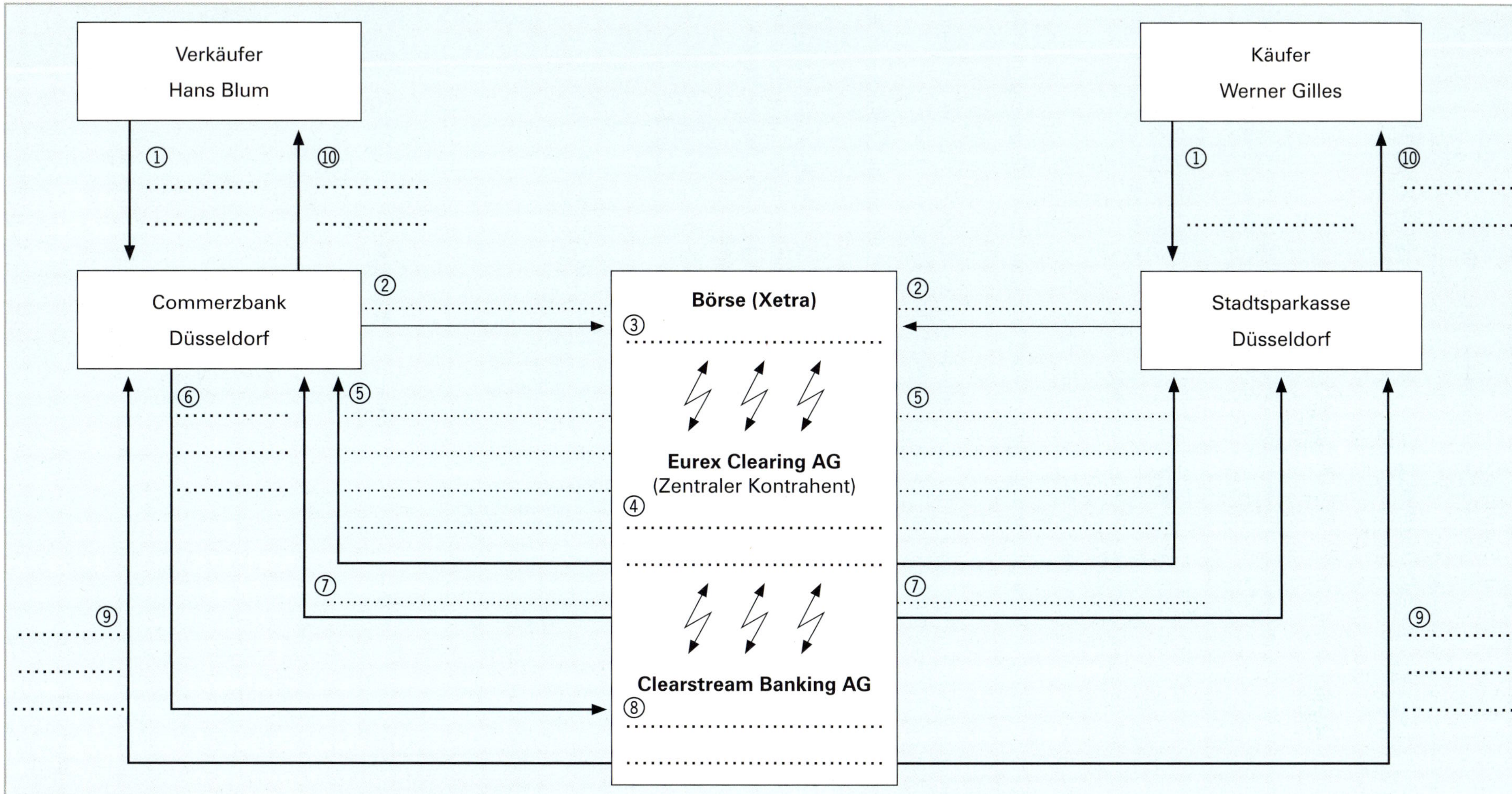

- Kaufauftrag
- Abschlussvermittlung
- Abrechnung (Gutschrift)
- Depottagesauszug
- Regulierungsliste (Verkauf)
- Depottagesauszug
- Schlussnote, Umsatzdaten, Lieferliste (Kauf)
- elektronische Weiterleitung
- elektronische Weiterleitung
- Regulierungsliste (Kauf)
- Lieferfreigabe
- Verkaufsauftrag
- Abrechnung (Belastung)
- Umbuchung der Effekten und Geldausgleich (Settlement)
- Schlussnote, Umsatzdaten, Lieferliste (Verkauf)
- Erfüllungsgarantie für das abgeschlossene Geschäft

12 Fertigen Sie für den Kunden die Abrechnung mit der entsprechenden Wertstellung an! (Neben den üblichen Kosten werden noch 4,00 EUR fremde Spesen in Rechnung gestellt.)

Der Kauf dieser 1300 Stück RWE-Aktien erfolgte im Jahr 2007, sodass es sich bei diesem Verkauf um einen „Altbestand" handelt. Der Kursgewinn bleibt somit kapitalertrag-(abgeltung-)steuerfrei.

Transaktionsleistungen	
An- und Verkauf von Wertpapieren	Transaktionspreis-Staffel (vom jeweiligen Orderkurswert): von 0,00 EUR bis 25 000,00 EUR 0,3 % von 25 000,01 EUR bis 50 000,00 EUR 0,2 % ab 50 000,01 EUR 0,1 % Der Kurswert der Order wird auf die Volumensklassen gemäß obiger Staffel aufgeteilt. Unter Ansatz des jeweiligen Prozentsatzes wird hieraus der Preis errechnet. Minimumpreis: 20,00 EUR Fremde Spesen und Auslagen, wie z. B. Porti und Handelsentgelte, sowie etwaige anfallende Steuern werden separat in Rechnung gestellt.

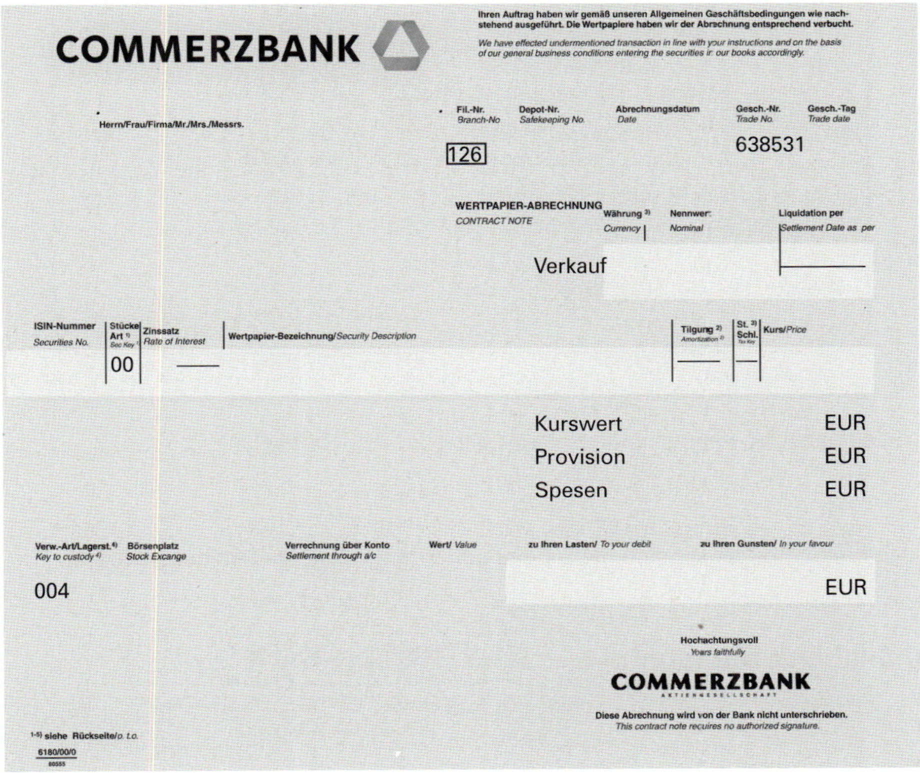

COMMERZBANK

Ihren Auftrag haben wir gemäß unseren Allgemeinen Geschäftsbedingungen wie nachstehend ausgeführt. Die Wertpapiere haben wir der Abrechnung entsprechend verbucht.
We have effected undermentioned transaction in line with your instructions and on the basis of our general business conditions entering the securities in our books accordingly.

Herrn/Frau/Firma/Mr./Mrs./Messrs.

Fil.-Nr. *Branch-No*	Depot-Nr. *Safekeeping No.*	Abrechnungsdatum *Date*	Gesch.-Nr. *Trade No.*	Gesch.-Tag *Trade date*
126			638531	

WERTPAPIER-ABRECHNUNG *CONTRACT NOTE*

	Währung 3) *Currency*	Nennwert *Nominal*	Liquidation per *Settlement Date as per*
Verkauf			

ISIN-Nummer *Securities No.*	Stücke Art 1) *Sec Key*	Zinssatz *Rate of Interest*	Wertpapier-Bezeichnung/*Security Description*	Tilgung 2) *Amortization*	St. 3) Schl. *Tax Key*	Kurs/*Price*
	00	—		—	—	

Kurswert	EUR
Provision	EUR
Spesen	EUR

Verw.-Art/Lagerst. 4) *Key to custody*	Börsenplatz *Stock Excange*	Verrechnung über Konto *Settlement through a/c*	Wert/ *Value*	zu Ihren Lasten/ *To your debit*	zu Ihren Gunsten/ *In your favour*
004					EUR

Hochachtungsvoll
Yours faithfully
COMMERZBANK
AKTIENGESELLSCHAFT
Diese Abrechnung wird von der Bank nicht unterschrieben.
This contract note requires no authorized signature.

1-5) siehe Rückseite/*p. t.o.*
6180/00/0
80555

13 Wie wird dieses Wertpapiergeschäft erfüllt?

14 An welchem Tag ist der Bundesanstalt für Finanzdienstleistungsaufsicht das Börsengeschäft von Herrn Blum zu melden?

Auszug aus dem Wertpapierhandelsgesetz

§ 9 [Meldepflichten]

(1) Wertpapierdienstleistungsunternehmen und Zweigniederlassungen im Sinne des § 53b des Kreditwesengesetzes sind verpflichtet, der Bundesanstalt jedes Geschäft in Finanzinstrumenten, die zum Handel an einem organisierten Markt zugelassen oder in den regulierten Markt einer inländischen Börse einbezogen sind, spätestens an dem auf den Tag des Geschäftsabschlusses folgenden Werktag, der kein Samstag ist, nach Maßgabe des Absatzes 2 mitzuteilen. [...]

(2) Die Mitteilung ist der Bundesanstalt im Wege der Datenfernübertragung zu übermitteln, es sei denn, es liegen die Voraussetzungen des Artikels 12 der Verordnung (EG) Nr. 1287/2006 vor, unter denen eine Speicherung auf einem Datenträger erfolgen kann. Die Mitteilung muss für jedes Geschäft mindestens die Angaben nach Artikel 13 Abs. 1 Satz 1 in Verbindung mit Tabelle 1 des Anhangs I der Verordnung (EG) Nr. 1287/2006 enthalten, soweit die Bundesanstalt im Hinblick auf diese Angaben eine Erklärung nach Artikel 13 Abs. 1 Satz 2 der Verordnung (EG) Nr. 1287/2006 abgegeben hat. Die Mitteilung muss darüber hinaus enthalten:

1. Kennzeichen zur Identifikation des Depotinhabers oder des Depots, sofern der Depotinhaber nicht selbst nach Absatz 1 zur Meldung verpflichtet ist,
2. Kennzeichen für Auftraggeber, sofern dieser nicht mit dem Depotinhaber identisch ist.

15 Welche Veränderungen erfolgen in der Depotbuchhaltung?

3.2 Effektenkauf

Herr Kurt-Werner Tönjes ist Kunde der Volksbank Münster eG (Dep.-Kto.-Nr. 379 241). Er möchte nom. 50 000,00 EUR in festverzinslichen Wertpapieren anlegen.

Der Wertpapier-Berater bietet beim Schaltergespräch Papiere des eigenen Hauses an.

Der Bildschirm zeigt folgendes Angebot (Auszug):

OFFERTENKLASSE/ANGEBOT			SEITE: 01
	EUR-TITEL 2 BIS 5 J.	17. 04. 20..;	9:40
ANGEBOT	WERTPAPIERBEZEICHNUNG RENDITEN	KURS FAELLIG	KENN-NR.
5975	4 % WGZ-BANK IHS 306 R.: 4,45 %; Zinszahlung 15.04. GZJ.	30.04.20.. 99,10 (Laufzeit 2 Jahre)	701972
6012	3,25 % Rheinhyp. Pfe 784 R.: 4,47 %; Zinszahlung 18.03. GZJ.	18.01.20.. 95,40 (Laufzeit 4 Jahre)	313784
5988	4,75 % WGZ-Bank IHS 277 R.: 4,85 %; Zinszahlung 30.03. GZJ.	30.03.20.. 99,50 (Laufzeit 5 Jahre)	336281

– ANGEBOTE FREIBLEIBEND –

Der Kunde entschließt sich nach eingehender Beratung für das Angebot 5988.

Aufgaben:

1. Füllen Sie den Kaufauftrag aus! Fehlende Daten nach eigener Wahl und fallbezogen.

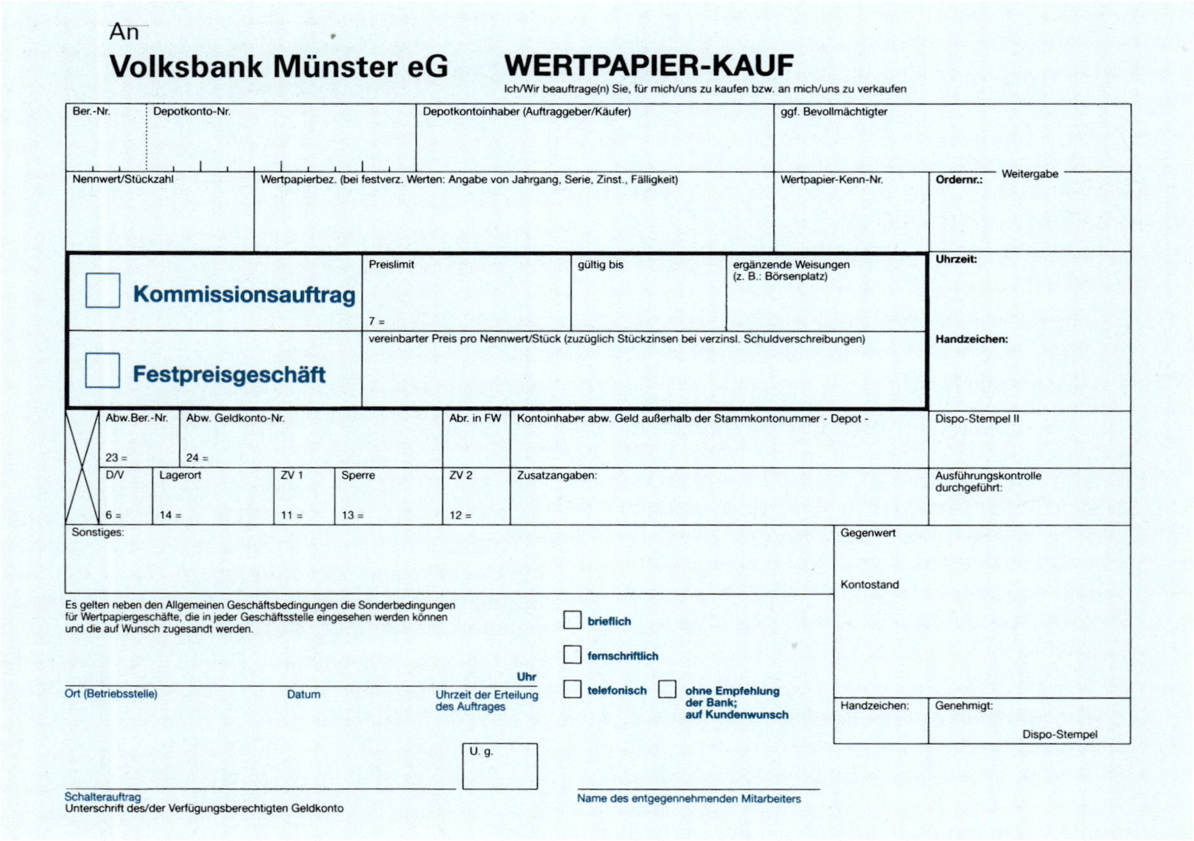

An
Volksbank Münster eG **WERTPAPIER-KAUF**
Ich/Wir beauftrage(n) Sie, für mich/uns zu kaufen bzw. an mich/uns zu verkaufen

Ber.-Nr. | Depotkonto-Nr. | Depotkontoinhaber (Auftraggeber/Käufer) | ggf. Bevollmächtigter

Nennwert/Stückzahl | Wertpapierbez. (bei festverz. Werten: Angabe von Jahrgang, Serie, Zinst., Fälligkeit) | Wertpapier-Kenn-Nr. | Ordernr.: Weitergabe

Kommissionsauftrag | Preislimit 7 = | gültig bis | ergänzende Weisungen (z. B.: Börsenplatz) | Uhrzeit:

Festpreisgeschäft | vereinbarter Preis pro Nennwert/Stück (zuzüglich Stückzinsen bei verzinsl. Schuldverschreibungen) | Handzeichen:

Abw.Ber.-Nr. 23 = | Abw. Geldkonto-Nr. 24 = | Abr. in FW | Kontoinhaber abw. Geld außerhalb der Stammkontonummer - Depot - | Dispo-Stempel II

D/V 6 = | Lagerort 14 = | ZV 1 11 = | Sperre 13 = | ZV 2 12 = | Zusatzangaben: | Ausführungskontrolle durchgeführt:

Sonstiges: | Gegenwert | Kontostand

Es gelten neben den Allgemeinen Geschäftsbedingungen die Sonderbedingungen für Wertpapiergeschäfte, die in jeder Geschäftsstelle eingesehen werden können und die auf Wunsch zugesandt werden.

brieflich
fernschriftlich
telefonisch
ohne Empfehlung der Bank; auf Kundenwunsch

Ort (Betriebsstelle) | Datum | Uhr Uhrzeit der Erteilung des Auftrages | Handzeichen: | Genehmigt: | Dispo-Stempel

U. g.

Schalterauftrag
Unterschrift des/der Verfügungsberechtigten Geldkonto

Name des entgegennehmenden Mitarbeiters

2 Kennzeichnen Sie das Festpreisgeschäft gemäß den Sonderbedingungen für Wertpapiergeschäfte!

Sonderbedingungen für Wertpapiergeschäfte (Stand: 01.11.2007)

Geschäfte in Wertpapieren

1 Formen des Wertpapiergeschäfts

(1) Kommissions-/Festpreisgeschäfte

Bank und Kunde schließen Wertpapiergeschäfte in Form von Kommissionsgeschäften (2) oder Festpreisgeschäften (3) ab.

(2) [...]

(3) Festpreisgeschäfte

Vereinbaren Bank und Kunde miteinander für das einzelne Geschäft einen festen oder bestimmbaren Preis (Festpreisgeschäft), so kommt ein Kaufvertrag zustande; dementsprechend übernimmt die Bank vom Kunden die Wertpapiere als Käuferin oder sie liefert die Wertpapiere an ihn als Verkäuferin. Die Bank berechnet dem Kunden den vereinbarten Preis, bei verzinslichen Schuldverschreibungen zuzüglich aufgelaufener Zinsen (Stückzinsen).

3 Welche Grundpflichten haben Käufer und Verkäufer gemäß § 433 BGB?

§ 433 [Vertragstypische Pflichten beim Kaufvertrag] (1) Durch den Kaufvertrag wird der Verkäufer einer Sache verpflichtet, dem Käufer die Sache zu übergeben und das Eigentum an der Sache zu verschaffen. Der Verkäufer hat dem Käufer die Sache frei von Sach- und Rechtsmängeln zu verschaffen.

(2) Der Käufer ist verpflichtet, dem Verkäufer den vereinbarten Kaufpreis zu zahlen und die gekaufte Sache abzunehmen.

4 Wie erfolgt die Erfüllung des Geschäftes im vorliegenden Fall?

Sonderbedingungen für Wertpapiergeschäfte (Stand: 01.11.2007)

Erfüllung der Wertpapiergeschäfte

10. Erfüllung im Inland als Regelfall

Die Bank erfüllt Wertpapiergeschäfte im Inland, soweit nicht die nachfolgenden Bedingungen oder eine anderweitige Vereinbarung die Anschaffung im Ausland vorsehen.

11. Anschaffung im Inland

Bei der Erfüllung im Inland verschafft die Bank dem Kunden, sofern die Wertpapiere zur Girosammelverwahrung bei der deutschen Wertpapiersammelbank (Clearstream Banking AG) zugelassen sind, Miteigentum an diesem Sammelbestand – Girosammel-Depotgutschrift – **(GS-Gutschrift).** Soweit Wertpapiere nicht zur Girosammelverwahrung zugelassen sind, wird dem Kunden Alleineigentum an Wertpapieren verschafft. Diese Wertpapiere verwahrt die Bank für den Kunden gesondert von ihren eigenen Beständen und von denen Dritter **(Streifbandverwahrung).**

5 Welchen Betrag muss der Kunde verfügbar halten? Der 17.04 20.. ist ein Freitag. Die Zinsen werden taggenau (actual/actual) berechnet (kein Schaltjahr).

3.3 Effektenabrechnung

Der Kunde Franz Miller erteilt am 05.05.20.. (Dienstag; kein Schaltjahr) seiner Hausbank, dem Bankhaus Lampe, Bielefeld, den Auftrag, nom. 120000,00 EUR 4,25 % Anleihe der Bundesrepublik Deutschland von 20.. + 04.07. gzj. uff., ISIN DE0001135325, billigst an der Börse zu kaufen. Das Bankhaus Lampe führt diesen Auftrag am gleichen Tag aus und erteilt dem Kunden Abrechnung zum Kurs von 95,62 %. Fremde Spesen und Auslagen fallen nicht an.

Aufgaben:

1 Erstellen Sie für das Bankhaus Lampe die Kundenabrechnung (kein Schaltjahr)!

BANKHAUS LAMPE
KOMMANDITGESELLSCHAFT
BIELEFELD

Herrn/Frau/Firma

Franz Miller
Ulmenstr. 3
33649 Bielefeld

In Ausführung Ihres Auftrages erteilen wir Ihnen

nachstehende Abrechnung

Kauf

Abrechnungs-Datum	Ausführungs-Datum	Geschäfte-Nr.	S*	D*	L*	Verwahrung*	Depot-Nr.	Konto-Nr.
		21450			0		3 89978/60	3 89978

ISIN	Wertpapierbezeichnung	Devisen-Kurs

Währung*	Nennwert/Stück	Kurs	Kurswert	Tage	Zinssatz %	Stückzinsen EUR	
EUR							

	%	Provision EUR	‰	Courtage EUR			Spesen EUR	Soll EUR Endbetrag HABEN EUR

Die Effekten haben wir der angegebenen Verwahrung entsprechend verbucht.
Gezahlte Stückzinsen werden im allgemeinen Verlustverrechnungstopf vorgemerkt.

Wert:

Kontrollunterschrift:

BANKHAUS LAMPE
KOMMANDITGESELLSCHAFT

* siehe Rückseite

Transaktionsleistungen	
An- und Verkauf von Wertpapieren	Transaktionspreis-Staffel (vom jeweiligen Orderkurswert): von 0,00 EUR bis 25000,00 EUR 0,3 % von 25000,01 EUR bis 50000,00 EUR 0,2 % ab 50000,01 EUR 0,1 % Minimumpreis: 20,00 EUR Fremde Spesen und Auslagen, wie z.B. Porti und Handelsentgelte, sowie etwaige anfallende Steuern werden separat in Rechnung gestellt.

2 Der Kunde beschwert sich, dass ihm in der Abrechnung Zinsen berechnet wurden. Er glaubt, bei einer Geldanlage Zinsen zu erhalten und bittet um Gutschrift des Betrages.
Verfassen Sie das Antwortschreiben! (Fehlende Daten nach eigener Wahl!)

3 Erläutern Sie dem Kunden die Funktionsweise des allgemeinen Verlustverrechnungstopfes! (→ vgl. auch Text zu Aufgabe 5.3.1)

4 Am 04.07.20.. enthält der allgemeine Verlustverrechnungstopf, der für den Kunden Franz Miller geführt wird, die folgenden Daten, wobei die Eintragung vom 07.05.20.. noch vervollständigt werden muss:

Ermitteln Sie die Zinsgutschrift am 04.07.20.. unter Berücksichtigung des allgemeinen Verlustverrechnungstopfes. Der Kunde hat der Bank keinen Freistellungsauftrag erteilt.

Allgemeiner Verlustverrechnungstopf **Kunde: Franz Miller** **Depot: 89978/60**		
10.03.20..	Verlust aus dem Verkauf festverzinslicher Wertpapiere	258,40 EUR
07.05.20..	gezahlte Stückzinsen	.... EUR

Die Kirchensteuer wird nicht als Zuschlag zur Abgeltungsteuer erhoben, da der Kunde Franz Miller den Abzug der Kirchensteuer beim Bankhaus Lampe nicht beantragt hat.

3.4 Zwischenkommissionsgeschäft

Ein Kunde erteilt der Volksbank e.G. Ahlen (Westf.) den Auftrag zum Kauf von 1000 Stück BASF AG-Aktien billigst. Die Volksbank e.G. Ahlen bedient sich zur Durchführung des Auftrags der Vermittlung einer Börsenbank – der Westdeutschen Genossenschafts-Zentralbank in Münster. Der Auftrag kommt am Mittwoch, dem 10. Mai 20.., zum Kurs von 60,00 EUR je Stück zur Ausführung. Abgebende Börsenbank ist die Commerzbank AG, Düsseldorf, die im Auftrag der Creditbank AG, Hilden, handelt, die nicht an der Börse vertreten ist und ebenfalls einen Kundenauftrag ausführt.

Aufgaben:

1 Tragen Sie die an diesem Wertpapiergeschäft Beteiligten mit den entsprechenden Bezeichnungen (Hauptkommissionär, Zwischenkommissionär) in das Schema ein und ergänzen Sie!

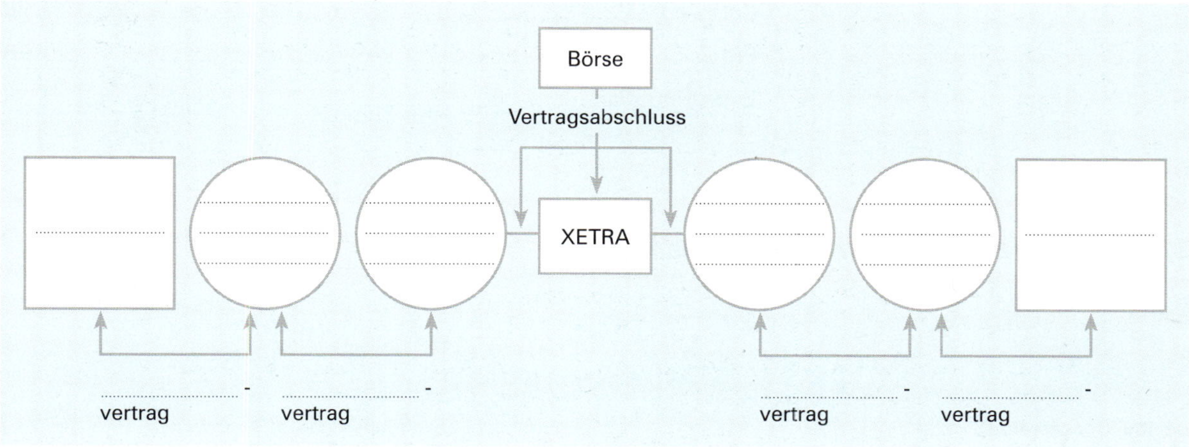

2 Fertigen Sie auf der Käuferseite die Börsenhändler-Abrechnung, die Zwischenkommissionär-Abrechnung und die Kundenabrechnung an!

Transaktionsleistungen	
An- und Verkauf von Wertpapieren	Transaktionspreis-Staffel (vom jeweiligen Orderkurswert): von 0,00 EUR bis 25 000,00 EUR 0,3 % von 25 000,01 EUR bis 50 000,00 EUR 0,2 % ab 50 000,01 EUR 0,1 % Minimumpreis: 20,00 EUR Der Kurswert der Order wird auf die Volumensklassen gemäß obiger Staffel aufgeteilt. Unter Ansatz des jeweiligen Prozentsatzes wird hieraus der Preis errechnet. Fremde Spesen und Auslagen, wie z.B. Porti und Handelsentgelte, sowie etwaige anfallende Steuern werden separat in Rechnung gestellt. *Für Händlergeschäfte gelten die halben Sätze.*

11 Richard u.a. - ISBN 978-3-8120-1234-8

Abrechnung 1

Börsenhändler-Abrechnung

Regulierungsliste (Kauf) der Westdeutsche Genossenschafts-Zentralbank Münster

1000 Stück BASF AG-Aktien zu .... EUR/Stück
Wert .... Kurswert .... EUR

Abrechnung 2

Zwischenkommissionär-Abrechnung

Lastschrift der Westdeutschen Genossenschafts-Zentralbank Münster an die Volksbank Ahlen

Kauf
Wir überließen Ihnen am 10. Mai 20..
1000 Stück BASF AG-Aktien zu .... EUR/Stück
Kurswert .... EUR
Provision .... EUR
Belastung Wert .... EUR

Abrechnung 3

Kundenabrechnung

Kauf
Wir kauften für Sie am 10. Mai 20..
1000 Stück BASF AG-Aktien zu .... EUR/Stück
Kurswert .... EUR
Provision .... EUR
Belastung Wert .... EUR

3.5 Bezugsrecht und Bezugsrechtshandel

3.5.1

Aktiengesetz (Auszug)

§ 186 [Bezugsrecht]

(1) Jedem Aktionär muss auf sein Verlangen ein seinem Anteil an dem bisherigen Grundkapital entsprechender Teil der neuen Aktien zugeteilt werden. Für die Ausübung des Bezugsrechts ist eine Frist von mindestens zwei Wochen zu bestimmen.

(2) Der Vorstand hat den Ausgabebetrag oder die Grundlagen für seine Festlegung und zugleich eine Bezugsfrist gemäß Absatz 1 in den Gesellschaftsblättern bekannt zu machen. [...]

(3) Das Bezugsrecht kann ganz oder zum Teil nur im Beschluss über die Erhöhung des Grundkapitals ausgeschlossen werden. In diesem Fall bedarf der Beschluss [...] einer Mehrheit, die mindestens drei Viertel des bei der Beschlussfassung vertretenen Grundkapitals umfasst. Die Satzung kann eine größere Kapitalmehrheit und weitere Erfordernisse bestimmen. Ein Ausschluss des Bezugsrechts ist insbesondere dann zulässig, wenn die Kapitalerhöhung gegen Bareinlagen zehn vom Hundert des Grundkapitals nicht übersteigt und der Ausgabebetrag den Börsenpreis nicht wesentlich unterschreitet.

(4) [...]

(5) Als Ausschluss des Bezugsrechts ist es nicht anzusehen, wenn nach dem Beschluss die neuen Aktien von einem Kreditinstitut [...] mit der Verpflichtung übernommen werden sollen, sie den Aktionären zum Bezug anzubieten. Der Vorstand hat dieses Bezugsangebot mit den Angaben gemäß Absatz 2 Satz 1 und einen endgültigen Ausgabebetrag [...] bekannt zu machen. [...]

AUFGABEN:

1 Warum wird einem Aktionär bei der Kapitalerhöhung in Form des Bezugsrechts ein gesetzlicher Anspruch auf die neuen Stücke gewährt?

2 Unter welchen Voraussetzungen kann das gesetzliche Bezugsrecht ausgeschlossen werden?

3

HANSABANK Rostock
Aktiengesellschaft
– Wertpapier-Kenn-Nummer 703 010 –

Bezugsangebot (Auszug)

Aufgrund der in der ordentlichen Hauptversammlung vom 20. Mai des vorletzten Jahres erteilten Ermächtigung hat der Vorstand mit Zustimmung des Aufsichtsrates beschlossen, das Grundkapital um Euro 152.000.000,00 auf Euro 1.514.555.063,58 durch Ausgabe von 59.457.232 neuen Stückaktien mit voller Dividendenberechtigung für das laufende Geschäftsjahr zu erhöhen.

Die neuen Stückaktien sind von einem Bankenkonsortium mit der Verpflichtung übernommen worden, sie unseren Aktionären im Verhältnis 9 : 1 zum Preis von Euro 38,00 je Stückaktie zum Bezug anzubieten.

Vorbehaltlich der handelsregisterlichen Eintragung der Durchführung der Kapitalerhöhung, die spätestens für den 21. April 20 . . vorgesehen ist, bitten wir unsere Aktionäre, ihr Bezugsrecht zur Vermeidung des Ausschlusses in der Zeit

vom 9. bis 22. April 20 . . einschließlich

gegen Einreichung des Gewinnanteilscheines Nr. 64 der alten Aktien bei einer Bezugsstelle während der üblichen Schalterstunden auszuüben.

Auf je 9 alte Stückaktien kann gegen Einreichung des als Bezugsausweis aufgerufenen Gewinnanteilscheines Nr. 64 **eine neue Stückaktie zum Preis von Euro 38,00** bezogen werden. Der Bezugspreis ist bei der Bezugsanmeldung, spätestens jedoch am 22. April 20. ., von den Beziehern zu zahlen.

Die Bezugsrechte werden vom 9. bis 20. April 20. . einschließlich im regulierten Markt an der Hamburger Wertpapierbörse gehandelt. Die Bezugsstellen sind bereit, den börsenmäßigen An- und Verkauf von Bezugsrechten zu vermitteln.

Rostock im März 20 . .

a) Welche Art der Kapitalerhöhung liegt vor?

b) Geben Sie die Veränderungen der Bilanzpositionen bei der Hansabank AG in Mio. EUR an, unter der Voraussetzung, dass alle Aktionäre von ihrem Bezugsrecht Gebrauch machen. Gehen Sie davon aus, dass der Gegenwert der Kapitalerhöhung der Barreserve des Instituts zufließt.

(Um genaue Ergebnisse zu erzielen, sind die Berechnungen mit sieben Nachkommastellen vorzunehmen. Die Ergebnisse sind kaufmännisch zu runden. Im folgenden Bilanzauszug sind die Zahlen in Mio. EUR anzugeben.)

Aktiva — Bilanz **vor der** Kapitalerhöhung in Mio. EUR (Auszug) — Passiva

Aktiva		Passiva	
Barreserve	20 175	Verbindlichk. gegenüber Kreditinstituten	190 178
Forderungen an Kreditinstitute	92 697	Verbindlichk. gegenüber Kunden	230 867
Forderungen an Kunden	274 825	Eigenkapital	
Finanzanlagen	45 309	Gezeichnetes Kapital	1 363
Sachanlagen	5 843	Kapitalrücklage	7 265
		Gewinnrücklage	7 333

Aktiva — Bilanz **nach der** Kapitalerhöhung in Mio. EUR (Auszug) — Passiva

Aktiva		Passiva	
Barreserve		Verbindlichk. gegenüber Kreditinstituten	
Forderungen an Kreditinstitute		Verbindlichk. gegenüber Kunden	
Forderungen an Kunden		Eigenkapital	
Finanzanlagen		Gezeichnetes Kapital	
Sachanlagen		Kapitalrücklage	
		Gewinnrücklage	

Das Personendepot des Kunden Heiner Sump enthält u. a. folgende Papiere:

WKN 541 080	Hansabank Rostock AG-Aktien	Bestand: Stück 1 000

Der Kunde erhält von seiner Bank die folgende Bezugsaufforderung:

Bezugsaufforderung

Institut	Depotkontonummer
42440	162842

Kenn-Nr.

703010 Hansabank Rostock AG

Die Gesellschaft erhöht ihr Grundkapital von EUR 1,363 MRD auf EUR 1,515 MRD .

Die neuen Aktien mit Gewinnberechtigung ab 01.01.20.. werden den Aktionären im Verhältnis 9,00 zu 1,00 in der Zeit vom 09.04.20.. bis 22.04.20.. einschließlich gegen Einreichung des Gewinnanteilscheins 64 zum Bezug angeboten.

Der Bezugsrechtshandel findet vom 09.04.20.. bis 20.04.20.. statt.

DER BEZUGSPREIS BETRÄGT EUR 38,00 JE NEUE INHABER-STÜCKAKTIE

Ihr Bestand beträgt ST. 1000 Hansabank Rostock AG AKTIEN O.N.

Herrn, Frau, Firma

Herrn
Heiner Sump
Ruhrallee 57
45127 Essen

Absender

Sparkasse Essen

07.04.20.. 8620 032604

Bearbeitungsvermerk

c) Ermitteln Sie den rechnerischen Wert des Bezugsrechts am 09.04.20.. und für den Kunden Heiner Sump den Wert der vorhandenen Bezugsrechte! Der Kurs der alten Aktien beträgt 49,85 EUR. Ein Dividendenvor- oder -nachteil bleibt unberücksichtigt.

d) An den ersten beiden Tagen des Bezugsrecht-Handels wird das Bezugsrecht an der Börse wie in nebenstehender Abbildung notiert.

Notieren Sie in Stichworten, welche Erklärung Sie dem Kunden geben können, warum rechnerischer Wert und notierter Wert voneinander abweichen.

BEZUGSRECHT-HANDEL

Notierung	12.4.	9.4.
Allg. G.& S. 8.4.-20.4.; 2:1:43,50 €	0,05 b	0,10 b
Hansabank Rostock 9.4.-20.4.;9:1:38,- €	1,11 b	1,16 b
SM Wirtschaftsb. 29.3.-12.4.; 4:1:32,- €	3,70 b	4,10 b
Stork 30.3.-16.4.;18:1:Bonus	1,15 T	-
Wereldhave 12.4.-16.4.; 21:1:Bonus	2,60TG	

e) Der Kunde Heiner Sump möchte 100 junge Aktien kaufen. Erteilen Sie am 15.04.20.. der Bank den entsprechenden Auftrag.

Auftrag

Ich/Wir beauftrage(n) Sie, auf die in meinem/unserem Depot verbuchten Wertpapiere

☐ *) unter **Zukauf**
3) von Stück Bezugsrechten

☐ *) unter **Verkauf**
3) von Stück Bezugsrechten

Stück/nom. neue Aktien der Gesellschaft **zu beziehen.**

☐ *) den gesamten Bezugsrechtsbestand **bestens zu verkaufen.**
Den Gegenwert bitte(n) ich (wir) über mein (unser) Konto zu verrechnen.

Bitte nichts eintragen

1)		Bankleitzahl
2)	42440 162842	Depot-Nr.
4)		Kenn-Nr.
7)	514000	Börsenplatz
80)		Kurs
89)		Schlusstag

Ort/Datum

Unterschrift(en) wie hinterlegt

*) Zutreffendes bitte ankreuzen

f) Ermitteln Sie den finanziellen Gesamtaufwand des Kunden Sump unter Berücksichtigung des Verkaufs der überzähligen Bezugsrechte. (Gebühren bleiben unberücksichtigt!) Kurs des Bezugsrechts 1,14 EUR.

g) Was veranlasst die Bank, wenn der Kunde keine Weisung erteilt?

h) Erklären Sie die folgenden Notierungen:

Notiz-Bezugsrecht 09.04.	Notiz alte Aktie	Bezugspreis junge Aktie
1,16	48,69 ex BR	38,00

3.5.2

Die Intex AG erhöht ihr Grundkapital durch Ausgabe junger Aktien und unterbreitet das folgende Bezugsangebot:

Intex Aktiengesellschaft

Bonn

Bezugsangebot (Auszug)

Die ordentliche Hauptversammlung vom 31. März 20.. hat u. a. ein genehmigtes Kapital in Höhe von EUR 39.000.000,00 beschlossen. Der Vorstand der Intex Aktiengesellschaft hat von der eingeräumten Ermächtigung Gebrauch gemacht und mit Zustimmung des Aufsichtsrats vom 31. März 20.. beschlossen, das Grundkapital der Intex Aktiengesellschaft von EUR 416.000.000,00 durch Ausgabe von 15.255.474 nennwertlosen Stückaktien – mit einem rechnerischen Anteil am Grundkapital von jeweils EUR 2,5564594 – auf EUR 455.000.000,00 zu erhöhen.

Ein Bankenkonsortium unter Federführung der Deutschen Bank Aktiengesellschaft hat die neuen Aktien mit der Verpflichtung übernommen, diese den Aktionären der Intex Aktiengesellschaft zum Bezugspreis von EUR 39,00 je Stückaktie zum Bezug anzubieten.

Nachdem die Durchführung der Kapitalerhöhung in das Handelsregister des Amtsgerichts Bonn eingetragen worden ist, fordern wir hiermit unsere Aktionäre auf, ihr Bezugsrecht auf die neuen Stückaktien zur Vermeidung des Ausschlusses in der Zeit vom **20. April bis 3. Mai 20.. einschließlich** bei einer der nachstehend aufgeführten Banken während der üblichen Schalterstunden auszuüben.

Deutsche Bank Aktiengesellschaft
Commerzbank Aktiengesellschaft
DG Bank Deutsche Genossenschaftsbank AG
Hypo- und Vereinsbank Aktiengesellschaft
HSH Nordbank AG
J. P. Morgan Securities Ltd.

Die Ausübung des Bezugsrechts erfolgt gegen Einreichung des Gewinnanteilscheins Nr. 35 der Aktien. Die Bezugsrechte auf die neuen Stückaktien (ISIN DE000AoLR563) werden in der Zeit vom **20. bis 29. April 20.. einschließlich** an allen deutschen Wertpapierbörsen gehandelt und notiert. Die Bezugsstellen sind bereit, den börsenmäßigen An- und Verkauf von Bezugsrechten nach Möglichkeit zu vermitteln. Vom Beginn der Bezugsfrist an werden die alten Aktien „ex Bezugsrecht“ notiert. Die neuen nennwertlosen Stückaktien sind ab 1. Juli des laufenden Jahres gewinnberechtigt und an allen deutschen Wertpapierbörsen zum Börsenhandel im regulierten Markt zugelassen. Der Börsenhandel im regulierten Markt für die neuen nennwertlosen Stückaktien wird voraussichtlich am 5. Mai 20.. aufgenommen. Die neuen nennwertlosen Stückaktien werden den Aktionären aufgrund einer bei der Clearstream Banking AG hinterlegten Globalurkunde im Girosammelverkehr zur Verfügung gestellt. Ein Ausdruck von neuen Aktienurkunden ist zz. nicht vorgesehen. Ansprüche auf Auslieferung von Einzelurkunden können nicht geltend gemacht werden.

Bonn, im April 20..

Der Vorstand

Aufgaben:

Der Kunde Johannes Willeke, Kruckenkamp 18, 45309 Essen, Konto-Nr. 7 369 274; Depot-Nr. 1 238 539, besitzt 360 Aktien dieser Gesellschaft. Beantworten Sie dem Kunden seine im Zusammenhang mit der Bezugsausübung anstehenden Fragen:

1 Wie hoch ist der rechnerische Wert des Bezugsrechts? Der Börsenkurs der alten Aktien beträgt 49,00 EUR. Voraussichtliche Dividende 0,77 EUR. Das Geschäftsjahr ist gleich dem Kalenderjahr.

2 Wie viel Stück Aktien können aufgrund der zur Verfügung stehenden Bezugsrechte maximal erworben werden?

3 Wie viel Stück Aktien können ohne Einschuss neuer Barmittel bezogen werden? (Kosten bleiben unberücksichtigt!)

4 a) Wie viel Stück zusätzlich erforderliche Bezugsrechte müssen hinzugekauft werden, wenn uns der Kunde die Weisung zum Bezug von insgesamt 39 Stück neuer Aktien erteilt?

b) Stellen Sie die Abrechnung (Kauftag Donnerstag 22.04.20..) für den Kauf der Bezugsrechte auf (Börsenkurs = rechnerischer Wert). (In der Abrechnung fehlende Angaben nach eigener Wahl!)

Gebühren		
An- und Verkauf von Bezugsrechten	1 % vom Kurswert: bei Kurswert bis 6,00 EUR Kurswert 6,01 EUR bis 77,00 EUR Kurswert ab 77,01 EUR	 provisionsfrei mind. 1,30 EUR mind. 5,00 EUR
Junge Aktien	1 % vom Kurswert	

COMMERZBANK

Ihren Auftrag haben wir gemäß unseren Allgemeinen Geschäftsbedingungen wie nachstehend ausgeführt. Die Wertpapiere haben wir der Abrechnung entsprechend verbucht.
We have effected undermentioned transaction in line with your instructions and on the basis of our general business conditions entering the securities in our books accordingly.

Herrn/Frau/Firma/Mr./Mrs./Messrs.

Fil.-Nr. *Branch-No*	Depot-Nr. *Safekeeping No.*	Abrechnungsdatum *Date*	Gesch.-Nr. *Trade No.*	Gesch.-Tag *Trade date*

WERTPAPIER-ABRECHNUNG
CONTRACT NOTE

Währung 3) *Currency*	Nennwert *Nominal*	Liquidation per *Settlement Date as per*

Kauf von Bezugsrechten

ISIN-Nummer *Securities No.*	Stücke Art 1) *Sec Key*	Zinssatz *Rate of Interest*	Wertpapier-Bezeichnung/*Security Description*	Tilgung 2) *Amortization 2)*	St. 3) Schl. *Tax Key*	Kurs/*Price*
DE000AoLR563						

Wert der Bezugsrechte EUR
Provision EUR

Verw.-Art/Lagerst. 4) *Key to custody 4)*	Börsenplatz *Stock Excange*	Verrechnung über Konto *Settlement through a/c*	Wert/ *Value*	zu Ihren Lasten/ *To your debit*	zu Ihren Gunsten/ *In your favour*
				EUR	

Hochachtungsvoll
Yours faithfully

COMMERZBANK
AKTIENGESELLSCHAFT

Diese Abrechnung wird von der Bank nicht unterschrieben.
This contract note requires no authorized signature.

1-5) siehe Rückseite/*p. t.o.*
6180/00/0
80555

c) Stellen Sie die Bezugsabrechnung für die jungen Aktien auf (Abrechnung am 3. Mai 20..).

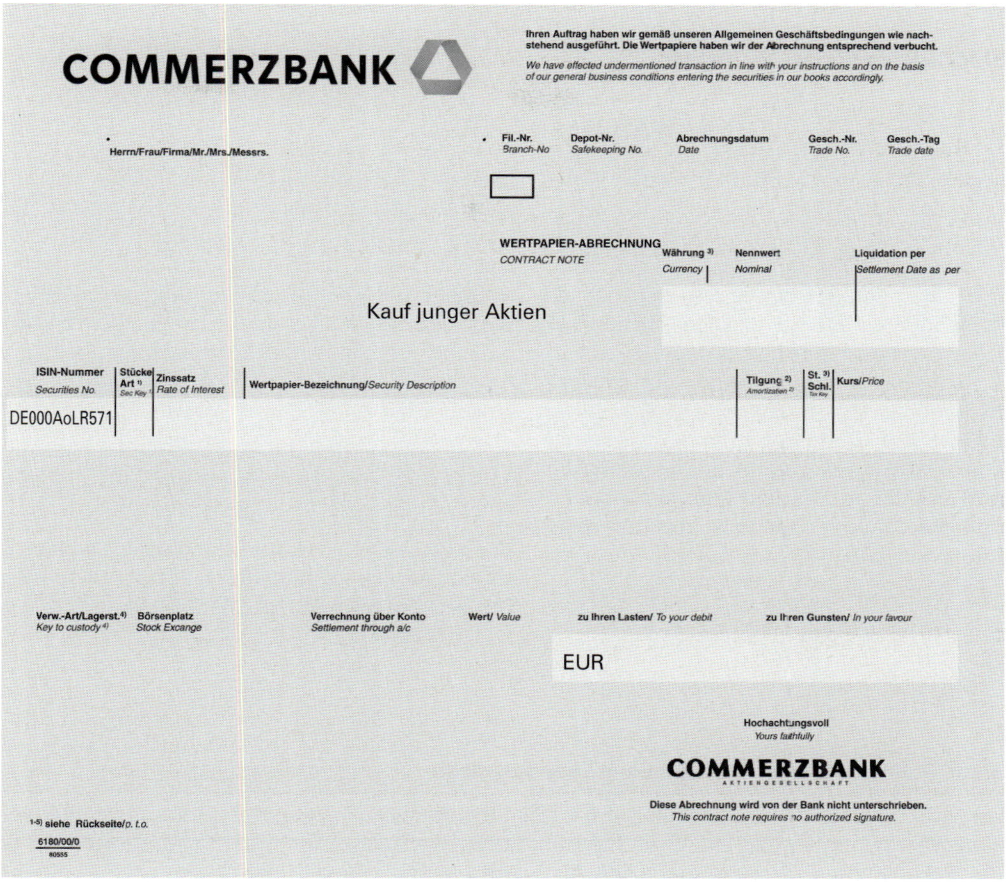

COMMERZBANK

Ihren Auftrag haben wir gemäß unseren Allgemeinen Geschäftsbedingungen wie nachstehend ausgeführt. Die Wertpapiere haben wir der Abrechnung entsprechend verbucht.
We have effected undermentioned transaction in line with your instructions and on the basis of our general business conditions entering the securities in our books accordingly.

Herrn/Frau/Firma/Mr./Mrs./Messrs.

Fil.-Nr. Branch-No	Depot-Nr. Safekeeping No.	Abrechnungsdatum Date	Gesch.-Nr. Trade No.	Gesch.-Tag Trade date

WERTPAPIER-ABRECHNUNG
CONTRACT NOTE

Währung Currency	Nennwert Nominal	Liquidation per Settlement Date as per

Kauf junger Aktien

ISIN-Nummer Securities No.	Stücke Art Sec Key	Zinssatz Rate of Interest	Wertpapier-Bezeichnung/Security Description	Tilgung Amortization	St. Schl. Tax Key	Kurs/Price
DE000AoLR571						

Verw.-Art/Lagerst. Key to custody	Börsenplatz Stock Excange	Verrechnung über Konto Settlement through a/c	Wert/ Value	zu Ihren Lasten/ To your debit	zu Ihren Gunsten/ In your favour
				EUR	

Hochachtungsvoll
Yours faithfully

COMMERZBANK
AKTIENGESELLSCHAFT

Diese Abrechnung wird von der Bank nicht unterschrieben.
This contract note requires no authorized signature.

1-5) siehe Rückseite/p. t.o.

6180/00/0

5 Wie erfolgt die Verschaffung der Rechte an den jungen Aktien?

3.5.3

Eine Aktiengesellschaft erhöht ihr Grundkapital von 180 Mio. EUR auf 247,50 Mio. EUR. Der Börsenkurs der alten Aktien beträgt 382,00 EUR je Aktie. Der Bezugskurs für eine junge Aktie wurde auf 250,00 EUR festgelegt.

a) Stellen Sie das Bezugsverhältnis fest!

b) Ermitteln Sie den rechnerischen Wert des Bezugsrechts!

c) Ein Aktionär besitzt 300 Stück Aktien dieser Gesellschaft. Er möchte einen Teil seiner Bezugsrechte verkaufen, um aus dem Verkaufserlös den Bezug junger Aktien aufgrund der restlichen Bezugsrechte bezahlen zu können. Der Börsenkurs der Bezugsrechte beträgt 37,50 EUR. (Kosten bleiben unberücksichtigt!)

   ca) Wie viele junge Aktien kann er beziehen?

   cb) Wie viele Bezugsrechte sind infolgedessen verkäuflich?

4 Besondere Finanzinstrumente

4.1 Wandelschuldverschreibungen

WANDELANLEIHEN

Wandelanleihen (Convertibles) sind festverzinsliche Wertpapiere, die eine Kaufoption auf Aktien des emittierenden Unternehmens beinhalten. Denn mit der Wandelanleihe erwirbt der Investor das Recht, am Ende oder während der Laufzeit des Bonds sein eingesetztes Kapital in Dividendenpapiere zu tauschen. Schon bei der Emission der Wandelanleihe wird das Umtauschverhältnis festgelegt, also wie viele Aktien der Anleger für den Nennwert der Anleihe bekommt. Die Wandlung in Aktien lohnt sich nur, wenn der Kurs der zugrunde liegenden Aktie so stark steigt, dass der Investor die Aktie über die Wandlung mindestens zum gehandelten Börsenpreis bekommt. Dieses Verhältnis wird durch die Wandlungsprämie ausgedrückt.

Einfaches Beispiel: Eine Wandelanleihe von Unternehmen A lautet auf den Nennwert von 1 000 Euro und kann in 20 Aktien von A getauscht werden. Teilt man den Nennwert durch die Zahl der zu beziehenden Aktien, erhält man den Wandlungspreis, also 50 Euro. Wenn die entsprechende Aktie bei 25 Euro notiert, liegt zwischen dem aktuellen Kurs und dem Bezugskurs der Anleihe eine Differenz von 100 %. Dies ist die Wandlungsprämie.

Wenn der Investor die Wandelanleihe nicht in Aktien tauscht, bekommt er am Ende der Laufzeit des Convertibles sein eingesetztes Kapital zum Nennwert zurück.

Zwischenzeitlich bekommt er Zinsen, wobei die Zinsscheine bei Wandelanleihen meist deutlich unter denen von herkömmlichen Unternehmensanleihen liegen. *cü*

Quelle: Handelsblatt.

Auszug aus einer Aufforderung zum Bezug einer Wandelanleihe

Die Hauptversammlung unserer Gesellschaft hat die Ausgabe von 550 000 000,00 EUR Wandelschuldverschreibungen mit einer Verzinsung von 2,125 % beschlossen. Ein Bankenkonsortium hat die Wandelschuldverschreibungen mit der Verpflichtung übernommen, den Aktionären unserer Gesellschaft diese im Verhältnis 323 : 1 zum Kurs von 98,5 % zum Bezug anzubieten. Für je 323 Bezugsrechte kann eine Teilschuldverschreibung im Nennbetrag von 1 000,00 EUR zum Bezugskurs von 98,5 % bezogen werden.

Die Wandelanleihe hat folgende wesentliche Ausstattungsmerkmale:

Stückelung: 550 000 Wandelschuldverschreibungen zu 1 000,00 EUR.

Verzinsung: Die Wandelschuldverschreibungen sind ab dem 17. Juni 2011 mit 2,125 % jährlich zu verzinsen. Die erste Zinszahlung erfolgt am 17. Juni 2012, die letzte am 17. Juni 2016. Im Falle der Wandlung stehen dem Inhaber der Wandelschuldverschreibung Zinsen von dem der Wandlung unmittelbar vorausgehenden Zinszahlungstermin bis zum Tage der Wandlung zu.

Tilgung: Die am 17. Juni 2016 noch umlaufenden Wandelschuldverschreibungen werden an diesem Tage zum Nennbetrag zurückgezahlt.

Kündigung: In der Zeit vom 17. Juni 2013 bis 17. Mai 2016 kann die Gesellschaft die gesamten ausstehenden Wandelschuldverschreibungen zum Nennwert plus aufgelaufener Zinsen zurückzahlen, wenn der Aktienkurs über einen bestimmten Zeitpunkt hinweg 130 % über dem Wandlungspreis liegt.

Sicherstellung: Die Gesellschaft hat sich verpflichtet, während der gesamten Laufzeit der Anleihe ihren Grundbesitz in der Bundesrepublik nicht zu belasten, es sei denn, dass die Belastung auch zugunsten der Gläubiger dieser Wandelschuldverschreibungen zu gleichen Rechten mit anderen Belastungen erfolgt.

Wandelrecht: Die Inhaber der Wandelschuldverschreibungen haben das unentziehbare Recht, ihre Stücke vom 1. Juli 2011 bis 28. Mai 2016 (Wandlungsfrist) in Aktien der Gesellschaft umzutauschen. Nom. 1 000,00 EUR Wandelschuldverschreibungen können in 15,9128 Stückaktien der Gesellschaft gewandelt werden. Das entspricht einem Wandlungspreis von 61,90 EUR. Ein Bruchteil in Höhe von Stück 0, ... Aktien ist als Differenzbetrag in bar auszugleichen.

Dividendenberechtigung: Aktien, die aufgrund einer Wandlung hervorgegangen sind, sind für das gesamte Geschäftsjahr, in dem die Wandlungserklärung wirksam wird, dividendenberechtigt.

Bezugsfrist: 1. Juni 2011 bis 15. Juni 2011

Bezugsrechtshandel: 2. Juni 2011 bis 11. Juni 2011

Aufgaben:

1 Was sind Wandelschuldverschreibungen?

2 Wer hat über die Ausgabe der Wandelschuldverschreibungen zu beschließen?

3 Über welchen Betrag lautet die bedingte Kapitalerhöhung, wenn eine Aktie einen rechnerischen Anteil am Grundkapital von 2,5564594 EUR hat?

4 Von welchen Faktoren hängt die Wertentwicklung einer Wandelschuldverschreibung ab?

5 Welche Risiken birgt der Besitz einer Wandelschuldverschreibung?

6 Ein Altaktionär fragt, wie viel Aktien er besitzen muss, um durch Erwerb von Wandelschuldverschreibungen ohne Zukauf von Bezugsrechten später 200 junge Aktien eintauschen zu können.

7 a) Der Kunde Arthur Müller besitzt 3 230 Stück Aktien dieser Gesellschaft. Er möchte seine Bezugsrechte ausnutzen, um Wandelschuldverschreibungen zu beziehen. Wie viel Wandelschuldverschreibungen erhält er und wie viel Euro muss er dafür aufwenden?

b) Während der Wandlungsfrist macht der Kunde Müller von seinem Wandelrecht Gebrauch. Wie viel Stück Aktien der Gesellschaft erhält er? Wie hoch ist die Bruchteilsvergütung?

8 Ein Großaktionär bezieht Wandelobligationen. Welche Gründe könnte er dafür haben?

9 Welche Gründe kann es für den Emittenten geben, Wandelschuldverschreibungen auszugeben?

10 Wodurch erfolgt die Sicherstellung der obigen Wandelanleihe?

11 Die Deutsche Industriebank AG (IKB) emittierte im Jahre 2008 eine Pflichtwandelschuldverschreibung. Erklären Sie die Besonderheit dieser Art von Wandelschuldverschreibung!

4.2 Optionsanleihen und Optionsscheine

4.2.1

SODUKO

AKTIENGESELLSCHAFT
Berlin

– Wertpapier-Kenn-Nummer 638400, 638401 und 638409 –

Angebot zum Bezug von
6 % Inhaber-Optionsschuldverschreibungen von 2011/2016

(Auszug)

Die außerordentliche Hauptversammlung vom 15. Dezember 2010 hat unter anderem die Ermächtigung zur Ausgabe von Inhaber-Optionsschuldverschreibungen (auch die „Optionsanleihe") im Gesamtnennbetrag von bis zu EUR 10.000.000,00, verbunden mit einer bedingten Kapitalerhöhung in Höhe von …, erteilt.

Der Vorstand hat am 15. Januar 2011 mit Zustimmung des Aufsichtsrats am gleichen Tag beschlossen, von der Ermächtigung in § 4 Abs. 3 der Satzung in Verbindung mit der Ermächtigung durch die außerordentliche Hauptversammlung vom 15. Dezember 2010 Gebrauch zu machen und eine Optionsanleihe im Gesamtnennbetrag von bis zu EUR 10.000.000,00, die zum Bezug von insgesamt Stück 1.000.000 Aktien mit einem rechnerischen Nennbetrag von EUR 6,00 je Aktie berechtigen, auszugeben.

Die Aktionäre der SODUKO Aktiengesellschaft haben ein Bezugsrecht und können für Stück 475 auf den Inhaber lautende Stückaktien nom. EUR 1.000,00 Inhaber-Optionsschuldverschreibungen zum Kurs von 102,875 % beziehen. …

Die Bankgesellschaft Berlin AG hat sich verpflichtet, die bis zu EUR 10.000.000,00 Inhaber-Optionsschuldverschreibungen den Aktionären .. . im o. g. Bezugsverhältnis zum Bezug anzubieten

12 Richard u.a. - ISBN 978-3-8120-1234-8

Ausstattung der Inhaber-Optionsschuldverschreibungen

Stückelung: Die Optionsanleihe ist eingeteilt in unter sich gleichberechtigte, auf den Inhaber lautende Teilschuldverschreibungen im Nennbetrag von je EUR 1.000,00.

Optionsscheine: Jeder Teilschuldverschreibung im Nennbetrag von EUR 1.000,00 sind 100 Inhaber-Optionsscheine mit Berechtigung zum Bezug von einer Inhaberaktie der SODUKO Aktiengesellschaft je Optionsschein beigefügt.

Die Optionsscheine können vom 12. März 2011 an von den Teilschuldverschreibungen getrennt werden; dabei sind jeweils alle einer Teilschuldverschreibung beigefügten Optionsscheine abzutrennen. Danach ist eine Übertragung einzelner Optionsscheine möglich.

Verzinsung: Die Teilschuldverschreibungen werden vom 6. März 2011 an mit 6 % jährlich verzinst. Die Zinsen sind jeweils nachträglich am 6. März der Jahre 2012 bis 2016 fällig. Der Zinslauf der Teilschuldverschreibungen endet mit dem Ablauf des Tages, der dem Fälligkeitstag vorangeht.

Bezugskurs: 102,875 %

Tilgung: Die Anleiheschuldnerin ist verpflichtet, die Teilschuldverschreibungen am 6. März 2016 zum Nennbetrag zurückzuzahlen.

Kündigung: Ein ordentliches Kündigungsrecht besteht weder für die Anleiheschuldnerin noch für die Inhaber der Teilschuldverschreibungen.

Besicherung: Es besteht die Verpflichtung, die Anleihegläubiger mindestens gleichrangig zu besichern, wenn für andere Kredite Sicherheiten bestellt werden.

Bedingtes Kapital: Zur Sicherung des Optionsrechts besteht ein bedingtes Kapital in Höhe von ...

Optionsrecht: Jeder Inhaber-Optionsschein 2011/2016 (der „Optionsschein") berechtigt nach Maßgabe des § 2 der Optionsbedingungen zum Bezug von jeweils einer auf den Inhaber lautenden Stückaktie der SODUKO Aktiengesellschaft zum Optionspreis von EUR 10,00 je Aktie mit einem rechnerischen Nennbetrag von EUR 6,00.

Aktien, die aufgrund des Optionsrechts bezogen werden, sind für das Geschäftsjahr der SODUKO Aktiengesellschaft dividendenberechtigt, in dem die Optionserklärung wirksam wird. ...

Optionsfrist: Das Optionsrecht kann vom 12. März 2011 bis zum 24. Februar 2016 (einschließlich) ausgeübt werden. Ausgenommen sind jedoch einige technisch bedingte, in § 2 Absatz (1) der Optionsbedingungen festgelegte Zeiträume.

Verwässerungsschutz: Durch ggf. Ermäßigung des Optionspreises oder Einräumung eines Bezugsrechts für Optionsscheininhaber gemäß § 5 der Optionsbedingungen wird der Verwässerungsschutz gewährleistet.

Wertpapierkennnummern:

321622	Teilschuldverschreibungen mit Optionsscheinen
321623	Teilschuldverschreibungen ohne Optionsscheine
321624	Optionsscheine

Bezugsangebot

Nachdem die bedingte Kapitalerhöhung am 10. Januar 2011 in das Handelsregister des Amtsgerichts Charlottenburg eingetragen worden ist, bitten wir unsere Aktionäre ... ihr Bezugsrecht zur Vermeidung des Ausschlusses in der Zeit vom

21. Februar bis zum 6. März 2011 einschließlich

gegen Einreichung des Gewinnanteilscheins Nr. 15 der Inhaber-Stückaktien bei der

Bankgesellschaft Berlin Aktiengesellschaft

während der üblichen Schalterstunden auszuüben.

Die Aktionäre der SODUKO AG haben ein Bezugsrecht und können für Stück 475 auf den Inhaber lautende Stückaktien nom. EUR 1.000,00 Inhaber-Optionsschuldverschreibungen zum Kurs von 102,875 % beziehen. ...

Der Bezugspreis ist bei Ausübung des Bezugsrechts, spätestens jedoch am 6. März 2011, zu zahlen.

Die Bezugsrechte (Wertpapier-Kenn-Nummer 638408) werden in der Zeit vom 21. Februar bis 2. März 2011 einschließlich an der Frankfurter Wertpapierbörse und an der Rheinisch-Westfälischen Börse zu Düsseldorf gehandelt. Vom Beginn der Bezugsfrist an werden die alten Aktien „ex Bezugsrecht" gehandelt. ...

Für den Bezug wird die übliche Bankenprovision berechnet. Die Teilschuldverschreibungen und die Optionsscheine sind in Globalurkunden verbrieft, die bei der Clearstream Banking AG, Frankfurt am Main, hinterlegt sind. Die Erwerber erhalten Gutschrift auf Girosammeldepot. Der Ausdruck von Einzelurkunden ist für die gesamte Laufzeit ausgeschlossen.

Die Teilschuldverschreibungen einschließlich der Optionsscheine sind zum Börsenhandel [...] an der Frankfurter Wertpapierbörse zugelassen. Das bedingte Kapital zur Sicherung der Optionsrechte ist zum Börsenhandel [...] an der Frankfurter Wertpapierbörse und an der Rheinisch-Westfälischen Börse zu Düsseldorf zugelassen. ...

Die vollständigen Anleihe- und Optionsbedingungen sind in dem Börsenzulassungsprospekt enthalten.

Berlin, 15. Februar 2011

Der Vorstand

Aufgaben:

Der Kunde Reinhard Schneider besitzt 495 Stückaktien dieser Gesellschaft. Er hat das Bezugsangebot bekommen und bittet Sie um Beratung.

1 Erklären Sie dem Kunden den grundsätzlichen Unterschied zwischen Wandelschuldverschreibungen und Optionsanleihen!

2 Erklären Sie zwei Motive, die die Soduko AG veranlasst haben könnten, eine Optionsanleihe aufzulegen und zurzeit keine Aktienemission durchzuführen!

3 Über welchen EUR-Betrag lautet die bedingte Kapitalerhöhung der AG?

4 Stellen Sie für das Beratungsgespräch die Merkmale der Optionsanleihe mithilfe der folgenden Tabelle zusammen:

Bezugsverhältnis für Optionsschuldverschreibungen	
Bezugsrechtshandel vom .... bis	
Stückelung	
Verzinsung	
Erste Zinszahlung	
Ausgabekurs	
Laufzeit	
Rückzahlung	
Optionsrecht ausübbar in der Zeit vom .... bis	
Optionspreis	
Trennung der Optionsscheine möglich ab	

5 Der Kunde Reinhard Schneider steht vor der Entscheidung, entweder seine gesamten Bezugsrechte zu verkaufen oder unter Zukauf weiterer Bezugsrechte die Optionsanleihe der AG zu beziehen.

a) Wie hoch ist der Verkaufserlös, wenn der Kunde seine gesamten Bezugsrechte veräußert? (Börsenkurs des Bezugsrechts 5,95 EUR, Kosten und Abgeltungsteuer bleiben unberücksichtigt.)

b) ba) Wie viel Bezugsrechte muss der Kunde hinzukaufen, um den nächsten realisierbaren Nennbetrag der Optionsanleihe zu erhalten?

bb) Wie viel Optionsscheine erhält er aufgrund des Bezugs? Wie viel Aktien kann er aufgrund dieser Optionsscheine erwerben?

c) Wann kann dem Kunden grundsätzlich der Bezug der Optionsanleihe empfohlen werden?

4.2.2

1 Inhaber-Optionsschein WKN 234 567 auf 1 Aktie

1 Aktie

INNOVA

Ein Inhaber-Optionsschein

Ausgegeben mit einer
Inhaber-Teilschuldverschreibung im Nennbetrag von € 1000,–
der 3,75% EURO-Optionsanleihe von 2011/2021

Die INNOVA Aktiengesellschaft verpflichtet sich hiermit,
dem Inhaber dieses Optionsscheines
1 Stückaktie der INNOVA Aktiengesellschaft,
Berlin und Hannover, gemäß den umseitig
abgedruckten Optionsbedingungen
zu verschaffen.

Berlin, im Juli 2011

INNOVA Aktiengesellschaft

Der Vorstand

Kontrollunterschrift

INNOVA AKTIENGESELLSCHAFT

Legitimationsschein zu einem Optionsschein auf 1 Stückaktie der Innova Aktiengesellschaft, ausgegeben im Zusammenhang mit der 3,75% EURO Optionsanleihe von 2011/2021

234567 Legitimationsschein zum Optionsschein F

Falls erforderlich wird über die Verwendung dieses Legitimationsscheins zu gegebener Zeit eine Bekanntmachung veröffentlicht.

Innova Aktiengesellschaft Berlin, im Juli 2011

Im Juli 2011 begab die Innova AG eine 3,75 % Optionsanleihe mit einer Laufzeit von 10 Jahren. Ab dem 15. August 2011 konnte der abgedruckte Optionsschein von der Optionsschuldverschreibung abgesondert und von diesem Tag an getrennt übertragen werden.

1 Erklären Sie die sich mit dieser Optionsanleihe ergebenden drei unterschiedlichen Kursnotierungen!

OPTIONSANLEIHEN

Warum Optionsanleihen drei Notierungen haben

Eine Optionsanleihe besteht aus zwei unterschiedlichen Komponenten: Die erste Komponente ist eine normale Unternehmensanleihe. Diese hat ein Fälligkeitsdatum, an welchem dem Besitzer der Anleihe der Nennwert sowie ein Zinskupon zurückgezahlt wird. Letzterer gibt an, wie viel Prozent des Nennbetrags der Anleger jährlich als Zinszahlung erhält. Die zweite Komponente der Optionsanleihe sind ein oder mehrere Call-Optionsscheine. Diese geben dem Besitzer das Recht, zu einem bestimmten Preis Aktien des Unternehmens zu kaufen, welches die Optionsanleihe ausgegeben hat. Wenn die Aktie steigt, dann steigen auch die Optionsscheine. Die beiden Komponenten der Optionsanleihe kann der Besitzer voneinander trennen – manche Optionsanleihen haben allerdings eine „Schonfrist", vor deren Ablauf nicht getrennt werden darf. Diese ist jedoch in der Regel recht kurz. Hängen die Warrants noch an der Optionsanleihe, spricht man von einer „Anleihe cum". Wurden die Warrants abgetrennt, spricht man von einer „Anleihe ex". Sowohl für Anleihe cum als auch für die Anleihe ex und die Optionsscheine gibt es jeweils eine eigene Wertpapierkennnummer (WKN).

Quelle: Handelsblatt.

2 Wie viel Innova-Aktien können aufgrund dieses Optionsscheins bezogen werden?

3 Wodurch wird der Kurs dieses Optionsscheins bestimmt?

4 Am 01.09.2011 wurden dem Kurszettel folgende Angaben über obigen Innova-Optionsschein entnommen:

Options-schein	Kurs Optionsschein		Bezugs-verhältnis	Options-preis je Aktie	Kurs Aktie	Agio	Hebel
	01.09.2011	Vortag					
Innova von 2011 bis 2021	215	213	1:1	166,00	366,00		

a) Ermitteln Sie den rechnerischen Wert des Optionsscheins am 01.09.2011 aufgrund des Optionspreises und des Börsenkurses der Aktie!

b) Mit welchem Agio (Aufgeld) wird der Optionsschein am 01.09.2011 gehandelt?

c) Berechnen Sie den Preis einer Innova-Aktie, wenn sie am 01.09.2011 über den Optionsschein erworben würde!

d) Berechnen Sie das Agio (Aufgeld) in Prozent des Börsenkurses der Aktie!

e) Wovon hängt die Höhe des Aufgeldes ab?

Der Börsenkurs des Optionsscheins folgt naturgemäß den Veränderungen des Börsenkurses der Aktie. Steigt der Kurs der Aktie, so steigt der Kurs des Optionsscheins um denselben Betrag. Der geringere Kapitaleinsatz beim Erwerb des Optionsscheins bewirkt jedoch, dass die Veränderung des Kurses für den Schein prozentual höher ausfällt als die sie bewirkende Veränderung des Börsenkurses der Aktie. Diesen Effekt nennt man Leverage-Effekt oder auch Hebelwirkung.

5 Berechnen Sie aus den Angaben der Aufgabe 4 den Hebel (Leverage-Faktor) des Innova-Optionsscheins!

6 Errechnen Sie die prozentuale Steigerung, wenn sich der Kurs der Innova-Aktie von 366 auf 380 verändert und bestimmen Sie anhand des Hebels die daraus resultierende Steigerung des Optionsscheinkurses in Prozent!

7

Die Gefahr liegt in der Hebelwirkung

Natürlich kostet auch der Optionsschein seinen Preis. Und dieser – ebenfalls an der Börse notierte – Wert ist umso höher, je größer die Kurssteigerungsphase für die betreffende Aktie in den nächsten Jahren ist. Neben dem geringen Kapitaleinsatz ist für den Anleger noch das Aufgeld von Bedeutung. Darunter versteht der Experte den Prozentsatz, um den der Bezug der Aktie mittels Optionsschein teurer kommt als deren direkter Kauf über die Börse. Das Risiko liegt auf der Hand: Steigt der Kurs einer Aktie um 50, dann müsste der Optionsschein etwa um denselben Wert anziehen. Da er aber bedeutend billiger zu haben ist als die Aktie, ist der prozentuale Anstieg ungleich höher. Je nach Ausstattung des Scheines bedeutet beispielsweise ein Kursgewinn der Aktie von zehn Prozent, dass der Schein um 25 Prozent anzieht. Dieser Effekt, auch Hebelwirkung oder Leverage-Effekt genannt, gilt selbstverständlich auch bei einem entsprechenden Kursverlust – das macht diese Papiere so gefährlich.

Somit ist auch nicht weiter verwunderlich, dass in der Monatsanalyse die drei Optionsscheine Hoechst von 1979 (Bank für Gemeinwirtschaft), Kaufhof von 1984 (Delbrück) und Siemens von 1983 (Schweizerische Bankgesellschaft) zu den Spitzenverlierern mit Abschlägen bis zu vierzig Prozent zu zählen sind.

Entnommen: Bankkaufmann 12/87, „Zweistellige Verluste auf allen Märkten" (Auszug).

Erklären Sie die Gefahr, die in der Hebelwirkung liegt!

8 Was passiert, wenn der Optionsschein-Inhaber bis zum Ende der Optionsfrist von seinem Optionsrecht keinen Gebrauch gemacht hat?

4.2.3

Eine Bank emittiert Optionsscheine, die zum Bezug von Aktien der Intex AG berechtigen.

Es gelten folgende Bedingungen:

- Options-(Bezugs-)verhältnis: 1 : 2

  Je zwei Optionsscheine berechtigen zum Bezug einer Intex-Aktie.[1]

- Options-(Bezugs-)preis : 180,00 EUR
- Options-(Bezugs-)frist: zwei Jahre

Kurs der Intex-Aktie: 160,00 EUR

Kurs des Intex-Optionsscheins: 12,00 EUR

1 In der Literatur wird auch häufig für diesen Fall das Bezugsverhältnis mit 2 : 1 dargestellt.

Berechnen Sie

a) den rechnerischen (inneren) Wert des Optionsscheins,
b) den Hebel,
c) das Aufgeld in EUR insgesamt und pro Optionsschein,
d) das Aufgeld in Prozent,
e) das Aufgeld in Prozent pro Jahr!

4.2.4

Verkaufsmitteilung

Optionsscheine auf EUR/USD (Währungsoptionsscheine)

Emittent: Deutsche Bank AG, Frankfurt am Main

Emissionsvolumen: Bis zu 1 000 000 Optionsscheine

Optionsgegenstand: Der Preis für 1,00 EUR in USD

Verkauf: Die Optionsscheine werden vom Emittenten freibleibend zum Verkauf gestellt. Die Verkaufspreise werden erstmals vor Beginn des Angebots und sodann fortlaufend festgesetzt.

Angebotsbeginn: 25. September 20.., 09:30 Uhr (Frankfurt am Main)

Valuta: 27. September 20..

Typ	Basispreis in USD	BV	Laufzeit	WKN	Anfänglicher Ausgabepreis (EUR)
Call	0,87	100	27.09.20.. bis 03.12.20..	665296	6,94
Put	0,80	100	27.09.20.. bis 03.12.20..	665299	1,99

Optionsrecht: Jeder Optionsscheininhaber hat das Recht, vom Emittenten nach Maßgabe der Optionsbedingungen die Zahlung der in US-Dollar (USD) ausgedrückten und mit dem Umrechnungskurs in Euro (EUR) umgerechneten Differenz, um die der Ausübungspreis den Basispreis **überschreitet (Typ „Call")** bzw. **unterschreitet (Typ „Put"),** jeweils multipliziert mit dem Bezugsverhältnis („BV") zu verlangen.

Bezugsverhältnis: 100, d. h. der Optionsschein bezieht sich auf das 100fache des Optionsgegenstands.

Ausübungspreis: Der erste nach dem Ausübungszeitpunkt von Reuters ermittelte und bekannt gegebene USD-Durchschnittskurs für 1,00 EUR.

Mindestausübung: 100 gleiche Optionsscheine oder ein ganzzahliges Vielfaches davon.

Erfahrung und Erfolg seit 1798

VERKAUFSANGEBOT

Die M. M. Warburg Bank, Hamburg, begibt

Stück 5.000.000 Zins-Optionsscheine (Call)

bezogen auf die 9% Bundesobligation Serie 93, endfällig 20. Oktober 20.. (WKN – 114 093 –) jederzeit ausübbar vom 1. Einführungstag an der Frankfurter Wertpapierbörse bis 21. Oktober 20..

Fälligkeit: 21. Oktober 20..

Verkaufspreise: Die Verkaufspreise werden fortlaufend festgelegt. Der anfängliche Verkaufspreis ist EUR 1,60 je Optionsschein.

Mindestzeichnung: Stück 500 Optionsscheine

Optionsbedingungen: Jeder Zinsoptionsschein berechtigt den Inhaber, vom Optionsschuldner Zahlung des Differenzbetrages zu verlangen: Der Differenzbetrag ist die in EUR ausgedrückte Differenz, um die der Kassakurs der Frankfurter Wertpapierbörse für EUR 100,00 9% Bundesobligation Serie 93 am Ausübungstag den Basiskurs von 99,50% übersteigt.

Optionsrechte können während der Laufzeit vom 1. Einführungstag an der Frankfurter Wertpapierbörse bis 21. Oktober 20.. jeweils für mindestens 500 Zinsoptionsscheine und darüber hinaus nur in einem ganzzahligen Mehrfachen von 100 ausgeübt werden.

Verbriefung/Lieferung: Effektive Zinsoptionsscheine werden nicht ausgegeben; Globalurkunde bei der Clearstream Banking AG.

Börseneinführung: Zulassung im Freiverkehr der Wertpapierbörsen Hamburg und Frankfurt.

Kleinste handelbare Einheit: Stück 100 Optionsscheine

Hamburg, den 11. Oktober 20..

M.M.WARBURG BANK

M.M.WARBURG-BRINCKMANN, WIRTZ & CO.

Privatbankiers seit 1798

Merrill Lynch Bank AG

Frankfurt am Main

125 000 unterlegte Optionsscheine

zum Erwerb von Stammaktien der

Senko Co., Ltd.

Emittentin:	Merrill Lynch Wertpapiere GmbH
Emissionspreis:	EUR ... je Optionsschein
Optionsscheine und Optionsrechte:	Ein Optionsschein berechtigt den Inhaber zum Erwerb von jeweils zehn Stammaktien der Senko Co., Ltd.
Ausübungspreis:	¥ ... für jeweils eine Stammaktie der Senko Co., Ltd.
Mindestausübung:	Das Optionsrecht kann jeweils nur für 1 000 oder mehr Aktien ausgeübt werden.
Ausübungsfrist:	Das Optionsrecht kann in der Zeit vom 7. März 20.. bis zum 5. März 20.. einschließlich ausgeübt werden.
Verbriefung/Lieferung:	Die Optionsscheine sind in einem bei der Clearstream Banking AG hinterlegten Inhaber-Sammeloptionsschein verbrieft. Effektive Optionsscheine werden nicht ausgegeben.
Deckung:	Die Emittentin unterhält zur Deckung ihrer Verpflichtungen aus diesen Optionsscheinen Warrants und/oder Aktien der Senko Co., Ltd.

Frankfurt am Main, im Februar 20..

Merrill Lynch

Optionsscheine auf den DAX

Emittent:	Deutsche Bank AG, Frankfurt am Main
Emissionsvolumen:	Je WKN bis zu 5 000 000 Optionsscheine
Bezugsobjekt:	DAX-Index
Ausgabedatum:	10. Januar 20..
Valuta:	12. Januar 20..

Typ American Style*	Ausübungspreis in EUR	Multiplikator	Verfalltag	WKN	Anfänglicher Ausgabepreis (EUR)
Call	5 500,00	0,010	19.12.20..	689138	13,20
Call	6 000,00	0,010	19.12.20..	689199	9,80
Call	6 500,00	0,010	19.12.20..	689200	6,90
Put	5 500,00	0,010	19.12.20..	689204	2,54
Put	6 500,00	0,010	19.12.20..	689205	6,06
Put	7 500,00	0,010	19.12.20..	689206	12,15
...	...	...	...	...	...

Barausgleichsbetrag:	*Im Fall von Typ Call:* (Abwicklungsbetrag – Ausübungspreis) · Multiplikator *Im Fall von Typ Put:* (Ausübungspreis – Abwicklungsbetrag) · Multiplikator *Abwicklungsbetrag:* Der Erste am Bewertungstag an der jeweiligen Börse festgestellte und bekannt gegebene Schlusspreis des Bezugsobjekts. *Bewertungstag:* Ausübungstag *Ausübungstag:* Der Geschäftstag an dem die Optionsausübung in Übereinstimmung mit den Emissionsbedingungen wirksam wird.
Abwicklungswährung:	EUR
Multiplikator:	vgl. Tabelle
Verfalltag:	vgl. Tabelle
Letzter Börsenhandelstag:	2 Geschäftstage vor dem Verfalltag
Kleinste handelbare Einheit:	1 Optionsschein
Mindestausübung:	100 gleiche Optionsscheine oder ein ganzzahliges Vielfaches davon

* Optionen, bei denen das Ausübungsrecht jederzeit vor dem Verfalltag wahrgenommen werden kann, im Gegensatz zu europäischen Optionen, die die Ausübung nur am Ende ihrer Laufzeit erlauben.

AUFGABEN:

1 Notieren Sie wesentliche Merkmale der Optionsscheine:

a) Unterlegte (gedeckte) Optionsscheine,
b) DAX-Index-Optionsscheine,
c) Währungsoptionsscheine,
d) Zins-Optionsscheine.

2 Der Kunde Norbert Stens hat am 10.01.20.. 1000 Stück Call-DAX-Optionsscheine zu 13,20 EUR je Schein erworben. Der Ausübungs-/Basispreis beträgt 5500. Er übt die gesamte Option (1000 Stück) am 13.05.20.. aus. An diesem Tag wird ein Abwicklungsbetrag von 7200 (Indexpunkte) festgestellt.

Wie viel EUR beträgt der Nettogewinn? (Bankprovision bleibt unberücksichtigt!)

4.3 Genussrechte

RENTABEL · FLEXIBEL · EINFACH

PROKON Genussrechte

Sichern Sie sich aktuell 8% Zinsen p.a.

PROKON

Die PROKON Unternehmensgruppe

PROKON – dieser Name steht für eines der führenden Unternehmen der Energieerzeugung aus erneuerbaren Energieträgern, um eine nachhaltige, umweltverträgliche und verantwortungsbewusste Energieversorgung zu sichern. PROjekte und KONzepte für eine Zukunft ohne die klimaschädliche Nutzung der begrenzten Rohstoffe Erdöl, Erdgas, Kohle und ohne die gefährliche Atomkraft sind das Tätigkeitsfeld der PROKON Unternehmensgruppe. PROKON verfügt über mehr als 15 Jahre Erfahrung im Bereich der Erneuerbaren Energien und bietet rund 750 Mitarbeitern einen nachhaltigen und zukunftsorientierten Arbeitsplatz.

Die PROKON Unternehmensgruppe

Windenergie

- Planung, Finanzierung und Realisierung der PROKON Windparks
- Kaufmännische Geschäftsführung der Windparks
- Technische Betriebsführung der Windparks
- Veräußerung des erzeugten Stroms
- zukünftig eigene Produktion von Windenergieanlagen

Biogene Kraftstoffe

- Herstellung von Biodiesel im PROKON Bio-Ölwerk Magdeburg
- Herstellung von Pflanzenöl in der Ölmühle Kroppenstedt als Reinkraftstoff sowie als Ausgangsprodukt für Biodiesel
- Anbau von Jatropha und Ölgewinnung aus den Samen der Jatrophapflanze in Tansania

Biomasse

- nachhaltige Nutzung des nachwachsenden Rohstoffes Holz für die Herstellung von Holzpaletten
- Verkauf der Sägeabfälle, Holzreste und Rinden für die Herstellung von Span- bzw. MDF-/HDF-Platten sowie für den Einsatz in der Papierindustrie und im Garten- und Landschaftsbau
- Verwertung von Spänen und Holzresten zur Gewinnung von Strom und Wärme im unternehmenseigenen Biomasse-Heizkraftwerk
- zukünftig Herstellung von Holzbriketts und Holzpellets

Die PROKON Genussrechte

Was sind Genussrechte?

Genussrechte sind eine Mischform aus einem festverzinslichen Wertpapier und einer unternehmerischen Beteiligung. Sie ähneln damit einer Unternehmensanleihe mit Gewinnbeteiligung. Für die Ausgestaltung der Genussrechte gibt es keine gesetzlichen Bestimmungen, weshalb das Angebot dieser Anlageform je nach Anbieter sehr verschieden sein kann. PROKON nutzt das eingezahlte Kapital für die Finanzierung seiner Projekte, das heißt insbesondere für Vorhaben im Bereich der Erneuerbaren Energien mit dem Schwerpunkt Windenergie. Die Anleger erhalten von PROKON halbjährlich Zinsen und werden neben der Grundverzinsung auch durch zusätzliche Überschussbeteiligungen fair am Erfolg der PROKON Unternehmensgruppe beteiligt.

Genussrechtsbedingungen der PROKON Regenerative Energien GmbH & Co. KG

(Auszug)

§ 1 Rechtsverhältnisse

1. Die Ausgabe von Genussrechten zwecks Beschaffung von Genussrechtskapital ist im Gesellschaftsvertrag der PROKON Regenerative Energien GmbH & Co. KG (nachfolgend: „Emittentin") in unbegrenzter Höhe vorgesehen. Maßgeblich für die rechtlichen Grundlagen der Genussrechte sind die Genussrechtsbedingungen sowie der Zeichnungsschein.

§ 2 Mindestzeichnung

Die Mindestzeichnungssumme beträgt 100 Euro. Höhere Zeichnungen sind in Schritten von 0,01 Euro möglich. Die Zeichnungssumme ist nach oben nicht begrenzt, jedoch wird der geschäftsführende Kommanditist Zeichnungen, die 0,5 % des gesamten emittierten Genussrechtskapitals übersteigen, nur nach einer individuellen Einzelfallprüfung annehmen.

§ 3 Ausgabe und Einteilung der Genussrechte

1. Die Genussrechte an der PROKON Regenerative Energien GmbH & Co. KG können von jeder natürlichen oder juristischen Person durch Unterzeichnung eines entsprechenden Zeichnungsscheins und dessen Annahme durch den geschäftsführenden Kommanditisten erworben werden.
2. Die Ausgabe der Genussrechte erfolgt zum Nennbetrag (100 %) von jeweils 0,01 Euro. Es wird von der Emittentin kein Agio als Ausgabeaufschlag erhoben.
3. Die PROKON Regenerative Energien GmbH & Co. KG gewährt die Genussrechte gegen Einzahlung von Genussrechtskapital mit einem Gesamtnennbetrag von bis zu 500 Mio. Euro. Die Platzierung dieser Tranche endet mit der Vollplatzierung. Sie kann jedoch von der Emittentin auch jederzeit früher beendet werden.
4. Die Genussrechte werden nicht verbrieft. Sie lauten auf den Namen des Genussrechtsinhabers und werden in das Genussrechtsregister der PROKON Regenerative Energien GmbH & Co. KG eingetragen.
5. Die Emittentin ist berechtigt, die Auszahlung der Grundverzinsung, der Überschussbeteiligung sowie der Rückzahlungen gekündigten Genussrechtskapitals mit befreiender Wirkung an die im Genussrechtsregister eingetragenen Genussrechtsinhaber zu leisten.

§ 4 Einzahlung

1. Die Einzahlung des Genussrechtskapitals hat auf folgendes Konto der PROKON Regenerative Energien GmbH & Co. KG zu erfolgen:

Begünstigter:	PROKON Regenerative Energien GmbH & Co. KG
Kontonummer:	607 736 295
Bankleitzahl:	200 300 00
Bank:	Hypovereinsbank Hamburg
Verwendungszweck:	Genussrechte, Kundennummer

§ 5 Grundverzinsung, Gewinn- und Verlustbeteiligung

1. Das auf das Konto der Emittentin eingezahlte Kapital ist ab dem Tag, der auf die Wertstellung der jeweiligen Einzahlung auf dem Konto der Emittentin folgt, am Ergebnis der Emittentin beteiligt, d. h. zeitanteilig für das laufende Geschäftsjahr. Grundlage für die Ergebnisbeteiligung ist das Betriebsergebnis (Jahresüberschuss vor Ertragsteuern und Aufwendungen für das Genussrechts- und das Kommanditkapital).
2. Das auf das Konto der Emittentin eingezahlte Kapital wird mit einer jährlichen Grundverzinsung in Höhe von 6 % des jeweiligen Nennbetrages verzinst. Durch die Grundverzinsung des Genussrechtskapitals darf sich jedoch kein Jahresfehlbetrag ergeben. Reichen der Jahresüberschuss und die Liquidität der Emittentin zur Zahlung oder Gutschrift (Thesaurierung) gemäß § 6 der Grundverzinsung des Genussrechtskapitals nicht oder nicht ganz aus, reduziert sich der auf das jeweilige Jahr entfallende Ausschüttungs- bzw. Gutschriftsbetrag entsprechend. Für nicht oder nicht vollständig ausgezahlte bzw. gutgeschriebene Grundverzinsungsbeträge besteht jedoch ein Nachzahlungsanspruch, vorausgesetzt, der Jahresüberschuss und die Liquidität der Emittentin reichen für die Bedienung des Anspruches aus.
3. Nach Befriedigung der Grundverzinsungsansprüche der Genussrechtsinhaber wird das Kommanditkapital ebenfalls in Höhe der Grundverzinsung mit jährlich 6 % des Nennbetrages verzinst. Durch die Grundverzinsung des Kommanditkapitals darf sich jedoch kein Jahresfehlbetrag ergeben. Reichen der Jahresüberschuss und die Liquidität der Emittentin zur Zahlung der Grundverzinsung des Kommanditkapitals nicht oder nicht ganz aus, reduziert sich der auf das jeweilige Jahr entfallende Ausschüttungsbetrag entsprechend. Für nicht oder nicht vollständig ausgezahlte Grundverzinsungsbeträge besteht jedoch ein Nachzahlungsanspruch, vorausgesetzt, der Jahresüberschuss und die Liquidität der Emittentin reichen für die Bedienung des Anspruches aus.
4. Über die Grundverzinsung des Genussrechts- und des Kommanditkapitals hinaus sind die Genussrechte und das Kommanditkapital gleichrangig mit einer Überschussbeteiligung bis zur Höhe von 4,00 % des jeweiligen Nennbetrages an weiteren Überschüssen der PROKON Regenerative Energien GmbH & Co. KG beteiligt. Sollte die Inflation in einem Jahr über die Grundverzinsung von 6,00 % und die Überschussbeteiligung von 4,00 % hinaus steigen, ist die PROKON Regenerative Energien GmbH & Co. KG berechtigt, die Überschussbeteiligung so weit zu erhöhen, dass in dem jeweiligen Jahr eine positive Realverzinsung des Genussrechts- und des Kommanditkapitals vor Steuern erzielt wird. Grundlage für die Feststellung der Inflationsrate ist die Veränderung des Verbraucherpreisindexes des Statistischen Bundesamtes im Vergleich zum jeweiligen Vorjahr.
5. Weist die PROKON Regenerative Energien GmbH & Co. KG in ihrem Jahresabschluss einen Jahresfehlbetrag aus, wird dieser nach vollständiger Aufzehrung der gesetzlichen und eventuellen gesellschaftsvertraglichen Rücklagen zunächst bis zur Höhe des vorhandenen Kommanditkapitals dem Kommanditisten zugewiesen. Sollte die Emittentin darüber hinausgehende Verluste ausweisen, nimmt das Genussrechtskapital daran bis zur vollen Höhe durch entsprechende Verminderung des Genussrechtskapitals teil. Die Rückzahlungsansprüche der Genussrechtsinhaber vermindern sich entsprechend.
6. Weist die PROKON Regenerative Energien GmbH & Co. KG Jahresüberschüsse aus, werden diese zunächst zur Wiederauffüllung des Genussrechtskapitals bis zum Nennwert, anschließend zum Ausgleich der dem Kommanditisten zugewiesenen Verluste und danach zur Wiederauffüllung der gesetzlichen und gesellschaftsvertraglichen Rücklagen verwendet. Aus weiteren Jahresüberschüssen erfolgt zunächst der Ausgleich eventueller Nachzahlungsansprüche aus der Grundverzinsung der Genussrechtsinhaber. Danach erfolgt der Ausgleich eventueller Nachzahlungsansprüche aus der Grundverzinsung des Kommanditkapitals. Anschließend werden die Grundverzinsung sowie die Überschussbeteiligung für das jeweilige Geschäftsjahr ausgezahlt bzw. gutgeschrieben, und zwar zunächst die Grundverzinsung an die Genussrechtsinhaber, anschließend die Grundverzinsung an die Kommanditisten und darauf folgend gleichberechtigt die Überschussbeteiligung des Genussrechts- und des Kommanditkapitals. Weist die Emittentin in Jahren mit einer Inflationsrate unter 10 % weitere Jahresüberschüsse aus, so werden diese in Rücklagen eingestellt. Diese Rücklagen sollen im Falle von Verlustjahren zur Absicherung der Grundverzinsung sowie im Falle einer jährlichen Inflation von mehr als 10 % dazu verwendet werden, die Überschussverzinsung so weit zu erhöhen, dass sowohl die Genussrechtsinhaber als auch die Kommanditisten eine positive Realverzinsung vor Steuern erzielen.

§ 6 Ausschüttungstermine, Auszahlung, Thesaurierung

1. Die Ausschüttungen für das erste Kalenderhalbjahr sind jeweils bis zum 30.09. des jeweiligen Jahres zur Auszahlung fällig. Die Ausschüttungen für das zweite Kalenderhalbjahr sind jeweils bis zum 31.03. des Folgejahres zur Auszahlung fällig.
2. Die Genussrechtsinhaber können zu jedem Zinstermin wählen, ob die Zinsen an sie ausgezahlt oder automatisch in weitere PROKON Genussrechte angelegt werden sollen.
   Bei der Auszahlung bzw. Wiederanlage der Zinsen ist zu beachten, dass die Emittentin verpflichtet ist, auf die angefallenen Kapitalerträge Abgeltungsteuer in Höhe von derzeit 25 % zzgl. Solidaritätszuschlag in Höhe von 5,5 % sowie ggf. Kirchensteuer an das Finanzamt abzuführen. Nur der nach dem Steuerabzug verbleibende Betrag wird ausgezahlt bzw. wieder in Genussrechte angelegt.

13 Richard u.a. - ISBN 978-3-8120-1234-8

§ 7
Laufzeit, Kündigung

1. Die Laufzeit der Genussrechte ist grundsätzlich unbestimmt. Eine Kündigung ist sowohl für den Genussrechtsinhaber als auch für die PROKON Regenerative Energien GmbH & Co. KG frühestens nach Ablauf von fünf vollen Kalenderjahren, beginnend mit dem Jahr, das auf die Wertstellung des jeweiligen Betrages auf dem Konto der Emittentin bzw. auf die Gutschrift des Thesaurierungsbetrages folgt, möglich.
2. Die Kündigungsfrist beträgt sechs Monate zum Jahresende.

§ 8
Rückzahlung

1. Die Rückzahlung wirksam gekündigten Genussrechtskapitals erfolgt zum Buchwert innerhalb von 30 Tagen nach Feststellung des Jahresabschlusses zu dem Stichtag, zu dem die Kündigung erfolgt ist. Der Buchwert wird ermittelt aus dem Nennbetrag abzüglich noch nicht wieder aufgefüllter Verlustbeteiligungen zuzüglich etwaiger noch nicht ausgezahlter Gewinnanteile.
2. Sollte aufgrund der eingehenden Kündigungen absehbar sein, dass die Liquidität der Emittentin für die Rückzahlung des gekündigten Kapitals nicht ausreicht, ist der geschäftsführende Kommanditist verpflichtet, alles zu unternehmen, um bis zum Rückzahlungstermin eine ausreichende Liquidität bei der Emittentin aufzubauen. Hierzu können insbesondere Projekte der Emittentin verkauft werden, sofern mindestens ein Kaufpreis in Höhe ihres Verkehrswertes erzielt werden kann. Der geschäftsführende Kommanditist ist darüber hinaus angehalten, die Investitionen in neue Projekte aus vorhandener Liquidität einzuschränken. Sollte die Liquidität der Emittentin zum Rückzahlungstermin dennoch nicht ausreichen, kann die Rückzahlung des gekündigten Genussrechtskapitals ausgesetzt werden, bis der Emittentin die notwendige Liquidität zur Verfügung steht. Das gekündigte Genussrechtskapital wird bis zur Auszahlung weiter verzinst.

§ 9
Verkauf, Vererbung und Abtretung

1. Jeder Genussrechtsinhaber kann seine Genussrechte jederzeit ganz oder teilweise an Dritte verkaufen, abtreten bzw. vererben.

§ 10
Nachrangigkeit

Die Forderungen aus den Genussrechten der PROKON Regenerative Energien GmbH & Co. KG treten gegenüber allen anderen Ansprüchen von Gläubigern der PROKON Regenerative Energien GmbH & Co. KG im Rang zurück. Die gesamte Vermögenseinlage der Genussrechtsinhaber haftet jedoch nachrangig nach dem sonstigen Eigenkapital der Emittentin, insbesondere nach dem Kommanditkapital, für Verbindlichkeiten der Emittentin. Eine über die Nominaleinlage hinausgehende Nachschusspflicht besteht nicht.

§ 11
Auflösung der Emittentin

1. Im Falle der Auflösung der Emittentin haben die Genussrechtsinhaber Anspruch auf Rückzahlung des Genussrechtskapitals zum Buchwert, sofern die Emittentin über ausreichende Liquidität verfügt. Der Buchwert wird ermittelt aus dem Nennwert des eingezahlten Genussrechtskapitals abzüglich noch nicht wieder aufgefüllter Verlustanteile zuzüglich noch nicht ausgezahlter Gewinnanteile.
2. Der Rückzahlungsanspruch besteht vorrangig vor der Rückzahlung des Kommanditkapitals, ansonsten nachrangig nach allen anderen nicht nachrangigen Ansprüchen von Gläubigern der Emittentin.
3. Die Genussrechte begründen keinen Anspruch auf eine über die Rückzahlung des Genussrechtskapitals hinausgehende Teilnahme am Liquidationserlös.

§ 12
Mitwirkungsrechte

1. Die Geschäftsführung und Vertretung der Emittentin obliegt gemäß Gesellschaftsvertrag dem geschäftsführenden Kommanditisten. Den Genussrechtsinhabern stehen grundsätzlich keine gesellschaftlichen Mitwirkungsrechte zu. Insbesondere sind sie nicht zur Teilnahme an den Gesellschafterversammlungen berechtigt und haben auch keine Stimmrechte.

§ 16
Änderungen der Genussrechtsbedingungen

1. Die Teilnahme am Verlust, die Nachrangigkeit sowie die Laufzeit und die Kündigungsfrist können nachträglich nicht geändert, beschränkt oder verkürzt werden.
2. Die Emittentin ist nur in den nachfolgenden Fällen berechtigt, die Genussrechtsbedingungen durch einseitige Willenserklärung zu ändern bzw. anzupassen
   a) im Falle von Änderungen der steuerlichen Behandlung von Genussrechten bei der Emittentin;
   b) Änderungen, die für eine börsliche Notierung erforderlich sind, wie z. B. die Verbriefung.

§ 18
Schlussbestimmungen

1. Die Genussrechtsbedingungen sowie alle sich daraus ergebenden Rechte und Pflichten bestimmen sich ausschließlich nach dem Recht der Bundesrepublik Deutschland.

Itzehoe, den 11. 02. 20..
PROKON Regenerative Energien GmbH & Co. KG

Carsten Rodbertus
Geschäftsführender Kommanditist

Der Kunde Max Reichelt hat von der Unternehmensgruppe PROKON obiges Angebot zum Erwerb von Genussrechten der PROKON Regenerative Energien GmbH & Co. KG zugesandt bekommen. Da ihm diese Anlageform noch unbekannt ist, bittet er Sie um Auskunft. Der Kunde kann zurzeit etwa 30 000,00 EUR anlegen. Das Zinsniveau am Kapitalmarkt liegt für Bundeswertpapiere mit 5-jähriger Laufzeit bei 2,4 % p. a., Bankschuldverschreibungen gleicher Laufzeit verzinsen sich mit 3,5 % p. a.

Aufgaben:

1 Erläutern Sie Herrn Reichelt:

a) die grundsätzlichen Ausstattungsmerkmale der Genussrechte der PROKON Regenerative Energien GmbH & Co. KG!

b) die Unterschiede in den Rechten des Genussrechtsinhabers gegenüber den in einer Aktie und einer Schuldverschreibung verbrieften Rechten!

c) die Besonderheit der Ausschüttung bei diesen Genussrechten!

2 Erklären Sie Herrn Reichelt den Unterschied zwischen Genussrechten und Genussscheinen!

3 Herr Reichelt ist erstaunt, dass die Genussrechte der PROKON merklich höher verzinst werden als Bundeswertpapiere bzw. Bankschuldverschreibungen gleicher Laufzeit. Erläutern Sie Herrn Reichelt, warum die PROKON Unternehmensgruppe bereit ist, ihre Genussrechte höher zu verzinsen als Wertpapiere gleicher Laufzeit!

4 Herr Reichelt möchte über die Risiken bei dieser Anlage informiert werden.

5 Kann dem Kunden die Anlage in PROKON-Genussrechten empfohlen werden?

4.4 Aktienanleihen

Der Kunde Siegfried Baumann, Prinzenstr. 6, 45894 Gelsenkirchen, kaufte am 27. Januar 20 . . nom. EUR 30 000,00 der folgenden Anleihe:

14% sind keine Peanuts.

14 % WGZ-Share-Bond/16
mit Rückzahlungswahlrecht
in Aktien der Deutsche Bank AG

Emittentin: WGZ-Bank Westdeutsche Genossenschafts-Zentralbank AG **Emissionsbetrag:** EURO 100.000.000,– **Stückelung:** EURO 1.000,– oder ein Mehrfaches **Rückzahlung:** 27.01.20 . . **Rückzahlungshöhe:** Die Teilschuldverschreibungen werden gemäß den Anleihebedingungen am 27.01.20 . . nach Wahl der Emittentin entweder durch a) Zahlung des Nennbetrages oder b) Lieferung von 23 Stück Deutsche Bank AG-Aktien je Teilschuldverschreibung im Nennbetrag von EURO 1.000,– getilgt. **Strike:** Die Emittentin wird die Lieferung der zugrunde liegenden Aktien vornehmen, wenn der Schlusskurs der Deutsche Bank AG-Aktie am 20.01.20 . . unter dem Basispreis von EURO 43,48 liegen sollte. **WKN:** 336 516 **Börseneinführung:** Regulierter Markt Börse Düsseldorf und Freiverkehr Börse Stuttgart vorgesehen.

WGZ-Bank: Zentralbank und Geschäftsbank / www.wgz-bank.de e-mail: info@wgz-bank.de / Im FinanzVerbund der Volksbanken Raiffeisenbanken

---

VOLKSBANK EG GELSENKIRCHEN-BUER

GOLDBERGPLATZ 2-4
45894 GELSENKIRCHEN

Abrechnung

Wertpapier-KAUF

Bank-Nr.	GP-Nr.	Depot-Nr.
33-00040010	0004801577	0480157795
Auftrags-Nr.	Auftragsdatum	erstellt am
0003073	27.01.20..	27.01.20..

Herrn
Siegfried Baumann
Prinzenstr. 6
45894 Gelsenkirchen

Festpreisgeschäft
gem. Bedingungen für Wertpapiergeschäfte

Kenn-Nr. 336516

Wertpapierbezeichnung
14,00000% WGZ-BANK IHS.S.105 TIL.DT.BANK 27 JAN
fällig am 27.01. nächsten Jahres Gesamtfällig

Nennwert / Stück	EUR	30.000,00		
Preis	EUR	99,00	Zinsen für 2 Tag (e)	EUR 23,01
Endbetrag	in EUR	29.723,01		
Handelsdatum		27.01.20..		
Zinsdatum		28.01.20..		

Verrechnung über Konto 0480157700 Wert 29.01.20..

Stückz./Zwischengew. werden zwecks späterer Verrechnung mit WP-Erträgen in den Allgemeinen Verlustverrechnungstopf eingestellt.

Depotart: B-Kundenbestand
Verw.art: GS-GLOBALURKUNDE (OHNE STÜCKEAUSDRUCK)
Dep-Schl: 2 0002 05 00 00

Stückzinsen EUR 23,01

Die Wertpapiere und den Gegenwert werden wir entsprechend der Abrechnung am Valutatag buchen.
Bitte prüfen Sie diese Abrechnung auf ihre Richtigkeit und Vollständigkeit. Etwaige Einwendungen gegen diese Abrechnung müssen unverzüglich nach Zugang bei der Bank erhoben werden.
Diese Mitteilung wird nicht unterschrieben.

VOLKSBANK EG GELSENK.-BUER

Aufgaben:

1 Welche Unterschiede bestehen zwischen einer „normalen“ Bundesanleihe und der angebotenen Aktienanleihe bezüglich Rückzahlung, Sicherheit und Laufzeit?

2 Erläutern Sie dem Kunden das „Rückzahlungsrisiko“ bei der Aktienanleihe!

3 Erläutern Sie Herrn Baumann folgende Angaben der Abrechnung:

Festpreisgeschäft	Depotart:	B-Kundenbestand
gem. Bedingungen für Wertpapiergeschäfte	Verw.art:	GS-GLOBALURKUNDE
		(OHNE STUECKEAUSDRUCK)

4 Weisen Sie rechnerisch die Richtigkeit der Stückzinsen nach (kein Schaltjahr)!

5 Wie werden die Stückzinsen im laufenden Jahr steuerlich behandelt?

6 a) Angenommen, die von Herrn Baumann erworbene Aktienanleihe wird bei Fälligkeit am 27.01. des nächsten Jahres vom Emittenten zum Nennbetrag zurückgezahlt (Cash Settlement). Berechnen Sie den Betrag, den die Bank Herrn Baumann gutschreibt! Der Kunde hat der Bank keinen Freistellungsauftrag erteilt. Ein Antrag auf Einbehalt der Kirchensteuer wurde nicht gestellt. Eine Verlustverrechnungsmöglichkeit besteht im Zeitpunkt der Gutschrift nicht. Das Steuerverrechnungskonto weist keinen Bestand aus.

b) Angenommen, Herrn Baumann werden bei Fälligkeit der Aktienanleihe 690 Stück (30 · 23) Deutsche Bank Aktien vom Emittenten geliefert (Physical Settlement). Die Deutsche Bank Aktie notiert zu dieser Zeit bei 40,00 EUR pro Stück. Eine Woche nach Fälligkeit der Aktienanleihe verkauft Herr Baumann diese 690 Stück Deutsche Bank Aktien zu einem Kurs von 35,00 EUR pro Stück.

ba) Errechnen Sie den Anlageerfolg des Kunden unter Berücksichtigung der Angaben in Aufgabe a)!

bb) Wie wird der Anlageerfolg steuerlich behandelt?

7 Mit welcher Kursentwicklung rechnet der Emittent tendenziell? Welches Termingeschäft wäre für ihn – unabhängig vom Anleiheerwerb – mit ähnlicher Wirkung denkbar?

4.5 Floating-Rate-Notes/Zerobonds

Ihr Kunde Heiko Fischer (ledig, 60 Jahre alt, alleinstehend, in leitender Position bei einem Großhandelsunternehmen beschäftigt) besucht Sie am 02.03.20.. zu einem Beratungsgespräch, weil er EUR 50000,00 anlegen will.

Herr Fischer hat aus dem Wirtschaftsteil einer Zeitung die beiden abgebildeten Anzeigen ausgeschnitten. Er erwägt zum Zwecke der Altersvorsorge in diese Anleihen zu investieren.

Im Beratungsgespräch erfahren Sie, dass dem Kunden Bundesanleihen bekannt, die beiden abgebildeten Anleihen aber unbekannt sind.

BauBoden
Deutsche Bau- und Bodenbank AG

EUR 200.000.000,–

Anleihe mit variablem Zinssatz von 20.. /20..

Ausgabekurs:	99,775%
Verzinsung:	3- Monats-Euribor zuzüglich 0,5%, zahlbar vierteljährlich nachträglich am 30. Januar, 30. April, 30. Juli und 30. Oktober
Rückzahlung:	30. Januar 20.. zum Nennwert
Rating:	Moody's: Aa1 S&P AA+

COMMERZBANK

EUR 230.000.000,00

Nullkupon-Anleihe (Zerobonds) von 20.. /20..

Ausgabekurs:	33,5%
Rückzahlung:	Die Anleihe wird im Jahre 20.. zu 100% zurückgezahlt.
Rating:	Moody's: Aa2 S&P: AA

Aufgaben:

1 Erläutern Sie Herrn Fischer

a) drei Besonderheiten der variabel verzinslichen Anleihe (Floating-Rate-Note BauBoden) im Vergleich zur Bundesanleihe!

b) drei Besonderheiten der Nullkupon-Anleihe (Zerobonds Commerzbank AG) im Vergleich zur Bundesanleihe!

2 Beurteilen Sie das Bonitätsrisiko der beiden abgebildeten Wertpapiere. Nehmen Sie die Ratingskala der Aufgabe 1 im Kapitel 8.2.4 zuhilfe!

3 Nennen Sie zwei Einflussfaktoren, die den Kurs der variabel verzinslichen Anleihe beeinflussen können!

4 Wann sind die Erträge der jeweiligen Anleihe vom Anleger zu versteuern?

5 Herr Fischer fragt, welches Risiko er hat, wenn er die Anleihe mit variablem Zinssatz bzw. die Nullkupon-Anleihe vorzeitig verkaufen muss.

a) Erläutern Sie die Auswirkungen auf die Kursentwicklung für jedes der beiden Wertpapiere, wenn in Zukunft mit deutlich steigenden Zinsen gerechnet wird!

b) Welche Anlage empfehlen Sie, wenn in Zukunft mit deutlich steigenden Zinsen zu rechnen ist?

6 Herr Fischer entscheidet sich zum Kauf von nom. EUR 50 000,00 der Anleihe mit variablem Zinssatz. Berechnen Sie die Zinsgutschrift in Euro zum nächsten Zinstermin (30. April 20..)! Ein eventuell vorhandener Bestand im allgemeinen Verlustverrechnungstopf oder auf dem Steuerverrechnungskonto ist nicht zu berücksichtigen. Ein Freistellungsauftrag liegt nicht vor. Der Abzug von Kirchensteuer bleibt unberücksichtigt.

(3-Monats-Euribor am 30. Januar 20.. = 1,867 %; Zinsmethode act/360; kein Schaltjahr)

4.6 Zertifikate

4.6.1 Bonuszertifikate

Der Kunde Kurt Langenberg ist an dem Erwerb von Bonuszertifikaten interessiert. Er hat in einem Anlegermagazin gelesen, dass Bonuszertifikate die geeignete Anlage für Investoren darstellen, die ein hohes Maß an Sicherheit wünschen und gleichzeitig hohe Gewinne erzielen wollen, unabhängig davon, ob der Kurs der jeweiligen Aktie leicht fällt, seitwärts tendiert oder stark steigt. Sie erläutern als Kundenberater/Kundenberaterin Herrn Langenberg das folgende Aktien-Bonus-Zertifikat.

PROTECT-Bonus-Zertifikate: Bonus. Risikopuffer. Und unbegrenzte Gewinnchancen.

Das erwarten Sie

Längerfristig steigende Kurse für eine bestimmte Aktie oder einen Börsenindex – ohne aber auszuschließen, daß sich die Aktie oder der Index nur seitwärts bewegen* oder sogar fallen könnte. An einen starken Kursrutsch während der Laufzeit glauben Sie allerdings nicht.

So gewinnen Sie

Mit PROTECT-Bonus-Zertifikaten sichern Sie sich einen festen Mindestgewinn. Diesen Bonus erhalten Sie unabhängig vom Stand des Basiswertes bei Fälligkeit, sofern die Aktie oder der Index während der Laufzeit nicht stark gefallen ist. Steigt die Aktie oder der Index jedoch deutlich an, dann gewinnen Sie in vollem Umfang. Unbegrenzt, je höher der Basiswert notiert.

So funktionieren PROTECT-Bonus-Zertifikate

Bei Emission kostet ein PROTECT-Bonus-Zertifikat ungefähr so viel wie die zugrundeliegende Aktie oder der Börsenindex. Maßgeblich ist dann zunächst der Kursverlauf des Basiswertes während der Laufzeit, denn er entscheidet über den Bonus. Solange der Kurs nicht auf oder unter eine bestimmte Schwelle, das PROTECT-Niveau, fällt, erhalten Sie für jedes Zertifikat eine Zahlung, die dem Emissionspreis entspricht, und zusätzlich den Bonus. Damit ist Ihnen bereits ein Mindestgewinn sicher. Notiert die Aktie bei Fälligkeit über dem Bonus-Niveau, dann profitieren Sie in vollem Umfang von jedem weiteren Anstieg. Sollte der Basiswert allerdings einmal, und sei es nur kurz, das PROTECT-Niveau verletzt haben, erhalten Sie den Indexstand in Geld oder die Aktie. Selbst in diesem Fall erleiden Sie nur einen Verlust, wenn der Index oder die Aktie unter Ihrem Kaufpreis notiert.

Das sollten Sie zu PROTECT-Bonus-Zertifikaten wissen

PROTECT-Bonus-Zertifikate sind die Wahl für alle Anleger, die längerfristig in eine bestimmte Aktie oder einen Börsenindex investieren wollen. Bei einem Depotcheck sollten Sie überlegen, ob Sie vorhandene Bestände gegen entsprechende Bonus-Zertifikate tauschen. Diese Zertifikate verschaffen Ihnen Sicherheit, weisen bezogen auf das Ende der Laufzeit selbst im ungünstigsten Fall kein höheres Risiko auf als die Aktie oder der Index. Sie verzichten nur auf eines: Die Zertifikate schütten keine Dividenden oder ähnliche Zahlungen aus, denn so wird der Bonus finanziert. Auch die Experten sind von unseren PROTECT-Bonus-Zertifikaten überzeugt. Der Anlegerbrief „ZertifikateJournal" und die Tageszeitung „Die Welt" sowie die Anlegermagazine „Finanzen" und „Euro am Sonntag" kürten die Zertifikate mit drei Zertifikate-Awards und dem Goldenen Bullen zur „Innovation des Jahres".

* Seitwärtsbewegung/Seitwärtstrend
→ Bezeichnung für den Fall, dass sich der Kurs eines Wertpapiers (oder Marktes) kaum verändert (boerse.ARD.de/lexikon)

PROTECT-Bonuszertifikat Daimler

Stand Daimler-Aktie:	43,50 EUR
Verkaufspreis Bonuszertifikat:	42,70 EUR
Wert des Zertifikats:	Zahlung von 56,00 EUR (Bonus-Niveau/obere Kursschwelle), sofern die Daimler-Aktie bis zum 19. Juni 20.. niemals auf oder unter 28,00 EUR (PROTECT-Niveau/untere Kursschwelle) fällt. Lieferung einer Daimler-Aktie, sofern die Aktie das PROTECT-Niveau von 28,00 EUR verletzt oder die Aktie über 56,00 EUR steigt.

AUFGABEN:

1 In der folgenden Übersicht sind vier unterschiedliche Kursentwicklungen der Daimler-Aktie bis zur Fälligkeit des Bonuszertifikats am 19. Juni 20.. dargestellt. Erklären Sie Herrn Langenberg die Rückzahlungsmodalitäten bei Fälligkeit des Zertifikats in den vier Fällen!

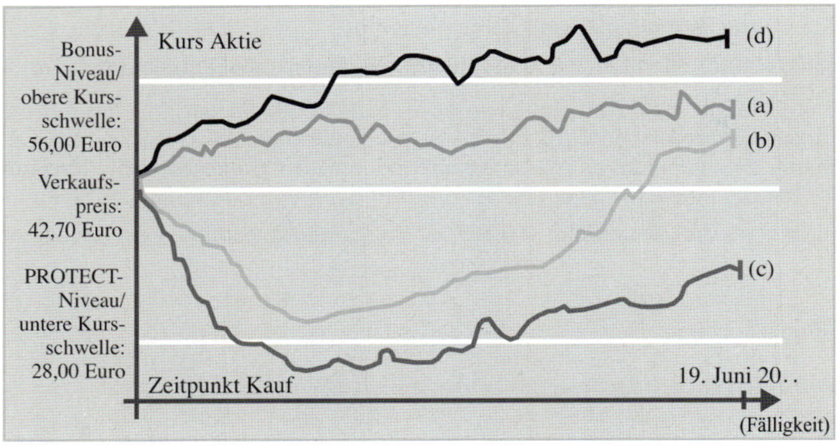

2 Stellen Sie Herrn Langenberg das Chance-Risiko-Verhältnis der Anlage in PROTECT-Bonuszertifikaten Daimler dar!

3 Herr Langenberg legt am 3. März 20.. maximal 20 000,00 EUR zu Emissionsbedingungen in PROTECT–Bonuszertifikaten Daimler an. Die Daimler-Aktie notiert bei Endfälligkeit des Zertifikats bei 39,60 EUR. Der Kurs der Daimler-Aktie hat während der Laufzeit des Bonuszertifikats die obere und untere Kursschwelle nie erreicht. Vergleichen Sie die Rendite dieser Anlage mit der Rendite einer Direktanlage in Daimler-Aktien. Unterstellen Sie während der Laufzeit des Bonuszertifikats eine 4-malige Dividendenzahlung der Daimler AG von jeweils 1,50 EUR pro Aktie, die dem Anleger ohne steuerliche Abzüge zufließt. Herr Langenberg besaß das Bonuszertifikat 1 204 Tage. (An- und Verkaufsprovision sowie Schaltjahre bleiben unberücksichtigt!)

4 Für welche Anleger sind Bonuszertifikate die geeignete Anlageform?

4.6.2 Discount-Zertifikate

Im Berufskolleg Düsseldorf findet im Bankenbereich eine Projektwoche statt. Zu bearbeiten sind im Lernfeld „Finanzinnovationen" die Zertifikate. In Gruppenarbeit werden verschiedene Arten von Zertifikaten bearbeitet. Sie wurden zum Gruppensprecher gewählt. Ihre Gruppe hat „Discount-Zertifikate" zu präsentieren. Folgende Unterlagen (Texte) stehen für die Gruppenarbeit zur Verfügung:

Das Discount-Zertifikat ist eine unverzinsliche Schuldverschreibung, die das Recht verbrieft, nach Wahl des Emittenten bei Fälligkeit eine bestimmte Aktie (Basiswert) oder einen bestimmten Geldbetrag vom Emittenten zu erhalten. Emittenten von Discount-Zertifikaten sind Kreditinstitute. Beim Kauf des Zertifikats zahlt der Anleger einen unterhalb des Börsenkurses der Aktie liegenden Preis. Am Ende der Laufzeit des Zertifikats liefert der Emittent die entsprechende Aktie, wenn der Börsenkurs der Aktie bei Fälligkeit einen bestimmten Höchstbetrag (Cap) nicht erreicht. Notiert die Aktie über der vereinbarten Höchstgrenze (Cap) zahlt der Emittent den vereinbarten Höchstbetrag an den Anleger. Der Anleger profitiert von Kurssteigerungen der Aktie also nur bis zu diesem Höchstbetrag, während er von Kursverlusten in unbegrenzter Höhe betroffen ist.

Dadurch, dass ein Zertifikat eine Schuldverschreibung darstellt, besteht potenziell das Risiko, dass bei Zahlungsunfähigkeit des Emittenten ein Totalverlust des investierten Kapitals eintritt. Zwar erscheint angesichts der Tatsache, dass die meisten Zertifikate von renommierten, finanziell soliden Banken ausgegeben werden, dieser Fall als eher unwahrscheinlich, dennoch sollte sich der potenzielle Anleger dieses Risikos bewusst sein und mit der Bonität des Emittenten vertraut machen.

Als Ausgleich für die nach oben gedeckelte, erzielbare Wertsteigerung ist ein Discount-Zertifikat billiger als sein Basiswert. Ein in 18 Monaten fälliges und mit einem CAP bei 110,00 EUR konstruiertes Discount-Zertifikat würde bei einem aktuellen Kurs des Basiswerts von 100,00 EUR etwa nur 80,00 EUR kosten – eine „Ersparnis" von 20 %, die sich für den Anleger nur dann auszahlt, wenn die Wertsteigerung bis zum Fälligkeitstermin nicht deutlich über den CAP steigt. Käufer von Discount-Zertifikaten spekulieren daher in der Regel auf moderate Wertsteigerungen. Der Anleger sollte sich bewusst darüber sein, dass die Kursentwicklung des Zertifikats von der Entwicklung des Wertpapiers abweicht und erst zum Laufzeitende vollständig seine Wirkung entfaltet.

AUFGABEN:

1 Fassen Sie die Produktbeschreibung zusammen! Die Vorstellung soll mit dem Overheadprojektor (OHP) schrittweise mit Erläuterung erfolgen. Formulieren Sie den Text für den OHP!

2 Entwickeln und präsentieren Sie ein Fallbeispiel zum Discount-Zertifikat! Folgende Vorgaben wurden von der Gruppe festgelegt:

Discount-Zertifikate auf die Aktie der Transport und Logistik AG	
Emittent:	Hansabank Rostock
Bezugsverhältnis:	1 : 1
Preis für ein Discountzertifikat:	50,00 EUR
Zinszahlungen während der Laufzeit:	Keine
Höchstbetrag (Cap):	70,00 EUR
Aktueller Kurs der Transport und Logistik AG-Aktie:	60,00 EUR
Laufzeit:	12 Monate

Folgende Kurse des Basiswerts bei Fälligkeit des Discount-Zertifikats sollen für die Erörterung der Gewinn-Verlust-Situation eines Erwerbes als Grundlage dienen:

a) 50 b) 80 c) 60 d) 45

4.7 Optionen

4.7.1

Der Kunde Karl Schmitz, Ruhrtalstr. 85, 40233 Düsseldorf, erteilt seiner Bank, der Deutschen Bank AG Düsseldorf, am 25. 05. 20 . . den Auftrag, für ihn an der Börse eine Kaufoption über 500 Stück (= 5 Kontrakte) SAP Aktien (Verfallmonat Dezember 20 . .; Basispreis 28,00; Limit des Optionspreises 4,05 EUR) zu erwerben.

Der Kunde Schmitz hat noch keine Kenntnisse und Erfahrungen in Termingeschäften.

Sie erfüllen – bevor Sie den Auftrag ausführen – Ihre Informationspflichten, indem Sie dem Kunden die „Basisinformationen über Termingeschäfte" aushändigen und damit zur Kenntnis bringen.

Basisinformationen über Termingeschäfte – Auszug –

Vorwort

Die Möglichkeit, Termingeschäfte abzuschließen, gewinnt auch für private Anleger mehr und mehr an Bedeutung. Gleichzeitig nehmen Anzahl und Komplexität der am Markt angebotenen Produkte stetig zu. Private Anleger, die diese Instrumente zielgerecht einsetzen wollen, müssen in der Lage sein, auf ihre persönlichen und wirtschaftlichen Verhältnisse zugeschnittene Lösungen zu finden.

Ziel dieser Informationsschrift ist es, Ihnen Bedeutung, Funktion und wirtschaftliche Zusammenhänge sowie die typischen Risiken der an Terminmärkten gehandelten Produkte darzulegen. Beschrieben werden im Einzelnen Financial Futures, Devisentermingeschäfte, Optionen und Optionsscheine. Sie sollten sich intensiv mit den in dieser Broschüre enthaltenen Informationen auseinander setzen, bevor Sie sich im Termingeschäft engagieren. Zugleich soll diese als Basisinformation konzipierte Broschüre Sie als Anleger dazu veranlassen, offene Fragen zum Termingeschäft mit dem Kundenberater Ihrer Bank zu besprechen.

Bitte beachten Sie: Ihre Bank handelt in Ihrem Interesse, wenn sie bestehenden gesetzlichen Verpflichtungen nachkommt und Sie bei der Durchführung von Termingeschäften um Informationen über Ihre Erfahrungen und Kenntnisse bei Termingeschäften bittet. In diesem Zusammenhang kann es erforderlich sein, Sie auch nach Ihren finanziellen Verhältnissen sowie den von Ihnen verfolgten Zielen zu befragen.

3 Spezielle Risiken bei Optionen

Optionen sind durch ein **asymmetrisches Risikoprofil** gekennzeichnet. Chancen und Risiken sind daher für den Käufer und den Verkäufer einer Option nicht spiegelbildlich verteilt.

- Das Risiko für den Optionskäufer besteht in dem maximalen Verlust des gezahlten Optionspreises (Prämie).
- Das Verlustpotenzial des Stillhalters dagegen ist höher. Beim Verkauf eines Call ist das Verlustrisiko unbegrenzt; beim Verkauf eines Put ist es auf die Höhe des Basispreises abzüglich des vereinnahmten Optionspreises (Prämie) begrenzt.

3.1 Marktpreisrisiko

Preisänderungs- oder Delta-Risiko

Optionen sind grundsätzlich mit denselben Marktpreisrisiken behaftet wie ihr entsprechender Basiswert. So hängt das absolute Preisrisiko einer Option von den Preisänderungen des der Option zugrunde liegenden Basiswerts ab: Bei steigendem Kurs des Underlying steigt (sinkt) der Wert eines gekauften Call (Put). Man spricht hier vom sogenannten Delta-Risiko.

⋮ ⋮ ⋮

3.2 Risiko der Wertminderung und des Totalverlusts

Die Rechte aus einer Option können verfallen oder an Wert verlieren, weil Ihnen Optionen stets nur befristete Rechte verschaffen, die zudem zum Teil zusätzlich an den Eintritt oder Nichteintritt einer Bedingung geknüpft sind. Je kürzer die Frist (Restlaufzeit) ist, desto größer kann das Risiko des Wertverlusts sein.

Wertminderung

Tritt die erwartete Wertentwicklung der Option während der Laufzeit nicht ein, können Sie als Inhaber der Option bei der Glattstellung einen Verlust erleiden. Wegen der begrenzten Laufzeit können Sie auch nicht mehr davon ausgehen, dass sich der Wert der Option rechtzeitig vor Laufzeitende wieder erholen wird.

Totalverlust

Der Kauf von Optionen kann allein aufgrund ungünstiger Marktentwicklungen beziehungsweise des Zeitablaufs zu einem **Totalverlust** der von Ihnen eingesetzten Prämie führen.

⋮ ⋮ ⋮

3.5 Risiko der Hebelwirkung

Der Hebel (Leverage) beschreibt – wie auch das Delta – die Veränderung des Optionspreises bei einer Bewegung des Basiswertpreises. Im Gegensatz zum Delta stellt der Hebel jedoch die **prozentuale** Kursänderung der Option derjenigen des Basiswerts gegenüber und nicht die absolute.

Es besteht ein erhöhtes Verlustrisiko wegen der überproportionalen Reaktion auf Veränderungen des Basiswerts.

Der Leverage-Faktor drückt im Grunde das Vielfache des Gewinn-, aber auch des Verlustpotenzials des Basiswerts aus, an welchem der Optionsinhaber mit dem gleichen Kapitaleinsatz teilnehmen könnte. [...]

AUFGABEN:

1 Nennen Sie spezielle Risiken beim vorliegenden Geschäft für den Kunden Schmitz.

Die Deutsche Bank nimmt den Auftrag des Kunden Schmitz entgegen. Sie schickt dem Kunden die folgende Auftragsbestätigung:

		Institut	Depotkontonummer
Bestätigung	Ihres Kaufauftrages vom 25. 05. 20. .	300 700	38074862

Kenn-Nr.

035252 Stück 5 Kontrakte SAP Option Call;
Dezember 20. .; Basispreis 28,00

Herrn, Frau, Firma

Karl Schmitz
Ruhrtalstr. 85
40233 Düsseldorf

EUREX Deutschland

Kurslimit: 4,05

Gültig bis Widerruf (Good-till-cancelled)

Deutsche Bank AG Düsseldorf

25. 05. 20. . 778592 8000
Auftragsnummer
bei Rückfragen bitte angeben

Bitte Rückseite beachten Diese Bestätigung wird nicht unterschrieben

2 Am Donnerstag, dem 28. 05. 20. ., wird das Geschäft an der Eurex zum „letzten" Preis ausgeführt. Entnehmen Sie den Veröffentlichungen der Börsenzeitung, zu welchem Optionspreis das Geschäft zustande gekommen ist!

OPTIONEN AN DER EUREX-DEUTSCHLAND

Schlussstände

Calls						Contract		Puts					
Vol.	Open Interest	Settlement	High	Low	Last	Month	Strike Price	Last	Low	High	Settlement	Open Interest	Vol.
SAP						28.05.20..				30,22			**SAP**
139	21701	2,36	2,28	2,23	2,23	**Jun**	**28,00**	0,11	0,11	0,17	0,13	132599	2216
203	6158	1,54	1,57	1,44	1,44		**29,00**	0,35	0,30	0,35	0,31	10965	500
577	172717	0,87	0,95	0,78	0,84		**30,00**	0,70	0,60	0,73	0,64	39993	1773
125	62787	0,87	0,90	0,82	0,90		**30,00**	0,69	0,69	0,69	0,64	27292	1
1557	130678	0,16	0,18	0,16	0,16		**32,00**	2,04	2,03	2,04	1,93	16721	200
0	1325	7,05	0,00	0,00	0,00	**Dec**	**24,00**	0,74	0,74	0,79	0,76	38721	447
0	1446	6,24	0,00	0,00	0,00		**25,00**	0,93	0,93	0,93	0,95	38929	500
401	82440	4,06	4,04	3,99	3,99		**28,00**	0,00	0,00	0,00	1,75	110453	0
0	0	9,08	0,00	0,00	0,00	**Mar**	**22,00**	0,00	0,00	0,00	0,77	0	1500
0	0	14,52	0,00	0,00	0,00	**Jun**	**16,00**	0,28	0,28	0,28	0,30	975	500

Daily Volume: 4463 Open Interest: 1838424 — Daily Volume: 10525 Open Interest: 1250797

Erläuterungen:

Basistitel – Handelstag – Schlusskurs der Frankfurter Wertpapierbörse – **Börsenkürzel.** Calls = Kauf-Optionen, Puts = Verkauf-Optionen, **Month = Fälligkeitsmonat, Strike Price = Basispreis,** Volume = Anzahl Kontrakte, Open Interest = Offene Positionen (indikative Werte), Settlement = Abrechnungspreis, High = Tageshöchstpreis, Low = Tagestiefstpreis, Last = Letzter Preis.

Veröffentlicht werden alle Kontrakte der Eurex Deutschland, in denen auf der Call- oder Putseite Geschäfte stattgefunden haben.

Stand: 20.00 Uhr
Veröffentlicht werden vorläufige Abrechnungspreise (Settlement).

Alle Produkte der Eurex Deutschland, der Eurex Zürich und der finnischen Derivatebörse HEX inklusive der nicht gehandelten Kontrakte mit dem Open Interest des Vortages können im Internet unter http://www.bzwpi.de abgerufen werden.

Quelle: Börsenzeitung.

3 Erstellen Sie für den Kunden Karl Schmitz die Ankaufsabrechnung der Kaufoption! Das Optionsgeschäft wird zum Optionspreis abgerechnet. Außerdem fallen 60,00 EUR Provision und 2,00 EUR Börsengebühr/fremde Spesen an.

Deutsche Bank
Aktiengesellschaft

Herrn	Kurz-BLZ	30070
Karl Schmitz	Depotkonto-Nr.:	38074862
Ruhrtalstr. 85	Konto-Nr.:	72386510
40233 Düsseldorf	Wertpapier-KNr.:	23686

Ihr Kauf Opening

Gemäß Ihrem Auftrag haben wir für Sie folgendes Kommissionsgeschäft ausgeführt:

Abschlussdatum:
Optionsart:
Anzahl der Kontrakte:
Basis-Bezeichnung:
Kontraktgröße:
Verfallmonat:
Letztes Ausübungsdatum:
Ausübungspreis (Basispreis):
Optionsprämie:

Kontraktwert:		EUR
		* 5 EUR
Provision:		EUR
Börsengebühr/Fremde Spesen:		EUR
Zu Ihren Lasten:	Valuta 29. 05. 20 . .	EUR
Regeln gemäß:	EUREX Deutschland	
Geschäftsnummer	9702240471	

Düsseldorf, den

Deutsche Bank
Aktiengesellschaft

20..																
	Oktober					**November**						**Dezember**				
Wo	40	41	42	43	44	44	45	46	47	48	49	49	50	51	52	53
Mo		5	12	19	26		2	9	16	23	30		7	14	21	28
Di		6	13	20	27		3	10	17	24		1	8	15	22	29
Mi		7	14	21	28		4	11	18	25		2	9	16	23	30
Do	1	8	15	22	29		5	12	19	26		3	10	17	24	31
Fr	2	9	16	23	30		6	13	20	27		4	11	18	**25**	
Sa	**3**	10	17	24	**31**		7	14	21	28		5	12	19	**26**	
So	**4**	**11**	**18**	**25**		**1**	**8**	**15**	**22**	**29**		**6**	**13**	**20**	**27**	

4 Welches Recht erwirbt Karl Schmitz durch Zahlung des Optionspreises?

5 Mit welcher Kursentwicklung rechnet Karl Schmitz?

14 Richard u.a. - ISBN 978-3-8120-1234-8

6 Den Vertrag über den Verkauf der Kaufoption hat die Clearingstelle der EUREX mit der Stadtsparkasse Frankfurt als Clearing-Mitglied abgeschlossen. Die Stadtsparkasse Frankfurt handelte dabei im Auftrag ihres Kunden Müller. Wozu ist der Kunde Müller für die Dauer der Optionsfrist verpflichtet?

7 Warum hat der Kunde Müller das Geschäft abgeschlossen?

8 Ab welchem Börsenkurs würde es sich für Karl Schmitz lohnen, die Option auszuüben (Spesen bleiben unberücksichtigt!)?

9 Ermitteln Sie das Optionsergebnis in Euro (ohne Berücksichtigung von Spesen beim Kauf bzw. Verkauf der Aktien), wenn Karl Schmitz bei einem Börsenkurs von 39,00 EUR die Optionspapiere beim Stillhalter abrufen und sie am gleichen Tag und zum gleichen Kurs an der Börse verkaufen würde!

10 In welche Richtung wird sich der Optionspreis bewegen, wenn der Kurs der SAP-Aktie nachhaltig fällt?

11 Zu welchem Verhalten würden Sie Herrn Schmitz raten, sofern dieser – einen Monat nach Erwerb der Kaufoption – fallende Kurse in der Zukunft erwartet? Gehen Sie davon aus, dass der Optionspreis zur Zeit der Beratung bei 3,50 EUR liegt.

12 Unterstellen Sie, dass Herr Schmitz die Option bis 2 Tage vor dem letzten Ausübungsdatum nicht ausgeübt hat. Der Kassakurs der SAP-Aktie liegt bei 29,50 EUR. Der Kunde bittet Sie um Rat, ob er die Option ausüben oder verfallen lassen soll. Formulieren Sie einen Beratungsvorschlag!

4.7.2

Der Kunde Wolfgang Rade hat von seinem Kreditinstitut folgende Wertpapierabrechnung zugeschickt bekommen:

Essen
Postfach 10 07 62
45116 Essen

COMMERZBANK

639 38010 O&F-Depotnummer: 639 38010/00

Herrn
Wolfgang Rade
Kruppstr. 68
45128 Essen

Datum: 28.01.20..

Abrechnung Börsentermingeschäft Nr. 199411

Ihren Weisungen entsprechend haben wir für Sie am 28.01.20.. folgendes Geschäft ausgeführt:

ⓐ	Börse:	EUREX
	TG-Nr.:	541
ⓑ	Geschäfts-/Kontraktart:	Kauf Put Opening
	Bezeichnung:	SIEMENS AG
	Kontrakt-Code:	OPT – SIE/EUREX
	Einheiten je Kontrakt:	100
ⓒ	Basispreis / Verfall:	80 EUR MRZ 20..
	Disposition bis:	11:00 Uhr. Letzter Handelstag: 19.03.20..
ⓓ	Anzahl Kontrakte:	10
	Preis:	5,20 EUR =

	5.200,00 EUR	
fremde Spesen	6,00 EUR	
	5.206,00 EUR	
Provision		37,50 EUR
Belastung auf Ihrem Konto Nr. 639 38010		5.243,50 EUR

Valuta 29.01.20..

Eine Aufstellung aller offenen Posten geht Ihnen gesondert zu.

Mit freundlichen Grüßen

COMMERZBANK AG Diese Benachrichtigung wird von der Bank nicht unterschrieben.

Aufgaben:

1 Erläutern Sie den Inhalt der Abrechnung:

a) Nennen Sie drei Besonderheiten der EUREX!

b) Welches Recht erwirbt der Kunde mit der gewählten Kontraktart? Von welcher Kurserwartung geht er aus?

c) Welche Bedeutung hat der Basispreis?

d) Wie viel Stück Siemens-Aktien liegen dem abgeschlossenen Geschäft zugrunde?

Am 15.02.20.. spricht Herr Rade bei seinem Wertpapierberater vor und äußert den Wunsch, seine Anlage zu liquidieren. Dem EUREX-Handelsbildschirm entnimmt der Wertpapierberater folgende Werte:

Kurs Siemens: 65,00 EUR;	Preis der Option: 15,10 EUR

2 a) Nehmen Sie Stellung zum „Inneren Wert" der Option!

Innerer Wert einer Option

„In-the-money"-Optionen		„At-the-money"-Optionen	„Out-of-the-money"-Optionen	
beim Call	beim Put		beim Call	beim Put
Basispreis liegt unter dem Kurs des Basiswerts	Basispreis liegt über dem Kurs des Basiswerts	Basispreis = Kurs des Basiswerts	Basispreis liegt über dem Kurs des Basiswerts	Basispreis liegt unter dem Kurs des Basiswerts
„innerer Wert" vorhanden		kein „innerer Wert" vorhanden		

b) Berechnen Sie den Zeitwert dieser Option! Wovon ist der Zeitwert einer Option abhängig?

Bewertung von Optionen

Der innere Wert einer Option hängt vom Verhältnis zwischen dem Basispreis und dem aktuellen Kurs des Basiswerts ab. Es ist der Betrag, der sich bei Ausübung der Option realisieren lässt, d. h. bei einem Call die Differenz zwischen aktuellem Kurs und Basispreis (aktueller Kurs minus Basispreis), bei einem Put die Differenz zwischen Basispreis und aktuellem Kurs (Basispreis minus aktueller Kurs). Einen inneren Wert hat eine Option nur, wenn sie im Geld („in the money") ist.

Während sich der innere Wert einer Option am Ausübungs- oder Fälligkeitstag durch Vergleich von Basispreis und aktuellem Kurs feststellen lässt, ist die Bewertung einer Option vor Fälligkeit schwieriger. Sie wird bestimmt von der Einschätzung der Preisentwicklung des Basiswerts und drückt sich im Zeitwert (Zeitprämie) aus. Der Zeitwert ergibt sich aus der Differenz zwischen dem Optionspreis und dem inneren Wert der Option. Er ist maßgeblich abhängig von der Volatilität* des Basiswerts, von der Restlaufzeit der Option und vom Zinsniveau. Der Zeitwert nimmt im Zeitverlauf ab. Am Verfalltag fällt er auf null.

* Volatilität = Kennzahl, die die Stärke der Kursschwankungen des Basiswerts angibt.

3 Ermitteln Sie den Anlageerfolg des Kunden, den er durch

a) Ausübung der Option
b) Verkauf der Option

erzielen kann (Spesen und Provisionen beim An- bzw. Verkauf bleiben unberücksichtigt)!

4 Aus welchen Gründen werden Optionsgeschäfte an der Eurex abgeschlossen?

4.7.3

Der Kunde Joachim Malzer erwartet steigende Kurse. Aus diesem Grunde erwirbt er einen **long call.** Der Basispreis beträgt 300,00 EUR, Verfalltermin ist der 19. Dezember. Der Kurswert der Aktie beträgt am 30. November 310,00 EUR, der Optionspreis 40,00 EUR.

Aufgabe:

Berechnen Sie

a) den inneren Wert,
b) den Zeitwert der Option!

4.7.4

Ein Anleger hat 2 000 Stück Stammaktien der BMW AG mit einem Einstandskurs von 30,00 EUR in seinem Depot. Der aktuelle Kurs liegt bei 42,00 EUR, sodass er einen Gewinn pro Aktie von 12,00 EUR erzielen kann. Da er sich über die weitere Kursentwicklung nicht sicher ist, möchte er den bereits erzielten Gewinn absichern, jedoch dennoch von möglichen Kurssteigerungen profitieren. Er ist sich nicht schlüssig, ob er das mithilfe einer Kaufoption (Call) oder einer Verkaufsoption (Put) bewerkstelligen soll.

Aufgabe:

a) Erklären Sie aus der Sicht Ihres Kunden die beiden möglichen Optionsgeschäfte!
b) Zu welchem Optionsgeschäft raten Sie dem Kunden? Begründen Sie Ihre Auffassung!

4.8 Futures

4.8.1 DAX-Futures

4.8.1.1

Was ist eigentlich ein „Future"?

An Terminbörsen werden zwei Arten von Geschäften unterschieden: Futures und Optionen. Beide beinhalten Kontrakte, die heute geschlossen, aber erst in Zukunft erfüllt werden. Bei den Futures verpflichten sich Käufer und Verkäufer, eine bestimmte Menge eines bestimmten Basiswerts (z. B. festverzinsliche Wertpapiere, Aktienindizes) zu einem zukünftigen Zeitpunkt zu einem festgelegten Preis abzunehmen bzw. zu liefern. Der Käufer einer Option dagegen erwirbt das Recht, den Basiswert zu kaufen oder zu verkaufen. Er kann es ausüben oder verfallen lassen. Diese Möglichkeit hat der Käufer eines Futures nicht, er muss erfüllen. Futures nennt man deshalb auch „unbedingte Termingeschäfte". Hinsichtlich Art und Qualität des zugrunde liegenden Basiswerts, Menge und Lieferzeit sind Terminkontrakte standardisiert und somit als solche handelbar.

Einer der bekanntesten Kontrakte an der Terminbörse EUREX ist der DAX-Future. Damit können Anleger auf die Kursentwicklung deutscher Aktien setzen. Erwarten sie, dass der Deutsche Aktienindex steigt, kaufen sie DAX-Futures. Rechnen sie dagegen mit sinkenden Kursen, veräußern sie DAX-Futures.

Ein Beispiel für den Handel mit DAX-Futures: Sie haben einen DAX-Futures-Kontrakt gekauft, da Sie mit steigenden Kursen rechnen. Der Kurs des DAX-Futures ist abhängig vom DAX-Stand und wird in Punkten notiert, zum Beispiel 5250. Jeder DAX-Punkt ist 25,00 EUR wert. Bis zur Fälligkeit des Kontraktes wird der DAX-Future täglich abgerechnet, und zwar zum Settlementpreis, den die Börse am Ende des Handelstages festlegt. Dieser wird mit dem Settlementpreis des Vortages verglichen. Liegt er beispielsweise an einem Tag bei 5250 und am Vortag bei 5200, ergibt sich eine Differenz von 50 Punkten; diese wird mit 25,00 EUR multipliziert und dem Konto des Käufers gutgeschrieben. Liegt der nächste Settlementpreis bei 5100, ergibt sich zum vorherigen die Differenz von 150. Der Betrag von 3 750,00 EUR (150 mal 25) wird dem Konto des Käufers belastet.

Quelle: In Anlehnung an: Waren auf Termin – Schul/Bank – Bundesverband deutscher Banken und DAX-Future und BUND-Future, Handelsblatt.

Der vermögende Privatkunde Holger Heims geht davon aus, dass die Aktienkurse ansteigen werden. Damit erwartet er auch einen Anstieg des DAX. Anstatt auf dem Kassamarkt eine große Anzahl verschiedener Aktien zu kaufen, möchte der Kunde einen DAX-Kontrakt an der Terminbörse EUREX abschließen.

Aufgaben:

1 Beraten Sie den Kunden über die beiden möglichen Vertragsarten, die er im Hinblick auf seine Kurserwartung abschließen kann.

Der Kunde Holger Heims kauft am 24. August 20.. einen DAX-Future-Kontrakt, Laufzeit März nächsten Jahres. Das Geschäft wird zum Schlusskurs des 25. August 20.. ausgeführt.

2 Welche Verpflichtung übernimmt der Kunde, welches Recht kann er ggf. geltend machen?

3 Erstellen Sie für den Kunden die Abrechnung! Die von ihm zu zahlende Opening-Gebühr beträgt 160,00 EUR.

Basiswert	Deutscher Aktienindex (DAX)
Kontraktwert	25,00 EUR je DAX-Punkt
Preisermittlung	in Indexpunkten auf eine Dezimalstelle
Preisabstufungen (Ticks):	0,5 Punkte (= 1 Tick), Tickwert 12,50 EUR
Liefermonate	die jeweils nächsten drei Quartalsmonate (März, Juni, September, Dezember)
Liefertag/ Erfüllungstag:	der dritte Freitag des jeweiligen Liefermonats
Erfüllung	Erfüllung durch Barausgleich (Cash-settlement)

Terminmarkt

Beispiel Dax-Future

1 Indexmultiplikator (Kontraktwert = Indexpunkte x 25 Euro) und Termin der Kursfestsetzung.
2 Monat: Fälligkeitstermin.
3 Vortags-Schlußkurs.
4 Anzahl umgesetzter Kontrakte aller genannten Fälligkeitstermine.
5 Settlement: Abrechnungspreis.
6 Anzahl offener Kontrakte aller genannten Fälligkeitstermine.
7 Anzahl umgesetzter Kontrakte dieses Fälligkeitstermins.
8 Anzahl der zum Eröffnungstermin offenen Kontrakte.

Mon.	Vortag	Hoch	Tief	Schluß	Settlem.	Umsatz	Off.Kontr.
Dax-Future Eurex (Index x 25 Euro) 25.8./16:30 Uhr							
Sep.	7235,00	7357,00	7252,00	7322,00		20998	165228
Dez.	7324,50	7444,00	7387,00	7410,00		370	3160
März	7423,00	7537,00	7530,00	7533,00		41	297
Gesamt-Umsatz: - Offene Kontrakte zur Eröffnung:							

Ihr Kauf Opening

Gemäß Ihrem Auftrag:	....
Abschlussdatum:	....
Anzahl der Kontrakte:	....
Basis-Bezeichnung:	....
Kontraktgröße:	....
Verfallmonat:	....
Kurs:	....
Kontraktwert:	....
Währung:	EUR
Provision:	....
Zu Ihren Lasten:	Valuta ....
	________________
	================
Regeln gemäß:	EUREX Deutschland
Geschäftsnummer:	99013876

4 Verdeutlichen Sie die Gewinn- und Verlustsituation des Käufers des DAX-Futures (Future-Long-Position) bzw. des Verkäufers (Future-Short-Position) bei steigendem/fallendem DAX bzw. Kurs des DAX-Futures! Erstellen Sie dazu auch die folgende Tabelle!

	DAX bzw. Kurs des DAX-Futures steigt	DAX bzw. Kurs des DAX-Futures sinkt
Future-Long-Position		
Future-Short-Position		

Sicherheitsleistung bei Futures (Margin)

Zur Risikoabsicherung einer Terminposition ist eine Sicherheitsleistung, eine „Margin", zu stellen. Bei Futures sind beide Vertragsparteien zur Sicherheitsleistung verpflichtet. Die Banken verlangen von ihren Kunden Sicherheitsleistungen, die mindestens der Höhe der von der EUREX geforderten Margin entsprechen. Dabei fordern die Banken von ihren Kunden regelmäßig höhere Sicherheiten als die EUREX, um tägliche Nachbesicherungen zu vermeiden. Diese Praxis entspricht internationalen Gepflogenheiten und ist wesentlich für die Sicherheit und Zuverlässigkeit des Börsenhandels.

Das Margin-System der EUREX unterscheidet zwischen dem täglichen Gewinn- und Verlustausgleich (Variation Margin) und der Risk Based Margin.

Variation Margin

Aufgabe der Variation Margin ist die börsentägliche Verrechnung der Gewinne und Verluste aus Futures und Optionen auf Futures. Hierzu werden die einzelnen Positionen mit ihrem täglichen Settlement-Preis bewertet (Mark-to-market-Methode). Die Differenz gegenüber dem Wert der Position am vorherigen Börsentag wird dem Teilnehmer belastet bzw. gutgeschrieben. Dadurch wird verhindert, dass sich Gewinne und Verluste akkumulieren.

Risk-Based-Margin-System

Im Rahmen des Risk-Based-Margin-Systems werden das Preisänderungsrisiko abdeckende Sicherheitsleistungen für alle Options- und Future-Positionen eines Börsenteilnehmers ermittelt. Die Berücksichtigung der Gesamtposition eines Teilnehmers ermöglicht es, Risiken einzelner Positionen einander gegenüberzustellen und gegebenenfalls zu kompensieren.

Quelle: In Anlehnung an: Basisinformationen über Termingeschäfte, bank-verlag-medien, November 2008.

5 Für den Kunden Holger Heims errechnet die EUREX den täglichen Gewinn bzw. Verlust (Variation Margin) aus seiner Future-Position.

Erstellen Sie das Variation-Margin-Konto des Kunden (Käufer des DAX-Futures/Long-Position) an den folgenden Tagen bei den angegebenen DAX-Future-Kursen (Settlement-Preise)!

Führen Sie auch das entsprechende Variation-Margin-Konto des Verkäufers des DAX-Futures (Short-Position)!

		Variation-Margin-Konto des Kunden Holger Heims (Inhaber der Future-Long-Position)			Variation-Margin-Konto des Verkäufers (Inhaber der Short-Position)		
Datum	Kurs DAX-Future (Settlement-Preis)	Gutschrift in EUR	Belastung in EUR	Stand der Variation-Margin in EUR	Gutschrift in EUR	Belastung in EUR	Stand der Variation-Margin in EUR
25.08.	7533	–	–	–	–	–	–
26.08.	7583						
27.08.	7518						
28.08.	7603						

Am 15. Dezember 20.. hat sich die Kurserwartung des Kunden Holger Heims geändert. Aufgrund neuerer wirtschaftlicher Daten rechnet er nun mit einem länger andauernden Verfall der Aktienkurse. Anstatt bis zur Erfüllung des Kontrakts im März nächsten Jahres zu warten, stellt er deshalb den am 25. August 20.. erworbenen DAX-Future durch Verkauf glatt. Der Kurs des DAX-Futures im Zeitpunkt des Verkaufs beträgt 7333 (Schlussabrechnungspreis).

6 Ermitteln Sie den Erfolg der Anlage des Kunden! (Beim Closing fällt keine Gebühr an.)

4.8.1.2

Ein Anleger besitzt ein Aktiendepot im Werte von 220 000,00 EUR, das in seiner Zusammensetzung dem DAX-Index entspricht. Der Anleger möchte sich mit einem Future-Kontrakt gegen drohende Kursverluste seines Aktienbestandes absichern. Empfehlen und erklären Sie dem Kunden die entsprechende Position!

4.8.2 BUND-Future

DAX-Future und BUND-Future

Wetten auf deutsche Aktien und Anleihen

Zu den bekanntesten Kontrakten an der Terminbörse EUREX gehören der DAX-Future und der BUND-Future. Damit können Anleger auf die Kursentwicklung deutscher Aktien und Anleihen setzen. Erwarten sie, dass der Deutsche Aktienindex steigt, kaufen sie DAX-Futures. Rechnen sie dagegen mit sinkenden Kursen, veräußern sie DAX-Futures. Der Kauf eines BUND-Futures lohnt sich, wenn der Anleger mit steigenden Anleihekursen rechnet; die Anleihekurse ziehen an, wenn die Zinsen sinken. Folglich können Anleger mit dem Erwerb eines BUND-Futures auf sinkende Zinsen wetten. Der Verkauf des Kontrakts bietet sich indessen an, wenn man einen Zinsanstieg erwartet.

Wer mit BUND-Futures handelt, sollte wissen: Die Kontrakte basieren theoretisch auf einer fiktiven Anleihe mit einem Kupon von sechs Prozent und einer festen Restlaufzeit von zehn Jahren. Fiktive Anleihen sind von den Börsen gedanklich kreierte Gebilde. Im Unterschied zu echten Schuldverschreibungen existieren die Papiere in der Realität nicht. Anders als echte Anleihen weisen die fiktiven jedoch idealtypische Eigenschaften auf, nämlich zu jedem Zeitpunkt eine konstante Restlaufzeit und einen festen Kupon. Die Restlaufzeit einer echten Schuldverschreibung nimmt ja bis zur Fälligkeit ständig ab (Laufzeitabschmelzung). Würde eine Terminbörse eine solche Anleihe als Basiswert eines Futures wählen, müsste das Papier aufgrund dieser Laufzeitabschmelzung immer wieder durch ein anderes ersetzt werden.

Dieses Problem wird mithilfe der fiktiven Anleihe aber umgangen. Die Marktteilnehmer haben die Möglichkeit, eine Anleihe auf Termin zu handeln, die bei Fälligkeit des Futures exakt eine Restlaufzeit von zehn Jahren aufweist. Der Käufer eines solchen Futures verpflichtet sich, bei Fälligkeit des Kontrakts für die fiktive Anleihe den Schlussabrechnungspreis des Futures zu zahlen. Dagegen muss der Verkäufer eigentlich die idealtypische Anleihe liefern. Da es aber unwahrscheinlich ist, dass ein Verkäufer ein Papier mit solch einer Ausstattung findet, grenzt die Terminbörse die Restlaufzeit der fiktiven Anleihe nicht scharf ein. Sie gibt ein Intervall vor. Bei BUND-Futures erstreckt sich dieses von 8,5 bis 10,5 Jahren. Die Börse verlangt vom Verkäufer, sogenannte lieferbare Anleihen anzudienen. Dies können etwa Staatsanleihen sein, die bei der Andienung eine Restlaufzeit zwischen 8,5 und 10,5 Jahren aufweisen. Also: Bei den BUND-Futures kauft oder verkauft der Anleger eine idealtypische Bundesanleihe mit sechs Prozent Nominalverzinsung und einer Restlaufzeit von 8,5 bis 10,5 Jahren per Termin. **qdt**

Quelle: Handelsblatt.

Merkmale des BUND-Futures:

Kontraktgegenstand:	fiktive, idealtypische Schuldverschreibung des Bundes mit einer Restlaufzeit von 8,5 bis 10,5 Jahren und einem Zinssatz von 6 Prozent.
Kontraktwert:	100 000,00 EUR Nennwert.
Preisermittlung:	in Prozent vom Nominalwert auf zwei Dezimalstellen.
Preisabstufungen (Ticks):	1 Tick = 0,01 %; Tickwert 10,00 EUR (0,01 % von 100 000,00 EUR).
Liefermonate:	die jeweils nächsten drei Quartalsmonate des Zyklus März, Juni, September und Dezember; Liefertag ist der 10. Kalendertag des jeweiligen Quartalsmonats.
Erfüllung:	Effektive Lieferung bestimmter börsennotierter Bundesanleihen mit einer Restlaufzeit von 8,5 bis 10,5 Jahren.

AUFGABEN:

1 Erklären Sie den Unterschied zwischen einem DAX-Future-Kontrakt und einem BUND-Future-Kontrakt hinsichtlich der Erfüllung/Lieferung!

2 Vervollständigen Sie die Übersicht, indem Sie die unten stehenden Merkmale dem Käufer (Long-Position) bzw. dem Verkäufer (Short-Position) zuordnen! (Doppeleintragung möglich.)

Käufer eines BUND-Future-Kontrakts (Future-Long-Position)	**Kaufvertrag am 25.08.20..**	**Verkäufer** eines BUND-Future-Kontrakts (Future-Short-Position)
■ ■ ■	schuldrechtliche Einigung ←――――――→ ■ Preis: 103,8 Prozent ■ Menge: 100 000,00 EUR Nennwert (= 1 Kontrakt) ■ Erfüllung: 10. Dezember 20..	■ ■ ■

- geht ein unbegrenztes Risiko ein;
- erwartet steigende Kurse, d. h. fallende Zinsen;
- erwartet fallende Kurse, d. h. steigende Zinsen;
- Verpflichtung, am 10. Dezember 20.. nom. 100 000,00 EUR lieferbare Anleihen zum Kurs von 103,8 Prozent anzudienen;
- Verpflichtung, am 10. Dezember 20.. nom. 100 000,00 EUR Bundesanleihen zu 103,8 Prozent abzunehmen.

Ein vermögender Privatkunde Ihrer Bank besitzt nom. 1 000 000,00 EUR Bundesanleihen. Er will sich gegen drohende Kursverluste – also steigende Zinsen – absichern, da er die Bundesanleihe in Kürze verkaufen möchte. Die Absicherung erfolgt am 25. August 20.. durch den Verkauf von 10 BUND-Future-Kontrakten, Laufzeit Dezember 20..

3 Ermitteln Sie den Wert der 10 BUND-Future-Kontrakte! Die Eröffnung („Opening") der Position erfolgt zum Schlusskurs des 25. August 20..!

EURO-BUND-FUTURE EUREX (6%, 100000 EURO, IN %, 8,5-10,5 JAHRE)

25.8./22:00	Eröffnung	Hoch	Tief	Schluss	Settlem.	Vortag	Umsatz	Off. Kontr.
Sep.	105,34	105,46	105,20	105,20	105,21	105,39	285186	589191
Dez.	105,06	105,19	104,97	104,99	104,96	105,14	14505	66192
März					104,94	105,09	515	1274

Gesamt-Umsatz: 300206 – Offene Kontrakte zur Eröffnung: 656657

4 Stellen Sie für die folgenden drei Szenarien die jeweilige Gewinn-/Verlustsituation des Kunden rechnerisch dar! (Die Opening-Gebühr bleibt unberücksichtigt.)

Szenario 1:
10. 12. 20.. (Erfüllungstag): Die Zinsen sind gefallen. Der Kurs der Bundesanleihe ist um 1,6 %-Punkte gestiegen.

Szenario 2:
10. 12. 20.. (Erfüllungstag): Die Zinsen sind gestiegen. Der Kurs der Bundesanleihe ist um 2,1 %-Punkte gefallen.

Szenario 3:
10. 12. 20.. (Erfüllungstag): Die Zinsen haben sich nicht verändert. Der Kurs der Bundesanleihe entspricht dem Kurs am 25. August 20..

5 Wie hätte der Kunde mit seiner Future-Position auch verfahren können, ohne bis zum Erfüllungstag zu warten?

5 Besteuerung von Einkünften aus Kapitalvermögen

Mit Einführung der Abgeltungsteuer ab 2009 gilt ein einheitlicher Steuersatz von 25 %. Damit werden die alten Abzugssätze (20 % Kapitalertragsteuer bei Dividenden, 25 % Kapitalertragsteuer bei Erträgen aus Genussscheinen, 30 % Zinsabschlagsteuer bei Zinsen und 35 % Zinsabschlagsteuer bei Tafelgeschäften) abgeschafft. Im Einkommensteuergesetz wird der Begriff „Kapitalertragsteuer" verwendet. Die Kapitalertragsteuer ist eine Erhebungsform der Einkommensteuer. Ab dem 01. 01. 2009 wird sie in Form der Abgeltungsteuer erhoben. Der Abgeltungsteuersatz wird um den Solidaritätszuschlag von 5,5 % und ggf. um die Kirchensteuer erhöht. Dies führt in der Summe zu einer maximalen Steuerbelastung von ca. 28 %.

Der größte Unterschied der neuen Abgeltungsteuer zu der bisherigen Besteuerung besteht in der Wirkung des Steuerabzugs. Die bisherige Kapitalertragsteuer und die Zinsabschlagsteuer waren lediglich Vorauszahlungen auf die Einkommensteuerschuld des Anlegers. Im Gegensatz dazu ist mit Zahlung der neuen Abgeltungsteuer die Steuerschuld des Anlegers nun grundsätzlich beglichen. Er hat jedoch ein Veranlagungswahlrecht: Der Steuerpflichtige kann seine Kapitalerträge in der Einkommensteuererklärung angeben und nach dem individuellen Einkommensteuertarif versteuern. Dies ist für Personen mit niedrigem Einkommen von Vorteil, wenn ihr persönlicher Steuersatz unter 25 % liegt. Aus dem alten Sparerfreibetrag (750,00 EUR bei Alleinstehenden/1 500,00 EUR bei Verheirateten) und dem Werbungskostenpauschbetrag (51,00 EUR/102,00 EUR) wird ab 2009 ein zusammengefasster Sparerpauschbetrag von 801,00 EUR bzw. 1 602,00 EUR. Die bisher eingereichten Freistellungsaufträge behalten unverändert ihre Gültigkeit.

Neu ist:

- Der Sparerpauschbetrag gilt nun auch für private Wertpapierveräußerungsgeschäfte.
- Werbungskosten (z. B. Depotgebühren oder Kosten für den Besuch einer Hauptversammlung) können vom Anleger nicht mehr geltend gemacht werden. Die Möglichkeit, diese Aufwendungen in der Steuererklärung anzugeben, entfällt.

Bisher sind Kursgewinne bei Wertpapieren steuerfrei, wenn der Anleger die Papiere mindestens ein Jahr besessen hat. Dies ändert sich mit Einführung der Abgeltungsteuer. Ab 2009 gehören alle Veräußerungsgewinne bei Effekten oder Derivaten – unabhängig von der Besitzdauer – zu den steuerpflichtigen Kapitalerträgen. Dabei wird künftig auch die Fälligkeit einer Kapitalanlage als Veräußerung angesehen. Für Kapitalanlagen, die bis spätestens 31. 12. 2008 erworben werden, gilt jedoch grundsätzlich ein Bestandsschutz. Es gilt hier die alte Rechtslage: Nach Ablauf der alten Jahresfrist für private Veräußerungsgeschäfte bleibt der Verkauf (und damit die Realisierung von Gewinnen) auch in ferner Zukunft steuerfrei. Es gibt aber Ausnahmen, bei denen der Bestandsschutz nicht oder nur unter bestimmten Bedingungen gilt.

Einen eingeschränkten Bestandsschutz besitzen Vollrisikozertifikate. Unter diesem Begriff werden Zertifikate ohne Kapitalgarantie zusammengefasst. Dies sind u. a. Discountzertifikate, Bonuszertifikate und Expresszertifikate. Bei einem Erwerb von Vollrisikozertifikaten

- vor dem 15. 03. 2007 unterliegen Veräußerungsgewinne nicht der Abgeltungsteuer (= voller Bestandsschutz),
- ab dem 15. 03. 2007 und einer Fälligkeit bzw. Verkauf vor dem 01. 07. 2009 unterliegen Veräußerungsgewinne ebenfalls nicht der Abgeltungsteuer. Bei Fälligkeit oder Verkauf nach dem 30. 06. 2009 wird der Wertzuwachs der Abgeltungsteuer unterworfen (= eingeschränkter Bestandsschutz),
- nach dem 31. 12. 2008 gibt es keinen Bestandsschutz mehr. Der Veräußerungsgewinn unterliegt unabhängig von der Haltedauer der Abgeltungsteuer.

Keinen Bestandsschutz gibt es bei Finanzinnovationen, Garantiezertifikaten oder Zerobonds. Diese Anlageformen unterliegen bereits heute unabhängig von der Haltedauer bei Fälligkeit oder Verkauf der Besteuerung. Bei Fälligkeit nach dem 01. 01. 2009 wird der Gewinn der Abgeltungsteuer unterworfen.

5.1 Besteuerung bei Erteilung eines Freistellungsauftrages (ohne Berücksichtigung der Kirchensteuer)

AUFGABEN:

1 Kurt Wenz, Salvatorstr. 16, 52070 Aachen, nicht verheiratet, hat in seinem Depot bei der Sparkasse Aachen nom. 15 000,00 EUR einer 4,55 % Bundesanleihe, Zinstermin 04. 01. gzj., die er vor einiger Zeit erworben hat.

Kurt Wenz hat der Sparkasse Aachen den folgenden Freistellungsauftrag erteilt.

15 Richard u.a. - ISBN 978-3-8120-1234-8

Sparkasse Aachen

Freistellungsauftrag für Kapitalerträge
und
Antrag auf ehegattenübergreifende Verlustverrechnung
(Gilt nicht für Betriebseinnahmen und Einnahmen aus Vermietung und Verpachtung)

Empfänger

Sparkasse Aachen
- Abteilung M 893 -
Münsterplatz 7-9
52059 Aachen

Wird von der Sparkasse ausgefüllt

Wird von der Sparkasse ausgefüllt
Kundensatz des Gläubigers der Kapitalerträge
Kundensatz des Ehegatten
Kundensatz der Eheleute

Datum: 3. Januar 2011

☐ erstmaliger Auftrag ☒ Änderungsauftrag (früherer Auftrag wird damit ungültig)

Name, abweichender Geburtsname, Vorname des Gläubigers der Kapitalerträge	Geburtsdatum	Identifikations-Nr. (11-stellig)
Wenz, Kurt	20.05.1985	
Strasse, Hausnummer, PLZ, Wohnort,		eine Kontonummer
Salvatorstr. 16, 52070 Aachen		36105879

☐ gemeinsamer Freistellungsauftrag (Angaben zum Ehegatten und dessen Unterschrift sind nur bei einem gemeinsamen Freistellungsauftrag erforderlich)

ggf. Name, abweichender Geburtsname, Vorname des Ehegatten	Geburtsdatum des Ehegatten	Identifikations-Nr. (11-stellig)
		50876656410

☒ ledig ☐ verheiratet ☐ geschieden ☐ dauernd getrennt lebend ☐ verwitwet

Hiermit erteile ich/~~erteilen wir*~~ Ihnen den Auftrag, meine/~~unsere~~* bei Ihrem Institut anfallenden Kapitalerträge vom Steuerabzug freizustellen und/oder bei Dividenden und ähnlichen Kapitalerträgen die Erstattung von Kapitalertragsteuer zu beantragen, und zwar

Orginal Sparkasse

☒ bis zu einem Betrag von 500,00 € (bei Verteilung des Sparer-Pauschbetrages auf mehrere Kreditinstitute)

☐ bis zur Höhe des für mich/uns* geltenden Sparer-Pauschbetrages von insgesamt 801€ / 1.602 €*.

☐ über 0 € (nur für die Beantragung der ehegattenübergreifenden Verlustverrechnung – keine Löschung)

Dieser Auftrag gilt ab dem 01. 01. 2011 bzw. ab Beginn der Geschäftsverbindung

☒ so lange, bis Sie einen anderen Auftrag von mir/~~uns~~* erhalten.

☐ bis zum 31. 12.________.

Die in dem Auftrag enthaltenen Daten werden dem BZSt übermittelt. Sie dürfen zur Durchführung eines Verwaltungsverfahrens oder eines gerichtlichen Verfahrens in Steuersachen oder eines Strafverfahrens wegen einer Steuerstraftat oder eines Bußgeldverfahrens wegen einer Steuerordnungswidrigkeit verwendet sowie vom BZSt den Sozialleistungsträgern übermittelt werden, soweit dies zur Überprüfung des bei der Sozialleistung zu berücksichtigenden Einkommens oder Vermögens erforderlich ist (§ 45d EStG).

Ich versichere/~~Wir versichern~~*, dass mein/~~unser~~* Freistellungsauftrag zusammen mit Freistellungsaufträgen an andere Kreditinstitute, Bausparkassen, das BZSt usw. den für mich/~~uns~~* geltenden Höchstbetrag von insgesamt 801 €/~~1.602 €~~* nicht übersteigt.
Ich versichere/~~Wir versichern~~* außerdem, dass ich/~~wir~~* mit allen für das Kalenderjahr erteilten Freistellungsaufträgen für keine höheren Kapitalerträge als insgesamt 801 €/~~1.602 €~~* im Kalenderjahr die Freistellung oder Erstattung von Kapitalertragsteuer in Anspruch nehme~~(n)~~*.

Die mit dem Freistellungsauftrag angeforderten Daten werden auf Grund von § 44a Abs. 2 und 2a, § 45b Abs.1 und § 45d Abs.1 EStG erhoben. Die Angabe der steuerlichen Identifikationsnummer ist für eine Übermittlung der Freistellungsdaten an das BZSt erforderlich. Die Rechtsgrundlagen für die Erhebung der Identifikationsnummer ergeben sich aus § 139a Absatz 1 Satz 1 2. Halbsatz AO, § 139b Absatz 2 AO und § 45d EStG. Die Identifikationsnummer darf nur für Zwecke des Besteuerungsverfahrens verwendet werden.

Unterschrift	ggf. Unterschrift Ehegatte/gesetzliche(r) Vertreter
Kurt Wenz	

* Nichtzutreffendes bitte streichen

Der Höchstbetrag von 1602 € gilt nur bei Ehegatten, die einen gemeinsamen Freistellungsauftrag erteilen und bei denen die Voraussetzungen einer Zusammenveranlagung i. S. des § 26 Absatz 1 Satz EStG vorliegen. Der gemeinsame Freistellungsauftrag ist z. B. nach Auflösung der Ehe oder bei dauerndem Getrenntleben zu ändern. Erteilen Ehegatten einen gemeinsamen Freistellungsauftrag, führt dies am Jahresende zu einer Verrechnung der Verluste des einen Ehegatten mit den Gewinnen und Erträgen des anderen Ehegatten. Der gemeinsame Freistellungsauftrag kann nur für sämtliche Depots oder Konten bei einem Kreditinstitut oder einem anderen Auftragnehmer gestellt werden. Ein Widerruf des Freistellungsauftrags ist nur zum Kalenderjahresende möglich.

a) Über welchen Betrag lautet die Zinsgutschrift per 04.01.2012? Der Freistellungsbetrag des Kunden ist zu diesem Zeitpunkt noch nicht in Anspruch genommen. Eine Verlustverrechnungsmöglichkeit besteht nicht. Ein Antrag auf Einbehalt der Kirchensteuer wurde vom Kunden Wenz bei der Sparkasse Aachen nicht gestellt.

b) Wie werden die Zinsen einkommensteuerrechtlich behandelt?

2 Der Kunde Kurt Wenz besitzt weiterhin 700 Stück Vorzugsaktien der Intex AG, die sich ebenfalls in seinem Depot bei der Sparkasse Aachen befinden. Die Intex AG veröffentlicht folgende Dividendenbekanntmachung:

Intex AG

Intex Pharmazeutica AG Bonn

ISIN DE000INT0067 (WKN INT006)

Dividendenbekanntmachung

In der ordentlichen Hauptversammlung unserer Gesellschaft am 31. Januar 2012 wurde beschlossen,

auf jede Stammaktie ISIN **DE000INT0067**
(Wertpapier-Kenn-Nr. INT006) für das Geschäftsjahr 2010/2011
eine Dividende von 2,70 €

auszuschütten.

Die Auszahlung der Dividende erfolgt ab dem 2. Februar 2012 unter Abzug von 25 % Kapitalertragsteuer und 5,5 % Solidaritätszuschlag auf die Kapitalertragsteuer (insgesamt 26,375 %) und gegebenenfalls Kirchensteuer gegen Einreichung des Gewinnanteilscheins Nr. 5 bei der Intex AG, Rilkeweg 6, 71032 Bonn, und bei folgender Zahlstelle mit sämtlichen Niederlassungen:

Deutsche Bank AG

Der Abzug der Kapitalertragsteuer sowie des Solidaritätszuschlages und gegebenenfalls der Kirchensteuer entfällt bei solchen Aktionären, die ihrer Depotbank eine Nichtveranlagungsbescheinigung des für sie zuständigen Finanzamtes eingereicht haben. In diesem Fall wird auch das Steuerguthaben durch das auszahlende Kreditinstitut gutgeschrieben. Das Gleiche gilt ganz oder teilweise für inländische Aktionäre, die ihrer Depotbank einen Freistellungsauftrag eingereicht haben, soweit das in diesem Auftrag angeführte Freistellungsvolumen nicht durch andere Erträge aus Kapitalvermögen bereits aufgebraucht ist.

Die Zahlung der auf die Stammaktien entfallenden Dividende an die Berechtigten wird von der Intex AG, Rilkeweg 6, 71032 Bonn, veranlasst.

Bonn, im Januar 2012

INTEX
Pharmazeutica AG
Der Vorstand

Erstellen Sie für den Kunden die Dividendenabrechnung! Seit der Zinsgutschrift am 4. Januar 2012 sind negative Kapitalerträge, und zwar gezahlte Stückzinsen beim Kauf von festverzinslichen Wertpapieren in Höhe von 1 022,50 EUR angefallen, die zu einer Erstattung der in Aufgabe 1 gezahlten Steuer, zu einem Wiederaufleben des Freistellungsauftrags in Höhe von 500,00 EUR und zu einem Bestand im allgemeinen Verlustverrechnungstopf in Höhe von 340,00 EUR geführt haben. Die Gutschrift der Dividende erfolgt Valuta 2. Februar 2012 auf dem laufenden Konto Nr. 32 152 443. Depotnummer des Kunden: 32 152 443/80.

Sparkasse Aachen

Herrn
Kurt Wenz
Salvatorstr. 16
52070 Aachen

Datum: ....

Dividendengutschrift

Depot-Nr. ....
Konto-Nr. ....

Aktie	WKN	ISIN
....	....	....
Stück		

Dividende pro Stück EUR .... Zahlbar ....

Geschäftsjahr .... Ex-Tag ....

Bruttoertrag ....EUR

Gutschrift mit Wert ....EUR

Hinweise zur steuerlichen Verrechnung		vorher	aktuell
Dividendenertrag	EUR		....
Aktienverlustverrechnungstopf	EUR	....	....
Allgemeiner Verlustverrechnungstopf	EUR	....	....
Freistellungsauftrag (eingereicht 500,00 EUR)	EUR	....	....
Quellensteuer-Verlustverrechnungstopf	EUR	....	....
KESt-pflichtiger Anteil	EUR		....

		vorher	aktuell
im laufenden Jahr einbehaltene Kapitalertragsteuer	EUR	....	....
im laufenden Jahr einbehaltener Solidaritätszuschlag	EUR	....	....
im laufenden Jahr einbehaltene Kirchensteuer	EUR	....	....

Kapitalertragsteuer, Solidaritätszuschlag und ggf. Kirchensteuer nach dem gemeldeten Kirchensteuersatz verrechnet mit dem Finanzamt Aachen. Steuernummer: 149/761/15806
Dieser Beleg wurde maschinell erstellt und wird nicht unterschrieben.

3 Auch 860 Stück Investmentzertifikate, deren Ausschüttung im Jahr 2012 erfolgt, gehören zum Vermögen des Kurt Wenz und werden im Depot bei der Sparkasse Aachen verwahrt. Dem Rechenschaftsbericht der Fondsgesellschaft sind nebenstehende Zahlen entnommen.

Ermitteln Sie den Ausschüttungsbetrag, den Herr Wenz erhält! Eine Verlustverrechnungsmöglichkeit besteht im Zeitpunkt der Ausschüttung nicht.

Ertragsausschüttung Investmentfonds

Gesamtausschüttung je Anteil 0,79 €

0,20 €:
- Abgeltungsteuer inkl. Soli-Zuschlag 0,04 €
- Abgeltungsteuer inkl. Soli-Zuschlag 0,16 €

Zinsen	0,17 €
– 25 % Abg.-St.	0,04 €
– 5,5 % Soli*	0,00 €
Nettoertrag	0,13 €
Bruttodividende	0,62 €
– 25 % Abg.-St.	0,16 €
– 5,5 % Soli*	0,00 €
Nettodividende	0,46 €

* Kirchensteuer bleibt unberücksichtigt

4 Der Kunde Wenz erwähnt im Beratungsgespräch, dass sein Steuersatz nur bei 21 % liegt. Sie wissen, dass der Kunde im Jahre 2012 Kapitalerträge vereinnahmt hat. Wozu raten Sie ihm?

5 Kurt Wenz veräußert Ende 2012 Stück 210 Daimler-Aktien, die sich in seinem Depot bei der Sparkasse Aachen befanden, mit einem Kursgewinn. Steuerliche Behandlung des Kursgewinns?

5.2 Besteuerung ohne Erteilung eines Freistellungsauftrags unter Berücksichtigung der Kirchensteuer

Die Kundin Angelina Klein, Parkstr. 13, 04249 Leipzig, hat am Montag, dem 17. November 2008, bei der Volksbank Leipzig folgende Wertpapiere gekauft, die ihrem Depot gutgeschrieben wurden:

> nom. 350 000,00 EUR 2,3 % EURO HYPO
> öffentliche Pfandbriefe, EM. HBEOER 05,
> WKN HBEOER, ISIN DE 000HBEOERO,
> Zinstermin 10.09. gzj., fällig am 10.09.2015, Kurs 85,25

AUFGABEN:

1 Begründen Sie die Kaufentscheidung der Kundin!

2 Errechnen Sie die Zinsgutschrift für die Kundin am 10.09.2012! Ergänzen Sie die unten stehende Abrechnung! Angelina Klein hat der Bank keinen Freistellungsauftrag erteilt, sie hat allerdings den folgenden Antrag auf Einbehalt der Kirchensteuer gestellt.

Antrag auf Einbehalt der Kirchensteuer (Auszug)

Antragstellung Einzelperson:

Name Konto-/Depotinhaber/Depotinhaberin (Anschrift, Geburtsdatum)

Angelina Klein, Parkstr. 13, 04249 Leipzig, geb. am 16.03.1980

Gemeinschaftliche Antragstellung von Ehegatten:

Name Ehegatte 1 (Anschrift, Geburtsdatum)	Name Ehegatte 2 (Anschrift, Geburtsdatum)

Bei gemeinschaftlichen Konten/Depots von Ehegatten sollen die Kapitalerträge in folgendem Verhältnis aufgeteilt werden:
☐ Ehegatte (1): 50 % ☐ Ehegatte (2): 50 % oder abweichend[1] Ehegatte (1) ____ %, Ehegatte (2) ____ %

Antragstellung von sonstigen Personenmehrheiten (außer Ehegatten):

Namen der Beteiligten, gegebenenfalls Name eines Bevollmächtigten (Anschrift, Geburtsdatum)

Ich/~~Wir~~ beantrage~~(n)~~, folgende Kirchensteuer für sämtliche bei dem Kreditinstitut geführten (und gegebenenfalls zukünftig eröffneten) privaten Konten und Depots ab dem 01.01. 2009 ~~/ab Beginn der Geschäftsbeziehung~~ einzubehalten.

Konto-/Depotinhaber(in) bzw. Ehegatte 1	Kirchensteuersatz 8 % (Steuerlicher Wohnsitz in Bayern, Baden-Württemberg)	Kirchensteuersatz 9 % (Steuerlicher Wohnsitz in anderen Bundesländern)	Ehegatte 2	Kirchensteuersatz 8 % (Steuerlicher Wohnsitz in Bayern, Baden-Württemberg)	Kirchensteuersatz 9 % (Steuerlicher Wohnsitz in anderen Bundesländern)
Evangelische Kirchensteuer		X	Evangelische Kirchensteuer		
Römisch-Katholische Kirchensteuer			Römisch-Katholische Kirchensteuer		
Altkatholische Kirchensteuer			Altkatholische Kirchensteuer		
⋮			⋮		⋮

Ort, Datum	Unterschrift(en)
Leipzig, den 15.01.2009	Angelina Klein

1 Nur auszufüllen, wenn den Ehegatten die Kapitalerträge nicht hälftig zustehen.

264 220 DG VERLAG 3.08

Die Verlustverrechnungstöpfe der Kundin sind im Zeitpunkt der Zinsgutschrift ausgeglichen (Saldo = O). Das Steuerverrechnungskonto weist keinen Bestand aus. Beachten Sie bei der Berechnung der Abgeltungsteuer den folgenden Hinweis:

Die im Rahmen des Abgeltungsteuerabzugs erhobene Kirchensteuer ist nicht als Sonderausgabe bei der Einkommensteuer abzugsfähig. Die mindernde Wirkung wird bereits über den Pauschalsteuersatz unmittelbar berücksichtigt. Unter Einbezug der Kirchensteuer errechnet sich die Abgeltungsteuer wie folgt:

$$\text{Abgeltungsteuer} = \frac{\text{Kapitalertrag*}}{4 + (\text{Kirchensteuersatz** : 100})}$$

* Anrechenbare ausländische Quellensteuer bleibt unberücksichtigt.
** Kirchensteuersatz Bayern und Baden-Württemberg 8 %, übrige Bundesländer 9 %.

Zinsabrechnung zum 10. September 2012:

Zinsbetrag brutto	=	....	EUR
– .....% Kapitalertrag-(Abgeltung-)steuer	=	....	EUR
– 5,50 % Solidaritätszuschlag auf die Kapitalertragsteuer	=	....	EUR
– 9,00 % Kirchensteuer auf die Kapitalertragsteuer	=	....	EUR
Gutschrift	=	....	EUR

3 Wie viel Prozent beträgt die gesamte Steuerbelastung der Kundin?

4 Errechnen Sie den Gutschriftsbetrag, wenn die Kundin in München wohnen würde und die obigen Pfandbriefe sich im Depot bei der Stadtsparkasse München befinden würden. Die anderen Angaben entsprechen denen der Aufgabe 2.

5.3 Verlustverrechnung bei Einkünften aus Kapitalvermögen

5.3.1

Nutzen Sie den folgenden Text zur Lösung der Aufgabe!

Verrechnung von negativen Kapitalerträgen

Negative Kapitalerträge können mit positiven Kapitalerträgen verrechnet werden und mindern den steuerpflichtigen Ertrag.
Zu den negativen Kapitalerträgen gehören
- gezahlte Stückzinsen beim Kauf von Schuldverschreibungen,
- gezahlte Zwischengewinne beim Erwerb von Investmentfondsanteilen,
- Veräußerungsverluste beim Verkauf von Finanzinstrumenten (z. B. Investmentfondsanteile, Zertifikate, Aktien, Optionen).

Positive Kapitalerträge sind
- Zinsen,
- Dividenden,
- Veräußerungsgewinne.

Bei der Erfassung oder Verrechnung negativer Kapitalerträge gelten folgende Regeln:
- Veräußerungsverluste aus Aktiengeschäften dürfen nur mit Gewinnen aus Aktiengeschäften verrechnet werden;
- andere negative Kapitalerträge können mit allen positiven Kapitalerträgen (z. B. Zinserträgen, Dividenden, Veräußerungsgewinnen aus Finanzinstrumenten – also auch aus Aktien) verrechnet werden.

Die Bank muss zwei Verlustverrechnungstöpfe bilden, den Aktienverlustverrechnungstopf und den Allgemeinen Verlustverrechnungstopf.[1]

Verlustverrechnungstöpfe für nicht sofort verrechenbare negative Kapitalerträge	
Aktienverlustverrechnungstopf	**Allgemeiner Verlustverrechnungstopf**
■ Erfassung von Veräußerungsverlusten aus Aktiengeschäften ■ Verrechnung mit späteren Veräußerungsgewinnen aus Aktiengeschäften	■ Erfassung aller anderen negativen Kapitalerträge ■ Verrechnung mit allen späteren positiven Kapitalerträgen (auch Veräußerungsgewinne aus Aktiengeschäften)

Ein zu versteuernder Ertrag nach § 20 EStG wird gegen vorhandene steuermindernde Beträge aus den Töpfen in einer bestimmten Reihenfolge verrechnet. Gibt es gespeicherte Verluste, sind diese vorrangig zu verwenden. Verluste aus Verkäufen in Aktien können jedoch nur gegen Erträge in Aktien verrechnet werden. Verluste in anderen Erträgen können gegen alle Ertragsarten verrechnet werden. Erst wenn der Allgemeine Verlustverrechnungstopf bzw. bei Erträgen in Aktienkursgewinnen beide Töpfe leer sind, darf die nächste Stufe der Verrechnung beginnen.

1 Der Quellensteuer-Verrechnungstopf, der die ausländische Quellensteuer, die dem Anleger belastet wurde, erfasst, bleibt hier unberücksichtigt.

Der verbleibende Ertrag wird gegen den noch nicht verbrauchten Betrag aus dem Freistellungsauftrag verrechnet.

Ist nach dieser Verrechnung auch der Freistellungsauftrag ausgeschöpft, werden Kapitalertragsteuer (Abgeltungsteuer), Solidaritätszuschlag und ggf. Kirchensteuer auf die dann verbleibenden Kapitalerträge berechnet.

Fallen negative Kapitalerträge an, nachdem schon Steuern auf positive Kapitalerträge abgeführt worden sind, erfolgt eine Steuererstattung, bis das Steuerverrechnungskonto wieder einen Saldo von 0,00 EUR ausweist. Anschließend lebt der Freistellungsauftrag wieder auf. Ist dieser aufgefüllt, werden die negativen Kapitalerträge im Allgemeinen Verlustverrechnungstopf erfasst. Negative Kapitalerträge aus Aktienverlusten werden im Aktienverlustverrechnungstopf erfasst, wenn keine Verrechnung mit Aktiengewinnen möglich ist.

Zu beachten ist, dass ein Verlust aus Aktienverkauf nur dann zu einer Erstattung führt, wenn Abgeltungsteuer auf Aktiengewinne gezahlt wurde. Anderenfalls ist der Aktienverlust in den Aktienverlustverrechnungstopf einzustellen oder er führt zu einem Wiederaufleben des Freistellungsauftrags, soweit dieser für Aktiengewinne in Anspruch genommen wurde.

Ein am Jahresende in einem Verrechnungstopf übrig gebliebener Verlust wird von der Bank ins nächste Jahr vorgetragen, verbleibt also im Topf.

Der Kunde kann sich von den betreffenden Banken seine Verkaufsverluste und die einbehaltene Kapitalertragsteuer aber auch bescheinigen lassen und die Verlustbescheinigung als auch die Jahressteuerbescheinigung seiner Steuererklärung beilegen. Die Verlustbescheinigung muss bis zum 15. 12. eines Jahres bei der Bank beantragt werden (§ 43a Abs. 3 Satz 5 EStG 2009). Stellt die Bank dem Kunden eine Verlustbescheinigung aus, fällt der bei ihr geführte Verlustverrechnungstopf auf null zurück (§ 43a Abs. 3 Satz 4 EStG 2009).

Mit einem *gemeinsamen Freistellungsauftrag* findet zwischen allen Einzel- und Gemeinschaftskonten/-depots der Ehegatten eine automatische und ehegattenübergreifende Verlustverrechnung statt. Diese führt am Jahresende zu einer Verrechnung der Verluste des einen Ehegatten mit Gewinnen und Erträgen des anderen Ehegatten. Damit sparen sich gemeinsam veranlagte Eheleute den Verlustausgleich über die Steuerveranlagung. Auch wenn die Eheleute ihren Sparerfreibetrag schon für andere Kapitalanlagen bei anderen Kreditinstituten ausgeschöpft haben, können sie an der ehegattenübergreifenden Verlustverrechnung teilnehmen, indem sie einen Freistellungsauftrag über 0,00 EUR erteilen. Die ehegattenübergreifende Verlustverrechnung ist bindend und kann auch später im Rahmen einer getrennten steuerlichen Veranlagung nicht mehr geändert werden.

Aufgabe:

Katrin Westen, ledig, hat ihrer Bank einen Freistellungsauftrag über 801,00 EUR erteilt. Sie gehört keiner Religionsgemeinschaft an. Die Verlustverrechnungstöpfe und das Steuerverrechnungskonto, die die Bank für sie führt, weisen keinen Vortrag auf. Im Jahr 2012 erzielt Katrin Westen die folgenden Kapitalerträge:

15.04.2012	Verlust aus dem Verkauf von Aktien, die im Januar 2010 erworben wurden	630,00 EUR
03.05.2012	gezahlte Stückzinsen aus dem Kauf von Anleihen	380,00 EUR
17.05.2012	Gewinn aus dem Verkauf von Aktien, die im Februar 2010 erworben wurden	1 750,00 EUR
29.06.2012	Verlust aus dem Verkauf von Aktien, die im Februar 2009 erworben wurden	410,00 EUR
01.07.2012	Zinsen aus festverzinslichen Wertpapieren	980,00 EUR
27.07.2012	Gewinn aus dem Verkauf von Aktien, die im April 2009 erworben wurden	1 333,00 EUR
30.10.2012	Verlust aus der Veräußerung von Optionen, die im April 2009 erworben wurden	3 130,00 EUR

a) Verwalten Sie die Verlustverrechnungstöpfe und den Freistellungsauftrag und ermitteln Sie die entsprechenden Steuerabzüge!

   Nutzen Sie für Ihre Berechnungen die nachstehende Tabelle!

b) Wie viel Euro Kapitalertragsteuer (Abgeltungsteuer) und Solidaritätszuschlag wurden im Jahr 2012 insgesamt für Katrin Westen an das Bundeszentralamt für Steuern abgeführt?!

Datum	Vorgang		Aktienverlust-verrechnungs-topf	Allgemeiner Verlustver-rechnungstopf	Freistellungs-auftrag	Steuerverrechnungskonto (Kapitalertragsteuer und Solidaritätszuschlag) unter Berücksichtigung von Erstattungen
			Verlustvortrag aus dem Vorjahr 0,00 EUR	Verlustvortrag aus dem Vorjahr 0,00 EUR	801,00 EUR	

5.3.2

Erklären Sie die folgende Wertpapierabrechnung (Abrechnungspositionen 1 bis 10) in steuerlicher Hinsicht!

DAB bank
Die Direkt Anlage Bank

Wertpapierabrechnung

Verkauf
Kommissionsgeschäft

Herr
Max Heister
Königseestr. 16
81825 München

Depot-Nr.	Abrechnungs-Nr.
234567890	**12345678 / 07.03.20..**
Depotinhaber	
Max Heister	

Wir haben für Sie verkauft München, 07.03.20..

Gattungsbezeichnung		ISIN
Shares Inc. Registred Shares o.N.		**CA1234567890**
Nominal	Kurs	
STK 50,000	**EUR 150,0000**	

Handelstag	**07.03.20..**	Kurswert	**EUR**	**7.500,00**
Handelszeit	**10:00 Uhr**	Provision	**EUR**	**44,00-**
Börse	**Frankfurt/EDF**	Handelsentgelt	**EUR**	**11,00-**
Verwahrart	**Wertpapierabrechnung**	Kapitalertragsteuer	**EUR**	**143,14-**
Lagerland	**Kanada**	Solidaritätszuschlag	**EUR**	**7,87-**
		Kirchensteuer	**EUR**	**11,45-**

Wert	Konto-Nr.	Betrag zu Ihren Gunsten
07.03.20..	**1234567890**	**EUR 7.282,54**

Hinweise zur steuerlichen Verrechnung:		vorher		aktuell	
Veräußerungsgewinn Aktien	EUR			1.917,50	1
Aktienverlusttopf	EUR	302,50	2	0,00	
allgemeiner Verlusttopf	EUR	230,00	3	0,00	
Freistellungsauftrag (eingereicht: EUR 801,00)	EUR	801,00	4	0,00	
Quellensteuertopf	EUR	0,00		0,00	5
KESt-pflichtiger Anteil	EUR			584,00	6

im laufenden Jahr einbehaltene Kapitalertragsteuer	EUR	143,14	7
im laufenden Jahr einbehaltener Solidaritätszuschlag	EUR	7,87	8
im laufenden Jahr einbehaltene Kirchensteuer	EUR	11,45	9

Kapitalertragsteuer, Solidaritätszuschlag und ggf. Kirchensteuer nach gemeldetem Kirchensteuersatz verrechnet mit dem Finanzamt München I, Steuernummer 143/800/13803. 10
Wir werden in Ihrem Depot wie angegeben buchen.

Dieser Beleg wird maschinell erstellt und daher nicht unterschrieben.

DAB bank AG > Landsberger Straße 300 > 80687 München > BLZ 701 204 00 > BIC (SWIFT-Code): DABBDEMMXXX > Tel. 01802 25 45 05* > Sitz: München > AG München, HRB 118190
USt.-Ident.-Nr.: DE 161864563 > Aufsichtsratsvorsitzender: Andreas Wölfer > Vorstand: Markus Gunter, Alexander Freiherr von Uslar-Gleichen, Dr. Markus Walch
*6 Cent pro Anruf aus dem dt. Festnetz. Mobilfunk ggf. abweichend.

5.4 FiFo-Methode bei der Ermittlung von Veräußerungsgewinnen und -verlusten

Was ist FiFo?

FiFo steht für die First-in-First-out-Methode. Dieses aus der Bewertung der Warenwirtschaft entnommene Verfahren besagt, dass diejenigen Teile, die zuerst ins Lager aufgenommen wurden, auch als erste wieder entnommen wurden. Die FiFo-Methode gilt seit dem Jahr 2005 für Zwecke der Einkommensteuer auch verbindlich für die Veräußerung von Wertpapieren und seit dem Jahre 2006 auch für Finanzinnovationen. Erwirbt ein Anleger ein und dasselbe Wertpapier zu verschiedenen Zeitpunkten und verkauft er das Wertpapier wieder zu unterschiedlichen Zeitpunkten, so werden nach der FiFo-Methode steuerlich immer diejenigen Wertpapiere als zuerst veräußert angesehen, die auch zuerst erworben wurden.

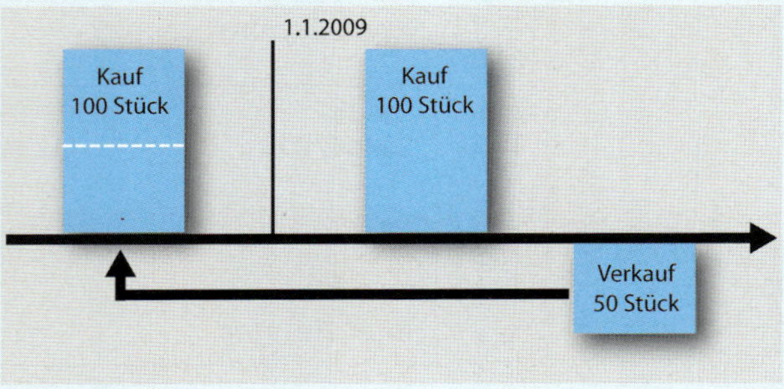

Quelle: http://www.finanztip.de/recht/steuerrecht.

Ute Hemmer unterhält ihr Depot bei der Sparkasse Leipzig. Sie hat ihrem Kreditinstitut keinen Freistellungsauftrag erteilt und auch keinen Antrag auf Einbehalt der Kirchensteuer gestellt. Frau Hemmer tätigt folgende Geschäfte in Intex-AG Aktien.

Kauf/Datum	Datum	Stück	Kurs in Euro
Kauf	30.03.2008	170	80,00
Kauf	05.06.2009	150	90,00
Kauf	18.08.2009	180	85,00
Verkauf	28.04.2012	160	95,00
Verkauf	13.07.2012	190	100,00

Aufgabe:

a) Ermitteln Sie die jeweilige Kontogutschrift für die Kundin aus den Transaktionen vom 28.04.2012 und 13.07.2012! Transaktionskosten, Verlustvorträge und Steuerverrechnungskonto bleiben unberücksichtigt.

b) Erklären Sie in diesem Zusammenhang der Kundin die „Zwei-Depot-Strategie" und deren Vorteil!

FiFo-Methode – Zweites Depot sichert Altbestände

Werden Wertpapiere, die sich bereits in einem Depot befinden, nachgekauft und anschließend teilweise verkauft, so gelten die zuerst gekauften als zuerst verkauft (first-in-first-out-rule). Zu beachten ist hier, dass Wertpapiere, die 2008 angeschafft und innerhalb von zwölf Monaten wieder mit Gewinn verkauft werden, grundsätzlich mit der Hälfte des Veräußerungsgewinns dem individuellen Steuersatz von bis zu 45 Prozent unterliegen, nach Ablauf von zwölf Monaten jedoch noch gänzlich steuerfrei veräußert werden können. Wertpapiere, die nach dem 31. Dezember 2008 gekauft werden, unterliegen, unabhängig von der Haltedauer, dem Abgeltungsteuersatz von 25 Prozent. Durch die Eröffnung eines zweiten Depots zum 1. Januar 2009 oder danach kann der Anleger die Alt- und Neubestände getrennt halten und bei Veräußerung selbst entscheiden, welche Anteile verkauft werden sollen. Dies kann auch bei Verlustfällen entscheidend sein, da Veräußerungsverluste aus Altbeständen bei Veräußerung nach zwölf Monaten steuerlich nicht mehr genutzt werden können, während sich Veräußerungsverluste aus Anteilserwerben nach dem 31. Dezember 2008 über den Verlustverrechnungstopf steuerlich konservieren lassen. Dieselben steuerlichen Regelungen gelten auch für Fondsanteile, so dass Fondsanteile, die vor dem 1. Januar 2009 gekauft wurden, mittels eines zweiten Depots oder eines Unterdepots von jenen getrennt werden sollten, die nach dem Stichtag erworben werden.

Quelle: Verlagsbeilage Frankfurter Allgemeine Zeitung, 14.10.2008, Nr. 240.

5.5 Besteuerung in verschiedenen Fällen

Entscheiden Sie in den folgenden Fällen durch Ankreuzen, ob der Vorgang abgeltungsteuerfrei oder abgeltungsteuerpflichtig ist! Es liegt in allen Fällen kein Freistellungsauftrag – keine NV-Bescheinigung vor. Eine mögliche Verlustverrechnung und ein möglicher Bestand auf dem Steuerverrechnungskonto bleiben – falls es in der Aufgabe nicht ausdrücklich angegeben ist – unberücksichtigt. Begründen Sie Ihre Entscheidung!

Geschäftsfall	abgeltungsteuerfrei	abgeltungsteuerpflichtig	Begründung
1. Hans Sump verkauft am 15.09.2012 Allianz-Aktien, die er am 20.03.2007 erworben hatte, mit 3500,00 EUR Gewinn.			
2. Christian Fortis erzielt am 04.07.2012 Zinserträge in Höhe von 1800,00 EUR aus einer Anleihe, die er am 18.07.2007 erworben hatte.			
3. Frauke Schumann verkauft am 15.08.2012 Bonuszertifikate (Vollrisikozertifikate), die sie am 01.07.2008 erworben hatte, mit einem Gewinn von 830,00 EUR.			
4. Ingrid Meier erwarb am 25.02.2007 Discountzertifikate (Vollrisikozertifikate). Am 15.12.2012 veräußert sie diese Zertifikate mit einem Gewinn von 2100,00 EUR.			
5. Friederike Hansmann veräußert am 01.10.2012 Investmentzertifikate, die sie im Jahre 2006 gekauft hatte und die in ihrem Depot verwahrt wurden, mit einem Gewinn von 1448,00 EUR.			
6. Hans Momm verkauft am 05.10.2012 SAP-Aktien, die er am 05.02.2009 erworben hatte, mit einem Verlust von 1500,00 EUR. Am 09.10.2012 verkauft er Commerzbank-Aktien, die er am 15.03.2012 erworben hatte, mit einem Gewinn von 1200,00 EUR. Weitere Aktiengeschäfte wurden in der Zeit vom 01.01. bis 09.10.2012 von Hans Momm nicht getätigt.			

Geschäftsfall	abgeltung-steuerfrei	abgeltung-steuerpflichtig	Begründung
7. Bernadette Fischer veräußert am 03.05.2012 Aktien, die sie am 03.03.2009 erworben hat, mit einem Kursgewinn von 900,00 EUR. Der Aktienverlustverrechnungstopf, der Allgemeine Verlustverrechnungstopf und das Steuerverrechnungskonto weisen zu dieser Zeit keinen Bestand auf.			
8. Elke Stolle erhält am 15.12.2012 Ausschüttungen auf ihre im Depot verwahrten Investmentzertifikate in Höhe von 1 830,00 EUR. Der Investmentfonds schüttet zum Ende des Geschäftsjahres die ordentlichen Erträge (Zinsen und Dividenden) aus.			
9. Ute Krüger kaufte am 10.01.2008 100 Stück Deutsche Bank Aktien zu 6 000,00 EUR Anschaffungskosten. Am 31.05.2009 kaufte sie nochmals 100 Stück Deutsche Bank Aktien zu 5 500,00 EUR Anschaffungskosten, die demselben Wertpapierdepot gutgeschrieben wurden. Am 25.11.2012 verkauft Ute Krüger 100 Stück dieser Aktien mit einem Verkaufserlös von 8 000,00 EUR. Weitere Aktiengeschäfte tätigte Frau Krüger nicht.			
10. Sabine Wilmes hat am 15.06.1992 eine Zerobond-Anleihe erworben. Am 31.12.2012 wird die Anleihe fällig. Die Differenz zwischen Anschaffungs- und Einlösungswert beträgt 3 264,50 EUR.			

6 Emissionsgeschäft

6.1 Emission einer Industrieanleihe

Die Westdeutsche Maschinenfabrik AG hat zur Finanzierung notwendiger Investitionen die Auflegung einer Anleihe in Höhe von 45 Mio. EUR beschlossen. Wegen der Übernahme und Platzierung der Anleihe setzt sich der Vorstand der AG mit der Hausbank, der Rhein-Ruhr-Bank AG, in Verbindung. Die Bank soll die Anleihe in voller Höhe fest zum Kurs von 98,5 übernehmen.

Aufgaben:

1 a) Welche Vorteile hätte die Westdeutsche Maschinenfabrik AG bei dieser Festübernahme der Anleihe?

b) Welche Chancen und Risiken hätte dabei die Rhein-Ruhr-Bank AG?

c) Welche Rechtsstellung nimmt die Rhein-Ruhr-Bank AG in diesem Falle ein?

Die Rhein-Ruhr-Bank AG ist wegen der schlechten Kapitalmarktsituation nicht bereit, die Anleihe allein zu übernehmen. Sie ist aber einverstanden, ein Emissionskonsortium unter ihrer Führung zu gründen, um die Anleihe zu platzieren. Das Emissionskonsortium erklärt sich zunächst nur zur kommissionsweisen Übernahme der Anleihe bereit. In Verhandlungen erreicht der Vorstand der Maschinenfabrik jedoch, dass das Emissionskonsortium einen Teil der Anleihe zum Kurs von 98,5 fest übernimmt und auf den Rest ein Optionsrecht erhält.

Die Rhein-Ruhr-Bank AG legt den Konsortialmitgliedern folgende Vereinbarung vor:

– Auszug –

Betr.: Westdeutsche Maschinenfabrik AG – 7 % Anleihe von 20 . . über EUR 45 000 000,00

Wir nehmen Bezug auf die am 15. 12. 20 . . in unserem Hause abgehaltene Konsortialbesprechung und erlauben uns, Ihnen nachstehende

Konsortialvereinbarung

zu überreichen.

Das Konsortium übernimmt von nom. EUR 45 000 000,00 der Anleihe einen Betrag von nom. EUR 30 000 000,00 fest und erhält auf den Rest der Anleihe vom Emittenten ein Optionsrecht.

Dem Konsortium gehören unter Ausschluss der Gesamthaftung die nachstehenden Banken mit den genannten Quoten an:

Rhein-Ruhr-Bank AG (Federführung)	mit	30,0 %
Commerzbank AG	mit	25,0 %
Deutsche Bank AG	mit	20,0 %
Westdeutsche Genossenschafts-Zentralbank AG	mit	15,0 %
HSH Nordbank AG	mit	10,0 %
		100,0 %

Jeder Konsorte erwirbt das Alleineigentum an den nach seiner Quote zu übernehmenden Schuldverschreibungen.

Die Westdeutsche Maschinenfabrik AG gewährt dem Konsortium eine Vergütung von $1^1/_2$ %. Diese Vergütung wird nach Abzug der üblichen Führungsprovision von 10 % nach Maßgabe der Quoten auf die beteiligten Banken aufgeteilt.

Die Versendung und Auslegung der Verkaufsangebote darf nicht vor dem 28. 02. 20 . . erfolgen.

Im Übrigen gelten die entsprechenden Bestimmungen des BGB über die Gesellschaft.

Wir bitten Sie, diese Konsortialvereinbarung zu unterzeichnen und diese an uns zurückzusenden.

Mit freundlichen Grüßen

RHEIN-RUHR-BANK AG

2 a) Wie bezeichnet man die vorstehende Vereinbarung?

b) Welche wesentlichen Punkte enthält die vorstehende Vereinbarung?

c) In welcher Rechtsform wurde das Konsortium gegründet?

d) Welche besonderen Aufgaben übernimmt die Bank, die die Vereinbarung vorlegt?

3 Folgendes Übernahmeangebot wird der Westdeutschen Maschinenfabrik unterbreitet:

Auszug aus einem Übernahmeangebot

An den
Vorstand der
Westdeutschen Maschinenfabrik AG

Sie beabsichtigen, um notwendige Investitionen vornehmen zu können, eine Anleihe von

EUR 45 000 000,00

aufzunehmen, deren Ausstattung wie folgt vorgesehen ist:

Die Anleihe ist eingeteilt in auf den Inhaber lautende Schuldverschreibungen im Nennbetrag von je EUR 5 000,00, EUR 1 000,00 und EUR 100,00. Die Anleihe ist mit 7 % jährlich verzinslich. Die Zinsen sind in jährlichen Teilbeträgen nachträglich jeweils am 2. Januar eines jeden Jahres zahlbar.

Die Laufzeit der Anleihe beträgt insgesamt 10 Jahre. Die Tilgung erfolgt in Höhe des Gesamtbetrages am 01. 12. 20 . .

Sie sind berechtigt, den gesamten Anleihebetrag erstmalig am 2. Januar 20 . . und alsdann zu jedem Zinstermin zur Rückzahlung zum Kurse von 100 % zu kündigen.

Seitens der Gläubiger sind die Schuldverschreibungen unkündbar. Die Anleihe wird durch Eintragung einer erststelligen Grundschuld auf Ihrem gesamten Grundbesitz sichergestellt.

Namens eines unter unserer Führung stehenden Bankenkonsortiums,

dem unser Haus	mit	30,0 %
die Commerzbank AG	mit	25,0 %
die Deutsche Bank AG	mit	20,0 %
die Westdeutsche Genossenschafts-Zentralbank AG	mit	15,0 %
die HSH Nordbank AG	mit	10,0 %

angehören, übernehmen wir unter Ausschluss der Gesamthaftung der Konsorten einen Anleihebetrag von EUR 30 000 000,00 in der oben angegebenen Ausstattung fest zum Kurs von $98^1/_2$ mit der Maßgabe, dass jeder Konsorte Alleineigentum erwirbt. Wir werden Ihnen den Gegenwert sofort nach Übernahme der Anleihe gutschreiben. Auf den Restbetrag der Anleihe in Höhe von EUR 15 000 000,00 erhalten wir ein Optionsrecht.

Das Konsortium wird die übernommenen Schuldverschreibungen zum Kurs von 100 zum Verkauf auflegen. Die Spanne zwischen dem Übernahme- und Begebungskurs in Höhe von $1^1/_2$ % stellt das Entgelt für die Risikoübernahme und die Tätigkeit des Konsortiums dar. Die Schuldverschreibungen sind uns so bald als möglich zu liefern.

Wir bitten Sie um baldige Bestätigung Ihres Einverständnisses mit dem Inhalt dieses Schreibens und grüßen

RHEIN-RUHR-BANK AG

a) Wie hoch ist die Gutschrift, die der Emittent nach Übernahme der Anleihe erhält?
b) Dadurch, dass nur 30 Millionen EUR der Anleihe fest übernommen werden, entsteht für den Emittenten zunächst kurzfristig eine Finanzierungslücke. Beraten Sie ihn!
c) Welchen Vorteil hätte es dem Konsortium gebracht, wenn es die Effekten als Kommissionär übernommen hätte?
d) Wie beurteilen Sie das Optionsrecht auf den Rest der Anleihe aus der Sicht des Konsortiums?
e) In welcher Form wird die Vergütung für die Tätigkeit des Konsortiums (Konsortialnutzen) gezahlt?

4 Das Emissionskonsortium legt die Anleihe zur Zeichnung auf. Während der Zeichnungsfrist werden für 50 Mio. EUR Effekten gezeichnet.

a) Welche Arbeiten fallen für das Konsortium bei dieser Begebungsart an?
b) Wie erfolgt die Zuteilung der Emission?

6.2 Platzierung im Bookbuildingverfahren

ABIT®

Verkaufsangebot

über bis zu

1 050 000 Inhaberstammaktien, WKN: 512 250 ISIN-Nr DE0005122501
in Form von nennwertlosen Stückaktien mit einem rechnerischen Anteil am Grundkapital von € 1,– je Stückaktie und mit voller Gewinnanteilberechtigung für das vergangene Geschäftsjahr, 950.000 Inhaberstammaktien aus der Kapitalerhöhung gegen Bareinlagen und bis zu 100.000 Inhaberstammaktien im Hinblick auf die der DG BANK Deutsche Genossenschaftsbank AG eingeräumte Mehrzuteilungsoption („Greenshoe") der

ABIT AG
Meerbusch

Interessierte Anleger haben die Möglichkeit, in der Zeit vom

28. Januar bis 1. Februar 20..

Kaufangebote innerhalb einer Preisspanne von

€ 23,– bis € 27,–
je Inhaberstückaktie

bei den nachstehend aufgeführten Banken abzugeben:

Meerbusch

DG BANK Deutsche Genossenschaftsbank AG

Die DG BANK Deutsche Genossenschaftsbank AG nimmt Kaufangebote über alle Volksbanken und Raiffeisenbanken entgegen. Kaufangebote werden von den vorgenannten Banken innerhalb des vorgenannten Zeitraums (vorbehaltlich einer Verkürzung der Angebotsfrist) freibleibend entgegengenommen und können mit einem Preislimit innerhalb des Preisrahmens versehen werden. Zeichnungsaufträge können erst ab einer Ordergröße von 100 Stück berücksichtigt werden. Die endgültige Festsetzung des Kaufpreises erfolgt voraussichtlich am 2. Februar 20.. Insbesondere für den Fall, dass die Zahl der zu platzierenden Aktien nicht ausreicht, sämtliche Kaufaufträge zum endgültigen Platzierungspreis zu bedienen, behält sich die Bank vor, Kaufangebote nicht oder nur teilweise anzunehmen. Ein Anspruch auf Annahme des Kaufangebots besteht nicht.

Der Kaufpreis für die Inhaberstückaktien zuzüglich üblicher Effektenprovision ist von den Erwerbern voraussichtlich am 4. Februar 20.. zu entrichten. Ansprüche auf Auslieferung effektiver Stücke können nicht geltend gemacht werden.

Weitere Einzelheiten sind dem Unvollständigen Verkaufsprospekt/Unternehmensbericht vom 19. Januar 20.. zu entnehmen.

Greenshoe

Bei vielen Neuemissionen setzt sich das Angebot aus zwei Tranchen zusammen: einem Teil, der auf jeden Fall angeboten wird und einem bestimmten Rest, der erst bei entsprechend hoher Nachfrage am Markt platziert wird. Diesen zweiten Teil nennt man Greenshoe oder Mehrzuteilung. Dabei warten die Konsortialbanken zuerst ab, wie groß das Interesse an der Emission ist. Danach entscheidet sich, ob der Greenshoe gebraucht wird.

Wird der Greenshoe mit den Altaktionären des Emittenten vereinbart, handelt es sich in aller Regel um eine Wertpapierleihe. Das heißt, die Altaktionäre, oft Großaktionäre des Emittenten, übertragen eine bestimmte Anzahl ihrer Aktien darlehensweise an die Konsortialbanken. Diese sind im Gegenzug nach Ablauf der Leihfrist entweder zur Rückübertragung der Aktien oder zur Zahlung des entsprechenden Emissionspreises verpflichtet. Wird der Greenshoe dagegen mit dem Emittenten, d. h. der Aktiengesellschaft vereinbart, erfolgt eine Kapitalerhöhung, durch die die zusätzlich benötigten Aktien geschaffen werden.

Quelle: In Anlehnung an: Handelsblatt.

Aufgaben:

1. Berechnen Sie den Brutto-Erlös für den Emittenten bei einer maximalen Gesamtplatzierung und bei einem Preis von 23,00 EUR je Aktie! Unterstellen Sie, dass der Greenshoe mit den Altaktionären vereinbart wird. Für die Verkäufe aus den Beständen der Altaktionäre fließt diesen der Verkaufserlös zu.

2. Welchen Erlös kann die Greenshoe-Tranche erbringen (Preis 23,00 EUR je Aktie)?

3. In welchen Bilanzpositionen schlägt sich bei der Abit AG der Emissionserlös nieder?

4. Wer ist Bookrunner dieser Emission?

5. Notieren Sie, welche (Teil-)Phasen des Bookbuilding im Verkaufsangebot sichtbar werden! Markieren Sie diese im Text!

Phasen des Bookbuilding

1 **Pre-Marketing**	2 **Marketing**	3 **Ordertaking** (eigentliches Bookbuilding)
Phase vor Bekanntgabe des Preisrahmens ■ Weckung des Interesses für die Papiere bei potenziellen Investoren. ■ Erste Unternehmenspräsentationen (Roadshows). ■ Einzelgespräche mit ausgewählten Investoren (One-on-One-Meetings). ■ Bandbreitenindikation für den Platzierungspreis.	■ Bekanntgabe des Preisrahmens für den Emissionspreis auf einer Pressekonferenz ■ Roadshows und One-on-One-Meetings. ■ Anlageberater der Kreditinstitute informieren private Anleger.	■ Bookrunner sammelt im EDV-Orderbuch die gemeldeten Zeichnungen. ■ Erfassung der Gebote anhand von Meldebögen (→ Name des Investors, gewünschter Preis, Menge, Anlagestrategie u. a.).

[4] **Preisfixierung**	[5] **Zuteilung**
Bookrunner und Emittent legen einen marktnahen Emissionspreis fest.	Anhand der Qualität der Gebote: ■ Preislimit, Zeichnungszeitpunkt, Zeichnungsvolumen; ■ gewünschte Investorenstruktur; ■ Nachmarktpotenzial der Investoren. (Analyse kann z. B. durch computergesteuertes Scoring oder Punktebewertungsmodell erfolgen.)

[6] Vergleichen Sie das Festpreisverfahren bei der Platzierung von Wertpapieren (z. B. Auflegung zur öffentlichen Zeichnung) mit dem Bookbuilding. Fertigen Sie zum Vergleich die nachstehende Übersicht an!

Vergleich Festpreisverfahren – Bookbuilding

Festpreisverfahren	Bookbuilding
Preisbildung nach Fundamentalurteil, aktuellen Marktverhältnissen und Branchenvergleich	
Vereinbarung des Preises zwischen Emittent und Konsortialführer	
Keinerlei Einflussnahme der Investoren möglich	
Emittent hat von vornherein Gewissheit über den Mittelzufluss und eine klare Kalkulationsgrundlage	

Quelle: In Anlehnung an: BM-Grafik.

6.3 Tenderverfahren bei Bundeswertpapieren

6.3.1

EZB
Durchführung der Geldpolitik im Euro-Währungsgebiet

(Auszug)

5.1 TENDERVERFAHREN

5.1.1 ALLGEMEINES

Die Offenmarktgeschäfte des Eurosystems werden normalerweise in Form von Tendern durchgeführt. [...]

Das Eurosystem unterscheidet zwei verschiedene Tenderverfahren: Standardtender und Schnelltender [...]

A. STANDARDTENDER

Standardtender werden innerhalb von höchstens 24 Stunden von der Tenderankündigung bis zur Bestätigung des Zuteilungsergebnisses durchgeführt (wobei zwischen dem Ablauf der Gebotsfrist und der Bekanntgabe des Zuteilungsergebnisses etwa zwei Stunden liegen). [...]

Die Hauptrefinanzierungsgeschäfte, die längerfristigen Refinanzierungsgeschäfte und die strukturellen Operationen (außer endgültigen Käufen bzw. Verkäufen) werden stets in Form von Standardtendern durchgeführt. Geschäftspartner, die die [...] allgemeinen Zulassungskriterien erfüllen, können an Standardtendern teilnehmen.

B. SCHNELLTENDER

Schnelltender werden in der Regel innerhalb einer Stunde nach der Tenderankündigung durchgeführt, wobei die Bestätigung direkt nach der Bekanntgabe des Zuteilungsergebnisses erfolgt.

[...] Das Eurosystem kann nach [...] festgelegten Kriterien und Verfahren eine begrenzte Anzahl von Geschäftspartnern zur Teilnahme an den Schnelltendern auswählen.

C. MENGEN- UND ZINSTENDER

Das Eurosystem kann zwischen Festsatztendern (Mengentendern) und Tendern mit variablem Zinssatz (Zinstendern) wählen. Bei einem Mengentender gibt die EZB den Zinssatz vor; die Teilnehmer geben Gebote über den Betrag ab, den sie bereit sind, zu diesem Festsatz zu kaufen bzw. zu verkaufen. Bei einem Zinstender geben die Teilnehmer Gebote über die Beträge und die Zinssätze ab, zu denen sie Geschäfte mit den nationalen Zentralbanken abschließen wollen.

5.1.3 ANKÜNDIGUNG VON TENDEROPERATIONEN

Die Standardtender des Eurosystems werden über Wirtschaftsinformationsdienste öffentlich bekannt gegeben. Darüber hinaus können die nationalen Zentralbanken Geschäftspartnern, die keinen Zugang zu Wirtschaftsinformationsdiensten haben, den Tender unmittelbar bekannt geben. Die öffentliche Tenderankündigung enthält normalerweise die folgenden Angaben: Referenznummer der Tenderoperation, Tag der Durchführung des Tenders, Art der Operation (Bereitstellung oder Absorption von Liquidität und die Art des anzuwendenden geldpolitischen Instruments), Laufzeit der Operation, Art des Tenders (Mengen- oder Zinstender), Zuteilungsmethode („holländisches" oder „amerikanisches" Verfahren ...), beabsichtigtes Zuteilungsvolumen (in der Regel nur bei längerfristigen Refinanzierungsgeschäften), festgesetzter Zinssatz/Preis/[...] (bei Mengentendern), u.a. [...]

5.1.4 VORBEREITUNG UND ABGABE VON GEBOTEN DURCH DIE GESCHÄFTSPARTNER

Die Gebote der Geschäftspartner müssen dem von den nationalen Zentralbanken für das jeweilige Geschäft vorgegebenen Muster entsprechen. Die Gebote sind bei der nationalen Zentralbank des Mitgliedstaates einzureichen, in dem das Institut eine Niederlassung (Hauptverwaltung oder Zweigstelle) hat. Gebote eines Instituts können in jedem Mitgliedstaat nur von einer Niederlassung eingereicht werden (entweder von der Hauptverwaltung oder einer hierfür ausgewählten Zweigstelle).

Bis zum Bietungsschluss können Gebote zurückgerufen werden. Nach Ablauf der in der Tenderankündigung angegebenen Bietungsfrist eingehende Gebote sind ungültig. Die nationalen Zentralbanken beurteilen, ob die Gebote vor Ablauf der Bietungsfrist eingegangen sind. Sie berücksichtigen keines der Gebote eines Geschäftspartners, wenn der Gesamtbietungsbetrag die von der EZB gegebenenfalls festgesetzten Höchstbietungsbeträge überschreitet. Gleichfalls lassen sie auch alle Gebote außer Acht, die den Mindestbietungsbetrag unterschreiten oder unter dem niedrigsten bzw. über dem höchsten akzeptierten Zinssatz/Preis/Swapsatz liegen. Außerdem können die nationalen Zentralbanken Gebote als gegenstandslos betrachten, die unvollständig sind oder nicht den Formvorschriften entsprechen. Wird ein Gebot nicht berücksichtigt, so teilt die nationale Zentralbank dem Geschäftspartner ihre Entscheidung vor der Tenderzuteilung mit.

5.1.5 ZUTEILUNGSVERFAHREN BEI TENDERN

A. MENGENTENDER

Bei der Zuteilung von Mengentendern werden die von den Geschäftspartnern eingereichten Gebote zusammengestellt. Übersteigt das Bietungsaufkommen den angestrebten Zuteilungsbetrag, so werden die Gebote anteilig im Verhältnis des vorgesehenen Zuteilungsbetrags zum Gesamtbietungsaufkommen zugeteilt.

[...] Die EZB kann jedoch beschließen, bei Mengentendern jedem Geschäftspartner einen Mindestbetrag/eine Mindestquote zuzuteilen.

B. ZINSTENDER IN EURO

Bei der Zuteilung von liquiditätszuführenden Zinstendern in Euro werden die Gebote in absteigender Reihenfolge der Zinsgebote zusammengestellt. Die Gebote mit den höchsten Zinssätzen werden vorrangig zugeteilt. Nachfolgende Gebote mit niedrigeren Zinssätzen werden so lange akzeptiert, bis der für die Zuteilung vorgesehene Gesamtbetrag erreicht ist. Wenn beim niedrigsten akzeptierten Zinssatz (d.h. dem marginalen Zinssatz) der Gesamtbetrag dieser Gebote den verbleibenden Zuteilungsbetrag übersteigt, wird Letzterer anteilig auf die Gebote nach Maßgabe des Verhältnisses zwischen verbleibendem Zuteilungsbetrag und Gesamtbetrag der Gebote zum marginalen Zinssatz zugeteilt [...]

Bei der Zuteilung von liquiditätsabschöpfenden Zinstendern (die bei der Emission von Schuldverschreibungen und der Hereinnahme von Termineinlagen verwendet werden können) werden die Gebote in aufsteigender Reihenfolge der Zinsgebote zusammengestellt (oder in absteigender Reihenfolge der gebotenen Preise). Gebote mit den niedrigsten Zinssätzen (dem höchsten Preis) werden vorrangig zugeteilt, und nachfolgende Gebote mit höheren Zinssätzen (niedrigeren Preisgeboten) werden so lange akzeptiert, bis der Gesamtbetrag, der abgeschöpft werden soll, erreicht ist. Wenn beim höchsten akzeptierten Zinssatz/niedrigsten Preis (d.h. dem marginalen Zinssatz/Preis) der Gesamtbetrag dieser Gebote den verbleibenden Zuteilungsbetrag übersteigt, wird Letzterer anteilig auf die Gebote nach Maßgabe des Verhältnisses zwischen verbleibendem Zuteilungsbetrag und Gesamtbetrag der Gebote zum marginalen Zinssatz/Preis zugeteilt [...]. Bei der Emission von Schuldverschreibungen wird der jedem Geschäftspartner zugeteilte Betrag auf das nächste Vielfache der Stückelung der Schuldverschreibungen gerundet. [...]

D. ZUTEILUNGSVERFAHREN

Bei Zinstendern kann das Eurosystem die Zuteilung entweder zu einem einheitlichen Satz oder zu mehreren Sätzen vornehmen. Bei der Zuteilung zu einem einheitlichen Bietungssatz (holländisches Zuteilungsverfahren) erfolgt die Zuteilung bei allen zum Zuge kommenden Geboten zum marginalen Zinssatz/Preis/[...] (d.h. demjenigen, bei dem der gesamte Zuteilungsbetrag ausgeschöpft wird). Bei einer Zuteilung nach dem amerikanischen Zuteilungsverfahren erfolgt die Zuteilung zu den individuell gebotenen Zinssätzen/Preisen [...].

5.1.6 BEKANNTMACHUNG DER TENDERERGEBNISSE

Das Ergebnis der Standardtender und Schnelltender wird über Wirtschaftsinformationsdienste öffentlich bekannt gegeben. Darüber hinaus können die nationalen Zentralbanken das Zuteilungsergebnis Geschäftspartnern ohne Zugang zu Wirtschaftsinformationsdiensten unmittelbar bekannt geben. [...]

5.3 ABWICKLUNGSVERFAHREN

5.3.1 ALLGEMEINES

Die geldlichen Verrechnungen im Zusammenhang mit der Inanspruchnahme der ständigen Fazilitäten des Eurosystems oder der Teilnahme an Offenmarktgeschäften werden über die Konten der Geschäftspartner bei den nationalen Zentralbanken (oder über ihre Konten bei Zahlungsausgleichsbanken, die am TARGET-System teilnehmen) abgewickelt. Die geldlichen Verrechnungen werden erst nach (oder zum Zeitpunkt) der endgültigen Übertragung der Sicherheiten durchgeführt. Dies bedeutet, dass die Sicherheiten entweder im Voraus auf einem Depotkonto bei den nationalen Zentralbanken hinterlegt worden sein oder – unter Beachtung des Grundsatzes „Lieferung gegen Zahlung" – gleichtägig angeschafft werden müssen. Die Übertragung der Sicherheiten erfolgt über die Wertpapierabwicklungskonten der Geschäftspartner bei Wertpapierabwicklungssystemen, die den Mindestanforderungen der EZB entsprechen. Geschäftspartner ohne Depot bei einer nationalen Zentralbank oder ohne Wertpapierabwicklungskonto bei einem Wertpapierabwicklungssystem, das den Mindestanforderungen der EZB entspricht, können die Übertragung von Sicherheiten über ein Wertpapierabwicklungskonto oder ein Depot bei einer Korrespondenzbank abwickeln.

Abbildung 1: Normaler Zeitrahmen für die Verfahrensschritte bei Standardtendern (Zeitangaben in EZB-Zeit [MEZ])

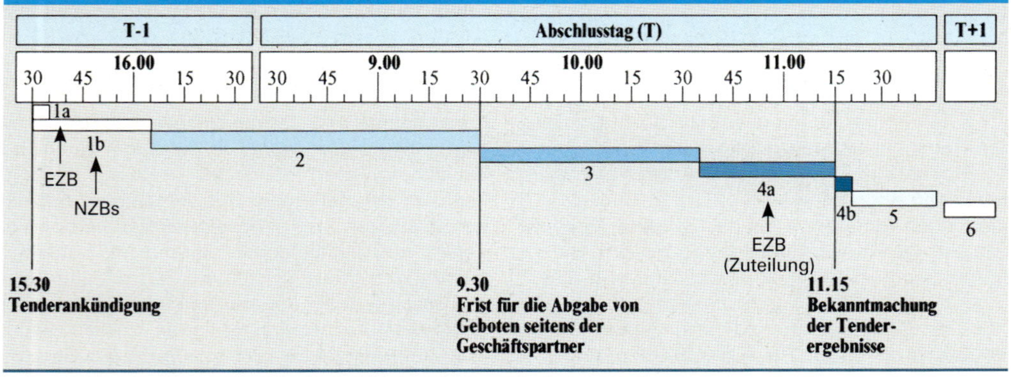

Abbildung 2: Normaler Zeitrahmen für die Verfahrensschritte bei Schnelltendern

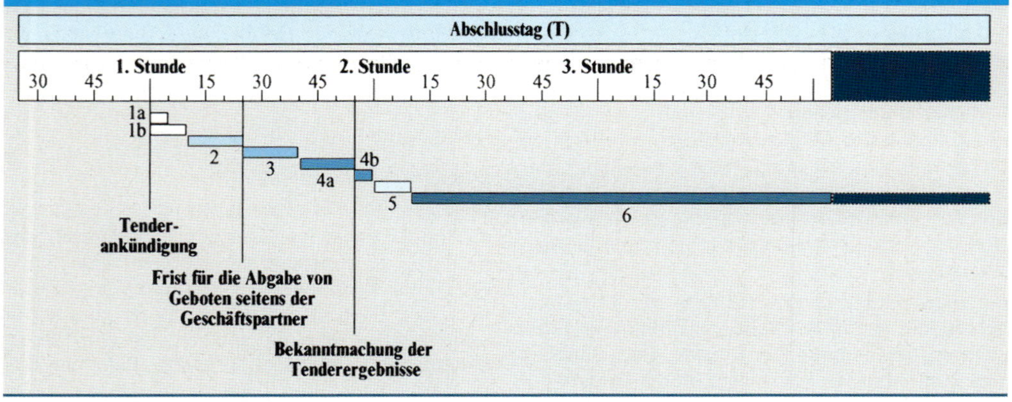

Aufgaben:

1. Stellen Sie Unterschiede zwischen Standard- und Schnelltender heraus!

2. Das Tenderverfahren gliedert sich in sechs Verfahrensschritte. Stellen Sie diese Schritte in der folgenden Tabelle zusammen!

Schritt 1	
Schritt 2	
Schritt 3	
Schritt 4	
Schritt 5	
Schritt 6	

3. Erklären Sie das Zuteilungsverfahren bei „liquiditätsabschöpfenden Zinstendern" („amerikanisches Verfahren")!

6.3.2

Ausschreibung einer 10-jährigen Anleihe des Bundes im Tenderverfahren

Die Bundesrepublik Deutschland — Finanzagentur GmbH bietet für Rechnung des Bundes über die Deutsche Bundesbank im Wege der Ausschreibung an:

3,00 % Anleihe der Bundesrepublik Deutschland von 20.. (20..)

fällig am 4. Juli 20..
Zinstermin 4. Juli gzj., Zinslaufbeginn 30. April 20..
erste Zinszahlung am 4. Juli 20.. für 430 Tage
ISIN DE0001135408//WKN 113540
angestrebtes Emissionsvolumen (inkl. Marktpflegequote): 8 Mrd. €

Die Trennung der Anleihe in Kapitalanspruch und einzelne Zinsansprüche („Stripping") ist möglich.

Bietungsberechtigt sind Mitglieder der Bietergruppe Bundesemissionen. Gebote müssen über einen Nennbetrag von mindestens 1 Mio. € oder einem ganzen Vielfachen davon lauten. Kursgebote müssen auf volle 0,01-Prozentpunkte lauten. Gebote ohne Angabe eines Bietungskurses sind möglich. Die vom Bund akzeptierten Kursgebote werden zu dem im Gebot genannten Kurs, Gebote ohne Kursangabe zum gewogenen Durchschnittskurs der akzeptierten Kursgebote zugeteilt. Repartierung bleibt vorbehalten.

Verfahrensregeln für Tender bei der Begebung von Bundesanleihen, Bundesobligationen, Bundesschatzanweisungen und Unverzinslichen Schatzanweisungen des Bundes

(Fassung Januar 2011)
– Auszug –

1. Die Bundesrepublik Deutschland – Finanzagentur GmbH bietet für Rechnung des Bundes über die Deutsche Bundesbank Bundesanleihen, Bundesobligationen, Bundesschatzanweisungen und Unverzinsliche Schatzanweisungen im Tenderverfahren an. Die Konditionen der einzelnen Emissionen werden im Wege der Ausschreibung durch Pressenotiz, über Wirtschaftsinformationsdienste und über das Bund Bietungs-System (BBS) der Deutschen Bundesbank bekannt gemacht. [...]
2. – 5. [...]
6. Die vom Bund für Bundesanleihen, Bundesobligationen und Bundesschatzanweisungen akzeptierten Gebote werden zu dem im jeweiligen Gebot genannten Kurs zugeteilt. Gebote, die über dem niedrigsten vom Bund akzeptierten Kurs liegen, werden voll zugeteilt. Gebote, die unter dem niedrigsten akzeptierten Kurs liegen, fallen aus. Gebote ohne Angabe eines Kurses werden zum gewogenen Durchschnittskurs der akzeptierten Kursgebote zugeteilt. Der Bund behält sich vor, alle Gebote abzulehnen oder auf Gebote zum niedrigsten akzeptierten Kurs und/oder auf Gebote ohne Angabe eines Kurses nur Teilbeträge zuzuteilen. Im Fall der Teilzuteilung ist ein Mindestbetrag nicht vorgesehen. Rechtzeitig eingereichte Gebote, die aus technischen Gründen erst nach Zuteilung berücksichtigt werden können, verändern den für die Abrechnung maßgebenden gewogenen Durchschnittskurs der akzeptierten Kursgebote nicht mehr. [...]
7. [...]

DEUTSCHE BUNDESBANK

Aufgaben:

1 An der obigen Ausschreibung der Bundesanleihe beteiligen sich 9 Mitglieder der Bietergruppe Bundesemissionen. Nach Ablauf der Bietungsfrist ergibt sich folgendes Bietungsaufkommen.

Mitglieder der Bietergruppe	Bietungskurs in Prozent	Gebote zum jeweiligen Kurs in Mio. EUR	Mitglieder der Bietergruppe	Bietungskurs in Prozent	Gebote zum jeweiligen Kurs in Mio. EUR
A	99,15	500	F	99,09	1900
B	99,13	600	G	99,08	2800
C	99,12	800	H	99,07	4100
D	99,11	900	I	ohne Bietungskurs	900
E	99,10	1000			

Der Emittent wünscht bei den Mitgliedern der Bietergruppe 7,263 Mrd. EUR der Anleihe zu platzieren. 0,737 Mrd. EUR werden zum Zwecke der Marktpflege einbehalten.

Welche Gebote werden zu welchen Kursen befriedigt?

2 Was versteht man unter Marktpflege? Erläutern Sie an einem Beispiel, wie die für die Bundesbank reservierten Teile der Anleihe zur Marktpflege eingesetzt werden!

7 Depotgeschäft

7.1 Aufbewahrung von Gegenständen

Der Kunde Hermann Schürholz beabsichtigt, eine längere Urlaubs- und Dienstreise anzutreten. Die wertvollsten Stücke seiner Grafik- und Münzsammlung möchte er seinem Kreditinstitut zur sicheren Aufbewahrung übergeben. Die Bilder (Grafiken) befinden sich in einer großen Mappe, die Münzen werden in mehreren kleinen Schatullen aufbewahrt.

Schreiben Sie dem Kunden! Unterrichten Sie ihn, welchen Service Sie anbieten können und was er veranlassen muss!

7.2 Verwahrungsarten

Für die Bearbeitung der folgenden beiden Aufgaben soll der abgedruckte Auszug aus dem Depotgesetz benutzt werden.

Gesetz über die Verwahrung und Anschaffung von Wertpapieren (Depotgesetz – DepotG)

in der Fassung der Bekanntmachung vom 11. Januar 1995 (BGBl. I S. 34)

– Auszug –

§ 1 [Allgemeine Vorschriften]

(1) [...]

(2) Verwahrer im Sinne dieses Gesetzes ist, wem im Betrieb seines Gewerbes Wertpapiere unverschlossen zur Verwahrung anvertraut werden.

(3) [...]

1. Abschnitt. Verwahrung

§ 2 [Sonderverwahrung]

Der Verwahrer ist verpflichtet, die Wertpapiere unter äußerlich erkennbarer Bezeichnung jedes Hinterlegers gesondert von seinen eigenen Beständen und von denen Dritter aufzubewahren, wenn es sich um Wertpapiere handelt, die nicht zur Sammelverwahrung durch eine Wertpapiersammelbank zugelassen sind, oder wenn der Hinterleger die gesonderte Aufbewahrung verlangt. Etwaige Rechte und Pflichten des Verwahrers, für den Hinterleger Verfügungen oder Verwaltungshandlungen vorzunehmen, werden dadurch nicht berührt.

§ 5 [Sammelverwahrung]

(1) Der Verwahrer darf vertretbare Wertpapiere, die zur Sammelverwahrung durch eine Wertpapiersammelbank zugelassen sind, dieser zur Sammelverwahrung anvertrauen, es sei denn, der Hinterleger hat nach § 2 Satz 1 die gesonderte Aufbewahrung der Wertpapiere verlangt. Anstelle der Sammelverwahrung durch eine Wertpapiersammelbank darf der Verwahrer die Wertpapiere ungetrennt von seinen Beständen derselben Art oder von solchen Dritter selbst aufbewahren oder einem Dritten zur Sammelverwahrung anvertrauen, wenn der Hinterleger ihn dazu ausdrücklich und schriftlich ermächtigt hat. Die Ermächtigung darf weder in Geschäftsbedingungen des Verwahrers enthalten sein noch auf andere Urkunden verweisen, sie muss für jedes Verwahrungsgeschäft besonders erteilt werden.

(2) – (4) [...]

§ 6 [Miteigentum am Sammelbestand. Verwaltungsbefugnis des Verwahrers bei der Sammelverwahrung]

(1) Werden Wertpapiere in Sammelverwahrung genommen, so entsteht mit dem Zeitpunkt des Eingangs beim Sammelverwahrer für die bisherigen Eigentümer Miteigentum nach Bruchteilen an den zum Sammelbestand des Verwahrers gehörenden Wertpapieren derselben Art. Für die Bestimmung des Bruchteils ist der Wertpapiernennbetrag maßgebend, bei Wertpapieren ohne Nennbetrag die Stückzahl.

(2) [...]

§ 7 [Auslieferungsansprüche des Hinterlegers bei der Sammelverwahrung]

(1) Der Hinterleger kann im Falle der Sammelverwahrung verlangen, dass ihm aus dem Sammelbestand Wertpapiere in Höhe des Nennbetrages, bei Wertpapieren ohne Nennbetrag in Höhe der Stückzahl der für ihn in Verwahrung genommenen Wertpapiere ausgeliefert werden; die von ihm eingelieferten Stücke kann er nicht zurückfordern.

(2) [...]

7.2.1

Hans Neumann liefert folgende Wertpapiere bei seinem Kreditinstitut ins Depot ein:

- nom. EUR 1 000,00 6 % Industrie-Anleihe von 20.., deren Stücke seit 20.. jährlich ausgelost werden. (Die Anleihe wird nicht serienmäßig ausgelost.)
- 35 Stück Techno AG-Aktien.

Die Bank des Herrn Neumann legt die festverzinslichen Papiere in Streifbandverwahrung.

AUFGABEN:

1 Warum werden die festverzinslichen Wertpapiere von der Bank in Streifbandverwahrung genommen?

2 Warum ist für die Techno AG-Aktien die Streifbandverwahrung nicht erforderlich?

3 Wann werden Wertpapiere in Sonderverwahrung genommen?

7.2.2

Füllen Sie das folgende Schema aus!

	Sonderverwahrung	Sammelverwahrung
Merkmale der Aufbewahrung		
Voraussetzung für die Aufbewahrung		
Eigentumsverhältnisse nach Einlieferung		
Auslieferungsanspruch des Hinterlegers		
Beispiele		
Vorteile		

7.2.3

Dr. H. Boland
Ringstr. 27
45219 Essen

321/35/35
83 255 499 00

DEPOTAUSZUG per 31. 12. 20. .
Statement of Securities / Relevé de compte-titres

Blatt G 296/1
sheet/feuillet

Wir bitten Sie, den Auszug alsbald zu prüfen.
Please check the statement as soon as possible.
Veuillez contrôler des que possible l'exactitude du relevé

MUELHEIM/R., 18.01.20. .

Kontobezeichnung / Title of account / Intituédu compte

Bitte Rückseite beachten / p.t.o. / tourner s.v.p.!

Währung Currency / Devise	Bestand Holding / Valeur nominale	Wertpapierbezeichnung Description of security / Désignation du titre	Nr. für Branchengliederung Break-down by sectors Ventilation par secteurs	Wertpapier-Kenn-Nummer Code No. / Numéro de code	Depot-Verw.-Art/ Kind of safe Custody / Genre de dépôt	Wertberechnung Computation of value / Calcul de la valeur: Kurs per Jahresultimo Price as of end of year Cours fin d'année	Kurswert Market price Valeur de cotation
EUR	1.000	3 %-9 % COMMERZBANK SPARBRIEF –B– SCHULDV. EMISSION 30	02	429294	HS	108,15 ▼	1.081,50
*************		IHR AUSZUG BESTEHT AUS 1 BLATT				GESAMTDEPOT	1.081,50

▼ WP 40 (1-2) 1.160. 11.70

Dieser Depotauszug wird nicht unterschrieben / This statement of securities will not be signed / Ce relevé de compte-titres ne portera pas de signature

Aufgaben:

Erläuterungen des Schreibtextes: Verwahrungsarten:		Erläuterungen der Branchengliederung:	
STR	= Streifbanddepot	01 – 04	inländische Renten
GS	= Girosammeldepot	05 – 20	inländische Aktien
GSC	= Girosammel/Clearstream	21 – 24	ausländische Renten
JGS/IGU	= Jungscheingiroverkehr/ interimistische Globalurkunde	25 – 35	europäische Aktien
		usw.	
WR	= Wertpapierrechnung	Lagerort:	
GSN	= Girosammeldepot/Namensaktien	HS	= Haussammeldepot

1 Kennzeichnen Sie das Wertpapier, das die Bank für den Kunden verwahrt:
   a) Art des Papiers (Besonderheiten),
   b) Verzinsung der Anlage!

2 Welche Verwahrungsart liegt vor?

3 Kennzeichnen Sie die Verwahrungsart!

4 Welche Vorschrift des Depotgesetzes muss das Kreditinstitut beachten, wenn diese Verwahrungsart gewählt wird?

7.3 Wertpapierverwaltung

7.3.1

In der Wirtschaftspresse wurden nachstehende Bekanntmachungen veröffentlicht:

1.

adidas GROUP

adidas AG
Herzogenaurach
– ISIN: DE0005003404 –

Dividendenbekanntmachung

Die ordentliche Hauptversammlung unserer Gesellschaft vom 12. Mai 20. . hat beschlossen, für das Geschäftsjahr 20. . eine Dividende von EUR 1,00 je Stückaktie auf das dividendenberechtigte Grundkapital von EUR 193 515 512,00 auszuschütten.

Da keine effektiven Aktienurkunden ausgegeben sind, wird die Auszahlung der Dividende am 13. Mai 20 . . durch die Clearstream Banking AG, Frankfurt am Main, über die Depotbanken unter Abzug von 25 % Kapitalertragsteuer, 5,5 % Solidaritätszuschlag auf die Kapitalertragsteuer (insgesamt 26,375 %) und gegebenenfalls Kirchensteuer auf die Kapitalertragsteuer erfolgen.

Der Abzug der Kapitalertragsteuer sowie des Solidaritätszuschlags und gegebenenfalls der Kirchensteuer entfällt bei solchen Aktionären, die ihrer Depotbank eine „Nicht-Veranlagungsbescheinigung“ des für sie zuständigen Finanzamtes eingereicht haben. Das Gleiche gilt ganz oder teilweise für Aktionäre, die ihrer Depotbank einen „Freistellungsauftrag“ eingereicht haben, soweit das in diesem Auftrag angeführte Freistellungsvolumen nicht durch andere Erträge aus Kapitalvermögen bereits aufgebraucht ist.

Mit dem Steuerabzug gilt die deutsche Einkommensteuer für private Kapitalerträge als abgegolten. Unabhängig davon kann auf Antrag die Dividende zusammen mit den übrigen Kapitalerträgen in die Einkommensteuerveranlagung einbezogen werden, wenn dies zu einer niedrigeren individuellen Einkommensteuer führt.

[...]

2.

UNIFONDS – ERTRAGSAUSSCHÜTTUNG

Für die abgelaufene sechste Rechenschaftsperiode werden gegen Vorlage des Ertragsscheines Nr. 7 ab 1. November 20..

2,30 EUR

pro Anteil Erträgnisse ausgezahlt.

Union Investment-Gesellschaft

3.

HÜTTENWERKE SALZGITTER, AKTIENGESELLSCHAFT

Salzgitter-Watenstedt
7 % Anleihe von 20..
Wertpapier-Kenn-Nummer 367 500
Auslosung der Tilgungsrate per 1. Dezember 20..

Am 25. Oktober 20.. fand unter notarieller Aufsicht die Auslosung der zum 1. Dezember 20.. zur Rückzahlung zum Nennwert fälligen Teilschuldverschreibungen von insgesamt 2 100 000 EUR statt. Es wurden folgende Endziffernpaare gezogen:

23, 32, 35, 81, 89 und 91.

Als ausgelost gelten aus jedem Wertabschnitt alle Teilschuldverschreibungen, die die vorgenannten Endziffernpaare tragen. Sie werden vom 1. Dezember 20.. an zum Nennwert kostenfrei eingelöst und sind zu diesem Zweck mit den Zinsscheinen per 1. Juni 20.. uff. bei einer der nachstehend genannten Zahlstellen einzureichen. Als Zahlstellen sind folgende Institute mit ihren Niederlassungen tätig:

Deutsche Bank AG
Commerzbank AG

Salzgitter-Watenstedt, im November 20..

Der Vorstand

Welche Aufgaben der Wertpapierverwaltung kann man aus den vorstehenden Bekanntmachungen ableiten?

7.3.2

Stimmrechtsvollmacht (Auszug)

Teilnahme an Hauptversammlung (HV) und Ausübung von Stimmrechten aus Ihren inländischen Aktien

Sehr geehrte Kundin, sehr geehrter Kunde,

dem Besuch der Hauptversammlungen von Aktiengesellschaften kommt besondere Bedeutung zu.

Es geht um die Wahrnehmung Ihrer Rechte in Unternehmen, an denen Sie beteiligt sind. Üblicherweise findet einmal im Jahr eine Hauptversammlung statt und beschließt u. a. über die Verwendung des Bilanzgewinns (Dividende), Satzungsänderungen, Kapitalveränderungen, die Entlastung von Vorstand und Aufsichtsrat, Wahlvorschläge zum Aufsichtsrat. Andere wichtige Fragen, deren Entscheidung den Aktionären nach Aktiengesetz und Satzung übertragen ist, stehen ebenfalls zur Abstimmung an.

Um bei Beschlüssen Zufallsmehrheiten zu vermeiden, empfiehlt sich die Stimmrechtsausübung möglichst aller Aktionäre. Außerdem können sich Aktionäre bei einer Teilnahme unmittelbar über Lage und Entwicklung der Gesellschaft informieren.

1. Hinweise zu Inhaberaktien

Wahrnehmung Ihrer Rechte und Interessen – wie?

Persönliche Teilnahme: Wir empfehlen Ihnen an den Hauptversammlungen teilzunehmen und Ihre Stimmrechte persönlich auszuüben.

Bevollmächtigter: Sie können Ihre Rechte auch durch einen Bevollmächtigten (Aktionärsvereinigung, Verwandten, Bekannten usw.) wahrnehmen lassen.

Beauftragung Ihres Kreditinstitutes: Alternativ sind wir gern bereit, Ihre Stimmrechte zu ausgewählten inländischen Inhaberaktien auszuüben bzw. durch Weiter- oder Untervollmacht ausüben zu lassen. Einzelheiten zu diesen Inhaberaktien werden Ihnen von Ihrem Kreditinstitut gern erläutert.

Was müssen Sie tun, wenn

- Sie an der HV teilnehmen möchten oder Ihr Stimmrecht von einem Bevollmächtigten wahrnehmen lassen wollen?

Bitte informieren Sie uns rechtzeitig, damit wir Ihnen oder Ihrem Bevollmächtigten eine Eintritts-/Stimmkarte besorgen können.

- wir Ihre Stimmrechte ausüben sollen?
Wünschen Sie die Vertretung durch uns, benötigen wir von Ihnen eine schriftliche Vollmacht. Diese Vollmacht können Sie uns entweder von Fall zu Fall oder auf Dauer erteilen, die bisherige Begrenzung auf 15 Monate ist aufgrund einer Gesetzesänderung entfallen.
Wir schlagen vor, uns eine Dauervollmacht zu erteilen. Falls Sie unserem Vorschlag folgen wollen, bitten wir Sie, das beiliegende Vollmachtsformular ausgefüllt an uns zurückzusenden.

Sind Sie durch eine Dauervollmacht gebunden?

Sie sind durch eine uns erteilte Dauervollmacht nicht gebunden. **Sie kann von Ihnen jederzeit widerrufen werden,** z.B. wenn Sie im Einzelfall Ihr Stimmrecht selbst ausüben oder durch einen persönlich Bevollmächtigten ausüben lassen wollen. Wir werden Sie jährlich auf ihr Widerrufsrecht und die anderen Vertretungsmöglichkeiten hinweisen.

Wann machen wir von der Vollmacht Gebrauch?

Von Ihrer Vollmacht werden wir nur bei **inländischen Inhaberaktien** Gebrauch machen, wenn wir

- uns zur Ausübung der Stimmrechte anbieten, Ihnen einen Vorschlag für die Ausübung Ihres Stimmrechts mitteilen **und**
- Ihnen vor der jeweiligen Hauptversammlung die Unterlagen der Gesellschaft übermittelt haben.

Wir bitten um Ihr Verständnis, wenn wir im Einzelfall von Ihrer Vollmacht keinen Gebrauch machen. In diesen Fällen werden wir Sie informieren.

Unterrichtung über die bevorstehende HV – wie?

Wir unterrichten Sie über die bevorstehende Hauptversammlung inländischer Gesellschaften (nur Inhaberaktien) durch Übersendung folgender Unterlagen:

- Einladung zur Hauptversammlung mit Tagesordnung und Vorschlägen der Gesellschaft
- Gegenanträge von Aktionären – sofern solche gestellt wurden – und gegebenenfalls Stellungnahmen der Gesellschaft
- Vordruck für Ihre Eintrittskarten-Anforderung

Wenn wir uns zur Ausübung Ihrer Stimmrechte anbieten, erhalten Sie ergänzend von uns

- ein allgemeines Anschreiben mit unserer Stimmrechtsempfehlung (sogenannter Weisungsvorschlag),
- einen Vollmachtsvordruck, sofern Sie keine Dauervollmacht erteilt haben
- einen Weisungsvordruck, in dem Sie zu den einzelnen Tagesordnungspunkten Ihre Weisungen erteilen können.

Wir sind bemüht, Ihnen diese Unterlagen fristgerecht zur Verfügung zu stellen. Da wir aber keinen Einfluss auf die rechtzeitige Lieferung der Unterlagen der Aktiengesellschaften haben, kann es in Ausnahmefällen zu Verzögerungen kommen. Hierfür dürfen wir Sie um Verständnis bitten.

Müssen Sie Weisungen erteilen? Wie beachten wir Ihre etwaigen Weisungen?

Die Erteilung von Weisungen ist grundsätzlich nur erforderlich, wenn Ihr Stimmrecht abweichend von unserem Vorschlag ausgeübt werden soll oder wir in einem konkreten Fall, u.a. auch aufgrund gesetzlicher Bestimmungen, hierauf besonders hinweisen.

Wir werden Ihre Weisungen zur Stimmrechtsausübung beachten und hiervon nur abweichen, wenn kurz vor oder während der HV neue Gesichtspunkte bekannt werden, die zur Wahrnehmung Ihrer Interessen eine andere Beurteilung geboten erscheinen lassen. In diesem Fall werden Sie unter Angabe der Gründe von uns nachträglich unterrichtet.

Für den Fall der Stimmrechtsausübung durch uns sollten Sie noch wissen:

- In der Regel wünschen Depotkunden nicht, dass Ihre Namen in der HV genannt werden. Das beigefügte Vollmachtsformular sieht deshalb vor, dass Ihre Stimmrechte ohne Ihre Namensangabe („im Namen dessen, den es angeht") ausgeübt werden.
- *Sofern personelle Verflechtungen* zwischen der Gesellschaft und uns bestehen werden wir Sie in konkreten Fällen informieren. Dies gilt auch bei einer Beteiligung unseres Hauses von mindestens 5 % bzw. wenn wir in den letzten fünf Jahren einem Konsortium angehört haben, das von der Gesellschaft Wertpapiere übernommen hat.
- Wir können von Ihrer Vollmacht insoweit keinen Gebrauch machen, wenn uns Umstände bekannt werden, die nach Gesetz oder Satzung der Stimmrechtsausübung entgegenstehen (z. B. bei der Entlastung des Vorstandes oder Aufsichtsrates, wenn Sie einem dieser Organe angehören). Falls ein solcher Umstand bei Ihnen vorliegt, bitten wir Sie, uns diesen mitzuteilen.

2. Hinweise zu Namensaktien

...

Mit freundlichen Grüßen

Ihr Kreditinstitut

AUFGABEN:

1 Werten Sie den abgedruckten Text „Stimmrechtsvollmacht" aus! Auf welche Aktien bezieht sich die Stimmrechtsvollmacht?

2 Welche Formvorschrift ist zu beachten, wenn das Kreditinstitut für den Kunden das Stimmrecht ausüben soll?

3 Welche zwei Arten von Stimmrechtsvollmachten können unterschieden werden?

4 Welche Unterlagen übersendet das Kreditinstitut, wenn der Aktionär über eine bevorstehende Hauptversammlung unterrichtet wird?

5 Der Kunde wünscht nicht, dass sein Name in der Hauptversammlung genannt wird. Wie übt das Kreditinstitut die Stimmrechte des Kunden aus?

7.3.3

Die folgenden Auszüge der Einladungsunterlagen zur Hauptversammlung sind auszuwerten!

Deutsche Telekom

Ihre Aktionärs-Nummer: DT 0034544959

Wichtige Hinweise für unsere Aktionäre

Jeder Aktionär, der zum Zeitpunkt der Hauptversammlung im Aktienbuch der Deutschen Telekom eingetragen ist, hat ein Stimmrecht, das er entweder während der Hauptversammlung selber ausüben oder delegieren kann. Sie können sich auf verschiedenen Wegen zur Hauptversammlung anmelden, um dort Ihr Stimmrecht selbst auszuüben oder durch Bevollmächtigte ausüben zu lassen. Alternativ zu dem beigefügten Anmeldebogen können Sie auch den Internetdialog unter http://www.hv-telekom.com nutzen, um Eintrittskarten für sich oder einen Bevollmächtigten zu bestellen bzw. selbst auszudrucken oder um Vollmacht und Weisungen an die Stimmrechtsvertreter der Gesellschaft zu erteilen oder zu ändern. Im Internetdialog können Sie sich auch registrieren, wenn Sie künftig Ihre Hauptversammlungsunterlagen auf elektronischem Weg erhalten möchten.

1

Eintrittskartenbestellung für Aktionäre oder Bevollmächtigte

Senden Sie Ihre Eintrittskartenbestellung bis zum 26. April 20. . **(Posteingang)** im beiliegenden Antwortumschlag oder per Telefax an 0228 181-78879 zurück. Eine Rücksendung per Telefax ist nicht möglich im Falle einer Eintrittskartenbestellung für vom Aktionär bevollmächtigte Vertreter.

☐ 1a **Einzelaktionär**
Ich komme selbst zur Hauptversammlung. Bitte stellen Sie eine Eintrittskarte auf meinen Namen aus.

☐ 1b **Personengemeinschaft (z. B. Ehegatten)**
Wir kommen selbst zur Hauptversammlung. Bitte stellen Sie je eine Eintrittskarte auf unsere Namen aus. (Unterschriften aller eingetragenen Aktionäre erforderlich.)

☐ 1c **Ich/Wir lasse(n) mich/uns von nachstehend genannter Person vertreten**
(Unterschriften aller eingetragenen Aktionäre erforderlich; **eine Rücksendung dieser Vollmacht per Telefax ist nicht möglich.**) Ich/Wir bevollmächtige(n) folgende Person mit der Ausübung des Stimmrechts. Diese Vollmacht schließt die Ermächtigung zur Erteilung von Untervollmacht ein und darf auf einen Dritten zur Ausübung der Stimmrechte übertragen werden.

Bevollmächtigte/r

Vorname, Name

Anschrift des/der Bevollmächtigten oder meine/unsere abweichende Versandadresse c/o

Straße, Hausnummer

Postleitzahl, Wohnort

2

Vollmacht und Weisung

Meine/Unsere im Aktienregister der Deutschen Telekom AG eingetragenen Aktien sollen wie folgt vertreten werden. Die Stimmrechte sind nach Maßgabe der gesetzlichen Bestimmungen und der Satzung gemäß nachstehender Vollmacht ohne Offenlegung meines/unserer Namen(s), d. h. „im Namen dessen, den es angeht", auszuüben. Diese Vollmacht schließt die Ermächtigung zur Erteilung von Untervollmacht ein und darf auf einen Dritten zur Ausübung der Stimmrechte übertragen werden.

Hinweis: Die Vollmacht muss vollständig ausgefüllt sein und darf keine anderen Erklärungen beinhalten. Sie muss bis zum 26. April 20. . bei uns eingehen.

☐ 2a **Vollmacht und Weisung an die Stimmrechtsvertreter der Deutschen Telekom AG**
Unsere Mitarbeiter (Herr Burkhardt Prötzsch und Herr Philipp Rein, je einzeln) stimmen gemäß Ihrer Weisung auf der Hauptversammlung ab. Die Stimmrechtsvertreter der Deutschen Telekom AG werden von der Vollmacht nur Gebrauch machen, soweit ihnen konkrete Weisungen zur Ausübung des Stimmrechts vorliegen.* Senden Sie uns **Vollmacht und Weisung** möglichst bis zum **21. April 20. . , spätestens aber bis zum 26. April 20. . (bei uns eingehend)** in beiliegendem Antwortumschlag. **Eine Rücksendung per Telefax ist nicht möglich.**

* Es erfolgt ausschließlich eine Stimmrechtsvertretung nach Maßgabe der Weisungen auf diesem Anmeldebogen und dem umseitigen Weisungsbogen; Weisungen zur Abgabe von Wortbeiträgen oder zum Stellen von Fragen oder Anträgen bleiben unberücksichtigt.

☐ 2b **Vollmacht und ggf. Weisung an Kreditinstitute oder Aktionärsvereinigungen**
Senden Sie diese Vollmacht und ggf. Ihre Weisung (siehe Rückseite) möglichst bis zum **19. April 20. . , jedenfalls aber so rechtzeitig, dass eine Anmeldung bis zum 26. April 20. . (bei uns eingehend) möglich ist, direkt** an das Kreditinstitut oder die Aktionärsvereinigung Ihrer Wahl. In diesem Fall ist es **nicht** möglich, den beiliegenden Antwortumschlag oder die angegebene Telefax-Nummer zu verwenden. **Bitte überprüfen Sie, ob das gewählte Kreditinstitut/die gewählte Aktionärsvereinigung bereit ist, Stimmrechte für Sie auszuüben.**

Name und Sitz des Kreditinstitutes/der Aktionärsvereinigung

Weisung für die Ausübung des Stimmrechts

☐ Ich/Wir stimme(n) in allen Punkten **für** den Vorschlag der Verwaltung. Weisungen auf der Rückseite werden nicht berücksichtigt.

☐ Ich/Wir stimme(n) in allen Punkten **gegen** den Vorschlag der Verwaltung. Weisungen auf der Rückseite werden nicht berücksichtigt.

☐ Ich/Wir stimme(n) **nicht** in allen Punkten für oder gegen den Vorschlag der Verwaltung, sondern erteile(n) Weisung wie auf der Rückseite (Weisungsbogen) vermerkt.

✗ Ort, Datum | ✗ Unterschrift der Aktionärin/des Aktionärs (für Eintrittskartenbestellung/Vollmacht und Weisung) | Ggf. Unterschrift miteingetragener Aktionäre

18 Richard u.a. - ISBN 978-3-8120-1234-8

Per Internet Eintrittskarten bestellen oder per Internet Vollmachten erteilen (gilt nicht für die Bevollmächtigung eines Kreditinstituts oder einer Aktionärsvereinigung) sowie Weisungen an die Stimmrechtsvertreter der Deutschen Telekom AG erteilen oder ändern. Mit unserem Internet-Dialog stellen wir Ihnen einen flexiblen und komfortablen Weg zur Anmeldung zur Verfügung. Bitte helfen Sie, unseren Bearbeitungsaufwand zu verringern, und nutzen Sie diesen Service.

➞ **http://www.hv-telekom.de** (hier finden Sie auch ausführliche Informationen zum Internet-Dialog)

Bitte beachten Sie, dass auch Ihre Anmeldung per Internet fristgerecht, also bis zum **26. April 20. .**, erfolgen muss. Erteilte Weisungen an die Stimmrechtsvertreter der Deutschen Telekom AG können Sie auch noch während der Hauptversammlung bis kurz vor Eintritt in die Abstimmung ändern; der Zeitpunkt, ab dem keine Weisungen mehr erteilt werden können, wird Ihnen im Internet-Dialog angezeigt. Für den Zugang zum Internet-Dialog benötigen Sie Ihre Aktionärsnummer und das zugehörige **Online-Passwort (OP).**

Aktionärsnummer: DT0034544959

Online-Passwort (OP)

Zur Eintrittskartenbestellung über Internet und zur Teilnahme am Internet-Dialog bitte Versiegelung entfernen.

Weisungsbogen

Einzelweisungen für die Ausübung des Stimmrechts
Für die Stimmrechtsausübung werden die nachstehenden Weisungen erteilt.

Bitte nur mit schwarzem oder blauem Stift innerhalb des Kästchens ☒ ankreuzen.

Punkte der Tagesordnung [1), 2)]	Für den Vorschlag der Verwaltung	Gegen den Vorschlag der Verwaltung	Stimmenthaltung
1. Vorlage des festgestellten Jahres-/Konzernabschlusses etc. (keine Beschlussfassung)			
2. Verwendung des Bilanzgewinns	☐	☐	☐
3. Entlastung des Vorstands	☐	☐	☐
4. Entlastung des Aufsichtsrats	☐	☐	☐
5. Ermächtigung zum Erwerb und zur Verwendung eigener Aktien	☐	☐	☐
6. Bestellung des Abschlussprüfers und des Konzernabschlussprüfers	☐	☐	☐
⋮	⋮	⋮	⋮

Aufgaben:

1 Um welche Aktienart handelt es sich im vorliegenden Fall?

2 Stellen Sie anhand der Texte die Möglichkeiten der Stimmrechtsausübung zusammen!

3 Vergleichen Sie die Abläufe der Bearbeitung!

Formular 1	Formular 2a	Formular 2b

4 Beschreiben Sie das „Internet Proxy Voting". Stellen Sie Vor- und noch bestehende Nachteile des Systems heraus!

Internet-Proxy-Voting erleichtert Stimmabgabe

Die Hauptversammlung gilt bei der SAP als das Parlament ihrer Aktionäre. Vor diesem Hintergrund unternimmt die Gesellschaft alles, um den demokratischen Charakter dieses Forums zu stärken: Möglichst groß soll der Anteil des Aktienkapitals sein, das über die Tagesordnungspunkte abstimmt. Deshalb schöpft die SAP seit dem vergangenen Jahr die Möglichkeiten des sogenannten Internet-Proxy-Votings aus. Nach entsprechenden Gesetzesänderungen können Gesellschaften heute auch Bevollmächtigungen zur Stimmabgabe an auf der Hauptversammlung anwesende Stimmrechtsvertreter via Internet akzeptieren – als neue, wesentlich flexiblere und anwenderfreundliche Spielart des sogenannten Proxy Voting.

Bei der herkömmlichen Variante dieses Verfahrens erteilen Aktionäre bereits im Vorfeld der Hauptversammlung ihren späteren Vertreter eine Vollmacht – inklusive exakter Weisungen für die Ausübung der Stimmrechte. Beim Internet-Proxy-Voting erhält dieses Modell ganz neue Qualitäten: Wird die Veranstaltung live im Internet übertragen, können Investoren auf die Geschehnisse der Hauptversammlung reagieren und ihre Direktiven kurzfristig anpassen. Davon profitieren insbesondere diejenigen Anteilseigner, die bisher aus Kosten- und Zeitgründen den Hauptversammlungen häufig fernbleiben – also vor allem institutionelle Investoren aus dem Ausland sowie private Anleger. Das Resultat: Mit der steigenden Präsenz des Kapitals auf der Hauptversammlung sinkt das Risiko von Zufallsmehrheiten. Diese Vorteile bietet die SAP ihren Aktionären. Denn als börsennotierter Anbieter innovativer Softwarelösungen ist dem Unternehmen viel daran gelegen, neue Technologien auch im Sinne einer lebendigen Aktionärsdemokratie auszuschöpfen. Durch die Kombination von Internet-Proxy-Voting und der Live-Übertragung der Hauptversammlung im Internet ermöglicht die SAP allen Investoren, ihre Stimmrechtsdirektiven zeitnah von zu Hause oder aus dem Büro abzugeben. Die Vollmacht und die Weisungen sollten möglichst früh erteilt werden. Sie müssen allerdings am Tag der Hauptversammlung spätestens bis zum Beginn der Abstimmungen vorliegen.

Stimmrechtsübertragung per Internet – so funktioniert es bei der SAP

Aktionäre erhalten ihren Zugang über die Webseite www.sap.de/hauptversammlung. Nach Eingabe der fünfstelligen Nummer der Eintrittskarte und einer dazugehörigen Prüfziffer fragt das System nach den persönlichen Daten des Aktionärs. Dabei müssen die Anwender darauf achten, dass sie ihre Angaben exakt so eingeben, wie sie auf der Eintrittskarte vermerkt sind. Das gilt auch für eine eventuell fehlerhafte Schreibweise des Namens oder Wohnorts. Nach Abschluss der Registrierung erhält der Aktionär einen Zugangscode. Dieser erlaubt es dann, zusammen mit der Eintrittskartennummer und der Prüfziffer, sich zukünftig erneut an das System anzumelden sowie die Live-Übertragung der Hauptversammlung im Internet zu verfolgen und die Vollmachten und Weisungen zu erteilen. Hierbei hat der Aktionär die Wahl, entweder den Vorschlägen der Verwaltung als Ganzem zuzustimmen oder über jeden Tagesordnungspunkt einzeln abzustimmen.

Quelle: SAP Investor. Der Aktionär-Newsletter der SAP. Ausgabe 13, März 2004.

5 Stellen Sie die weiteren Neuerungen zusammen, die durch eine Änderung des Aktiengesetzes erfolgen sollen!

Aktionäre erhalten volle Rechte im Internet

Die Online-Teilnahme an Hauptversammlungen wird im Aktiengesetz künftig erlaubt

jja. FRANKFURT, 24. April. Aktionäre können künftig auch über das Internet auf Hauptversammlungen mitdiskutieren. Eine entsprechende Änderung des Aktiengesetzes kündigte Bundesjustizministerin Brigitte Zypries am Donnerstag in Berlin an. Wenn die Anteilseigner dies in der Satzung zuließen, könnten sich Aktionäre zuschalten, sagte die SPD-Politikerin. „Wie ein physisch anwesender Teilnehmer können sie dann in Echtzeit online insbesondere ihr Stimm- und Fragerecht ausüben." Die Ministerin setzt damit Vorgaben der europäischen Aktionärsrechterichtlinie um. So sollen „weltweit verstreute" Kleinanleger besser an Vorbereitung und Durchführung der Hauptversammlungen beteiligt werden. Zypries will dadurch auch die Präsenzquoten erhöhen und Zufallsmehrheiten verhindern. Abstimmungen per Brief werden erlaubt und per E-Mail erleichtert.

Börsennotierte Gesellschaften müssen Tagesordnung und Anträge nur noch auf ihrer Internetseite veröffentlichen. Mitteilungen müssen nur noch dann an die Anleger verschickt werden, wenn diese das wollen. Wenn Aktionäre es in ihrer Satzung festlegen, darf das Unternehmen den Papierversand sogar ganz einstellen. Durch diese Umrüstung auf E-Mails ließen sich jährlich 50 Millionen Euro einsparen, hat Zypries errechnen lassen. Zudem müssen bei den Aktionärstreffen keine Papierunterlagen mehr ausgelegt werden, wenn die Gesellschaft stattdessen Computerterminals aufstellt.

Quelle: FAZ vom 25. April 2008.

7.4 Einlieferung effektiver Stücke, Verwahrung, Verkauf, Drittverwahrung

Günther Valentin, Senefelderstr. 23, 38124 Braunschweig, hat eine Erbschaft gemacht, zu der auch Effekten gehören, die ihm vom Nachlassverwalter ausgehändigt wurden. Es handelt sich um folgende Papiere:

Art und Betrag des Papiers	Verkürzter Urkundentext
1. 830 Stück Industrie-Aktien	„Der Inhaber dieser Aktie ist für den Betrag von fünf Euro bei der Industrie-Aktiengesellschaft als Aktionär mit allen satzungsmäßigen Rechten und Pflichten beteiligt."
2. 90 Stück Deutsche Techno-Aktien	„Herr Oskar Valentin ist mit dieser Aktie bei der Deutschen Techno Aktiengesellschaft nach Maßgabe der Satzung als Aktionär beteiligt. Jede Übertragung dieser Aktie ist der Gesellschaft gegenüber nur gültig, wenn die Eintragung des neuen Erwerbers in das Aktienregister erfolgt."
3. nom. 1 000,00 EUR $6^1/_2$ % Wandelanleihe der Chemie Aktiengesellschaft	„$6^1/_2$ % Teilschuldverschreibung über eintausend Euro der Wandelanleihe von 20.. im Betrage von 301 200 000,00 EUR, ausgegeben gemäß Beschluss der außerordentlichen Hauptversammlung vom 18. Januar 20.., eingeteilt in untereinander gleichberechtigte Teilschuldverschreibungen. Wir verpflichten uns, dem Inhaber [...] den Betrag von eintausend Euro mit jährlich $6^1/_2$ % zu verzinsen und die Teilschuldverschreibung entweder auf Verlangen des Inhabers in Aktien der Gesellschaft umzutauschen oder am Fälligkeitstag zum Nennbetrag einzulösen."

Günther Valentin bringt die Effekten (Mäntel und Bogen) zu seiner Bank, der Stadtsparkasse, bei der er lediglich ein laufendes Konto (Nr. 65 686 810) unterhält.

[X] **Depoteröffnungsantrag**
für ein Depot mit der unten stehenden Bezeichnung (Nr. 6)

[ ] **Erneuerung der Unterschriftskarte/Blatt ______**
für das Depot mit der unten stehenden Bezeichnung (Nr. 6)

Der/Die Depotinhaber (Nr. 6) trifft/treffen mit der Sparkasse folgende Vereinbarungen:

1. Erträgnisse, Depotgebühren: Die Erträgnisse aus dem Depot sollen dem unter Nr. 6 genannten Konto gutgeschrieben, Verrechnungen und die Belastung der Depotgebühren über das unter Nr. 6 genannte Verrechnungskonto vorgenommen werden.

[ ] **1.1** Den unter Nr. 6 genannten Konten sollen – vorbehaltlich einer unter 1.2 getroffenen Regelung – auch Einlösungsbeträge aus Wertpapieren in ausländischer Währung gutgeschrieben werden.

[ ] **1.2** Einlösungsbeträge aus Wertpapieren in ausländischer Währung sollen in der Fremdwährung auf den jeweiligen Währungskonten gutgeschrieben werden, die der/die Depotinhaber bei der Sparkasse unterhält/unterhalten, soweit der/die Depotinhaber und die Sparkasse zu den betreffenden Währungen und Kontonummern eine besondere Vereinbarung getroffen haben.

2. Bei Gemeinschaftsdepot:

[ ] **Einzelverfügungsberechtigung:** Sind mehrere Personen Depotinhaber, so ist jede von ihnen berechtigt, über den Depotbestand zu verfügen sowie Dritte zu bevollmächtigen. Jeder Depotinhaber kann im Einvernehmen mit der Sparkasse und mit Wirkung für die Zukunft das Depot insoweit umwandeln, als die Depotinhaber nur noch gemeinschaftlich Rechte aus dem Gemeinschaftsdepot geltend machen. Die Sparkasse wird die anderen Depotinhaber über die Umwandlung unterrichten. Im Todesfall kann der überlebende **Ehegatte/Lebenspartner gem. LPartG** als Depotmitinhaber das Depot auflösen oder auf seinen Namen umschreiben lassen.

[ ] **Nur gemeinschaftliche Verfügungsberechtigung der Depotinhaber.**

3. Zeichnungsberechtigung/Vollmacht: Zeichnungsberechtigt einschl. der Abgabe von Depotanerkenntnissen sind – auch soweit für mich/uns Verpflichtungen entstehen – über meinen/unseren Tod sowie über den Tod eines Depotinhabers (Gemeinschaftsdepot) hinaus die unter Nr. 6 genannten Personen. Der/Die Zeichnungsberechtigte(n) ist/sind bevollmächtigt, Aufträge zum An- und Verkauf von Wertpapieren vorzunehmen. Beim Ankauf von Wertpapieren umfasst die Bevollmächtigung auch Verfügungen über das unter Nr. 6 genannte Verrechnungskonto im Rahmen des Kontoguthabens sowie den für das Verrechnungskonto eingeräumten Kreditrahmen, soweit nicht eine weitergehende Vollmacht für das Verrechnungskonto besteht.
Aufgrund gesetzlicher Vorschriften werden die Daten der Verfügungsberechtigten von der Sparkasse in einer Datei gespeichert.

4. Verwahrung: Die Sparkasse wird alle ihr anvertrauten oder künftig anzuvertrauenden Wertpapiere einer zugelassenen Wertpapiersammelbank zur Sammelverwahrung übergeben, soweit die Papiere hierfür zugelassen sind. Anderenfalls wird die Sparkasse die Papiere für den/die Depotinhaber gesondert verwahren (Streifbandverwahrung). Bei Verwahrung ausländischer Wertpapiere im Ausland gilt Nr. 12 der Bedingungen für Wertpapiergeschäfte.

5. Allgemeine Geschäftsbedingungen und Sonderbedingungen: Es wird ausdrücklich darauf hingewiesen, dass die derzeit geltenden Allgemeinen Geschäftsbedingungen der Sparkasse Bestandteil der gesamten Geschäftsverbindung sind. Für diese Geschäftsbeziehung sind außerdem ergänzend die Bedingungen für Wertpapiergeschäfte und für Termingeschäfte Vertragsbestandteil. Für einzelne Geschäftsbeziehungen gelten ergänzend oder abweichend besondere Bedingungen, auf die die Sparkasse im zutreffenden Fall ausdrücklich hinweisen wird. **Die Allgemeinen Geschäftsbedingungen einschließlich der genannten Bedingungen können in den Kassenräumen eingesehen werden und werden auf Wunsch zur Verfügung gestellt.**

6. Unterschriftskarte Blatt ______

Depot-Nr.

Depotinhaber (Name[n] mit Vor- und Geburtsname oder Firma)

Erträgniskonto-Nr.

Straße, Nr.

Verrechnungskonto-Nr.

PLZ, Wohnort

Geburtstag/Geburtsort

ausgeübter Beruf/Geschäftszweig | – nicht – selbstständig | HR | Telefon privat/geschäftlich

Familienstand | Nationalität | Güterstand | Kundensystematik (ZIS)/Kusa

Zeichnungsberechtigt in dem unter Nr. 3 geregelten Umfang sind:
Bei Firmen und juristischen Personen sind die Organe, Prokuristen und Handlungsbevollmächtigten als solche zu bezeichnen.

1.

2.

3.

4.

Etwaige früher erteilte Zeichnungsberechtigungen erlöschen hiermit.

Es verfügen Nr. ______ jeder für sich: Nr. ______ je zwei gemeinschaftlich.

Der/Die Depotinhaber handelt/handeln für eigene Rechnung: [ ] **Ja.** [ ] **Nein.**

Ort, Datum

Aufgaben:

1 Welche Prüfungen sind bei der Hereinnahme der Wertpapiere durchzuführen?

2 Welche Wertpapierarten liegen vor und welche Verwahrungsarten kommen für sie infrage?

3 Eröffnen Sie für den Kunden am 02.11.20.. das Depotkonto. Verwenden Sie das auf Seite 140 abgedruckte Formular (Zusatzangaben: Depot-Nr. 84 321 685, ledig, Staatsangehörigkeit: deutsch, Beruf: Versicherungskaufmann, geb. am 22.10.1945, Erträgnis- und Verrechnungskonto Nr. 65 686 810, Verfügungen nur durch Günther Valentin).

4 Die Wertpapiere werden der Clearstream Banking AG zur Drittverwahrung übergeben. Beschreiben Sie die notwendigen Arbeiten!

5 Welche Depotart wird von der Clearstream Banking AG für die sich in Drittverwahrung befindlichen Kunden-Wertpapiere geführt?

6 Welche Arbeiten im Rahmen der Depotverwaltung werden für Günther Valentin übernommen?

7 Der Kunde gibt Anweisung, die Papiere 2 bestens zu verkaufen! Was muss die Sparkasse beim Verkauf dieses Papiers besonders beachten und veranlassen?

8 Fertigen Sie die Verkaufsabrechnung zu den unten stehenden Konditionen an. Der Verkauf wird am Dienstag, dem 3. November, an der Frankfurter Wertpapierbörse vorgenommen (WKN Deutsche Techno AG 563 990; Kurs 60,00 EUR pro Stück). Fremde Spesen, Auslagen und Abgeltungsteuer fallen nicht an.

STADTSPARKASSE

In Ausführung Ihres Auftrages erteilen wir Ihnen folgende Abrechnung

WERTPAPIER –

Depot-Nummer | Depotinhaber (falls v. Adressaten abweichend) | Datum | Schlusstag | Abrechn.-Nr. 6580

Währung/Einheit | Nennwert/Stück | Wertpapierbezeichnung

Wertpapier-Kenn-Nummer | *Börsen-Platz | *Verwahrgs.-Art | Kurs | Kurswert EUR

Zinstage | Stückzinsen | Abgeltungsteuer

Provision EUR
Abwicklungsentgelt EUR
Handelsentgelt EUR

*Konto | Kontoinhaber (falls v. Depotinhaber abweichend) | Valuta

*Erläuterungen siehe Rückseite | Irrtum vorbehalten | ZU LASTEN: / ZU GUNSTEN: EUR

Börsenplatz		Verwahrungsart	
1	Düsseldorf	1.0	Streifbanddepot
2	Frankfurt	2.0	Girosammeldepot
3	Berlin	2.3	Girosammeldepot Schuldbuchgirokonto
	...		...
	...		...
	...		...
			...

Entgelte		
An- und Verkauf von Wertpapieren	Provision	0,3 % vom Kurswert, mindestens 15,00 EUR
	Abwicklungsentgelt	3,50 EUR pro Auftrag
	Handelsentgelt	0,4 ‰ vom Kurswert, mindestens 0,75 EUR

9 Die Stadtsparkasse berechnet am 31. 12. für die Verwahrung und Verwaltung der Wertpapiere von Günther Valentin Depotgebühren. Mit welchem Betrag wird der Kunde belastet? (Nehmen Sie die abgedruckte Gebührentabelle zuhilfe!) Kurs: Industrie-Aktien 165,00 EUR; Wandelanleihe Chemie AG 103,00 %.

Gebührentabelle für das Depotgeschäft (Auszug)

Festverzinsliche Wertpapiere			
Sonderverwahrung	1 ‰ vom Nennwert	+ 19 % MWSt, mind. 13,00 EUR	+ 19 % MWSt je Gattung
Sammelverwahrung	0,75 ‰ vom Nennwert	+ 19 % MWSt, mind. 13,00 EUR	+ 19 % MWSt je Gattung
Aktien und Wandelschuldverschreibungen			
Sammelverwahrung	1 ‰ vom Kurswert	+ 19 % MWSt, mind. 13,00 EUR	+ 19 % MWSt je Gattung
Investmentanteile			
Sonderverwahrung	1 ‰ aus dem Kurswert	+ 19 % MWSt, mind. 13,00 EUR	+ 19 % MWSt je Gattung
Sammelverwahrung	$^1/_2$ ‰ aus dem Kurswert	+ 19 % MWSt, mind. 13,00 EUR	+ 19 % MWSt je Gattung

Gebühren gelten für 1 Kalenderjahr.

7.5 Aktienumtausch/Eigentumsübertragung

E.ON AG

(vorm. VEBA Aktiengesellschaft) Düsseldorf

– Wertpapier-Kenn-Nr. 761 440 –

Dritte Aufforderung zur Einreichung der unrichtig gewordenen Aktienurkunden der VEBA Aktiengesellschaft

Mit Eintragung der Satzungsänderung am 16. Juni 20.. in das Handelsregister beim Amtsgericht Düsseldorf wurde die Firma der VEBA Aktiengesellschaft in E.ON AG geändert. Bereits am 1. März 20.. wurde die Satzungsänderung zur Aufgabe des Sitzes in Berlin in das Handelsregister eingetragen. Der Inhalt der ausgegebenen Aktienurkunden unserer Gesellschaft ist daher unrichtig geworden. Deshalb sollen alle Aktienurkunden unserer Gesellschaft aus dem Verkehr gezogen werden. Da der Anspruch der Aktionäre auf Verbriefung ihres Anteils durch die Satzung ausgeschlossen ist, werden keine neuen Aktienurkunden ausgegeben; das Grundkapital ist nunmehr in vollem Umfang durch maschinenschriftliche, auf die Firma E.ON AG lautende Globalurkunden verbrieft, die bei der Clearstream Banking AG, Frankfurt am Main, hinterlegt wurden.

Die Aktionäre unserer Gesellschaft werden daher gebeten, die alten, auf den Inhaber lautenden Aktienurkunden der VEBA Aktiengesellschaft nebst Gewinnanteilsscheinen Nr. 39 f. und Talon in der Zeit

vom 19. Juni bis zum 22. September 20..
(einschließlich)

bei einer inländischen Geschäftsstelle der

Commerzbank AG

während der üblichen Schalterstunden einzureichen.

Von Aktionären, deren Aktien bei einem Kreditinstitut in einem Girosammeldepot verwahrt werden, ist nichts zu veranlassen. Aktionäre, die ihre Aktien in einem Streifbanddepot verwahren lassen, werden gebeten, ihre Aktien durch ihre Depotbank in die Girosammelverwahrung überführen zu lassen. Aktionäre, die ihre Aktien selbst verwahren, werden gebeten, ihre Aktien innerhalb der oben genannten Frist bei einem Kreditinstitut zur Weiterleitung an die Commerzbank AG, Frankfurt am Main, einzureichen. Von diesem Kreditinstitut wird dem einreichenden Aktionär sodann eine Depotgutschrift zugunsten eines bestehenden oder neu zu eröffnenden Depots über die neuen Aktien im Umtauschverhältnis 1 : 1 erteilt, wodurch er in Höhe seiner Beteiligung Miteigentum an dem bei der Clearstream Banking AG, Frankfurt am Main, hinterlegten Bestand an Globalaktien der E.ON AG erhält.

Der Aktienumtausch im Rahmen der Firmenänderung wird für die bisherigen VEBA-Aktionäre provisions- und spesenfrei abgewickelt.

Die auf die Firma „E.ON AG" lautenden Aktien unserer Gesellschaft sind seit dem 19. Juni 20.. an allen deutschen Wertpapierbörsen ausschließlich im Girosammelwege lieferbar. Das Börsenkürzel wurde ab diesem Zeitpunkt in „EOA" abgeändert. Mit Ablauf des 16. Juni 20.. wurde die Lieferbarkeit für die unrichtig gewordenen, noch auf die Firma „VEBA Aktiengesellschaft" lautenden Aktienurkunden zurückgenommen.

Die unrichtig gewordenen Aktienurkunden der VEBA AG, die – trotz dreimaliger Veröffentlichung dieser Aufforderung – nicht bis zum 22. September 20.. zur Einbuchung in Girosammelverwahrung eingeliefert worden sind, werden nach § 73 AktG für kraftlos erklärt. Die erforderliche Genehmigung des Amtsgerichts Düsseldorf ist erteilt worden.

Düsseldorf, im August 20..

E.ON AG
Der Vorstand

Die AG hat folgende Globalurkunde hinterlegt:

E.ON AG
Düsseldorf

WKN 761 440
Ordnungs-Nr. 723

GLOBALURKUNDE

über bis zu 1 000 000 nennwertlose Stückaktien

Aktiennummern 000 000 001 bis 999 999

Die Anzahl der in dieser Globalurkunde verbrieften und begebenen Aktien ergibt sich aus dem jeweils neuesten Depotauszug der Clearstream Banking AG als Bestandteil dieser Urkunde.

Diese Globalurkunde ist ausschließlich zur Verwahrung bei der Clearstream Banking AG bestimmt.

Zu dieser Globalurkunde wurde (k)ein Globalgewinnanteilschein ausgefertigt.

E.ON Aktiengesellschaft
Der Vorstand

Unterschrift Unterschrift

Im Depot der Commerzbank lagern im Streifbanddepot VEBA-Aktien des Kunden Hugo Claus. Stücke-Nummern: 800 760 – 800 801. Im Schließfach verwahrt der Kunde weitere Stücke: 561 320 – 561 500.

Aufgaben:

1. Geben Sie an, wie die Abwicklung erfolgt!
2. Welche Rechtsposition hatte Hugo Claus als VEBA-Aktionär und welche hat er als E.ON-Aktionär?
3. Wie wurden die Rechte als VEBA-Aktionär/E.ON-Aktionär erworben?

8 Anlageberatung

8.1 Aufbau der Vermögensanlage

Beim Aufbau einer Vermögensanlage ist es angebracht, in Stufen vorzugehen. Ordnen Sie in der folgenden Tabelle die genannten Anlageformen den entsprechenden Anlagestufen zu.

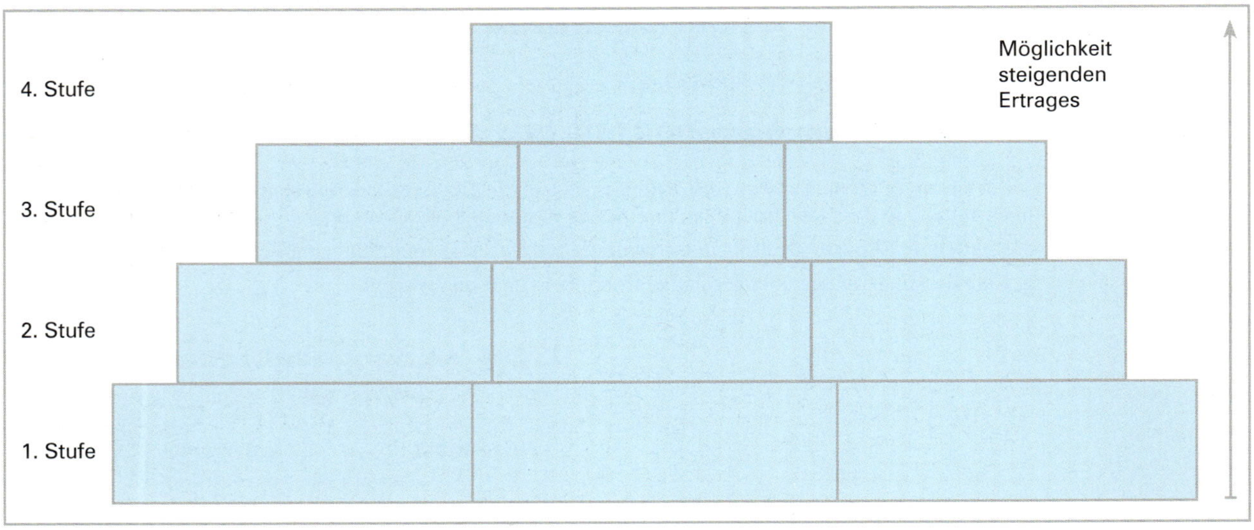

Anlageformen: Aktien, Immobilienfonds-Anteile, gemischte Investmentfonds-Anteile, Spareinlagen mit dreimonatiger Kündigungsfrist, Pfandbriefe, Aktien-Investmentanteile, Sparbriefe, Industrieanleihen, Spareinlagen mit längerer Kündigungsfrist, Renten-Investmentanteile.

8.2 Beratungsfälle

8.2.1

Bei der Volksbank Weimar spricht am 21. März 20.. Frau Christina Flake vor. Sie ist Kundin der Bank (Konto-Nr. 7433758). Aus einer Erbschaft sind ihr 30 000,00 EUR zugeflossen, die sie anlegen möchte!

AUFGABEN:

1 Stellen Sie zusammen, welche Verhaltensregeln das Wertpapierhandelsgesetz im Rahmen der Anlageberatung für Wertpapierdienstleistungsunternehmen vorsieht!

Wertpapierhandelsgesetz
Abschnitt 6

Verhaltenspflichten, Organisationspflichten, Transparenzpflichten

§ 31 [Allgemeine Verhaltensregeln]

(1) Ein Wertpapierdienstleistungsunternehmen ist verpflichtet,

1. Wertpapierdienstleistungen und Wertpapiernebendienstleistungen mit der erforderlichen Sachkenntnis, Sorgfalt und Gewissenhaftigkeit im Interesse seiner Kunden zu erbringen;
2. sich um die Vermeidung von Interessenkonflikten zu bemühen [...]

(2) Alle Informationen einschließlich Werbemitteilungen, die Wertpapierdienstleistungsunternehmen Kunden zugänglich machen, müssen redlich, eindeutig und nicht irreführend sein. [...]

(3) Wertpapierdienstleistungsunternehmen sind verpflichtet, Kunden rechtzeitig und in verständlicher Form Informationen zur Verfügung zu stellen, die angemessen sind, damit die Kunden nach vernünftigem Ermessen die Art und die Risiken der ihnen angebotenen oder von ihnen nachgefragten Arten von Finanzinstrumenten oder Wertpapierdienstleistungen verstehen und auf dieser Grundlage ihre Anlageentscheidungen treffen können. Die Informationen können auch in standardisierter Form zur Verfügung gestellt werden. Die Informationen müssen sich beziehen auf

1. das Wertpapierdienstleistungsunternehmen und seine Dienstleistungen,
2. die Arten von Finanzinstrumenten und vorgeschlagene Anlagestrategien einschließlich damit verbundener Risiken,
3. Ausführungsplätze und
4. Kosten und Nebenkosten.

[...]

(4) Ein Wertpapierdienstleistungsunternehmen, das Anlageberatung oder Finanzportfolioverwaltung erbringt, muss von den Kunden alle Informationen einholen über Kenntnisse und Erfahrungen der Kunden in Bezug auf Geschäfte mit bestimmten Arten von Finanzinstrumenten oder Wertpapierdienstleistungen, über die Anlageziele der Kunden und über ihre finanziellen Verhältnisse, die erforderlich sind, um den Kunden ein für sie geeignetes Finanzinstrument oder eine für sie geeignete Wertpapierdienstleistung empfehlen zu können. Die Geeignetheit beurteilt sich danach, ob das konkrete Geschäft, das dem Kunden empfohlen wird, oder die konkrete Wertpapierdienstleistung im Rahmen der Finanzportfolioverwaltung den Anlagezielen des betreffenden Kunden entspricht, die hieraus erwachsenden Anlagerisiken für den Kunden seinen Anlagezielen entsprechend finanziell tragbar sind und der Kunde mit seinen Kenntnissen und Erfahrungen die hieraus erwachsenden Anlagerisiken verstehen kann. Erlangt das Wertpapierdienstleistungsunternehmen die erforderlichen Informationen nicht, darf es im Zusammenhang mit einer Anlageberatung kein Finanzinstrument empfehlen oder im Zusammenhang mit einer Finanzportfolioverwaltung keine Empfehlung abgeben.

Die Kundin hat noch keine Wertpapiergeschäfte getätigt. Sie gibt zu erkennen, dass die Anlage längerfristig (Zeithorizont der Anlage 7 bis 10 Jahre) erfolgen soll und auf Sicherheit und laufende Erträge Wert gelegt wird.

Frau Flake ist Prokuristin bei der Firma Thür-Bau. Ihr monatliches Bruttoeinkommen (gem. Kontounterlagen) beträgt 3300,00 EUR. Sie besitzt eine Eigentumswohnung (unbelastet, Wert etwa 200000,00 EUR).

Neue Euro-Anleihen

Valuta	Emittent	Währung	ISIN	Betrag (Mio)	Mindestanlage	Zins	Ausg. Kurs %	Zinsterm.	Laufz.	Ratings	Konsortialführer
18.01.	**Autoroutes Paris-Rhin-Rhone (APRR)**	EUR	FR0011182930	500	100.000	5,125	99,622	18.01.	6	Baa3 / BBB- / -	Credit Agricole, BBVA, Lloyds, Mitsubishi Banking, Natixis
18.01.	**Berlin**	EUR	DE000A1MATD5	500	1.000	1,750	99,635	18.01.	5	Aa1 / AAA / -	Barclays, Commerzbank, DZ-Bank, Landesbank Berlin
18.01.	**Vivendi**	EUR	FR0011182559	1.250	100.000	4,125	99,405	18.01.	5	Baa2 / BBB / -	Societe Generale, Barclays, Natixis, RBS
19.01.	**Comp. de Financement Foncier (CFF)**	EUR	FR0011181171	1.000	1.000	4,250	99,664	19.01.	10	Aaa / AAA / AAA	Dt. Bank, DZ Bank, Natixis, Societe Generale
19.01.	**Credit Mutuel SFH**	EUR	FR0011182542	1.250	100.000	4,125	99,028	19.01.	12	Aaa / AAA / AAA	HSBC, J.P. Morgan, Societe Generale, UBS
19.01.	**Repsol**	EUR	XS0733696495	750	100.000	4,875	99,937	19.02.	7	Baa1 / BBB / BBB+	Bank of America, Barclays, HSBC, RBS, Santander, Soc. Gen.
19.01.	**Valeo**	EUR	FR0011182112	500	100.000	5,750	99,683	19.01.	5	- / - / -	BNP Paribas, C.Agricole, Mitsubishi UFJ Fin., Soc. Gen., Citigroup
19.01.	**Volkswagen International Finance**	EUR	XS0731679907	1.500	1.000	2,125	99,656	19.01.	3	A3 / A- / -	BBVA, Dt. Bank, J.P. Morgan, Mizuho, Societe Generale
20.01.	**FMS Wertmanagement**	EUR	XS0734340093	250	100.000	D) + 6[1]	100,000	20.01.	2	Aaa / AAA / AAA	Goldman Sachs, UBS, Natixis, UniCredit
21.01.	**Volkswagen International Finance**	EUR	XS0731681556	750	1.000	3,250	99,384	21.01.	7	A3 / A- / -	BBVA, Dt. Bank, J.P. Morgan, Mizuho, Societe Generale
23.01.	**Credit Mutuel Arkea**	EUR	FR0011181130	750	100.000	4,500	100,000	23.01.	5	A+ / - / -	BBVA, Credit Agricole
24.01.	**BPCE**	EUR	FR0011183136	850	100.000	4,000	99,598	23.03.	10	Aaa / - / -	UBS, Natixis, NordLB

Quelle: Frankfurter Allgemeine Zeitung, 17. Januar 2012

2 Empfehlen Sie aus dem Angebot der Euro-Anleihen ein Papier zur Anlage! Begründung!

3 Dokumentieren Sie das Beratungsgespräch auf dem abgedruckten Formular! (Fehlende Angaben nach eigener Wahl.)

1 D) = Dreimonats-Euribor.

Kundenangaben für Geschäfte in Finanzinstrumenten

Kreditinstitute sind vor der Durchführung von Wertpapierdienstleistungen (z. B. der Ausführung von Kauf- und Verkaufsaufträgen oder einer Anlageberatung) verpflichtet, deren Angemessenheit und im Falle einer Anlageberatung deren Geeignetheit in Bezug auf den Kunden zu prüfen (§ 31 WpHG). Das Kreditinstitut hat hierzu von seinen Kunden Informationen über ihre Kenntnisse und Erfahrungen in Bezug auf Geschäfte mit bestimmten Arten von Finanzinstrumenten oder Wertpapierdienstleistungen, ihre finanziellen Verhältnisse sowie über deren mit den Geschäften verfolgten Anlageziele einzuholen.

Die Angaben sind freiwillig. Wir bitten aber, in Ihrem eigenen Interesse, umfassende Angaben zu machen; bei nur unzureichenden Angaben ist es uns gesetzlich untersagt, Ihnen gegenüber eine Anlageberatung zu erbringen. Soweit Angaben im Einzelfall für die konkret beabsichtigten Geschäfte nicht erforderlich sind, erfragen wir diese im Interesse der umfassenden Geschäftsbeziehung mit Ihnen. **Wesentliche Veränderungen bitten wir uns mitzuteilen,** um eine entsprechende Berichtigung zu ermöglichen.

1. Kunde (Depotinhaber/Bevollmächtigter)			
Name, Vorname:		Kunden-/ Personen-Nr.:	
Geburtsdatum:		Berater:	
Ergänzende Angaben:			

2. Beruf/Bildungsstand	
Beruf:	
Bildungsstand:	☐ Hauptschulabschluss ☐ Mittlere Reife ☐ Abitur ☐ Abgeschlossenes Studium ☐ Kein Abschluss ☐ Anderweitige Bildung:

3. Kenntnisse und Erfahrungen

3.1 In welchen der folgenden Anlageformen haben Sie Kenntnisse und/oder Erfahrungen?

	Kenntnisse		**Erfahrungen seit?**			**Durchschnittliche Anzahl der Geschäfte pro Jahr?**			**Durchschnittliche Höhe Ihrer bisherigen Aufträge in Euro?**			
	vorhanden ja	vermittelt ja	unter 1 Jahr	1bis 3 Jahre	mehr als 3 Jahre	1 bis 10	11 bis 25	mehr als 25	unter 3.000 Euro	3.000 bis 10.000	10.000 bis 25.000	über 25.000 Euro
Verzinsliche Wertpapiere mit Normalausstattung (z. B. Bundesschatzbriefe)	☐	☐	☐	☐	☐	☐	☐	☐	☐	☐	☐	☐
Verzinsliche Wertpapiere mit erhöhter Risikostruktur (z. B. Aktienanleihen)	☐	☐	☐	☐	☐	☐	☐	☐	☐	☐	☐	☐
Geldmarkt- und geldmarktnahe Fonds	☐	☐	☐	☐	☐	☐	☐	☐	☐	☐	☐	☐
Rentenfonds	☐	☐	☐	☐	☐	☐	☐	☐	☐	☐	☐	☐
Offene Immobilienfonds	☐	☐	☐	☐	☐	☐	☐	☐	☐	☐	☐	☐
Aktien-/Mischfonds	☐	☐	☐	☐	☐	☐	☐	☐	☐	☐	☐	☐
Zertifikate	☐	☐	☐	☐	☐	☐	☐	☐	☐	☐	☐	☐
Aktien, Genussscheine	☐	☐	☐	☐	☐	☐	☐	☐	☐	☐	☐	☐
Optionsscheine, Optionen u. Futures, Termingeschäfte	☐	☐	☐	☐	☐	☐	☐	☐	☐	☐	☐	☐

3.2 Haben Sie Kenntnisse und/oder Erfahrungen in Fremdwährungsgeschäften/-anlagen? ☐ **Ja**

4. Bisher in Anspruch genommene Leistungen im Wertpapiergeschäft

Welche der nachfolgend genannten Leistungen haben Sie bisher bei einem Kreditinstitut in Anspruch genommen?

☐ Beratungsfreie Orderausführung ☐ Anlageberatung ☐ Vermögensverwaltung ☐ Keine

Fortsetzung s. Folgeseite

5. Finanzielle Verhältnisse

5.1 Geld- und Wertpapiervermögen
Wie hoch ist Ihr derzeitiges Geld- und Wertpapiervermögen?

- ☐ unter 20.000 Euro
- ☐ 20.000 bis 50.000 Euro
- ☐ 50.000 bis 100.000 Euro
- ☐ über 100.000 Euro; bitte Betrag angeben: Euro

5.2 Sonstiges Vermögen, z. B. Immobilienvermögen
Besitzen Sie weiteres Vermögen? Wenn ja, wie hoch ist dieses in etwa?

- ☐ unter 100.000 Euro
- ☐ 100.000 bis 250.000 Euro
- ☐ 250.000 bis 500.000 Euro
- ☐ über 500.000 Euro; bitte Betrag angeben: Euro

5.3 Regelmäßiges Einkommen pro Monat
a) Woraus beziehen Sie regelmäßiges Einkommen?

- ☐ Nettogehalt/Rente
- ☐ Kapitaleinkünfte, z. B. Zinsen u. Dividenden
- ☐ Vermietung oder Verpachtung
- ☐ Selbstständige Arbeit oder Gewerbebetrieb
- ☐ Sonstige:

b) Wie hoch sind diese Einkünfte monatlich insgesamt?

- ☐ unter 1.000 Euro
- ☐ 1.000 bis 2.000 Euro
- ☐ 2.000 bis 3.000 Euro
- ☐ über 3.000 Euro; bitte Betrag angeben: Euro

5.4 Regelmäßige Belastungen pro Monat, z. B. Miete, Unterhalt, Kreditraten, Versicherungsprämien
Wie hoch sind diese regelmäßigen Belastungen im Monat in etwa?

- ☐ unter 500 Euro
- ☐ 500 bis 1.000 Euro
- ☐ 1.000 bis 2.000 Euro
- ☐ über 2.000 Euro; bitte Betrag angeben: Euro

6. Anlageziele

6.1 Anlagezweck
Welche(n) Anlagezweck(e) verfolgen Sie?

- ☐ Liquiditätsvorsorge
- ☐ Altersvorsorge
- ☐ Bildung von Rücklagen
- ☐ Vermögensoptimierung
- ☐ Kurzfristige Gewinnerzielung (Spekulation)
- ☐ Sonstiger Zweck:

Bei Mehrfachnennungen bitte hier unbedingt eine kurze Erläuterung angeben:

6.2 Anlagedauer
Welchen grundsätzlichen Zeithorizont bevorzugen Sie bei Ihren Anlagen?

- ☐ unter 3 Jahren
- ☐ bis 5 Jahre
- ☐ über 5 Jahre

6.3 Risikobereitschaft bei den angestrebten Geschäften
Welche der nachfolgenden Aussagen beschreibt Ihre Risikobereitschaft bezüglich der von Ihnen angestrebten Geschäfte am ehesten?

☐ Konservativ	Sie bevorzugen Anlagen mit nur geringen Risiken. Die wichtigste Zielrichtung ist Substanzerhalt.
☐ Risikobewusst	Zur Erzielung von höheren Renditen haben Sie die Bereitschaft, Verlustrisiken hinzunehmen (z. B. durch Anlage in Aktien).
☐ Spekulativ	Zur Erzielung möglichst hoher Renditen haben Sie die Bereitschaft, in Wertpapiere zu investieren, die hohen Verlustrisiken und erheblichen Kursschwankungen unterliegen.

7. Aufklärung durch Aushändigung von Unterlagen	Ausgehändigt am:
☐ Basisinformationen über Vermögensanlage in Wertpapieren	
☐ Basisinformationen über Termingeschäfte	
☐	

8. Ergänzende Kundenangaben und Vermerke

☐ Der Kunde wurde darauf aufmerksam gemacht, dass aufgrund fehlender Angaben zu Kenntnissen und Erfahrungen eine Prüfung der Angemessenheit nicht vorgenommen werden kann.

Datum

Unterschrift des Kunden

8.2.2

Frau Biller hat aus dem Verkauf einer Eigentumswohnung 50000,00 EUR erlöst, die sie anlegen möchte. Eine Freundin hat ihr empfohlen, Aktien zu kaufen. Da ihr die Erfahrung bei dieser Anlageform fehlt, wendet sie sich um Rat an ihren Bankberater.

Aufgaben:

1 Um Frau Biller bei einer Anlageberatung das passende Finanzinstrument empfehlen zu können, benötigen Sie gemäß den Vorschriften des Wertpapierhandelsgesetzes Informationen über die Kundin.
Nennen Sie die zu dokumentierenden Kundeninformationen!

2 Das Beratungsgespräch ergab, dass Frau Biller an einer längerfristigen, nicht spekulativen Anlage interessiert ist.
Erläutern Sie Frau Biller Chancen und Risiken einer Anlage in Aktien!

3 Welche Aktienwerte kommen beim Anlageziel der Kundin in Betracht?

Die Kundin möchte nähere Beratung über folgende Werte, die ihr von ihrer Freundin empfohlen wurden:

Software StA			
WKN	700 400		
ISIN	DE000700400		
Börse	Frankfurter Wertpapierbörse		
Währung	EUR		
Schlusskurs	138,50		
per	09.06.20..		
H/T 20.. (EUR)	139,95 110,63		
31.12.	20..	20..	20..
Gewinn je Aktie	4,26	4,83	5,53
Dividende	1,10	1,10	1,10
Dividendenrendite	0,79	0,79	0,79
KGV	32,5	28,7	25,0
	30 Tage	**250 Tage**	
Volatilität in %	12,11	20,93	
Streubesitz	64,71 %		

Zukunftsenergie StA			
WKN	799 399		
ISIN	DE000799399		
Börse	Frankfurter Wertpapierbörse		
Währung	EUR		
Schlusskurs	52,09		
per	09.06.20..		
H/T 20.. (EUR)	53,07 36,18		
31.12.	20..	20..	20..
Gewinn je Aktie	3,80	3,80	4,20
Dividende	1,50	1,75	2,12
Dividendenrendite	2,88	3,36	4,07
KGV	13,7	13,7	12,4
	30 Tage	**250 Tage**	
Volatilität in %	21,42	18,96	
Streubesitz	53,34 %		

Die Volatilität erfasst als Kennzahl das Ausmaß der Schwankungen der Preise bzw. Kurse bestimmter Basiswerte (z. B. Aktien, Anleihen, Zinssätze, Aktienindizes). Je größer die Kursschwankungen sind, umso größer ist auch die Volatilität der Aktie und damit das mit dem Papier verbundene Risiko.

4 Kennzeichnen Sie die Ertragsentwicklung!
Welche Bedeutung haben die angegebenen Kennziffern für die Bewertung der beiden Aktien?

5 Stellen Sie mögliche Vor- und Nachteile beider Anlagen in einer Übersicht zusammen!

Nachdem Sie mit Frau Biller die obigen Aktienwerte, die Entwicklung, Chancen und Risiken sowie Kennzahlen besprochen haben, entscheidet sich Frau Biller für den Kauf von Software AG-Aktien.

Sie erklären der Kundin, dass es verschiedene Formen einer Kauflimitierung gibt.

6 Beschreiben Sie Frau Biller den Unterschied zwischen einer limitierten Kauforder und einer Stop-Buy-Order!

8.2.3

Dresdner Bank
Eine Marke der Commerzbank AG

Dresdner Bank
Die Beraterbank

Beratungsprotokoll (Ausfertigung für den Kunden)

Commerzbank AG, Leineweberstr. 18–20, 45468 Mülheim an der Ruhr

Herrn
Julien Sorel
Wiesenweg 25
45478 Mülheim an der Ruhr

Herr Heiko Ackmann
Postanschrift:
Leineweberstr. 18–20, 45468 Mülheim an der Ruhr
Telefon 0208 1002367
FAX 0208 1002345
heiko.ackmann@dresdner-bank.com

Unser Beratungsgespräch vom 26.02.20..

Sehr geehrter Herr Sorel,

wir haben mit Ihnen ein Beratungsgespräch über Finanzinstrumente geführt, dessen wesentliche Inhalte nachstehend zusammengefasst sind.

1. ...

Die Beratung erfolgte telefonisch.

Beratene Person: Herr Julien Sorel
Bereichs-/Stamm-Nr.: 3402321

Das Beratungsgespräch wurde geführt von Herrn Heiko Ackmann.

Das Gespräch fand auf Initiative von Herrn Heiko Ackmann statt und dauerte ca. 30 Minuten. Anlass für diese Anlageberatung war ein Grundsatzgespräch zur Depotstrategie.

2. ...

Der Depotinhaber verfolgt eine ausgewogene Anlagestrategie, die sich aus seiner Risikobereitschaft „niedrig" und seinem Anlagehorizont > 10 Jahre ableitet. Niedrig, das bedeutet, sicherheitsorientierter Anleger, der in erster Linie die kontinuierliche Wertentwicklung seiner Anlage wünscht, ein hohes Sicherheitsbedürfnis hat und deshalb überwiegend Anlagen mit lediglich geringen Kursschwankungen nutzt.

Diese Angaben haben Sie heute bestätigt.

Bitte beachten Sie, dass sich diese Festlegung auf alle Depots einer Stammnummer bezieht. Aus diesen Angaben haben wir für den Depotinhaber einen aktienorientierten Wertpapieranteil bis max. 65% empfohlen, der nicht überschritten werden sollte.

Ihre Angaben zu Ihren finanziellen Verhältnissen belegen eine nach unserer Einschätzung hinreichende Risikotragfähigkeit.

Sie haben uns bestätigt, über Anlagekenntnisse zu folgenden Produktgruppen zu verfügen:

- Aktien
- Renten Euro/GMF
- Garantieprodukte
- Strukturierte Zertifikate/Produkte
- Anlagekonzepte/Mischfonds
- Renten Fremdwährung/GMF

3. ...

Vor dem Hintergrund Ihrer persönlichen Angaben haben wir Ihnen empfohlen:

Kauf

DWS Deutschland WKN: 849096 ca. 5000 Euro

Wir haben diese Kaufempfehlung an Ihren persönlichen Angaben ausgerichtet und uns insbesondere an Ihrer Risikobereitschaft orientiert. Aus Sicht der Bank ist dieses Finanzinstrument daher insbesondere aus folgenden Gründen für Sie geeignet:

- für dieses Finanzinstrument liegt eine zentralseitige Kaufempfehlung der Bank vor
- branchenübergreifender Fonds mit guter Performance

Sie verfügen über die notwendigen Kenntnisse und Erfahrungen für diese Produktgruppe.

Die mit dem Finanzinstrument verbundenen Chancen und Risiken sowie seine Eigenschaften wurden Ihnen erläutert. Die wesentlichen Informationen zu diesem Finanzinstrument sind ebenfalls in den beigefügten Unterlagen enthalten:

- Zentralseitige Kaufempfehlung

Die gesetzlichen Verkaufsunterlagen (Verkaufsprospekt/Rechenschaftsbericht/Halbjahresbericht) wurden Ihnen angeboten und Sie haben verzichtet.

Wir haben Sie über den anfallenden Ausgabeaufschlag für die Bank und die Verwaltungsvergütung für die Kapitalanlagegesellschaft informiert. Sie wurden ferner auf die Höhe der laufenden Vertriebsprovision hingewiesen, die die Bank von der Kapitalanlagegesellschaft erhält. Die genauen Details sind nochmals in den beigefügten Produktunterlagen enthalten.

Ein Informationsblatt des DWS Deutschland Fonds liegt diesem Schreiben bei.

---

4. ...

Wir bestätigen Ihren ausdrücklichen Wunsch, den empfohlenen Geschäftsabschluss bereits im Anschluss an die telefonische Beratung und vor Erhalt dieses Protokolls zu tätigen. Für den Fall, dass dieses Protokoll nicht richtig oder nicht vollständig ist, haben wir Ihnen ein Recht zum Rücktritt von dem auf der Beratung beruhenden Geschäft eingeräumt. Sollte das Protokoll mehrere Empfehlungen umfassen, bezieht sich dieses Recht zum Rücktritt auf alle Geschäfte, die von der Unrichtigkeit oder Unvollständigkeit des Protokolls betroffen sind.

Die Rücktrittserklärung muss uns spätestens eine Woche, nachdem Sie dieses Protokoll erhalten haben, erreichen. Falls Sie von dem Rücktrittsrecht Gebrauch machen wollen, bitten wir um Angaben, inwieweit das Protokoll nach Ihrer Einschätzung nicht richtig oder nicht vollständig ist.

Ackmann

Unterschrift Berater

Wertpapierhandelsgesetz – WpHG

§ 34 Aufzeichnungs- und Aufbewahrungspflicht

(1) [...]

(2a) Ein Wertpapierdienstleistungsunternehmen muss über jede Anlageberatung bei einem Privatkunden ein schriftliches Protokoll anfertigen. Das Protokoll ist von demjenigen zu unterzeichnen, der die Anlageberatung durchgeführt hat; eine Ausfertigung ist dem Kunden unverzüglich nach Abschluss der Anlageberatung, jedenfalls vor einem auf der Beratung beruhenden Geschäftsabschluss, in Papierform oder auf einem anderen dauerhaften Datenträger zur Verfügung zu
⚠1 stellen. Wählt der Kunde für Anlageberatung und Geschäftsabschluss Kommunikationsmittel, die die Übermittlung des Protokolls vor dem Geschäftsabschluss nicht gestatten, muss das Wertpapierdienstleistungsunternehmen eine Ausfertigung des Protokolls dem Kunden unverzüglich nach Abschluss der Anlageberatung zusenden. In diesem Fall kann der Geschäftsabschluss auf ausdrücklichen Wunsch des Kunden vor Erhalt des Protokolls erfolgen, wenn das Wertpapierdienstleistungsunternehmen dem Kunden für den Fall, dass das Protokoll nicht richtig oder nicht vollständig ist, ausdrücklich ein innerhalb von einer Woche nach dem Zugang des Protokolls auszuübendes Recht zum Rücktritt von dem auf der Beratung beruhenden Geschäft einräumt. Der Kunde muss auf das Rücktrittsrecht und die Frist hingewiesen werden. Bestreitet das Wertpapierdienstleistungsunternehmen das Recht zum Rücktritt nach Satz 4, hat es die Richtigkeit und die Vollständigkeit des Protokolls zu beweisen.

[...]

Verordnung zur Konkretisierung der Verhaltensregeln und Organisationsanforderungen für Wertpapierdienstleistungsunternehmen

(Wertpapierdienstleistungs-Verhaltens- und Organisationsverordnung – WpDVerOV)

§ 14 Aufzeichnungs- und Aufbewahrungspflichten

(1) Ein Wertpapierdienstleistungsunternehmen genügt seiner Pflicht, Aufzeichnungen zu erstellen, die eine Nachprüfbarkeit im Sinne des § 34 Abs. 1 des Wertpapierhandelsgesetzes ermöglichen, wenn aufgrund der Aufzeichnung nachvollziehbar ist, ob das Wertpapierdienstleistungsunternehmen die jeweils in Rede stehende Pflicht erfüllt hat. Organisationsanweisungen und Aufzeichnungen über systemische Vorkehrungen sind geeignete Formen der Aufzeichnung, wenn durch sie die Nachvollziehbarkeit im Sinne des Satzes 1 gewährleistet ist.

(2) Unbeschadet der im Wertpapierhandelsgesetz und in der Verordnung (EG) Nr. 1287/2006 ausdrücklich normierten Aufzeichnungs- und Dokumentationspflichten sind nach § 34 Abs. 1 des Wertpapierhandelsgesetzes insbesondere aufzuzeichnen:

1 1. die Identität des Kunden und der Personen, die im Auftrag des Kunden handeln, soweit notwendig zusätzlich die Identität der Kunden, deren Aufträge in einem Geschäft zusammengefasst wurden, sowie vorbehaltlich des Absatzes 8 die Merkmale oder die Bewertung als professioneller Kunde oder geeignete Gegenpartei im Sinne des § 31a Abs. 2 Satz 2 Nr. 2, Abs. 4 Satz 2 oder Abs. 7 des Wertpapierhandelsgesetzes,
2. der Umstand, ob das Geschäft ganz oder teilweise im Rahmen der Finanzportfolioverwaltung erbracht wurde,

3., 4., 5. [...]

(3), (4), (5) [...]

(6) Das Protokoll nach § 34 Absatz 2a Satz 1 des Wertpapierhandelsgesetzes hat vollständige Angaben zu enthalten über

1. den Anlass der Anlageberatung, 2
2. die Dauer des Beratungsgesprächs, 3
3. die der Beratung zugrunde liegenden Informationen über die persönliche Situation des Kunden, einschließlich der nach § 31 Absatz 4 Satz 1 des Wertpapierhandelsgesetzes einzuholenden Informationen, sowie über die Finanzinstrumente und Wertpapierdienstleistungen, die Gegenstand der Anlageberatung sind, 4
4. die vom Kunden im Zusammenhang mit der Anlageberatung geäußerten wesentlichen Anliegen und deren Gewichtung, 5
5. die im Verlauf des Beratungsgesprächs erteilten Empfehlungen und die für diese Empfehlungen genannten wesentlichen Gründe. 6

Im Falle des § 34 Absatz 2a Satz 4 ist in dem Protokoll außerdem der ausdrückliche Wunsch des Kunden zu vermerken, einen Geschäftsabschluss auch vor Erhalt des Protokolls zu tätigen, sowie auf das eingeräumte Rücktrittsrecht hinzuweisen. 7

(7) Hinsichtlich der Informationen im Sinne des Absatzes 2 Nr. 3, der Werbemitteilungen im Sinne des § 31 Abs. 2 Satz 1 und 2 des Wertpapierhandelsgesetzes und der Finanzanalysen im Sinne des § 34b des Wertpapierhandelsgesetzes bedarf es neben der Aufbewahrung eines Exemplars der jeweiligen standardisierten Information, Werbemitteilung oder Finanzanalyse keiner weiteren Aufzeichnungen, soweit aus der Aufzeichnung hervorgeht, an welchen Kundenkreis sich die Information, Werbemitteilung oder Finanzanalyse richtet.

(8) Tätigt das Wertpapierdienstleistungsunternehmen ausschließlich Geschäfte mit nur einer Art von Kunden im Sinne des § 31a Abs. 2, 3 oder 4 des Wertpapierhandelsgesetzes, ist hinsichtlich der Einstufung der Kunden die Aufzeichnung der entsprechenden Organisationsanweisung ausreichend.

(9) Die Aufzeichnungen nach § 34 des Wertpapierhandelsgesetzes sind in der Weise auf einem dauerhaften Datenträger vorzuhalten, dass die Bundesanstalt innerhalb der Aufbewahrungsfrist jederzeit leicht darauf zugreifen und jede wesentliche Phase der Bearbeitung sämtlicher Geschäfte rekonstruieren kann. Das Wertpapierdienstleistungsunternehmen muss sicherstellen, dass jede nachträgliche Änderung einer Aufzeichnung und der Zustand vor der Änderung deutlich erkennbar und die Aufzeichnungen vor sachlich nicht gebotenen Änderungen geschützt bleiben.

Aufgaben:

1 Kennzeichnen Sie die Aufgliederung des Beratungsprotokolls!

2 Ordnen Sie die Ziffern bei den Gesetzesauszügen den betreffenden Stellen des Beratungsprotokolls zu!

8.2.4

Ein risikobewusster Kunde möchte Anleihen erwerben.

Aus dem Angebot der nebenstehenden Neuemissionen hat er folgende Anleihen, für die er sich interessiert, ausgewählt:

1. Anleihe mit variabler Verzinsung
   Landwirtschaftliche Rentenbank, Euro-Anleihe, fällig am 11.01.2019
2. 2,00 %
   Met Life Glob Funding I, US-Dollar-Anleihe, fällig am 09.01.2015
3. 1,250 %
   Network Rail Infra Fin, GBP-Anleihe, fällig am 22.01.2015

Neue Anleihen **06.01.2012**

Emissionsdatum	Währung	Betrag (Mill.)	ISIN	Emittent		Rating*	Zins in %	Ausgabekurs in %	Laufzeit (max. Jahre)	Valuta	Konsortialführer
09.01.12	EUR	150	DE000EAA0B70	ERSTE ABWICKLUNGSANS		Aa1e / AA- / AAAe	EUR003M + 15 2)	6)	09.01.13	09.01	WGZ
09.01.12	EUR	100	DE000DHY3434	DEUTSCHE HYPOTHBANK		Baa1e / - / -	EUR003M + 75 2)	6)	09.01.14	09.01	NORDLB
10.01.12	EUR	1000	XS0728764233	NORDEA BANK AB		Aa2e / AA- / AA-	EUR003M + 95 2)	6)	10.01.14	10.01	JOINT LEADS
10.01.12	EUR	50	DE000BRL8529	BREMER LANDESBANK		A2 / - / A	2,500	99,54	10.01.17	10.01	BREMLB
10.01.12	EUR	100	DE000DHY3426	DEUTSCHE HYPOTHBANK		Baa1e / - / -	2,250	99,87	10.04.15	10.01	BAYLB
10.01.12	EUR	50	DE000BRL8552	BREMER LANDESBANK		A2 / - / -	EUR006M + 30 2)	6)	10.01.14	10.01	BREMLB
11.01.12	EUR	1250	XS0728763938	NORDEA BANK AB		Aa2e / AA- / AA-	4,000	6)	11.07.19	11.01	JOINT LEADS
11.01.12	EUR	1750	XS0728812495	RABOBANK NEDERLAND		Aaae / AA *- / -	4,000	6)	11.01.22	11.01	JOINT LEADS
11.01.12	EUR	1250	XS0729188606	LLOYDS TSB BANK PLC	7)	Aaae / A / AAAe	3,500	6)	11.01.17	11.01	JOINT LEADS
11.01.12	EUR	1000	XS0729213131	ABN AMRO BANK NV		Aa3e / A+ /*- / A+	4,750	99,73	11.01.19	11.01	JOINT LEADS
11.01.12	EUR	2000	XS0728790402	DNB BOLIGKREDITT AS		- / - / -	2,375	6)	11.04.17	11.01	JOINT LEADS
11.01.12	EUR	1250	XS0729216662	ABN AMRO BANK NV		Aa3 / A+ /*- / A+	EUR003M + 150 2)	100,00	10.01.14	11.01	JOINT LEADS
12.01.12	EUR	500	XS0730678801	LANDWIRTSCH. RENTENBK		Aaae /AAA *- / AAAe	EUR003M + 20 2)	99,87	11.01.19	12.01	BAYLB,DZBK
12.01.12	EUR	750	XS0730498143	SKANDINAVISKA ENSKILDA		A1e / A+ / A+e	3,875	6)	12.04.17	12.01	JOINT LEADS
09.01.12	USD	750	US59217FBY60	MET LIFE GLOB FUNDING I		Aa3 / - / -	2,000	99,82	09.01.15	09.01	BCLY,DB,UBS
10.01.12	USD	375	HK0000097540	BANK OF CHINA/HONG KO		- / - / -	4)	6)	10.12.12	10.01	CITICO
11.01.12	USD	650	USU2339CAS71	DAIMLER FINANCE NA LLC	3)	- / - / -	2,300	99,87	09.01.15	11.01	JOINT LEADS
11.01.12	USD	500	USP2195VAC92	CELULOSA ARAUCO CONS	3)	Baa2 / BBB / BBB+	4,750	98,53	11.01.22	11.01	JOINT LEADS
11.01.12	USD	400	USU2339CAU28	DAIMLER FINANCE NA LLC		- / - / -	US0003M + 133 2)	100,00	11.07.13	11.01	JOINT LEADS
11.01.12	GBP	1500	XS0728945295	NETWORK RAIL INFRA FIN		Aaae / - / AAAe	1,250	99,90	22.01.15	11.01	DB,HSBC,RBS,UBS
12.01.12	GBP	100	XS0730565941	DAIMLER INTL FINANCE BV		- / - / -	2,125	100,00	10.12.13	12.01	HSBCL,RBCCM
12.01.12	GBP	750	XS0730243150	DONG ENERGY A/S		Baa1e / A- / A-e	4,875	6)	12.01.32	12.01	BNPPAR,MS,RBS
24.01.12	CHF	100	CH0146839870	VINCI SA		Baa1 / BBB+ / -	3,000	100,46	24.01.22	24.01	DB

Handelsblatt | C = Cibor, E = Euribor, L = Libor, N = Nibor, P = Pribor, S = Stibor, SR = Swap Rate, W = Wibor (die Zahlen vor den Buchstaben weisen auf die Laufzeit der Terminzinssätze hin, z.B. EUR003M = Dreimonatslibor), *) letzte vorliegende Daten von Moody's/Standard & Poor's/Fitch; e = erwartet; die Ratings beziehen sich zum Teil auf frühere bzw. ähnliche Emissionen des Schuldners; 1) Wandelanleihe/Umtauschanleihe, 2) Anleihe mit variabler Verzinsung, Angabe in Basispunkten, 3) Zinsausstattung oder Laufzeit mit besonderen Elementen, 4) Nullkupon-Anleihe, 5) Anleihe ohne feste Laufzeit, 6) Emissionsbetrag oder Konditionen noch offen, 7) Pfandbrief oder Pfandbriefähnliche Anleihe (Covered Bond), 8) Anleihe in mehreren Tranchen

Bloomberg

Quelle: Handelsblatt.

Die Beratungsunterlagen des Kunden enthalten folgende Angaben:

Kundenangaben für Geschäfte in Finanzinstrumenten

3. Kenntnisse und Erfahrungen

3.1 In welchen der folgenden Anlageformen haben Sie Kenntnisse und/oder Erfahrungen?

	Kenntnisse		Erfahrungen seit?			Durchschnittliche Anzahl der Geschäfte pro Jahr?			Durchschnittliche Höhe Ihrer bisherigen Aufträge in Euro?			
	vorhanden ja	vermittelt ja	unter 1 Jahr	1bis 3 Jahre	mehr als 3 Jahre	1 bis 10	11 bis 25	mehr als 25	unter 3.000 Euro	3.000 bis 10.000	10.000 bis 25.000	über 25.000 Euro
⋮					⋮						⋮	
Zertifikate	☒	☐	☐	☒	☐	☒	☐	☐	☐	☐	☒	☐
Aktien, Genussscheine	☒	☐	☐	☐	☒	☐	☒	☐	☐	☐	☐	☒
Optionsscheine, Optionen u. Futures, Termingeschäfte	☐	☒	☒	☐	☐	☒	☐	☐	☐	☒	☐	☐

3.2 Haben Sie Kenntnisse und/oder Erfahrungen in Fremdwährungsgeschäften/-anlagen? ☐ **Ja**

⋮

6.3 Risikobereitschaft bei den angestrebten Geschäften

Welche der nachfolgenden Aussagen beschreibt Ihre Risikobereitschaft bezüglich der von Ihnen angestrebten Geschäfte am ehesten?

☐ Konservativ	Sie bevorzugen Anlagen mit nur geringen Risiken. Die wichtigste Zielrichtung ist Substanzerhalt.
☐ Risikobewusst	Zur Erzielung von höheren Renditen haben Sie die Bereitschaft, Verlustrisiken hinzunehmen (z. B. durch Anlage in Aktien).
☒ Spekulativ	Zur Erzielung möglichst hoher Renditen haben Sie die Bereitschaft, in Wertpapiere zu investieren, die hohen Verlustrisiken und erheblichen Kursschwankungen unterliegen.

Im Beratungsgespräch erklären Sie dem Kunden, dass bei der Wahl einer Anleihe auch das Rating eine besondere Rolle spielt.

Aufgabe:

1 Erläutern Sie dem Kunden den Begriff „Rating"!

Moody's und Standard & Poor's Einschätzung des Risikos

Investmentklassen

Moody's	Standard & Poor's	
Aaa	AAA	Beste Qualität, geringstes Ausfallrisiko, außergewöhnlich gute Bonität.
Aa1 Aa2 Aa3	AA+ AA AA-	Hohe Qualität, sehr gute Bonität, aber etwas größeres Risiko als die Spitzengruppe.
A1 A2 A3	A+ A A-	Gute Bonität, aber etwas anfälliger für negative Auswirkungen aufgrund von Veränderungen im Umfeld.
Baa1 Baa2 Baa3	BBB+ BBB BBB-	Mittlere Qualität, aber mangelnder Schutz gegen Einflüsse sich verändernder Wirtschaftsentwicklung.

Spekulationsklassen

Moody's	Standard & Poor's	
Ba1 Ba2 Ba3	BB+ BB BB-	Spekulative Anlage, nur mäßige Deckung für Zins- und Tilgungsleistung.
B1 B2 B3	B+ B B-	Sehr spekulativ, geringe Bonität, hohes Risiko eines Zahlungsausfalls.
Caa Ca C	CCC CC C	Niedrigste Qualität, geringster Anlegerschutz, in Zahlungsverzug oder in direkter Gefahr des Verzugs.
-	D	Der Schuldner ist bereits in Zahlungsverzug oder hat den Konkurs angemeldet.

Beachte: Falls eine Anleihe nicht von den bekannten Agenturen geratet ist, heißt dies nicht automatisch, dass sie besonders riskant ist.

Zusammenhang zwischen Anleihenrendite und Rating

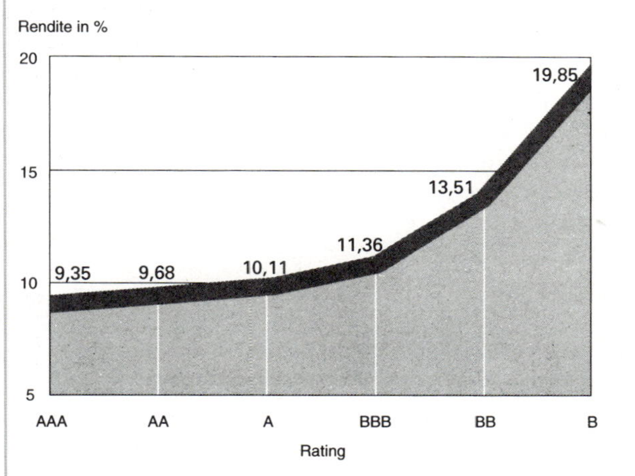

Quelle: Anlage-Strategie Privatkunden.

Das Wertpapierhandelsgesetz schreibt eine Risikoanalyse vor. Sie besprechen mit dem Kunden die von ihm ausgewählten Anleihen unter Risikoaspekten.

Aufgabe:

2 Auf welche Gesichtspunkte/Risiken weisen Sie den Kunden bei der jeweiligen Emission hin?

Der Kunde kauft Valuta 22.01.2012 u.a. nom. 150000,00 1,25 % Network Rail Infra Fin GBP-Anleihe,[1] fällig am 22.01. 2015, zum Kurs von 99,90 %. Das britische Pfund notiert an diesem Tag mit EUR/GBP 0,8235 G und 0,8275 B.

Zu den Zinsterminen der Anleihe am 22.01.2013, am 22.01.2014 und am 22.01.2015 notiert das britische Pfund wie folgt:

Devisenkassakurse GBP (Basis 1 EUR)		
	Geld	Brief
zum Zinstermin 2013	0,8014	0,8054
zum Zinstermin 2014	0,8341	0,8381
zum Zinstermin 2015	0,7913	0,7953

1 Umrechnung in Euro.

20 Richard u.a. - ISBN 978-3-8120-1234-8

AUFGABE:

3 Errechnen Sie die Effektivverzinsung der Anlage (das Schaltjahr bleibt unberücksichtigt)!
An- und Verkaufsspesen, steuerliche Gesichtspunkte und Depotgebühren bleiben ebenfalls unberücksichtigt.

8.3 Private Altersvorsorge

8.3.1 Riester-Rente

Mit der Riester-Rente fördert der Staat die private Altersvorsorge von Arbeitnehmern. Mit der Rürup-Rente unterstützt er Selbstständige

Was ist die Riester-Rente?

Die Kernidee der Riester-Rente besteht darin, die Bürger zur privaten Altersvorsorge zu ermutigen, um damit den Rückgang bei der gesetzlichen Rente auszugleichen. Dazu erhalten die Bürger eine Förderung vom Staat, wenn sie eine spezielle Rentenversicherung, einen Bank- oder Fondssparplan oder einen Wohn-Riester-Bausparvertrag bzw. ein Wohn-Riester-Darlehen abschließen. Diese müssen von einer zentralen Behörde zertifiziert werden – welche Anlagen im Rahmen der Riester-Rente gefördert werden, wissen Bank- oder Finanzberater. Das gesparte Geld darf nicht vor dem 62. Lebensjahr und nicht auf einen Schlag ausgezahlt werden, sondern muss überwiegend in monatlichen Raten überwiesen werden.

Die Höhe der staatlichen Förderung ist seit 2002 kontinuierlich angestiegen. In diesem Jahr erhält ein Erwachsener vom Staat 154 Euro im Monat, wenn er vier Prozent seines Bruttoeinkommens – mindestens 60 Euro – in einen Riester-Vertrag einzahlt. Für jedes Kind legt der Staat noch einmal 185 Euro drauf. Für Kinder, die ab dem 01. 01. 2008 geboren wurden, beträgt die Zulage 300,00 Euro.

Welche Anlage sollte es sein?

Bei der Auswahl der geeigneten Sparanlage gilt: Wer jung ist, sollte in seinem Spar-Portfolio einen hohen Aktienanteil von mindestens 80 Prozent haben. Über die lange Sparphase von 20 bis 30 Jahren ist das Risiko von Kursverlusten zu vernachlässigen. Rechtzeitig vor Rentenbeginn sollten die Aktienfonds dann umgeschichtet werden in sichere Anlagen.

Die klassische Rentenversicherung bietet sich bei jungen Sparern an. Bei der Wahl zwischen fondsgebundener Rentenversicherung oder Fondssparplan gilt: Die Fonds werfen mehr Rendite ab, bei Versicherungen sind die Planbarkeit und die Sicherheit höher.

Allerdings sollten sich Sparer darüber im Klaren sein, dass die Rente aus den Riester-Verträgen als privates Vorsorgepolster alleine nicht ausreicht.

Quelle: In Anlehnung an: Businessnews.

Thorsten Lohkamp, geboren am 30. 09. 1984, arbeitet als Bilanzbuchhalter bei der Ferrostahl AG und verdiente im Jahre 2011 26 000,00 EUR brutto (rentenversicherungspflichtiges Vorjahreseinkommen). Seine Frau Monika Lohkamp, geboren am 16. 04. 1985, ist zurzeit nicht berufstätig. Monika und Thorsten haben zwei Kinder, die vor dem 01. 01. 2008 geboren wurden. Monika Lohkamp macht sich aufgrund ihrer Nicht-Erwerbstätigkeit und ihrer davor liegenden Kindererziehungsjahre Sorgen um ihre Altersversorgung. Thorsten Lohkamp hat von der Möglichkeit einer staatlich geförderten zusätzlichen privaten Altersvorsorge gehört.

Das Ehepaar wendet sich an Sie als Kundenbetreuer. Bereiten Sie sich durch die Beantwortung der folgenden Fragen auf das Kundengespräch vor.

1 Warum wird neben der gesetzlichen Rente eine zusätzliche Eigenvorsorge für das Alter erforderlich? Erklären Sie in diesem Zusammenhang auch den Begriff „Generationenvertrag"!

2 In welcher Form unterstützt der Staat die private Altersvorsorge?

3 Begründen Sie, warum sowohl Thorsten als auch Monika Lohkamp zum geförderten Personenkreis gehören!

4 Welche hausinternen Altersvorsorgeprodukte können Sie dem Ehepaar anbieten?

5 Warum werden die Altersvorsorgeprodukte im Rahmen eines Zertifizierungsverfahrens geprüft?

6 Unter welchen Voraussetzungen werden die Altersvorsorgeprodukte staatlich gefördert?

7 Unterstellen Sie, ein Vorsorgevertrag würde nur auf den Namen von Thorsten Lohkamp abgeschlossen. Errechnen Sie den Eigenbeitrag, den Herr Lohkamp im Jahr 2012 für diesen Vertrag zu erbringen hätte, um die maximale Förderung in Anspruch nehmen zu können!

8 Unterstellen Sie, für Thorsten und Monika Lohkamp würden jeweils eigene Vorsorgeverträge abgeschlossen. Berechnen Sie die Höhe der Mindesteigenbeiträge und der staatlichen Zulagen für beide Verträge!

9 Erläutern Sie im Zusammenhang mit der staatlichen Förderung privater Altersvorsorgeverträge den Begriff „Günstigerprüfung"!

10 In welcher Form, bei wem und bis wann muss das Ehepaar Lohkamp den Antrag auf staatliche Zulage stellen?

11 Wie werden Zulagen und Zinsen in der Ansparphase und wie die private Altersrente bei ihrer Auszahlung steuerlich behandelt?

Die wichtigsten Fakten zur staatlichen Förderung privater Altersvorsorge

Rentenreform. Es ist beschlossene Sache – bis zum Jahr 2030 wird das Rentenniveau weiter abgesenkt. Nur so bleibt das soziale Rentensystem bei immer mehr Rentnern und immer weniger Beitragszahlern finanzierbar.

Für Sie bedeutet das: Die Versorgungslücke zwischen Ihrem Nettoeinkommen und der zukünftig zu erwartenden Rente wird immer größer.

Die zusätzliche Lücke soll durch eine staatlich geförderte private Altersvorsorge geschlossen werden.

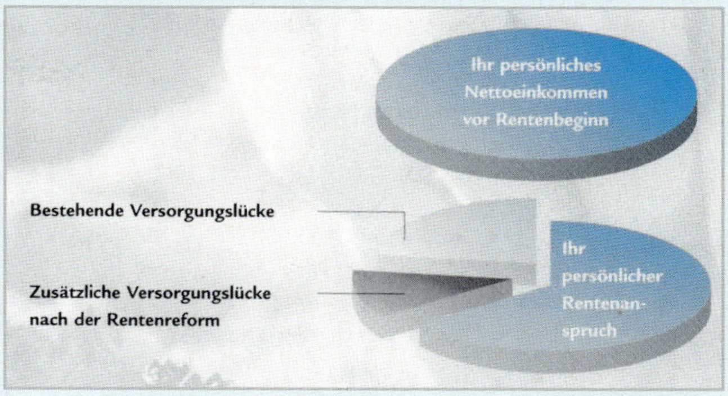

Förderung einer kapitalgedeckten privaten Zusatzvorsorge. Nach dem Altersvermögensgesetz (AVmG) können alle Personen, die von der Absenkung des gesetzlichen Rentenniveaus betroffen sind, die entstehende Versorgungslücke durch eine zusätzliche, freiwillige, kapitalgedeckte private oder betriebliche Altersversorgung auffüllen. Diese Altersversorgung wird aus einem Kapitalstock bezahlt, den die Beschäftigten während ihres Arbeitslebens selbst ansparen. Um Anreize zu der eigenverantwortlichen Altersvorsorge zu schaffen, unterstützt der Staat diejenigen mit Zulagen und Steuervorteilen, die aus eigener Tasche Geld für ihre Altersvorsorge zurücklegen. Grundsätzlich werden nur Altersvorsorgeverträge gefördert, die im Alter durch lebenslange Zahlungen die staatliche Rente ergänzen.

Staatliche Förderung. Voraussetzungen: (1) Der Vorsorgesparer muss zum begünstigten Personenkreis gehören. (2) Die Vorsorgebeiträge müssen in einen zertifizierten Vorsorgevertrag fließen. (3) Der Vorsorgeberechtigte muss eine einkommensabhängige Eigenleistung erbringen. Die staatliche Förderung erfolgt durch Altersvorsorgezulagen (Grundzulage und Kinderzulage) und Sonderausgabenabzug.

Geförderter Personenkreis.

- Arbeitnehmer ohne eine beamtenähnliche Gesamtversorgung
- versicherungspflichtige Selbstständige
- vollerwerbstätige Landwirte
- Eltern im Erziehungsurlaub
- Arbeitslose
- geringfügig Beschäftigte, die auf ihre Versicherungsfreiheit verzichtet haben
- Beamte, Richter und Soldaten

u. a.

Geförderte Altersvorsorgeprodukte. Altersvorsorgeverträge können inländische und ausländische Kreditinstitute, Lebensversicherungsunternehmen und Finanzdienstleistungsunternehmen anbieten, die die Anforderungen des Altersvorsorge-Verträge-Zertifizierungsgesetzes erfüllen. Begünstigte Altersvorsorgeprodukte können sein: private Rentenversicherungen, Kapitalisierungsprodukte, Banksparpläne, inländische und ausländische Investmentfonds, Wohn-Riester-Verträge.

Zertifizierungsverfahren. Altersvorsorgeprodukte müssen zertifiziert sein, damit der Anleger die Förderung erhält. Durch die Zertifizierung soll die Einhaltung von Qualitätsstandards im Hinblick auf die Alterssicherung und den Verbraucherschutz gewährleistet werden.

Staatliche Vorsorgezulagen. Die staatliche Altersvorsorgezulage setzt sich zusammen aus der Grundzulage und einer Kinderzulage. Die Kinderzulage wird für jedes Kind gewährt, für das Kindergeld gezahlt wird. Grund- und Kinderzulage werden unabhängig vom Einkommen des Vorsorgesparers gewährt.

Grundzulage:	Kinderzulage:
154,00 EUR	185,00 EUR (Geburt vor dem 01. 01. 2008) 300,00 EUR (Geburt ab dem 01. 01. 2008)

Voraussetzung für die Zulage ist ein einkommensabhängiger Eigenbeitrag (Mindesteigenbeitrag). Er beträgt 4 % des Vorjahreseinkommens, das in der gesetzlichen Rentenversicherung beitragspflichtig war. Der Beitragshöchstbetrag beträgt 2 100,00 EUR. Beitragszahlungen, die den Höchstbetrag überschreiten, werden steuerlich nicht gefördert. Zulagen werden auf den zu erbringenden Eigenbeitrag angerechnet. Bleibt der Vorsorgesparer mit seinen Sparleistungen unterhalb des Mindesteigenbeitrags, wird die Altersvorsorgezulage anteilig gekürzt. Leistet ein Vorsorgesparer z. B. nur 70 % seines Mindesteigenbeitrags, erhält er auch nur 70 % der Zulage. Bei Personen mit sehr geringem Einkommen könnte das Anrechnungsverfahren dazu führen, dass der Eigenbeitrag durch die anzurechnende Zulage voll aufgefangen wird. Der Sparer würde die staatlichen Zulagen dann ohne oder mit einer sehr geringen Eigenbeteiligung erhalten können. Der Gesetzgeber hat daher einen Sockelbetrag festgelegt, der vom Vorsorgesparer immer zu erbringen ist, um die volle Förderung zu erhalten.

Überblick über die staatliche Förderung privater zusätzlicher Altersvorsorgeverträge						
Jahr	Mindesteigenbeitrag	Staatliche Zulage in Euro (Grundzulage + Kinderzulage)				
	in Prozent des rentenversicherungspflichtigen Vorjahreseinkommens	Ledig, keine Kinder	Ledig, 1 Kind	Verheiratet, keine Kinder	Verheiratet, 1 Kind	Verheiratet, 2 Kinder
Geburt des/der Kinder vor dem 01.01.2008	4 % (höchstens 2 100 €)	154	339	308	493	678
Geburt des/der Kinder ab dem 01.01.2008	4 % (höchstens 2 100 €)	154	454	308	608	908

Sockelbetrag		
Steuerpflichtige ohne Kinder	Steuerpflichtige mit einem Kind	Steuerpflichtige mit 2 oder mehr Kindern
60,00 €	60,00 €	60,00 €

Förderung bei Ehepaaren. Bei Ehegatten sind die persönlichen Voraussetzungen der steuerlichen Förderungswürdigkeit für jeden Ehegatten einzeln zu prüfen. Werden Ehepartner zusammen veranlagt, bei denen nur ein Ehegatte der Rentenversicherungspflicht unterliegt, kann auch der andere Ehegatte in den Genuss der vollen Altersvorsorgezulage kommen, wenn ein Altersvorsorgevertrag auf seinen Namen abgeschlossen wurde und er jährlich mindestens 60,00 EUR (Sockelbetrag) in seinen Vertrag eingezahlt hat. Die Kinderzulagen werden nach dem Gesetz grundsätzlich dem Altersvorsorgevertrag der Ehefrau gutgeschrieben, wenn die Ehegatten nicht nach § 85 Abs. 2 EStG beantragen, dass eine oder beide Kinderzulagen dem Vertrag des Ehegatten gutgebracht werden sollen.

Gutschrift der Zulagen. Der Zulageanspruch entsteht mit Ablauf des Kalenderjahres, in dem die Altersvorsorgebeiträge geleistet wurden. Die Zulage muss vom Vorsorgesparer beim Anbieter des Vorsorgeproduktes auf amtlich vorgeschriebenem Vordruck beantragt werden. Der Antrag auf Zulage ist auch dann zu stellen, wenn der Sparer die Vorsorgebeiträge als Sonderausgaben geltend machen will. Der Antrag ist spätestens am Ende des 2. Kalenderjahres zu stellen, das auf das Jahr der Beitragszahlung folgt. Der Anbieter leitet die Vertragsdaten an die Deutsche Rentenversicherung Bund weiter, die als zentrale Stelle die Zulagenberechtigung prüft und die Zulagen anschließend auf den Altersvorsorgevertrag überweist.

Seit dem Jahre 2005 genügt ein Daueranlageantrag, in dem der Anbieter bevollmächtigt wird, jedes Jahr auf elektronischem Weg einen Anlageantrag bei der zentralen Zulagestelle für den Vorsorgesparer zu stellen.

Sonderausgabenabzug und Günstigerprüfung. Neben der Förderung mit staatlichen Zulagen können Altersvorsorgeaufwendungen (Eigenbeiträge und Zulagen) steuerlich geltend gemacht werden. Sie können im Rahmen bestimmter Höchstbeträge bei der Einkommensteuerveranlagung als Sonderausgaben abgesetzt werden.

Sonderausgabenhöchstbetrag für Altersvorsorgeaufwendungen:

2 100,00 EUR

Das Finanzamt prüft im Rahmen einer Günstigerprüfung, ob die Steuerersparnis größer als die gewährte Zulage ist. Dazu stellt es fest, wie hoch die Verminderung der tariflichen Einkommensteuer ist. Übersteigt sie im jeweiligen Einzelfall die Zulage, wird die Steuerersparnis abzüglich der Zulage im Rahmen der Einkommensteuerveranlagung zurückerstattet. Die Zulage wird abgezogen, da sie auf jeden Fall von der Zentralen Zulagenstelle für Altersvermögen (ZfA) auf den Altersvorsorgevertrag überwiesen wird. Ist die Steuerersparnis geringer als der Zulageanspruch, so bleibt es bei der Zulage. Soweit beide Ehegatten förderungsberechtigt sind und zusammen veranlagt werden, wird die Einkommensteuer für die Ehegatten einheitlich ermittelt. Deshalb ist die Günstigerprüfung nur in der Weise möglich, dass der Gesamtsteuervorteil berechnet und anschließend auf die Ehegatten entsprechend ihrer Eigenbeiträge verteilt wird. Ist nur ein Ehegatte begünstigt, gilt nur der einfache Höchstbetrag.

Die Besteuerung der Rente. Während der Ansparphase werden die Eigenleistungen zunächst aus versteuertem Einkommen geleistet. Durch die Zulagen bzw. den Sonderausgabenabzug wird die Steuerbelastung aber rückgängig gemacht. Zulagen, Zinsen und andere Erträge bleiben während der Ansparphase steuerfrei. Im Ergebnis entsteht das für die Rentenzahlung benötigte Kapital steuerfrei. Dafür müssen die Rentenzahlungen in der Auszahlungsphase versteuert werden. Sie sind in der Steuererklärung als sonstige Einkünfte anzugeben.

Quelle: Die Rentenreform; Information zur Planung und zum Aufbau Ihrer privaten Altersvorsorge; Broschüre der National-Bank AG.

8.3.2 Wohn-Riester

Wohn-Riester – der schnellere Weg ins Eigenheim

Immobilienkauf leicht gemacht mit Wohn-Riester

Für viele Verbraucher spielt die eigene Immobilie in Form einer Eigentumswohnung oder eines eigenen Hauses eine wichtige Rolle. Nicht selten nehmen gerade junge Familien hierfür in jungen Jahren einen langfristigen Kredit auf, um letztlich im Rentenalter ohne Mietzahlungen leben zu können. Zwar erhalten Immobilieneigentümer bei eigener Wohnraumnutzung ohne Fremdvermietung keine zusätzlichen Einnahmen, doch fällt damit ein großer Kostenblock bei den monatlichen Einnahmen und Ausgaben weg.

Nachteilig war bislang, dass eine Immobilie als Standbein der privaten Altersvorsorge seit dem Wegfall der Eigenheimzulage am 1. Januar 2006 nicht mehr staatlich gefördert wurde. Nachdem die Bundesregierung die private Altersvorsorge mit Einführung der Riester-Rente jedoch bereits in Form von Riester-Rente-Versicherungen, Riester-Banksparplänen und Riester-Fondssparplänen gefördert hatte, wurde die Wohn-Riester-Rente zum 01. 01. 2008 als Ergänzung der Riester-Rente beschlossen (Eigenheimrentengesetz) und kann nun ebenfalls genutzt werden.

Mit Einführung der Wohn-Riester-Rente haben Immobilienkäufer nun die Möglichkeit, den Kauf einer Immobilie in Form eines Riester-Immobiliendarlehens, eines Riester-Bausparvertrages oder mittels einer Kapital-Entnahme aus einem laufenden Riester-Vertrag mit der staatlichen Riester-Förderung fördern zu lassen. Die Wohn-Riester-Förderung hat dabei die gleiche Höhe und Berechnungsgrundlage wie bei anderen Riester-Produkten und besteht aus einer Grundzulage in Höhe von 154,00 Euro sowie einer Kinderzulage in Höhe von 185,00 Euro bzw. 300,00 Euro für ab dem Jahr 2008 geborene Kinder. Voraussetzung für die Förderung ist, dass die Immobilie auch tatsächlich von den Käufern bewohnt wird. Der Staat fördert damit also nicht den Immobilienkauf als Investitionsobjekt mit Absicht auf Mieteinnahmen. Lediglich in Sonderfällen, wie zum Beispiel dem Umzug aufgrund eines Jobwechsels, darf die eigene Immobilie befristet vermietet werden. Bei Eintritt in das Rentenalter müssen Wohn-Riester-Sparer dann wieder in die eigene Immobilie ziehen, um die staatliche Förderung nicht zu verwirken und gegebenenfalls zurückzahlen zu müssen.

Die Wohn-Riester-Förderung gilt somit für den Kauf, den Bau oder – zu Beginn der Auszahlungsphase – für die Entschuldung einer Wohnung oder eines Hauses sowie für den Erwerb von Anteilen an Wohngenossenschaften. Die Wohn-Riester-Rente kann wie folgt genutzt werden:

- Abschluss eines zertifizierten Riester-Darlehensvertrages
  Sparbeiträge und Zulagen dienen der Tilgung des Darlehens. Die Darlehenslaufzeit wird verkürzt und es werden Darlehenszinsen gespart.
- Abschluss eines Riester-Bausparvertrages
  In der Ansparphase erhöhen die Sparbeiträge und die Zulagen das Bausparguthaben. In der Darlehensphase dienen die Sparbeiträge und die Zulagen der Tilgung des Darlehens.
- Kapital-Entnahme aus einem laufenden Riester-Vertrag zum Zweck der Finanzierung einer neuen Immobilie oder um über eine Sondertilgung eine bestehende Immobilienfinanzierung zu entlasten
  Seit 2010 kann das angesparte Kapital komplett für den Kauf oder Bau einer Immobilie eingesetzt werden. Auch Teilentnahmen sind möglich, aber dann nur bis maximal 75 Prozent. Das auf einen bestehenden Riester-Vertrag angesparte Kapital wird von den Banken als Eigenkapital anerkannt.

Modernisierungs- und Energiesparmaßnahmen an bestehenden Immobilien werden nicht gefördert.

Wie bei allen Riester-Produkten gilt: Bis zum Eintritt in den Ruhestand sind die Beiträge grundsätzlich steuerfrei, in der Auszahlungsphase muss die Riester-Rente dann versteuert werden. Bei der Eigenheimrente fließt naturgemäß kein monatlicher Geldbetrag, der besteuert werden könnte. Die geförderten Tilgungsbeiträge (Zulage und Eigenleistung) und gegebenenfalls der Entnahmebetrag werden auf dem „Wohnförderkonto“ erfasst und ab dann bis zum Eintritt in den Ruhestand mit 2 Prozent jährlich verzinst. Auf diese Summe zahlt der Förderberechtigte dann Steuern. Er kann sich aber auch seiner Steuerschuld zu Beginn des Ruhestands auf einen Schlag entledigen und muss dann nur auf 70 Prozent des auf dem fiktiven Wohnförderkonto erfassten Betrags Einkommensteuer gemäß seinem individuellen Steuersatz zahlen. Alternativ kann der Betrag über einen Zeitraum von maximal 25 Jahren bis zum 85. Lebensjahrversteuert werden. Wie hoch die Steuer ausfällt, hängt vom individuellen Steuersatz des Rentners ab.

Wer sein Haus wieder verkauft, muss den Betrag aus dem Wohnförderkonto innerhalb von vier Jahren in eine andere selbst genutzte Immobilie investieren oder innerhalb eines Jahres wieder in einen riestergeförderten Altersvorsorgevertrag einzahlen. Dann bleibt die Förderung in vollem Umfang erhalten. Anderenfalls gilt der Verkauf als schädliche Verwendung und die auf dem Wohnförderkonto erfassten Beträge sind als Leistungen aus dem Altersvorsorgevertrag mit dem persönlichen Steuersatz voll zu versteuern.

Aufgaben:

1 In welcher Form kann die Wohn-Riester-Förderung gemäß Eigenheimrentengesetz in Anspruch genommen werden?

2 Der 45-jährige Jan Holmer hat auf seinen Riester-Vertrag bereits geförderte Beträge von insgesamt 38 000,00 EUR eingezahlt. Jahrelang hat er von einem eigenen Häuschen im Grünen für sich und seine Familie geträumt. Doch seine Pläne haben sich geändert: Seine Lebensgefährtin hat ein Haus geerbt. Statt in den Bau eines eigenen Hauses zu investieren, will er nun das Haus seiner Lebensgefährtin gründlich renovieren. Jan Holmer will für die Renovierung das angesparte geförderte Altersvorsorgevermögen aus seinem Riester-Vertrag verwenden. Nehmen Sie Stellung!

3 Karin Hansen arbeitet als leitende Angestellte in einem Pharmakonzern. Die 40-Jährige ist alleinstehend. Im Jahre 2008 hat sie sich am Münchner Stadtrand eine Wohnung gekauft, die sie in monatlichen Raten abzahlt und mit einem Darlehen finanziert hat. Nach Auslaufen der Zinsfestschreibung im Jahre 2013 entscheidet sich Karin Hansen für einen Wohn-Riester-Vertrag (zertifiziertes Riester-Darlehen). Denn wenn sie vier Prozent ihres beitragspflichtigen Vorjahresbruttoeinkommens (max. 2 100,00 EUR) abzüglich des Zulagenanspruchs pro Jahr auf den Vertrag einzahlt, erhält sie zum einen die Grundzulage, zum anderen hat sie die Möglichkeit, den Gesamtbetrag im Rahmen der Sonderausgaben bei ihrer Einkommensteuererklärung anzugeben. Die auf den Wohn-Riester-Vertrag eingezahlten Beträge werden unmittelbar für die Tilgung des Darlehens eingesetzt und reduzieren die zu leistende Kreditsumme pro Jahr. Im Jahre 2016 erfährt Karin Hansen von ihrem Arbeitgeber, dass ihr Arbeitsplatz für fünf Jahre nach Hamburg verlegt wird. Karin Hansen entschließt sich, ihre Immobilie für die Jahre ihrer Abwesenheit zu vermieten, um sie nach der Rückkehr wieder selber zu beziehen. Karin Hansen kehrt nach fünf Jahren in ihre Münchner Wohnung zurück. Hier lebt sie einige Jahre. Im Alter von 70 Jahren verkauft sie ihre Wohnung am Münchner Stadtrand und erwirbt mit dem Geld ein lebenslanges Wohnrecht in dem Seniorenheim Curanum e. G. am Tegernsee.

Prüfen Sie, ob bezüglich des beruflichen Umzugs und des Verkaufs der Wohnung die Förderung aus dem Wohn-Riester-Vertrag erhalten bleibt oder zurückerstattet werden muss. (Unterstellen Sie eine auch in Zukunft gleichbleibende Gesetzeslage zur Riester-Förderung.)

4 Hans und Inge Jackel sind 38 und 37 Jahre alt. Sie sind verheiratet und haben zwei Kinder (Tim, geb. am 26.01.2007 und Friederike, geb. am 16.03.2009). Hans ist in der gesetzlichen Rentenversicherung pflichtversichert und hat Ende 2009 einen Wohn-Riester-Vertrag in Form eines zertifizierten Darlehensvertrags abgeschlossen, um den Kauf eines Einfamilienhauses zu finanzieren. Inge Jackel hat ebenfalls einen zertifizierten Riester-Darlehensvertrag abgeschlossen, obwohl sie zurzeit nicht berufstätig ist.

a) Errechnen Sie die jährliche staatliche Zulage, die für die Tilgung der Darlehen eingesetzt werden kann. Unterstellen Sie, dass Hans Jackel vier Prozent seines Vorjahresbruttoeinkommens (max. 2 100,00 EUR) abzüglich des Zulageanspruchs jährlich auf seinen Darlehensvertrag einzahlt. Inge Jackel hat ebenfalls Tilgungsleistungen, die 60,00 EUR pro Jahr übersteigen, auf ihren Darlehensvertrag erbracht.

b) Beschreiben Sie die Besteuerung dieses Wohn-Riester-Altersvorsorgevertrags.

8.3.3 Rürup-Rente

Jochen Kleinschmidt, geb. am 02.01.1967, alleinstehend, selbstständiger Außenhandelskaufmann, Jahresbruttoeinkommen 100 000,00 EUR, möchte zum Zwecke der Altersvorsorge eine private Rentenversicherung abschließen. Aufgrund seiner Anfrage sendet ihm die Allianz AG folgende Modellrechnung als Angebot für den Abschluss dieser Versicherung zu.

Allianz

Persönlicher Vorschlag vom 8. Januar 2012

für Herrn Jochen Kleinschmidt, geb. 02.01.1967, Beruf selbstständiger Kaufmann (Außenhandel)

Technische Daten der Versicherung

Versicherungsbeginn		01.02.2012
Ende der Grundphase (planmäßiger Rentenbeginn)		01.02.2034
Flexible Leistungsphase	vom 01.02.2029 bis	01.02.2037
Vereinbarter – und spätester – Rentenbeginn		01.02.2037
Dauer der Grundphase (Aufschubdauer bis zum planmäßigen Rentenbeginn)		22 Jahre

Leistungen zur Altersvorsorge

Bei Abruf der Leistungen zum Ende der Grundphase (01.02.2034):

- **ZukunftsRente**

⋮ ⋮ ⋮

Gesamtleistung inkl. Überschussbeteiligung
bei Erleben des 01.02.2034:

Gesamtrente*	monatlich	3 220,75 EUR

⋮ ⋮ ⋮

- **Todesfallleistung ab Rentenbeginn:**

  Bei Tod der versicherten Person ab Rentenbeginn zahlen wir eine lebenslange Rente an den in gültiger Ehe lebenden Ehepartner. Gibt es keinen in gültiger Ehe lebenden Ehepartner, zahlen wir eine temporäre Rente an alle rentenberechtigten Kinder, längstens aber bis zur Vollendung des 25. Lebensjahres. Nähere Informationen entnehmen Sie bitte den Produktinformationen.

  Gibt es bei Tod keinen in gültiger Ehe lebenden Ehepartner und keine rentenberechtigten Kinder, wird keine Leistung fällig.

⋮ ⋮ ⋮

Leistungen zum Ende der flexiblen Leistungsphase (01.02.2037):

- **ZukunftsRente**

⋮ ⋮ ⋮

Gesamtleistung inkl. Überschussbeteiligung
bei Erleben des 01.02.2037:

Gesamtrente*	monatlich	5 391,78 EUR

⋮ ⋮ ⋮

Gesamtbeitrag	**halbjährlich**	**10 000,00 EUR**

* **Die in diesen Werten enthaltene Überschussbeteiligung kann nicht garantiert werden. Bitte beachten Sie dazu den Abschnitt „Wichtige Erläuterungen zu den Gesamtleistungen".**

Tarif: BVR1M; Eintrittsalter: Herr Jochen Kleinschmidt: 45 Jahre

Die „Rürup-Rente“ ist eine private Rentenversicherung, die entsprechend dem Alterseinkünftegesetz folgende Voraussetzungen erfüllen muss:

- Die späteren Leistungen dürfen nur als lebenslange Rentenzahlung erfolgen,
- Die Rentenzahlung muss monatlich erfolgen und darf nicht vor dem 62. Lebensjahr beginnen,
- Die Ansprüche aus dem Vertrag sind nicht vererblich, nicht übertragbar und nicht beleihbar.

74 Prozent der Beiträge zur privaten Altersvorsorge sind als Altersvorsorgeaufwendungen im Jahre 2012 steuerlich abzugsfähig (maximal 20 000,00 EUR bei Ledigen, 40 000,00 EUR bei Verheirateten). Dieser Anteil steigt bis zum Jahr 2025 jährlich um jeweils zwei Prozentpunkte an. Ab dem Jahr 2025 sind Altersvorsorgeaufwendungen in voller Höhe steuerfrei. Die späteren Renten aus steuerlich begünstigten Altersvorsorgeverträgen werden nachgelagert besteuert **(nachgelagerte Besteuerung).** Im Jahre 2012 beträgt der steuerpflichtige Anteil 64 Prozent. Er erhöht sich dann schrittweise zunächst um jährlich zwei Prozentpunkte bis zum Jahre 2020 – dann um jährlich einen Prozentpunkt bis zum Jahre 2040. Ab dem Jahr 2040 sind die Renten voll steuerpflichtig. Maßgeblich für den steuerfreien Anteil ist das Jahr des Rentenbeginns; dieser Anteil gilt dann für die gesamte Laufzeit der Rentenzahlung (persönlicher Rentenfreibetrag).

Der Kunde Jochen Kleinschmidt ist zu einem Beratungsgespräch bei Ihnen. Beraten Sie ihn bei den von ihm gestellten Fragen.

AUFGABEN:

1 Der Kunde möchte wissen, ob das ihm vorliegende Angebot der Allianz AG die Voraussetzungen erfüllt, die das Alterseinkünftegesetz an eine „Rürup-Rente“ stellt.

2 Erklären Sie ihm den Begriff „nachgelagerte Besteuerung“ bei Renteneinkünften.

3 Ermitteln Sie mit Hilfe der folgenden Tabelle für Jochen Kleinschmidt die steuerlich absetzbaren Altersvorsorgeaufwendungen für das Jahr 2012, wenn er – entsprechend dem obigen Angebot – die private Rentenversicherung bei der Allianz AG abschließt. Als Selbstständiger zahlt Herr Kleinschmidt keine Beiträge in die gesetzliche Rentenversicherung bzw. in ein berufsständisches Versorgungswerk ein.

Gesamtbeitrag zur gesetzlichen Rentenversicherung	EUR
+ Beiträge zur privaten Rentenversicherung (Rürup-Rente)	EUR
= Summe der Altersvorsorgeaufwendungen (maximal 20 000,00 EUR)	EUR
Davon werden im Jahre 2012 74 % angesetzt; 74 % von EUR	EUR
Abzüglich steuerfreier Arbeitgeberanteil zur Rentenversicherung	EUR
= steuerlich abzugsfähige Altersvorsorgeaufwendungen im Jahre 2012	**EUR**

4 Der Kunde möchte wissen, wie hoch die steuerlich absetzbaren Altersvorsorgeaufwendungen im Jahre 2015 bei unveränderten Beitragszahlungen sind.

5 Der Kunde bittet Sie, für ihn folgende Berechnungen durchzuführen. Zum Ende der Grundphase am 01. 02. 2034 (planmäßiger Rentenbeginn → vgl. Angebot der Allianz AG) möchte er wegen Aufgabe seiner Tätigkeit die Leistungen aus seiner privaten Rentenversicherung abrufen.

a) Wie viel EUR betragen die Rentenbezüge im Jahre 2034, wenn die Rente entsprechend dem Angebot zur Auszahlung gelangt?

b) Wie viel EUR beträgt der steuerpflichtige Anteil der Rentenbezüge im Jahre 2034?

c) Wie viel EUR beträgt der steuerpflichtige Anteil der Rentenbezüge im Jahre 2040?

9 Anlegerschutz

9.1

Werten Sie die folgenden Zeitungsauszüge aus:

[1]

WAZ DÜSSELDORF. Die Fusion von Thyssen und Krupp steht kurz vor dem erfolgreichen Abschluss. Heute wollen beide Unternehmen zum aktuellen Geschäft Stellung nehmen. Auch abseits des Tagesgeschäfts gibt es aber noch schwierige Dinge zu klären. Dazu zählt die brisante Frage, wer den Aufsichtsratsvorsitzenden der Thyssen AG, Heinz Kriwet, im März 1997 von der damals bevorstehenden Übernahme durch Krupp informiert hat. Nach Informationen der Süddeutschen Zeitung soll dies NRW-Finanzminister Heinz Schleusser gewesen sein.

Quelle: WAZ vom 14.01.1999.

[2]

Schadensersatz nach Anlage in Aktien

KARLSRUHE (ap). Ein bei Aktiengeschäften unerfahrener Bankkunde kann Schadensersatz verlangen, wenn er von der Bank zu verlustreichen Spekulationen auf Kredit verleitet wurde. In einem vom Bundesgerichtshof (BGH) entschiedenen Fall hatte ein Anlageberater einem Kunden empfohlen, für 80 000 DM Aktien zu kaufen. Nachdem die erhoffte Rendite ausgeblieben war, riet der Bankmitarbeiter dem Kunden, einen Kredit über 1 Million DM aufzunehmen. Der Kunde müsse „groß einsteigen", wenn er „richtig Geld" verdienen wolle. Nach vier Jahren hatten sich nach Auflösung des Depots 626 000 DM Schulden angesammelt. Der BGH hat die Bank zur Erstattung von zwei Dritteln des Schadens verurteilt. Ein Drittel muss der Kunde wegen Mitschuld tragen. Nach BGH-Auffassung hat die Bank ihre Pflicht aus dem Beratervertrag verletzt. Sie habe den Kunden zu einer Spekulation auf Kredit verleitet, bei der Verluste absehbar gewesen seien, Gewinn dagegen nur unter besonders günstigen, aber unwahrscheinlichen Umständen hätte anfallen können. Bei steigenden Kreditzinsen und sinkenden Aktienkursen sei ein Verlust so gut wie sicher gewesen. (Az.: BGH XI ZR 22/96).

Quelle: Rheinische Post vom 25.03.1997.

[3]

Bundesregierung stärkt Rechte von Bankkunden

km. BERLIN, 18. Februar. Die Bundesregierung will nach der Finanzkrise den Verbraucherschutz verbessern. [...]

Nach dem Entwurf werden Banken und Finanzvermittler verpflichtet, die Beratung für Anleger zu dokumentieren und dem Kunden eine Ausfertigung des Protokolls zu übergeben. Darin soll unter anderem vermerkt werden, was der Kunde – etwa als Anlagerisiko – wollte und welche Empfehlungen der Berater machte. Auch müssen die Gründe für die Empfehlung angegeben werden.

Die Pflicht zur Dokumentation soll nicht allein Sorgfalt und Qualität der Beratung verbessern, sondern dem Kunden auch als Beweismittel dienen, wenn er nachträglich Beratungsfehler entdeckt oder wegen Verlusten an der Börse Schadensersatz fordert, weil ihm statt der gewünschten sicheren Anleihe zu einem riskanten Produkt geraten wurde. Damit wird faktisch gegenüber der heutigen Regelung die Beweislast umgedreht: Bisher musste der Kunde beweisen, dass er falsch beraten wurde. Nun muss die Bank belegen, dass sie gemäß den Wünschen des Kunden ordnungsgemäß vorgegangen ist.

Der zweite Punkt des Gesetzentwurfs betrifft die Abschaffung der Sonderverjährungsfrist für Wertpapieranlagen. Damit verjähren Ansprüche wegen einer möglichen Falschberatung nicht mehr nach drei Jahren. Künftig gibt es in dieser Hinsicht zwei Möglichkeiten. Die Dreijahresfrist beginnt erst dann zu laufen, wenn der Anleger von dem Schaden erfahren hat. Oder es gilt, beginnend mit dem Kaufdatum, eine Zehnjahresfrist, wenn der Anleger zwischenzeitlich keine Kenntnis von einem Schaden erlangt hatte.

[...]

Quelle: FAZ, 19.02.2009, Nr. 42, Seite 19/Auszug.

Aufgaben:

[1] Nennen Sie Bestimmungen, gegen die im Fall [1] möglicherweise verstoßen wurde!

[2] Nennen Sie rechtliche Regelungen, die im Fall [2] verletzt wurden!

[3] Welche rechtlichen Veränderungen zum Verbraucherschutz sieht das geplante Gesetz vor? → Text [3].
Welche Funktionen soll die Dokumentationspflicht erfüllen?

Staatsanwalt ermittelt gegen Wiedeking

Stuttgart. Die Staatsanwaltschaft Stuttgart ermittelt gegen den ehemaligen Porsche-Chef Wiedeking wegen möglicher Verstöße gegen das Aktienrecht und hat gestern die Porsche-Geschäftsräume durchsucht. Dabei wurden Unterlagen beschlagnahmt. „Nach Hinweisen der Finanzaufsicht Bafin haben wir ein Ermittlungsverfahren eingeleitet wegen des Verdachts der Marktmanipulation und der unbefugten Weitergabe von Insiderinformationen", sagte eine Staatsanwalts-Sprecherin „Welt online". Die Ermittlungen richteten sich gegen Wiedeking und Ex-Finanzvorstand Holger Härter.

Enorme Kurssprünge

Die Bafin hatte nach einer formellen Prüfung des Übernahmekomplexes Porsche/Volkswagen Anfang August Anzeige erstattet, hieß es. Im Oktober 2008 hätten unter anderem nicht meldepflichtige Optionsgeschäfte zu einem Kurssprung der VW-Aktie auf über 1 000 Euro geführt und den Autobauer zwischenzeitlich zum wertvollsten Unternehmen der Welt gemacht.

Zudem habe sich die Bafin mit den jüngsten Kursturbulenzen der VW-Aktien beschäftigt. „Wir schauen uns die Kursbewegungen der vergangenen Tage genau an", so eine Sprecherin. Ansatzpunkte seien Insiderhandel und Marktmanipulation. Dies beziehe sich auf die Stamm- und die Vorzugsaktien. *ddp/rtr*

Quelle: WAZ 21.08.2009.

Börsenkontrolle alarmierte Bafin

Vermutete Kursmanipulation bei VW ereignete sich 2009

cru. FRANKFURT, 21. August. Die Ermittlungen gegen Wendelin Wiedeking, den ehemaligen Vorstandsvorsitzenden von Porsche, haben ihren Ausgang in Frankfurt genommen. Am Anfang stand ein Hinweis der Handelsüberwachungsstelle in Frankfurt an die Finanzaufsicht Bafin. Das sagte eine Sprecherin der Bafin dieser Zeitung. Die Handelsüberwachungsstelle – eine staatliche Behörde, die dem hessischen Wirtschaftsministerium zugeordnet ist – arbeite eng mit der Bafin zusammen. „Die Kollegen haben Unregelmäßigkeiten im Verlauf einiger Aktienkurse und bei einigen Termingeschäften beobachtet und uns darüber informiert", sagte eine Sprecherin. Daraus hätten sich eigene Ermittlungen der Bafin ergeben. Diese führten dazu, dass die Behörde Anfang August bei der Staatsanwaltschaft Stuttgart Anzeige erstattete – wegen des Verdachts auf Kursmanipulation in VW-Aktien.

Die Sprecherin betonte, dass es bei den Unregelmäßigkeiten an der Börse um Vorfälle aus dem Jahr 2009 ging. Der Kurssprung der VW-Aktie Ende Oktober 2008 auf mehr als 1 000 Euro habe dagegen zunächst keine Rolle gespielt. Im Zuge der weiteren Ermittlungen könne sich dies aber noch ändern. Auch die jüngsten Kursturbulenzen bei VW-Stammaktien und VW-Vorzugsaktien würden von der Bafin noch unter die Lupe genommen. Dabei handele es sich aber zunächst um Routine.

Ein weiterer Komplex der am Donnerstag mit der Razzia bei Porsche aufgenommenen staatsanwaltschaftlichen Ermittlungen ist der Vorwurf der Weitergabe von Insiderinformationen. Branchenkreise bestätigen, dass es dabei unter anderem um ein Interview geht, das der baden-württembergische SPD-Fraktionsvorsitzende Claus Schmiedel Ende Mai der Zeitung „Stuttgarter Nachrichten" gegeben hatte. Darin berichtete er von einem Gespräch mit dem damals noch amtierenden Porsche-Finanzchef Holger Härter. Der Manager hatte gegenüber Schmiedel klare Prognosen über den Absatz und den Gewinn von Porsche für das kommende Geschäftsjahr 2009/10 abgegeben. Offenbar ist dies einer der Ansätze für die Ermittlungen wegen des Verdachts auf Verletzung von Veröffentlichungspflichten.

Darüber hinaus sucht die Staatsanwaltschaft nach Angaben aus Branchenkreisen nach Beweisen, dass es bei Porsche schon Pläne gab, bei VW auf 75 Prozent aufzustocken und einen Gewinnabführungs- und Beherrschungsvertrag mit Volkswagen zu schließen, bevor diese Pläne veröffentlicht wurden. Vor dem Kurssprung im Oktober 2008 waren Marktteilnehmer aufgrund anderslautender Aussagen des Porsche-Vorstands davon ausgegangen, dass dies absehbar nicht der Fall sein würde. Sie könnten durch dieses Verhalten von Porsche getäuscht worden sein. Zudem könnte es sein, dass Insider aus den Geschäften Profit gezogen hätten.

Neben VW-Aktionären, die sich möglicherweise zu früh von den Papieren getrennt hatten und so nicht am Kurssprung verdienten, wurden vor allem Investoren geschädigt, die sogenannte Leerverkäufe tätigten. Dabei setzten sie auf fallende VW-Kurse, mussten sich dann aber nach Bekanntgabe der Absichten von Porsche plötzlich mit Aktien eindecken, um geliehene Aktien zurückzukaufen. Durch die Kurskapriolen der VW-Aktie wurde auch der gesamte Leitindex Dax verzerrt. Damit wurden nach Angaben von Morlin auch Investoren, deren Geschäfte sich am Dax-Kurs orientieren, geschädigt.

Quelle: FAZ 22.08.2009.

Aufgaben:

1. Um welche Insiderpapiere geht es im vorliegenden Fall?
2. Welche möglichen Gesetzesverstöße werden untersucht?

Wertpapierhandelsgesetz

§ 12 Insiderpapiere

Insiderpapiere sind Finanzinstrumente,

1. die an einer inländischen Börse zum Handel zugelassen oder in den regulierten Markt oder in den Freiverkehr einbezogen sind,
2. die in einem anderen Mitgliedstaat der Europäischen Union oder einem anderen Vertragsstaat des Abkommens über den Europäischen Wirtschaftsraum zum Handel an einem organisierten Markt zugelassen sind oder
3. deren Preis unmittelbar oder mittelbar von Finanzinstrumenten nach Nummer 1 oder Nummer 2 abhängt.

[...]

§ 13 Insiderinformation

(1) Eine Insiderinformation ist eine konkrete Information über nicht öffentlich bekannte Umstände, die sich auf einen oder mehrere Emittenten von Insiderpapieren oder auf die Insiderpapiere selbst beziehen und die geeignet sind, im Falle ihres öffentlichen Bekanntwerdens den Börsen- oder Marktpreis der Insiderpapiere erheblich zu beeinflussen. [...]

(2) Eine Bewertung, die ausschließlich aufgrund öffentlich bekannter Umstände erstellt wird, ist keine Insiderinformation, selbst wenn sie den Kurs von Insiderpapieren erheblich beeinflussen kann.

§ 14 Verbot von Insidergeschäften

(1) Es ist verboten,

1. unter Verwendung einer Insiderinformation Insiderpapiere für eigene oder fremde Rechnung oder für einen anderen zu erwerben oder zu veräußern,
2. einem anderen eine Insiderinformation unbefugt mitzuteilen oder zugänglich zu machen,
3. einem anderen auf der Grundlage einer Insiderinformation den Erwerb oder die Veräußerung von Insiderpapieren zu empfehlen oder einen anderen auf sonstige Weise dazu zu verleiten.

(2) [...]

§ 15 Mitteilung, Veröffentlichung und Übermittlung von Insiderinformationen [...]

(1) Ein Inlandsemittent von Finanzinstrumenten muss Insiderinformationen, die ihn unmittelbar betreffen, unverzüglich veröffentlichen; [...]

Wer als Emittent oder als eine Person, die in dessen Auftrag oder auf dessen Rechnung handelt, im Rahmen seiner Befugnis einem anderen Insiderinformationen mitteilt oder zugänglich macht, hat diese gleichzeitig nach Satz 1 zu veröffentlichen [. . .], es sei denn, der andere ist rechtlich zur Vertraulichkeit verpflichtet.

§ 20 a Verbot der Marktmanipulation

(1) Es ist verboten,

1. unrichtige oder irreführende Angaben über Umstände zu machen, die für die Bewertung eines Finanzinstruments erheblich sind, oder solche Umstände entgegen bestehenden Rechtsvorschriften zu verschweigen, wenn die Angaben oder das Verschweigen geeignet sind, auf den inländischen Börsen- oder Marktpreis eines Finanzinstruments [...] einzuwirken.
2. Geschäfte vorzunehmen oder Kauf- oder Verkaufaufträge zu erteilen, die geeignet sind, falsche oder irreführende Signale für das Angebot, die Nachfrage oder den Börsen- oder Marktpreis von Finanzinstrumenten zu geben oder ein künstliches Preisniveau herbeizuführen oder
3. sonstige Täuschungshandlungen vorzunehmen, die geeignet sind, auf den inländischen Börsen- oder Marktpreis eines Finanzinstruments [...] einzuwirken.

§ 38 Strafvorschriften

(1) Mit Freiheitsstrafe bis zu fünf Jahren oder mit Geldstrafe wird bestraft, wer

1. entgegen § 14 Abs. 1 Nr. 1 ein Insiderpapier erwirbt oder veräußert oder
2. a) als Mitglied des Geschäftsführungs- oder Aufsichtsorgans oder als persönlich haftender Gesellschafter des Emittenten oder eines mit dem Emittenten verbundenen Unternehmens,
   b) aufgrund seiner Beteiligung am Kapital des Emittenten oder eines mit dem Emittenten verbundenen Unternehmens,
   c) aufgrund seines Berufs oder seiner Tätigkeit oder seiner Aufgabe bestimmungsgemäß oder
   d) aufgrund der Vorbereitung oder Begehung einer Straftat

über eine Insiderinformation verfügt und unter Verwendung dieser Insiderinformation eine in § 39 Abs. 2 Nr. 3 oder 4 bezeichnete vorsätzliche Handlung begeht.

(2) [...]

Gesamtwiederholung

1. a) Ordnen Sie die folgenden Wertpapiere den einzelnen Wertpapiergruppen zu!

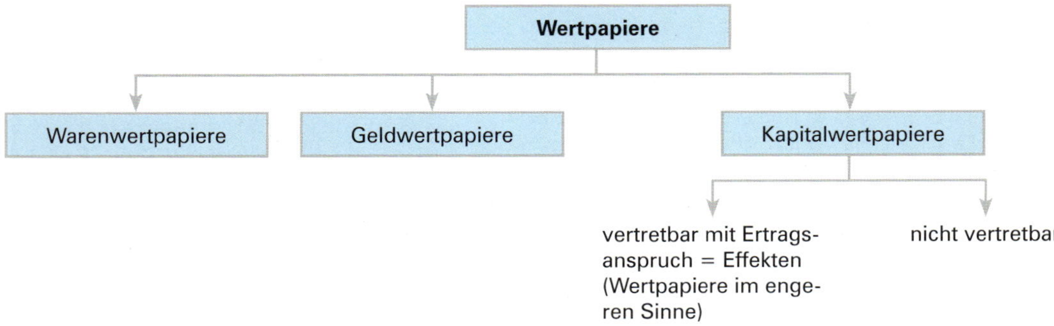

....	....	....	....
....	....	....	....
....	....	....	....

Aktie, Ladeschein, Hypothekenbrief, Wechsel, Schuldverschreibung, Pfandbrief, Scheck, Konnossement, Grundschuldbrief, Schatzwechsel, Lagerschein.

b) In welche Gruppe ordnen Sie Wertrechte, z. B. Schuldbuchforderungen, ein? ....

....

2. Aus welchen Teilen besteht ein abgezinster Sparbrief, der als Urkunde begeben wird?

a) Mantel b) Mantel und Bogen c) Mantel, Bogen und Talon

Tragen Sie den Buchstaben der richtigen Antwort in das Kästchen ein! ☐

3.

Welche verschiedenen Rechte kann der abgedruckte Dividendenschein verbriefen?

....

....

....

4. Folgender Textausschnitt ist einer Wertpapierurkunde entnommen: „Wir verpflichten uns, dem Inhaber dieser Teilschuldverschreibung nach den umstehenden Anleihebedingungen den Betrag von eintausend Euro mit jährlich $6^1/_2$ vom Hundert zu verzinsen und die Teilschuldverschreibung entweder auf Verlangen des Inhabers in Aktien der Gesellschaft umzutauschen oder am Fälligkeitstag zum Nennbetrag einzulösen".

Um welches Wertpapier handelt es sich? ....

5.

Ergänzen Sie die Lücken der nebenstehenden Urkunde!

Welche Bedeutung haben die fett gedruckten Zahlen?

....

....

....

....

....

....

6. Eine 6 %ige Anleihe wird am 01.08.2008 zur Zeichnung aufgelegt. Ausgabekurs 98 %. Rückzahlung zu pari nach 4 tilgungsfreien Jahren ab 01.08.2013 in 8 gleichen Jahresraten.

a) Berechnen Sie die mittlere Laufzeit! .... Jahre

b) Wie hoch ist der Rückzahlungsgewinn pro Jahr? .... EUR pro Jahr

c) Wie hoch ist die Effektivverzinsung? .... %

7. Ergänzen Sie die fehlenden Begriffe!

Die .... einer Anleihe spielt eine Rolle bei der Anlage des Vermögens unter Vormundschaft oder unter Pflegschaft stehender Personen. Zu den .... Wertpapieren gehören nach § 1807 BGB u. a. öffentliche Anleihen oder solche, die vom Staat verbürgt sind. Für Wertpapierpensionsgeschäfte oder Kreditgeschäfte, die die EZB bzw. die nationalen Zentralbanken mit den Kreditinstituten tätigen, sind als Sicherheit solche Wertpapiere zugelassen, die die .... besitzen. Lebensversicherungsgesellschaften dürfen für den gesetzlich vorgeschriebenen Prämienreservefonds Wertpapiere anschaffen. Diese Wertpapiere müssen jedoch .... sein. Die .... wird von der Bundesanstalt für Finanzdienstleistungsaufsicht den einzelnen Wertpapieren verliehen.

8. Für Pfandbriefe gelten besondere Bestimmungen, die Pfandbrieferwerber gegen Verlustrisiken schützen sollen. Welche Aussagen sind richtig?

a) Der Gesamtbetrag der im Umlauf befindlichen Pfandbriefe einer Gattung muss sowohl in Höhe des Nennwerts als auch in Höhe des Barwerts jederzeit durch Deckungswerte in mindestens gleicher Höhe und mit mindestens gleichem Zinsertrag gedeckt sein.
b) Der Gesamtbetrag der umlaufenden Pfandbriefe muss durch erstrangige Hypotheken von mindestens gleicher Höhe und gleichem Zinssatz gedeckt sein.
c) Der Beleihungssatz bei Realkrediten darf 50 Prozent des Grundstückswertes nicht übersteigen.
d) Bei Insolvenz der Hypothekenbank werden die Forderungen der Pfandbriefgläubiger vorrangig befriedigt.
e) Hypothekenpfandbriefe sind mündelsicher.

9. Welche Aussagen treffen auf Finanzierungsschätze zu?

a) Finanzierungsschätze werden in monatlich neu aufgelegten Ausgaben mit einer Laufzeit von etwa einem Jahr und etwa 2 Jahren verkauft.
b) Sie werden als Sammelurkunde bei der Clearstream Banking AG hinterlegt.
c) Es handelt sich um Wertrechte, die im Bundesschuldbuch bei der Bundesrepublik Deutschland – Finanzagentur GmbH eingetragen sind.
d) Nach Ablauf der Sperrfrist können innerhalb von 30 Zinstagen 5 000,00 EUR je Gläubiger vorzeitig vor Verfall zurückgegeben werden.
e) Der Kauf ist direkt bei der Bundesrepublik Deutschland – Finanzagentur GmbH möglich.
f) Ersterwerber können nur natürliche Personen sowie gemeinnützige, mildtätige und kirchliche Einrichtungen sein.

10. Auf welche der genannten Bundeswertpapiere treffen die folgenden Aussagen zu?

Bundeswertpapiere

1 Bundesanleihen
2 Bundesobligationen
3 Bundesschatzbriefe
4 Finanzierungsschätze
5 Unverzinsliche Schatzanweisungen
6 Schatzwechsel
7 Inflationsindexierte Anleihen

Aussagen

a) Diese Papiere sind Inhaberschuldverschreibungen des Bundes und seiner Sondervermögen mit einer Laufzeit von 6 Monaten. Sie werden als „Bubills“ bezeichnet und abgezinst ausgegeben.
b) Anleger erhalten feststehende Kuponzahlungen und zusätzlich einen Ausgleich für den während der Laufzeit eingetretenen Kaufkraftverlust.
c) Sie dienen der Beschaffung von Mitteln mit einer Laufzeit von fünf Jahren.

11. Für die Ausgestaltung der Rückzahlungsbedingungen von festverzinslichen Wertpapieren gibt es verschiedene Möglichkeiten, unter anderem

1 gesamtfällige Anleihen,
2 feste Ratentilgung,
3 variable Ratentilgung,
4 Tilgung durch Rückkauf,
5 Anleihen ohne Rückzahlungsverpflichtung.

Ordnen Sie die folgenden Aussagen zu!

a) Ein typisches Beispiel für diese Tilgungsart ist die Annuitätentilgung, bei der der Tilgungsbetrag jährlich um die ersparten Zinsen steigt.

b) Der Emittent behält sich in den Anleihebedingungen vor, die vereinbarte Tilgungsleistung ganz oder zum Teil durch Rückkauf an der Börse, auch im Rahmen der Kurspflege, zu erbringen.

c) Der gesamte Anleihebetrag wird am Ende der Laufzeit in einer Summe zurückgezahlt.

d) Die jährlichen oder halbjährlichen Tilgungsraten werden im Zeitablauf in fallender oder steigender Folge gestaffelt.

e) Diese Schuldverschreibungen werden als ewige Anleihen bezeichnet.

f) Die Rückzahlung erfolgt in festen, in ihrer Höhe gleich bleibenden Ratenbeträgen. Sie beginnt häufig erst nach einer tilgungsfreien Zeit.

12. Der Kunde Franz Schmidt interessiert sich für die Anlage in Industrieanleihen der Thyssen-Krupp AG. Welche der folgenden Aussagen sind richtig?

a) Mit dem Kauf einer Industrieanleihe erwirbt Herr Schmidt Miteigentum am Grundkapital der Thyssen-Krupp AG.

b) Industrieanleihen sind risikobehafteter als andere verzinsliche Wertpapiere. Deshalb sind sie oft mit einer höheren Rendite ausgestattet.

c) Industrieanleihen können jederzeit an den Emittenten, die Thyssen-Krupp AG, zurückgegeben werden.

d) Industrieanleihen sind auch ohne grundpfandrechtliche Absicherung für die Anlage von Mündelgeldern geeignet.

e) Industrieanleihen sind grundsätzlich durch die Substanz und Ertragskraft des emittierenden Unternehmens gesichert. Besondere Sicherheiten werden in der Regel nicht bestellt. Üblich ist aber die Abgabe einer Negativerklärung.

13. Setzen Sie die entsprechende Wertpapierbezeichnung ein!

....	sind Obligationen, die neben dem Forderungsrecht ein Umtauschrecht in Aktien der ausgebenden AG verbriefen.
....	sind von ausländischen Schuldnern in Deutschland aufgelegte Schuldverschreibungen.
....	sind Obligationen, die neben dem Forderungsrecht ein Bezugsrecht auf Aktien der emittierenden Gesellschaft verbriefen.
....	sind festverzinsliche Wertpapiere, die von Pfandbriefbanken ausgegeben werden.
....	sind Anleihen des Bundes (einschl. Sondervermögen) und der Länder.
....	sind Anleihen, die von Kommunen ausgegeben werden und zur direkten Mittelbeschaffung für die Durchführung von Aufgaben dienen.
....	sind mittelfristige Anlagepapiere mit jährlich steigendem Zins, die als Schuldbuchforderungen herausgegeben werden.
....	sind Schuldverschreibungen, mit denen sich große, namhafte Unternehmen langfristiges Kapital beschaffen.
....	sind von deutschen Schuldnern im Ausland aufgelegte Schuldverschreibungen.
....	sind Anleihen, die neben einer festen Grundverzinsung mit einer dividendenabhängigen Zusatzverzinsung ausgestattet sind.

14. Um welche Arten von Gläubigereffekten handelt es sich bei den folgenden Wertpapieren? Kreuzen Sie an!

Anleiheart / Wertpapier	Staats-anleihe	Kommunal-anleihe	Bankschuld-verschreibung	Industrie-anleihe	Auslands-anleihe
a) 6 % öffentliche Pfandbriefe der Hessischen Landesbank, Serie 60					
b) 8 % Anleihe des Fonds Deutsche Einheit					
c) 7 % Anleihe der Stadt München					
d) 8 % Hypothekenpfandbriefe der Deutschen Hypothekenbank Frankfurt, Reihe 25					
e) 7 % Schatzanweisung des Landes Schleswig-Holstein					
f) $6^1/_2$ % Wandelanleihe der Schering AG					
g) $8^1/_4$ % Bundesobligation Serie 6					
h) 6 % Obligation der Chem. Werke Hüls					
i) 7 % Inhaber-Schuldverschreibung der Deutschen Genossenschaftsbank Reihe 77					
j) $6^1/_4$ % Teilschuldverschreibung der Stadt Johannesburg EUR-Em.					
k) 7 % Inhaber-Teilschuldverschreibung der RWE-AG					

15. Wie wirkt ein Steigen des Zinsniveaus am Kapitalmarkt auf die Kurse festverzinslicher Wertpapiere? Kreuzen Sie die richtige Antwort an!

a) Die Kurse werden hierdurch nicht beeinflusst. ☐

b) Sie steigen, jedoch höchstens bis pari. ☐

c) Sie steigen, ggf. auch über pari. ☐

d) Sie fallen so weit, bis ihre Effektivverzinsung dem Kapitalmarktzins entspricht. ☐

16. Welche Aussage trifft auf Floating-Rate-Notes (zinsvariable Anleihen) zu?

a) Die Zinsen werden erst am Ende der Laufzeit gezahlt (Aufzinsungspapier).

b) Zinsschwankungen schlagen sich durch die Hebelwirkung der Floating-Rate-Notes deutlich im Kurs nieder.

c) Bei steigendem Marktzins wird der Anleihezins nach oben, bei sinkendem Marktzins nach unten angepasst.

d) Zinsen aus Floating-Rate-Notes müssen erst bei Fälligkeit der Anleihe versteuert werden.

e) Floating-Rate-Notes sind Indexanleihen.

17. Welche Papiere gehören zu den Gläubigereffekten? Kreuzen Sie an!

a) Industrieobligationen	☐	d) Inhaberaktien	☐
b) Investmentzertifikate	☐	e) öffentliche Pfandbriefe	☐
c) Teilschuldverschreibungen	☐	f) Vorzugsaktien	☐

18. Prüfen Sie, ob die nachfolgenden Aussagen richtig oder falsch sind. Kreuzen Sie entsprechend an!

	richtig	falsch
a) Die Übertragung von Vorzugsaktien ist stets von der Zustimmung der Gesellschaft abhängig.	☐	☐
b) Beschließt die Hauptversammlung die Ausgabe von Wandelschuldverschreibungen, so muss sie gleichzeitig eine bedingte Kapitalerhöhung beschließen.	☐	☐
c) Genussscheine sind Wertpapiere, die „vorläufige Aktien" darstellen, aber später in die eigentliche Aktienurkunde getauscht werden.	☐	☐
d) Scheck, Wechsel, Konnossement und Orderlagerschein gehören zu den Effekten	☐	☐
e) Bei Einzelschuldbuchforderungen werden Zinsen und Rückzahlungsbeträge durch die depotführende Bank gutgeschrieben.	☐	☐

19. In den Anleihebedingungen einer 8 %igen Industrieanleihe heißt es:

„Die Laufzeit der Anleihe beträgt längstens 15 Jahre. Die Tilgung erfolgt nach 5 tilgungsfreien Jahren vom 1. Juli 2008 an in 10 Jahren durch jährliche Auslosung zum Nennbetrag. Die gesamte Anleihe wird spätestens am 1. Juli 2017 getilgt sein.

Die Anleiheschuldnerin ist berechtigt, eine zusätzliche Tilgung der Anleihe durch zusätzliche Auslosung vorzunehmen, die auf spätere Tilgungsraten anrechenbar sind. Die Anleiheschuldnerin ist ferner berechtigt, die gesamten noch nicht getilgten Teilschuldverschreibungen mit einer Frist von 3 Monaten zu einem Zinstermin, frühestens jedoch zum 1. Juli 2008 zur Rückzahlung zum Nennwert zu kündigen."

Welche Möglichkeiten der Anleiherückzahlung sind vorgesehen (Begriffe)?

....

....

20. Im Folgenden sind Textausschnitte aus Wertpapierurkunden wiedergegeben. Entscheiden Sie, um welche Wertpapiere es sich handelt!

Textausschnitt:	Wertpapier:
a) Für diese [...] gelten die umseitig abgedruckten Anleihebedingungen. Danach verpflichtet sich die Volkswagenwerk Aktiengesellschaft [...] dem Inhaber [...] 7 % Zinsen jährlich zu zahlen und das Wertpapier bei Fälligkeit bedingungsgemäß einzulösen.	....
b) Der Inhaber dieser [...] ohne Stimmrecht ist bei der RWE Aktiengesellschaft nach Maßgabe ihrer Satzung [...] beteiligt.	....
c) Der Inhaber dieser [...] ist mit 1 Euro an der Techno-Aktiengesellschaft nach Maßgabe der Satzung [...] beteiligt.	....
d) Wir zahlen an Herrn Jürgen Ressing, 68165 Mannheim, Lessingstr. 53, gegen Rückgabe dieser Urkunde am 1. Juli 20.. eintausend Euro. Die Zinsen werden halbjährlich dem Sparkonto 656 868 461 – lautend auf den Namen Hermann Ressing – gutgeschrieben. Die Schuldverschreibung ist beiderseits unkündbar und wird nicht an der Börse eingeführt.	....
e) Der Inhaber dieses [...] ist in Höhe von 1 Anteil an den jeweiligen Vermögenswerten [...] nach Maßgabe des Anteilsvertrages in seiner jeweils geltenden Fassung beteiligt.	....
f) Der umstehend bezeichnete [...] hat [...] in Höhe von fünf Euro gemäß der Satzung der Gesellschaft Anteil an dem Grundkapital der [...] Feuer Versicherungsgesellschaft. Auf den [...]-betrag sind drei Euro eingezahlt. [...] Dieses Wertpapier kann nur mit Genehmigung des Aufsichtsrats und des Vorstands der Gesellschaft auf einen anderen Eigentümer übertragen werden.	....
g) Der Emittent schuldet dem Inhaber dieser [...] unter der durch Gesetz und Satzung bestimmten Sicherstellung hundert Euro nebst $6^1/_2$ % jährlicher Zinsen. Dieses Wertpapier wird gemäß den auf der Rückseite abgedruckten Bestimmungen zum Nennbetrag eingelöst.	....

21. Welche Vorteile bringt eine Kapitalanlage in Investmentanteilen?

a) Die Erträge sind für private Anleger immer steuerfrei.

b) Wertminderungen des Fonds sind durch Risikostreuung ausgeschlossen.

c) Die Anteile können jederzeit über die Kapitalanlagegesellschaft zu Lasten des Fondsvermögens zurückgegeben werden. Anteile von in Xetra Funds Fonds zugelassenen Indexfonds und aktiv gemanagten Fonds können auch während der Börsenzeit zu aktuellen Kursen veräußert werden.

d) Die bei Teilen des Fondsvermögens entstandenen Verluste wirken sich durch Risikostreuung nur begrenzt auf den Anteilswert aus.

22. In den Anleihebedingungen befindet sich folgender Satz:

„Die Emittentin verpflichtet sich, solange eine Schuldverschreibung noch aussteht, ihr Vermögen nicht mit Sicherungsrechten zur Besicherung von anderen Schuldverschreibungen zu belasten, ohne gleichzeitig die Gläubiger an derselben Sicherheit in gleicher Weise und anteilmäßig teilnehmen zu lassen."

Wie bezeichnet man diese Sicherstellung der Anleihe und bei welchen Anleihen kommt sie häufig vor?

....

23. In welchen der genannten Fälle handelt es sich um eine Einzel- bzw. um eine Sammelschuldbuchforderung? Kreuzen Sie entsprechend an!

	Einzelschuldbuchforderung	Sammelschuldbuchforderung
a) Jeder Käufer wird namentlich ins Schuldbuch eingetragen.		
b) Zinsen und Rückzahlungsbeträge werden durch die depotführende Bank gutgeschrieben.		
c) Kostenlose Verwaltung einschließlich spesenfreier Überweisung von Zinsen und Kapital.		
d) Es erfolgt eine Eintragung zugunsten der Clearstream Banking AG.		
e) Zinsen und Rückzahlungsbeträge werden durch die Deutsche Finanzagentur überwiesen.		
f) Der Anleihegläubiger erhält eine Depotgutschrift bei seiner Bank.		

24. Wodurch ist eine Optionsanleihe gekennzeichnet?

a) Für eine Optionsanleihe können im Kurszettel der Wertpapierbörse drei verschiedene Kursnotierungen erfolgen.

b) Nur wenn der Kapitalanleger auf sein Optionsrecht verzichtet, wird die Anleihe planmäßig am Ende der Laufzeit zu pari zurückgezahlt.

c) Über die Emission einer Optionsanleihe aufgebrachtes Kapital ist haftendes Eigenkapital.

d) Der Wert des Optionsrechts orientiert sich nach seiner Trennung ausschließlich am Kurs der Bezugsaktie und ihrem weiteren Kurspotenzial.

e) Die Ausgabe bedarf entsprechender Hauptversammlungsbeschlüsse mit $^3/_4$-Mehrheit des vertretenen Grundkapitals.

25. Welche Rechte verbrieft eine Stammaktie?

a) Rücknahme zu Lasten des Grundkapitals bei Vorlage.

b) Anspruch auf Rücknahme bei Fälligkeit.

c) Anspruch auf Beteiligung am Bilanzgewinn.

d) Stimmrecht in der Hauptversammlung.

e) Anspruch auf die in der Aktie verbrieften Zinsen.

f) Anspruch auf Umtausch in Vorzugsaktien gemäß Beschlüssen von Vorstand und Aufsichtsrat.

g) Bezugsrecht bei Kapitalerhöhungen.

22 Richard u.a. - ISBN 978-3-8120-1234-8

26. Ein Kunde möchte sich wegen eines kurzfristigen Geldbedarfs über die Verfügbarkeit seiner Anlage informieren. Ordnen Sie zu!

Anlageform:

a) 100 Stück Telekom-Aktien; Kurs 9,20; GS-Verwahrung

b) Spareinlage mit 3-monatiger Kündigungsfrist, Guthaben 15473,13 EUR

c) 30-Tage-Termineinlage über 40000,00 EUR

d) Bundesschatzbriefe Typ B, Nennwert insgesamt 30000,00 EUR, Einzelschuldbuchforderung

e) Eurofonds, Ausgabepreis 69,01 EUR, Rücknahmepreis 67,00 EUR, GS-Verwahrung, kein Börsenhandel

Verfügbarkeit:

1. 2000,00 EUR innerhalb eines Kalendermonats.
2. Börsentäglich zum Kurswert.
3. Börsentäglich zum Rücknahmepreis.
4. Am Ende des Festlegungszeitraums.
5. 5000,00 EUR je 30 Zinstage nach dem ersten Laufzeitjahr.
6. Börsentäglich zum Nennwert.

27. Welche Aussagen treffen auf Genussscheine zu?

a) Durch Genussscheinausgabe beschafftes Kapital zählt nach deutschen Bilanzregeln (HGB) zum haftenden Eigenkapital, wenn der Genussscheininhaber am Gewinn und Verlust beteiligt ist und das Kapital dem Unternehmen langfristig (mindestens 5 Jahre) zur Verfügung steht.

b) Genussscheine können von Unternehmen aller Rechtsformen ausgegeben werden, bei Aktiengesellschaften nur mit Zustimmung der Hauptversammlung.

c) Genussscheine verbriefen ein Gläubigerrecht, das aber seinem Inhalt nach zum Teil den Vermögensrechten eines Aktionärs entspricht (z.B. Gewinnbeteiligung).

d) Die Ausgabe von Genussscheinen ist im HGB, im AktG und im Depotgesetz geregelt.

e) Genussscheine gewähren dem Inhaber das Recht, an der Haupt- bzw. Gesellschafterversammlung teilzunehmen und über alle die Punkte mit abzustimmen, die Kapitalfragen betreffen.

f) Genussscheine können zum Börsenhandel nur eingeführt werden, wenn der Emittent und die Konsortialführerin die Haftung für die Bedienung des Scheins übernehmen.

28. Welche besonderen Eigenschaften treffen auf einen Zerobond zu?

a) Der Ertrag eines Zerobonds ergibt sich aus der Differenz zwischen dem Erwerbskurs und dem späteren Rückzahlungsbetrag.

b) Der Kurs eines Zerobonds steigt dann über den Nennwert, wenn die Zinsen am Kapitalmarkt stark zurückgehen.

c) Zerobonds sind sehr kursstabil, da sich die Verzinsung laufend an die Entwicklung des Kapitalmarktzinses anpasst.

d) Zerobonds reagieren besonders stark auf Zinsänderungen des Kapitalmarkts, obwohl für sie selbst kein Nominalzins ausgewiesen wird.

29. Welche Texte beschreiben eine bedingte Kapitalerhöhung einer Aktiengesellschaft?

a) Der Vorstand wird ermächtigt, innerhalb der nächsten fünf Jahre das Grundkapital um 20 Mio. EUR zu erhöhen.

b) Die Aktiengesellschaft emittiert eine Schuldverschreibung. Mit der Schuldverschreibung ist das Recht verbunden, sie im vorgesehenen Verhältnis in Aktien umwandeln zu können.

c) Die Aktiengesellschaft bietet den Aktionären den Erwerb einer Anleihe an. Mit jeder Anleihe sind Optionsscheine verbunden, die gegen Zuzahlung zum sofortigen Erwerb der Aktie berechtigen.

d) Die Hauptversammlung beschließt, das Grundkapital gegen Einlagen um 50 Mio. EUR zu erhöhen. Das Bezugsrecht der Aktionäre wird ausgeschlossen. Die Konsortialbanken verpflichten sich, die neuen Aktien den alten Aktionären zu den vereinbarten Bedingungen anzubieten.

30. Eine Gesellschaft erhöht ihr Aktienkapital durch Umwandlung von Rücklagen im Verhältnis 4 : 1. Der Börsenkurs der Aktie beträgt 340,00 EUR.

Wie lautet der nach der Erfüllung des Anspruchs auf Berichtigungsaktien erstmals notierte, herabgesetzte Kurs?

Kurs:

31. Ergänzen Sie die entsprechende Aktienbezeichnung!

....	verbriefen die gesetzlichen und satzungsmäßigen Aktionärsrechte.
....	nennt man die Aktien der Gesellschaft, die den eigenen Belegschaftsmitgliedern angeboten werden.
....	werden die Aktien genannt, die den Aktionären bei einer Erhöhung des Grundkapitals zu Lasten der offenen Rücklagen zustehen.
....	sind solche Namensaktien, bei denen der Emittent jede Übertragung an seine besondere Zustimmung gebunden hat.
....	gewähren Vorrechte gegenüber den Rechten der Stammaktionäre.
Bei................................	werden Dividendenausfälle in einem Geschäftsjahr in späteren Jahren nachgezahlt.
Bei................................	erhalten die Stammaktionäre keine Dividende, solange die Ansprüche aus den Vorzugsaktien nicht voll befriedigt sind.
....	sind Sammelurkunden über hohe Nennbeträge von Aktienrechten.
....	nennt man die Aktien, die aufgrund einer von der HV beschlossenen Kapitalerhöhung ausgegeben werden.
Bei................................	ist der Eigentümer in einem Aktienregister bei der AG eingetragen.

32. Welche Aussagen sind richtig, welche falsch? Kreuzen Sie an!

	richtig	falsch
a) Das Gesetz erlaubt für Kapitalanlagegesellschaften ausschließlich die Rechtsform einer AG oder GmbH.	☐	☐
b) Investmentgesellschaften unterliegen der Aufsicht der Bundesanstalt (BaFin).	☐	☐
c) Fondswerte dürfen beliehen oder verpfändet werden.	☐	☐
d) Nur die offenen Wertpapierfonds unterliegen dem Investmentgesetz.	☐	☐
e) Mit der Verwaltung der Sondervermögen ist unter Zustimmung der Bundesanstalt (BaFin) eine Depotbank zu betrauen	☐	☐
f) Einige Investmentfonds schütten regelmäßig keine Erträge aus.	☐	☐
g) Der Inhaber eines Investmentzertifikates ist Aktionär bei allen Aktiengesellschaften, deren Aktien im Sondervermögen vorhanden sind.	☐	☐
h) Gewinne aus der Veräußerung von Fondsanteilen, die vor dem 1. Januar 2009 erworben wurden, unterliegen nach Ablauf einer zwölfmonatigen Haltedauer nicht der Veräußerungsgewinnbesteuerung.	☐	☐
i) Für Investmentzertifikate müssen Investmentgesellschaften börsentäglich den Inventarwert je Anteil ermitteln und Ausgabe- und Rücknahmepreise veröffentlichen.	☐	☐

33. Der Zentrale Kontrahent (Central Counterparty – CCP) ist die Gegenpartei für Wertpapiergeschäfte. Welche der folgenden Aussagen sind in diesem Zusammenhang richtig?

a) Durch Einschaltung der Zentralen Gegenpartei bleibt jede Transaktion sowohl im Geschäftsabschluss als auch in der Abwicklung vollkommen anonym.

b) Als Zentrale Gegenpartei fungiert die Clearstream Banking AG bei Aktiengeschäften, die an der Frankfurter Börse oder über Xetra abgeschlossen werden.

c) Die Zentrale Gegenpartei garantiert den Handelsteilnehmern die Erfüllung aller Börsengeschäfte bis 400 000,00 EUR.

d) Die Zentrale Gegenpartei bewertet fortlaufend die Risikopositionen der Handelsteilnehmer und kann bei zu hohen Risiken einen Handelsteilnehmer vom Handel ausschließen.

e) Die Zentrale Gegenpartei rechnet Käufe und Verkäufe der Marktteilnehmer auf (Netting). Nur noch der daraus resultierende Saldo muss von den Marktteilnehmern ausgeglichen werden. Dies senkt die Abwicklungskosten im Wertpapiergeschäft.

f) Die Zentrale Gegenpartei übernimmt das volle Risiko, sollte ein Kontrahent ausfallen.

34. Welche Aussagen treffen auf die Hebelwirkung und das Aufgeld bei Optionsscheinen zu?

a) Die Hebelwirkung bedeutet, dass sich eine Kursänderung des Optionsscheins verstärkt auf die Kursbildung der zu beziehenden Aktie auswirkt.

b) Der Hebel wird berechnet als der Quotient aus dem Aktienkurs und dem Erwerbspreis der Aktie über die Option.

c) Ein Aufgeld ergibt sich dann, wenn der aktuelle Aktienkurs unter dem Kurs liegt, der sich bei Bezug der Aktie durch Ausübung der Option ergeben würde.

d) Als Hebel wird das Vielfache eines Prozentsatzes bezeichnet, um den der Kurs eines Optionsscheins stärker steigt als der Kurs der zu beziehenden Aktie.

35. Eine Aktiengesellschaft gibt Berichtigungsaktien aus. Welche Folge hat dies für die Bilanz der AG?

a) Das Eigenkapital der AG steigt.

b) Das gezeichnete Kapital (Grundkapital) der AG steigt.

c) Die Rücklagen der AG steigen.

d) Das Eigenkapital der AG sinkt.

e) Das Fremdkapital der AG sinkt.

36. Welche der folgenden Aussagen im Zusammenhang mit der Abgeltungsteuer sind richtig/falsch?

	richtig	falsch
a) Zinsen aus Termineinlagen von Privatpersonen werden, wenn dem Kreditinstitut kein Freistellungsauftrag/keine NV-Bescheinigung vorliegt bzw. das Freistellungsvolumen ausgeschöpft ist und keine Verlustverrechnungsmöglichkeit besteht, pauschal mit 25 % Abgeltungsteuer zzgl. 5,5 % Solidaritätszuschlag und ggf. 8 bzw. 9 % Kirchensteuer versteuert. Die Bank führt die Beträge an das Finanzamt ab.	☐	☐
b) Der Zins- und Dividendenanteil der Ausschüttung bzw. der thesaurierten Erträge aus Investmentanteilen unterliegt der Abgeltungsteuer von 25 % zzgl. Solidaritätszuschlag und ggf. Kirchensteuer.	☐	☐
c) Veräußerungsgewinne aus Aktien, festverzinslichen Wertpapieren, Fondsanteilen, Zertifikaten, Termingeschäften unterliegen bei einem Erwerb nach dem 31. 12. 2008 als Einkünfte aus Kapitalvermögen unabhängig von der Haltedauer der Wertpapiere in voller Höhe der Abgeltungsteuer von 25 % zzgl. Solidaritätszuschlag und ggf. Kirchensteuer.	☐	☐
d) Kapitalerträge (Zinsen, Dividenden, Ausschüttungen) und Veräußerungsgewinne unterliegen als Einkünfte aus Kapitalvermögen der Abgeltungsteuer von 25 % zzgl. 5,5 % Solidaritätszuschlag und ggf. 8 bzw. 9 % Kirchensteuer. Die Bank oder die ausschüttende Kapitalgesellschaft ermittelt die Beträge und führt sie an das Finanzamt ab. Durch den Abzug ist die Steuerpflicht für den Anleger erfüllt.	☐	☐
e) Die im Zusammenhang mit der Abgeltungsteuer gezahlte Kirchensteuer ist als Sonderausgabe bei der Einkommensteuerveranlagung absetzbar.	☐	☐
f) Verluste aus Wertpapierverkäufen dürfen mit Gewinnen aus anderen Einkunftsarten verrechnet werden.	☐	☐

g) Verluste aus Veräußerungsgeschäften mit Aktien dürfen mit negativen Kapitalerträgen (gezahlte Stückzinsen/Zwischengewinne) verrechnet werden. ☐ ☐

h) Veräußerungsgewinne aus Investmentanteilen, die durch das Fondsmanagement erzielt, aber nicht ausgeschüttet wurden, unterliegen der Abgeltungsteuer von 25 % (zzgl. Solidaritätszuschlag und ggf. Kirchensteuer). ☐ ☐

i) Bei Auszahlung einer Kapitallebensversicherung (nach dem 01.01.2005 abgeschlossen, Mindestlaufzeit 12 Jahre, Auszahlung nach Vollendung des 62. Lebensjahres) wird der Ertragsanteil (Unterschiedsbetrag zwischen der Versicherungsleistung und der Summe der auf sie entrichteten Beiträge) der Abgeltungsteuer zzgl. Solidaritätszuschlag und ggf. Kirchensteuer unterworfen. ☐ ☐

j) Zinsen und Dividenden, die ein thesaurierender Fonds während des Geschäftsjahres erzielt hat, unterliegen zum Geschäftsjahresende des Fonds der Abgeltungsteuer, auch wenn diese Erträge nicht an die Anleger ausgeschüttet werden. ☐ ☐

37. Die Intex AG erhöht ihr Grundkapital von 280 auf 350 Mio. EUR. Der Börsenkurs der Aktie beträgt 400. Der Bezugskurs der jungen Aktien wird auf 200 festgesetzt. Ein Kunde der Rhein-Ruhr-Bank besitzt 50 Stück Aktien dieser Gesellschaft. Trotz Aufforderung gibt der Kunde seiner Bank keine Weisung zur Ausübung bzw. Verwertung der Bezugsrechte. Wie muss sich die Rhein-Ruhr-Bank verhalten?

a) Sie hinterlegt die Bezugsrechte beim emittierenden Unternehmen.

b) Sie lässt das Bezugsrecht unter Hinweis auf ihre AGB verfallen.

c) Sie verkauft am letzten Handelstag so viele Bezugsrechte, dass sie mit deren Erlös die Bezugsaktien finanzieren kann.

d) Sie verkauft am letzten Handelstag alle Bezugsrechte bestens.

e) Sie verkauft am letzten Handelstag die Bezugsrechtsspitze.

f) Sie kauft am letzten Handelstag zwei Bezugsrechte hinzu, um 13 neue Aktien für den Kunden erwerben zu können.

38. Welche Kriterien der Kursfeststellung sollen bei der Ermittlung des Börsenpreises nach dem Meistausführungsprinzip beachtet werden?

a) Alle über den Börsenpreis limitierten Verkaufsaufträge müssen ausgeführt werden.

b) Zum Börsenpreis limitierte Kauf- und Verkaufsaufträge müssen vollständig ausgeführt werden.

c) Zum Börsenpreis limitierte Kauf- und Verkaufsaufträge müssen wenigstens teilweise ausgeführt werden.

d) Zum Börsenpreis muss der größtmögliche Umsatz zustande kommen.

e) Alle unter dem Börsenpreis limitierten Kaufaufträge müssen ausgeführt werden.

f) Alle nicht limitierten Aufträge (Bestens- und Billigstaufträge) müssen zum Börsenpreis ausgeführt werden.

39. In der Aufrufphase einer Auktion in Aktien gehen die folgenden Aufträge ein:

Käufe:	Verkäufe:
80 Stück billigst	120 Stück bestens
100 Stück 443,00	80 Stück 442,00
160 Stück 444,00	100 Stück 443,00

Welcher Auktionspreis ergibt sich in der Preisermittlungsphase?

....

40. Xetra ist das elektronische Handelssystem der Deutschen Börse AG. Welche Aussagen zum Xetra-Handelssystem sind richtig?

a) Xetra sieht grundsätzlich die Handelsformen Auktion und fortlaufender Handel (Continuous Trading) vor.

b) In der Auktion, die einmal oder mehrmals täglich stattfinden kann, wird auf Basis der mit Ende der Aufrufphase fixierten Orderbuchlage ein Auktionspreis nach dem Meistausführungsprinzip ermittelt.

c) Für die Ausführung im laufenden Handel gilt das Zeit- und dann das Preisprinzip: Zunächst haben die Aufträge Vorrang, die als erste in das System eingegeben wurden. Für den Fall der zeitgleichen Erfassung der Aufträge hat bei Kaufaufträgen das höhere Limit und bei Verkaufsaufträgen das niedrige Limit Vorrang.

d) Eine Teilausführung der Aufträge ist im Xetra-System nicht möglich.

e) Das Orderbuch ist zur Sicherung der Anonymität der Handelsteilnehmer sowohl bei einer Auktion als auch im fortlaufenden Handel geschlossen.

f) Im fortlaufenden Handel nicht ausgeführte Aufträge nehmen automatisch an der nächstfolgenden Auktion teil.

41. **Hinweis auf die Zulassung zum Börsenhandel**

Die Zulassung der zum Bezug angebotenen Stammaktien und weiterer Stammaktien aus den Kapitalerhöhungen von 20.. und 20 . . im Nominalwert von insgesamt 48 500 000 EUR zum regulierten Markt an den deutschen Wertpapierbörsen ist beantragt.

Es ist beabsichtigt, den Zulassungsprospekt noch vor Beginn der Bezugsfrist im Bundesanzeiger zu veröffentlichen. Exemplare des Prospekts werden bei den oben genannten Kreditinstituten erhältlich sein.

Wer hat die Zulassung zum Börsenhandel im regulierten Markt zu beantragen?

. . . .

Bei welchem Börsenorgan ist der Antrag einzureichen?

. . . .

Welche Aufgaben übernimmt der Zulassungsprospekt?

. . . .

. . . .

42.

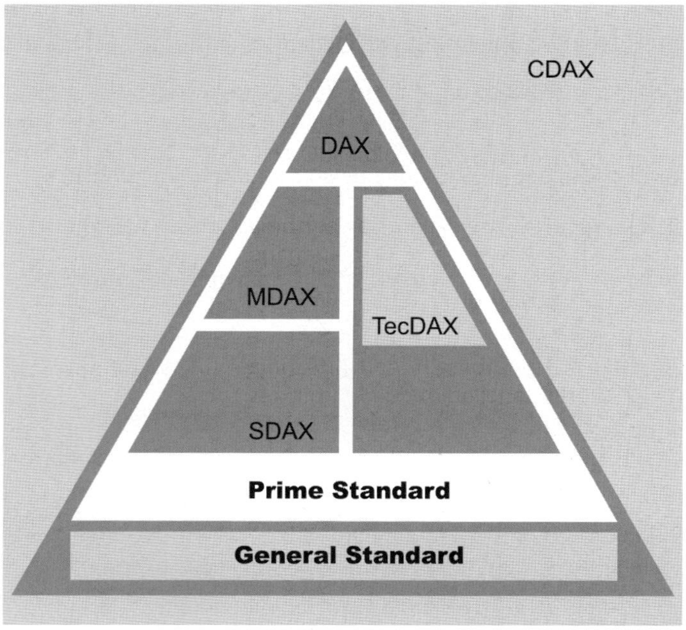

a) Erklären Sie die Aktienmarktsegmentierung „Prime Standard“ und „General Standard“ und unterscheiden Sie die einzelnen Aktienindizes.

b) Worüber gibt ein Aktienindex Aufschluss?

43. Die ordentliche Hauptversammlung einer AG hat beschlossen, das Grundkapital von EUR 416 000 000 durch Ausgabe von 15 255 474 nennwertlosen Stückaktien – mit einem rechnerischen Anteil am Grundkapital von jeweils EUR 2,5564594 – auf EUR 455 000 000 zu erhöhen.

Den Aktionären werden die neuen Aktien zum Bezugspreis von EUR 39,00 je Stückaktie zum Bezug angeboten.

Tragen Sie die bilanziellen Veränderungen der Kapitalerhöhung in das unten abgebildete Schema ein. Gehen Sie davon aus, dass alle neuen Aktien platziert werden können und der Gegenwert der Kapitalerhöhung der Barreserve der AG zufließt.

Bilanz der AG			
Aktiva			**Passiva**
	Veränderungen		Veränderungen
Barmittel		Gezeichnetes Kapital	
		Kapitalrücklagen	

44. Eine Aktiengesellschaft mit einem Stammkapital von 1,5 Mio. EUR will 500 000,00 EUR Vorzugsaktien herausgeben und bietet sie ihren Aktionären zum Bezugskurs von 210,00 EUR an. Die Vorzugsaktien werden mit einem Dividendenvorteil von 2,00 EUR ausgestattet. Wie lautet der rechnerische Wert des Bezugsrechts, wenn der Kurs der alten Aktien 300,00 EUR beträgt?

....

....

45. Welche Aussagen über das Bezugsrecht sind richtig, welche falsch? Kreuzen Sie entsprechend an!

	richtig	falsch
a) Das Bezugsrecht wird während der gesamten Bezugsfrist börsentäglich gehandelt mit Ausnahme der beiden letzten Tage.	☐	☐
b) Aufträge zum Kauf bzw. Verkauf von Bezugsrechten können nicht limitiert werden.	☐	☐
c) Bezugsrechte werden an der Börse auch fortlaufend gehandelt.	☐	☐
d) Wenn der Kunde keinen Auftrag zur Verwertung der Bezugsrechte erteilt, verliert er seine Bezugsrechte.	☐	☐
e) Spätestens 4 Tage vor Beginn des Bezugsrechtshandels sind die Aktionäre zum Bezug aufzufordern.	☐	☐

46. Welche Aussagen zum Optionsgeschäft sind richtig, welche falsch? Kreuzen Sie an!

Der Käufer einer Kaufoption

	richtig	falsch
a) erwartet, dass der Kurs steigt.	☐	☐
b) erwartet, dass der Kurs fällt.	☐	☐
c) erwartet, dass sich der Kurs kaum ändert.	☐	☐
d) zahlt den Optionspreis.	☐	☐
e) erhält den Optionspreis.	☐	☐
f) übernimmt die Verpflichtung, Aktien zum vereinbarten Kurs zu liefern.	☐	☐
g) übernimmt die Verpflichtung, Aktien zum vereinbarten Kurs abzunehmen.	☐	☐
h) erwirbt den Anspruch, Aktien zum vereinbarten Kurs zu liefern.	☐	☐
i) erwirbt den Anspruch, Aktien zum vereinbarten Kurs zu kaufen.	☐	☐

47. **Kauf einer Kaufoption**

Käufer einer Kaufoption (Call)		Verkäufer einer Kaufoption (Call) (Stillhalter in Aktien)
■	Optionsfrist	■ ....
■		■ ....
■		■ ....
....		....
....		....

Ausübung durch den Käufer

Ordnen Sie die folgenden Aussagen richtig in das obige Schema ein:

- erwartet, dass der Kurs steigt.
- erwartet, dass der Kurs relativ konstant bleibt.
- erhält den Optionspreis.
- zahlt den Optionspreis.
- erwirbt das Recht, innerhalb der Optionsfrist Aktien zum vereinbarten Basispreis zu kaufen.
- erwirbt die Verpflichtung, innerhalb der Optionsfrist Aktien zum vereinbarten Basispreis zu liefern.

48. Ein Kunde unseres Hauses erwirbt eine Verkaufsoption (Put) für 50 Stück Aktien zu 16,00 EUR/Stück netto bei einem Basispreis von 240,00 EUR. Der Kurs der Aktie fällt innerhalb der Optionsfrist um 30,00 EUR. Der Käufer übt die Option aus und, um dem Stillhalter in Geld die Aktien vereinbarungsgemäß liefern zu können, kauft er die Papiere am gleichen Tag an der Börse zum Kurs von 210,00 EUR. Errechnen Sie für unseren Kunden das Optionsergebnis ohne Berücksichtigung der börsenüblichen Spesen!

Kauf Belastung EUR	Verkauf (Ausübung der Option) Gutschrift EUR

Optionspreis EUR

EUR Gewinn/Verlust

49. Welche Aussagen zum Optionsgeschäft sind richtig?

a) Der Erwerber einer Verkaufsoption kann Gewinne erwarten, wenn der Kurs der Aktie mindestens um den Optionspreis über den Basispreis steigt.

b) Der Stillhalter einer Verkaufsoption kann höchstens Gewinne in Höhe des Optionspreises erwarten.

c) Der Erwerber einer Kaufoption übernimmt die Verpflichtung, auf Verlangen des Stillhalters innerhalb der Optionsfrist jederzeit die Aktien zum Basispreis abzunehmen.

d) Der Stillhalter einer Kaufoption hat ein Kursrisiko, das sich auf den Optionspreis beschränkt.

e) Der Erwerber einer Kaufoption ist als Haussier anzusehen.

50. Welche Merkmale kennzeichnen die Grundstruktur der EUREX?

a) Die EUREX ist als reine Computerbörse gestaltet.

b) An der EUREX werden neben Optionen auch Financial Futures gehandelt, bei denen die Anleger zur Erfüllung verpflichtet sind.

c) Wenn an der EUREX ein Geschäftsabschluss zustande kommt, stellt sich die Eurex Clearing AG als Kontrahent beider Vertragspartner zwischen Käufer und Verkäufer.

d) An der EUREX schließen die Kontraktpartner (Clearing Teilnehmer) direkt miteinander Verträge ab.

e) Der Handelsabschluss an der EUREX erfolgt bei jeder Übereinstimmung automatisch.

51. Welche der folgenden Werte eignen sich für die Sonder- bzw. Sammelverwahrung? Kreuzen Sie entsprechend an!

	Sonderverwahrung	Sammelverwahrung
a) vinkulierte Namensaktien	☐	☐
b) Namensschuldverschreibungen	☐	☐
c) Namensaktie mit Blankozession	☐	☐
d) Inhaberschuldverschreibungen (in der Auslosung befindlich, ohne Aufteilung in Auslosungsserien)	☐	☐
e) Wandelschuldverschreibungen	☐	☐

52. Wichtige Kennzahlen der Unternehmensanalyse sind das Kurs-Gewinn-Verhältnis (KGV) und die Dividendenrendite. Sie sind auch Grundlage der Kundenberatung. Welche der folgenden Aussagen sind richtig?

a) Die Beiersdorf-Aktie besitzt aufgrund des höheren KGV ein größeres Kurspotenzial als die anderen Aktien.

b) Die Adidas-Aktie wird mit dem 13,8- bzw. 12,0-fachen des erwarteten Jahresgewinns pro Aktie gehandelt.

c) Analysten erwarten bei der Allianz-AG eine Dividendenzahlung von 5,21 EUR je Aktie.

DAX 30 Frankfurter Kurse (Angaben in Euro)

	ISDN	Börsenkap. in Mill. Euro	Schluss	KGV 2011	KGV 2012	Div. Rend.
Adidas	DE000A1EWWW0	9915,8	47,36 h	13,8	12,0	2,1
Allianz SE vink.	+DE0008404005	48336,1	106,36 h	8,3	7,9	4,9
BASF NA	DE000BASF111	53106,5	57,92 h	9,8	8,9	3,8
Bayer	DE000AY0017	45730,2	55,17 h	11,9	11,0	2,9
Beiersdorf	+DE0005200000	10503,4	41,72 h	23,0	19,5	1,8

Quelle: Handelsblatt

d) Der für das Jahr 2011 erwartete Gewinn je Aktie ist bei der Bayer AG größer als bei der Allianz AG.

53. Ein Unternehmen wählt für den geplanten Börsengang das Bookbuilding-Verfahren. Welche Aussagen treffen auf dieses Verfahren zu?

a) Der Emittent legt in Absprache mit dem Konsortium einen verbindlichen Emissionspreis fest. Die Anleger haben keinen Einfluss auf den Ausgabepreis.

b) Die Altaktionäre haben in der Regel ein Bezugsrecht.

c) Der Emittent berücksichtigt bei der Festsetzung des Emissionspreises auch die Preisvorstellungen potenzieller Anleger.

d) Die Preisfindung orientiert sich vor allem an privaten Anlegern.

e) Investoren mit langfristigen Anlageabsichten und guter Bonität können bei der Platzierung bevorzugt berücksichtigt werden.

f) Eine Überzeichnung der Emission ist nicht möglich.

54. Ihre Bank verwahrt für den Kunden Herbert Römer 200 Aktien der Techno AG im Depot. Die Techno AG schüttet im Jahre 20.. eine Bruttodividende von 1,85 EUR pro Aktie aus. Der allgemeine Verlustverrechnungstopf des Kunden weist einen Betrag von 60,00 EUR aus. Es besteht noch ein nicht ausgenutzter Betrag aus dem vom Kunden erteilten Freistellungsauftrag in Höhe von 50,00 EUR. Der Quellensteuer-Verrechnungstopf bleibt unberücksichtigt. Herbert Römer hat Ihrer Bank den Auftrag zur Abführung der Kirchensteuer (9 %) erteilt.

Ermitteln Sie den Gutschriftsbetrag für Herbert Römer!

55. Die Kundin Beate Reich erteilt im Wertpapierordersystem Ihrer Bank den Auftrag, 300 Stück EBOS-Aktien zu verkaufen. Der Auftrag ist auf 128,40 EUR limitiert und soll in der fortlaufenden Notierung des XETRA-Handelssystems an der Frankfurter Wertpapierbörse ausgeführt werden. Weitere Kundenweisungen liegen nicht vor.

23 Richard u.a. - ISBN 978-3-8120-1234-8

Die Order trifft auf folgende Marktsituation:

XETRA-Orderbuch für EBOS-Aktien			
Kauforder		**Verkaufsorder**	
Stück	Limit	Stück	Limit
70	128,60	700	128,65
180	128,50	160	128,70
300	128,40	350	128,75
230	128,10	110	128,80
50	128,00		
150	127,90		

Geben Sie an, ob und ggf. zu welchem Kurs/welchen Kursen die Order ausgeführt wird!

56. In Erwartung leicht steigender Kurse der Aktie erwirbt ein Anleger ein Bonuszertifikat mit einer unteren Kursschwelle von 50,00 EUR und einem Bonus-Niveau (obere Kursschwelle) von 110,00 EUR. Zum Zeitpunkt des Erwerbs notieren Aktie und Bonuszertifikat bei ca. 90,00 EUR.

Der Kurs der Aktie notiert am Fälligkeits-(Feststellungs-)tag bei 63,00 EUR. Die untere Kursschwelle wurde während der Laufzeit nicht berührt oder unterschritten.

Hat sich für den Anleger der Kauf des Bonuszertifikats im Vergleich zu einer Direktanlage in Aktien gelohnt?

57. Nennen Sie vier Verwaltungsarbeiten, die die Kreditinstitute im Depotgeschäft übernehmen!

- ....
- ....
- ....
- ....

58. Die nachstehende Option auf die Aktie der Techno-AG wird heute an der EUREX notiert.

Basiswert	Techno-AG Stammaktie
Basispreis	35,00 EUR
Fälligkeit	20.12. dieses Jahres
Optionspreis	3,00 EUR
Optionstyp	Put

Die Stammaktie der Techno-AG notiert heute an der Frankfurter Börse mit 32,50 EUR. Berechnen Sie den Zeitwert dieser Option in EUR!

59. Jens Kaspari hat am 15.04.20.. einen DAX-Future zu folgenden Konditionen verkauft:

Basiswert	DAX (Deutscher Aktienindex)
Kontraktwert	25,00 EUR je DAX-Punkt
Fälligkeit	17.06.20..
DAX-Stand am 15.04.20..	7 180 Punkte

Welche der folgenden Aussagen sind im Zusammenhang mit diesem Future-Geschäft zutreffend?

a) Herr Kaspari erwartet in der nahen Zukunft einen steigenden DAX.

b) Wenn der DAX über 7 180 Punkte steigt, kann Herr Kaspari den DAX-Future verfallen lassen.

c) Herr Kaspari kann maximal 7 180,00 EUR verlieren.

d) Da der Basiswert nicht effektiv lieferbar ist, werden erzielte Gewinne und Verluste am Liefertag bar ausgeglichen (cash-settlement).

e) Herr Kaspari geht ein unbegrenztes Verlustrisiko ein. Die Höhe des Verlustes hängt davon ab, wie weit der Future-Kontrakt zum Zeitpunkt der Glattstellung bzw. bei Fälligkeit über dem Einstandspreis notiert.

f) Herr Kaspari kann den Future-Kontrakt schließen bzw. glattstellen, indem er einen Future mit denselben Kontraktspezifikationen verkauft.

g) Wenn Herr Kaspari den DAX-Future während der Laufzeit nicht glattstellt und der DAX am Fälligkeitstag bei 7 280 Punkten notiert, beträgt sein Verlust 100,00 EUR.

60. Welche Möglichkeiten der Stimmrechtsausübung hat der Aktionär?

....

....

....

61.

Vollmacht für Hauptversammlungen

Hierdurch bevollmächtige(n) ich (wir) Sie, das Stimmrecht aus den jeweils auf meinem (unserem) Depotkonto (einschl. Unterdepots) gebuchten Inhaberaktien inländischer Aktiengesellschaften in den Hauptversammlungen ohne Offenlegung meines/unseres Namens („im Namen dessen, den es angeht") auszuüben oder durch Weiter- bzw. Unterbevollmächtigte ausüben zu lassen.

Diese Erklärung ist unbefristet gültig.

Sie kann jederzeit widerrufen werden.

____________________ ____________________

Ort und Datum Unterschrift(en)

Die Vollmachtsurkunde darf nicht mit anderen Erklärungen versehen werden (§ 135 Absatz 2 Satz 3 AktG).

a) Wie bezeichnet man die vorliegende Vollmacht?

....

b) Welche Pflichten übernimmt die stimmrechtsbevollmächtigte Bank dem Kunden gegenüber im Rahmen dieser Vollmacht?

....

....

62. Für nicht sofort verrechenbare negative Kapitalerträge werden von den Kreditinstituten der Aktienverlustverrechnungstopf und der allgemeine Verlustverrechnungstopf geführt. Welche Aussagen sind in Bezug auf die Verlustverrechnung richtig?

a) Bei Zinszahlungen wird zunächst ein noch nicht ausgeschöpfter Freistellungsauftrag in Anspruch genommen, bevor eine Verrechnung mit einem Saldo des allgemeinen Verlustverrechnungstopfes erfolgt.

b) Dividendenerträge aus Aktien können nicht mit früher verausgabten Stückzinsen, die im allgemeinen Verlustverrechnungstopf erfasst sind, verrechnet werden, sondern nur mit Veräußerungsverlusten aus Aktiengeschäften.

c) Bei Aktiengewinnen wird zunächst mit dem Aktienverlustverrechnungstopf verrechnet, bei allen anderen positiven Kapitalerträgen wird beginnend mit dem allgemeinen Verlustverrechnungstopf verrechnet, dann mit dem Freistellungsauftrag und falls dieser ausgeschöpft ist, werden Steuern auf die dann verbleibenden Kapitalerträge berechnet.

d) Veräußerungsverluste beim Verkauf von Aktien können mit früher verausgabten Stückzinsen, die im allgemeinen Verlustverrechnungstopf erfasst sind, verrechnet werden.

e) Ein Verlust aus einem Aktienverkauf führt zu einer Erstattung bereits gezahlter Abgeltungsteuer, wenn bereits Abgeltungsteuer auf Aktiengewinne gezahlt wurde.

f) Gezahlte Stückzinsen beim Kauf von Schuldverschreibungen führen zu einer Erstattung bereits gezahlter Abgeltungsteuer. Sind die gezahlten Stückzinsen höher als die Erträge, auf die bereits Abgeltungsteuer gezahlt wurde, kommt es zu einem „Wiederaufleben" des Freistellungsauftrags und danach zu einer Einstellung in den allgemeinen Verlustverrechnungstopf.

63. Für den Erwerber von Aktien bestehen neben allgemeinen Risiken auch spezielle Risiken bei der Vermögensanlage. Welches sind spezielle Risiken bei Aktien?

a) Das Risiko von Schwankungen im Zinsniveau am Geld- und Kapitalmarkt (Zinsänderungsrisiko).

b) Das Risiko, dass die Aktiengesellschaft von einem Kündigungsrecht Gebrauch macht (Kündigungsrisiko).

c) Das Risiko einer rückläufigen Kursentwicklung aufgrund von Faktoren, die mittelbar oder unmittelbar die emittierende Gesellschaft betreffen (Kursänderungsrisiko).

d) Das Risiko, das eingesetzte Kapital vom Emittenten zurückzuerhalten (Rückzahlungsrisiko).

e) Das Risiko, dass die Gesellschaft bei Verlustsituationen keine Gewinne ausschüttet (Dividendenrisiko).

64. Erläutern Sie einem Anleger stichpunktartig die Vorteile einer Anlage in Investmentzertifikaten!

....

....

....

....

65. Nennen Sie für die aufgeführten Anlagemotive geeignete Anlagearten!

Anlagemotive	Anlageart(en)
a) Ein Kunde wünscht möglichst sichere und hohe Rendite seiner Anlage.	
b) Ein Kunde wünscht Beteiligung an den Erträgen der Wirtschaft mit geringem Einsatz und weitgehender Risikostreuung.	
c) Das primäre Anlagemotiv eines Kunden ist die Sicherung vor Geldwertschwund.	
d) Ein Kunde möchte hauptsächlich Kursgewinne durch häufiges Kaufen und Verkaufen von Effekten erzielen.	

66. Die Kundin Jutta Lang möchte 12 000,00 EUR für die Dauer von sechs bis sieben Jahren anlegen. Für Frau Lang ist es die erste Geldanlage, die sie tätigt.

Welche Aussagen sind im Zusammenhang mit dem Wertpapierhandelsgesetz (WpHG) zutreffend?

a) Da Frau Lang lediglich 12 000,00 EUR anlegen möchte, müssen die Vorschriften des WpHG nicht beachtet werden.

b) Da es für Frau Lang die erste Wertpapieranlage ist, müssen Sie der Kundin alle zweckdienlichen Informationen (u. a. Risikoinformationen) zu einer von Ihnen empfohlenen Anlage geben.

c) Sie müssen vor einer Anlageempfehlung von der Kundin Angaben über ihre Anlageerfahrungen, ihre finanziellen Verhältnisse und ihre Anlageziele (z. B. Renditeerwartungen, Risikobereitschaft) verlangen.

d) Wenn Sie der Kundin eine Anlage in einem Rentenfonds empfehlen, müssen die Vorschriften des WpHG nicht beachtet werden.

e) Verweigert die Kundin die Angaben über ihre Anlageerfahrungen, Anlageziele und finanziellen Verhältnisse, dürfen Sie ihr kein Finanzinstrument empfehlen.

67. Hans-Ludwig Reichert ist 33 Jahre alt. Sein sozialversicherungspflichtiges Bruttoeinkommen betrug im letzten Jahr 38 000,00 EUR. Herr Reichert ist verheiratet und möchte wissen, ob seine nicht berufstätige Frau Anspruch auf staatliche Zulage hat, wenn sie einen eigenen Altersvorsorgevertrag abschließt.

a) Nein, da nur Erwerbstätige Anspruch auf staatliche Zulage haben.

b) Nein, da nur einer der Ehepartner Anspruch auf staatliche Zulagen hat.

c) Ja, wenn Herr Reichert einen Altersvorsorgevertrag abgeschlossen hat, die Förderung in Anspruch nimmt und Frau Reichert jährlich mindestens 60,00 EUR (Sockelbetrag) in ihren Vertrag einzahlt.

d) Ja, aber nur, wenn Frau Reichert den jährlichen Mindesteigenbeitrag leistet.

e) Ja, wenn Frau Reichert Kindererziehungszeiten nachweisen kann.

68. Nina Klein, 18 Jahre alt, ledig, hat im letzten Jahr eine Ausbildungsvergütung in Höhe von 6 000,00 EUR erhalten. Welchen Eigenbeitrag muss sie leisten, um die staatliche Zulage von 154,00 EUR zu erhalten?

a) 120,00 EUR

b) 44,00 EUR

c) 60,00 EUR

d) 86,00 EUR

e) Frau Klein braucht keinen Eigenbeitrag zu leisten

f) Auszubildende gehören nicht zum geförderten Personenkreis für die staatliche Zulage.

69. Axel Engberding, 40 Jahre alt, Maurermeister in einem Bauunternehmen, hatte im Jahre 2011 ein sozialversicherungspflichtiges Bruttoeinkommen von 37 000,00 EUR. Seine Frau Frauke ist 35 Jahre alt, arbeitet als Angestellte in einem Lebensmittelgroßhandelsbetrieb und hatte im Jahre 2011 ein sozialversicherungspflichtiges Bruttoeinkommen von 24 000,00 EUR. Das Ehepaar hat zwei Kinder im Alter von 8 bzw. 10 Jahren. Axel und Frauke Engberding haben jeweils einen eigenen privaten Altersvorsorgevertrag abgeschlossen. Welche Beträge aus eigenen Mitteln muss Frauke Engberding für das Jahr 2012 mindestens aufbringen, um die staatliche Förderung in voller Höhe zu erhalten? Die Eheleute haben die Zusammenveranlagung gewählt.

Der Mindesteigenbeitrag zur Erlangung der Höchstzulage beträgt .... EUR.

70. Prüfen Sie die folgende Zinsabrechnung auf ihre Richtigkeit!

TARGO BANK

Targo Bank
Postfach 10 02 30
47002 Duisburg

www.targobank.de

Herrn
Siegfried Lenz
Ahornallee 7
40468 Düsseldorf

Datum: 10. Sept. 20..

Zinsgutschrift

Depot-Nr. 261145087400
Konto-Nr. 2611450874

Wertpapier	WKN	ISIN
2,3% EUROHYPO Öffentliche Pfandbriefe; HBEOER 05; 10.09. gzj., fällig 10.09.20.. nom. EUR 200.000,00	HBEOER	DE 000HBEOERO

Bruttoertrag 4.600,00 EUR

Gutschrift mit Wert 10.09.20.. 3.960,94 EUR

Kapitalertragsteuer	Solidaritätszuschlag	Kirchensteuersatz
25,00%	5,50%	Kirchensteuerabzug nicht beantragt

Hinweise zur steuerlichen Verrechnung	
Erträge/Verluste nach § 20 EStG	4.600,00 EUR
Einstellungen oder Nutzung von steuerlichen Verrechnungsmöglichkeiten:	
-Verlustverrechnung aus Aktienhandel	981,00 EUR
-Verlustverrechnung aus sonstigen Geschäften	395,00 EUR
-Nutzung des Sparerpauschbetrages/Freistellungsauftrags	801,00 EUR
-Anrechnung ausländischer Quellensteuer	0,00 EUR
Bemessungsgrundlage (KESt-pflichtiger Anteil)	2.423,00 EUR
Kapitalertragsteuer	605,75 EUR
Solidaritätszuschlag	33,31 EUR
Gesamtsumme Steuern	639,06 EUR

Bei Einbehalt von Kirchensteuer ändert sich der KESt-Satz entsprechend Ihres Kirchensteuersatzes.
Kapitalertragsteuer, Solidaritätszuschlag und ggf. Kirchensteuer verrechnet mit dem Finanzamt Düsseldorf. Steuernummer: 133/5810/2040
Dieser Beleg wurde maschinell erstellt und wird nicht unterschrieben.